Comprendre la Ve République

Sous la direction de
Jean Garrigues
Sylvie Guillaume
Jean-François Sirinelli

Comprendre la Ve République

Ouvrage publié avec le soutien de Sciences Po

Presses Universitaires de France

ISBN 978-2-13-057829-1
Dépôt légal – 1re édition : 2010, avril

6, avenue Reille, 75014 Paris

Sommaire

TROISIÈME PARTIE : *DES LIGNES QUI BOUGENT*

QUATRIÈME PARTIE : *DES ACTEURS QUI ÉVOLUENT*

Sommaire

CINQUIÈME PARTIE : *L'IMPOSSIBLE RÉFORME ?*

Les contributeurs

Ludivine Bantigny, Rouen
Christine Bard, Angers
Marc Olivier Baruch, EHESS
Mathias Bernard, Clermont-Ferrand II
Serge Berstein, Sciences Po
Marie-Claude Blanc-Chaléard, Paris I
Noëlline Castagnez, Orléans
Louis Chauvel, Sciences Po
Christian Chevandier, Paris I
Alain Delcamp, Sénat
Christian Delporte, Versailles-Saint-Quentin
Élisabeth Du Réau, Paris III
Jean Garrigues, Orléans
Pascale Goetschel, Paris I
Pierre Guillaume, Bordeaux III
Sylvie Guillaume, Bordeaux III
Bernard Lachaise, Bordeaux III
Marc Lazar, Sciences Po.
Gilles Le Béguec, Paris Ouest La Défense
Michel Leymarie, Lille III
Christine Manigand, Poitiers
Laurent Martin, Sciences Po
Didier Maus, Conseil d'État
Janine Mossuz-Lavau, Sciences Po
Denis Pelletier, EPHE

Gilles Richard, IEP Rennes
Henry Rousso, IHTP-CNRS
Jean-François Sirinelli, Sciences Po
Jean Vavasseur-Desperriers, Lille III

N.B. : Les universités mentionnées étaient celles auxquelles appartenaient les auteurs au moment du colloque (y compris les professeurs émérites). Certains de ces auteurs sont, par ailleurs, chercheurs rattachés ou associés au Centre d'histoire de Sciences Po.

Les organisateurs expriment leurs remerciements à Sophie Kourouma pour son rôle essentiel dans l'établissement du texte définitif.

Introduction

Jean Garrigues et Sylvie Guillaume

Le colloque « Comprendre la Ve République » nous apparaît comme l'une des trop rares manifestations scientifiques organisées pour commémorer la naissance d'un régime politique aujourd'hui quasiment accepté par tous.

La comparaison avec la « déferlante » du 40e anniversaire de Mai 68 pose d'emblée la question du tri mémoriel, mais nous renvoie aussi à des problématiques spécifiques de l'historien. Une problématique générationnelle tout d'abord, marquée par le contraste entre le retrait des vieilles élites de l'époque gaullienne, aujourd'hui disparues ou éloignées des responsabilités, et la prééminence des élites issues de l'époque soixante-huitarde, dont chacun sait qu'elles occupent une place déterminante dans notre système politico-médiatico-culturel. Cette situation prédominante de la génération 68 explique en grande partie les choix mémoriels qui sont effectués aujourd'hui. Mais les justifie-t-elle, alors même que l'héritage du gaullisme est de toute part revendiqué ?

La seconde problématique, d'ailleurs liée à la précédente, s'articule sur la dimension polémique de l'événement 68, qui reste un élément de dispute dans le débat politique et médiatique, alors que la naissance et la viabilité de la Ve République semblent faire l'objet d'un consensus, certes parfois contesté à la marge, mais désormais reconnu comme le fil conducteur de notre identité collective.

Ces deux problématiques, on l'aura compris, méritent d'être sérieusement examinées par l'historien. On peut se demander, par exemple, si la polémique sur l'héritage de Mai 68 ne relève pas de l'effet de manche politico-médiatique, tant il est vrai que l'évolution sociale et culturelle de la France depuis cinquante ans atteste de la montée en puissance de cet héritage. *A contrario*, les institutions, le système et les pratiques de la Ve République, apparemment consensuels, ne sont-ils pas l'un des enjeux majeurs, à court et long terme, de notre débat public ?

Ce décalage entre la logique mémorielle et la volonté critique du chercheur est à la source de ce colloque. De notre point de vue d'historien, il s'agit de privilégier des questionnements sur le long terme, la confrontation entre l'évolution d'un régime politique et les grandes évolutions de la société française, dans tous les champs possibles, sociaux, économiques, culturels, médiatiques, religieux, internationaux. Si la chronologie politique jalonne évidemment notre réflexion, marquée par des étapes décisives comme la présidentialisation de 1962, la crise de Mai 68, l'alternance de 1981 ou la cohabitation de 1986, notre démarche est celle de la synthèse thématique, visant à éviter les perspectives mémorielles ou journalistiques. C'est la raison pour laquelle nous avons demandé aux contributeurs, qu'ils soient historiens, politistes ou sociologues, d'adopter un point de vue diachronique qui surplombe le demi-siècle, ce qui n'avait jamais été tenté jusque-là, et pour cause.

PROBLÉMATIQUES

Dégagé de la contrainte mémorielle, le fil conducteur de notre réflexion s'articule sur la capacité d'un système politique à épouser les transformations de la société française. C'est pourquoi il nous a paru cohérent de poser dans un premier temps les jalons de cette « France qui change », afin d'examiner comment les institutions, les familles politiques et les différents acteurs du débat public se sont adaptés à cette évolution.

Dans cette perspective, le changement fondamental auquel est confronté le régime né en 1958 est celui du passage d'une société de croissance, celle des « Trente Glorieuses » de l'économie française, à une société de crise, déroutée par le choc pétrolier de 1973 puis confrontée aux difficultés de l'État-providence. Il s'agit d'interroger la nouvelle donne de l'exclusion et de la marginalisation sociale, parfois résumées par le concept de « nouvelle pauvreté », sur fond de mondialisation, de globalisation, et de confrontation à l'économie-monde.

Cette profonde transformation du contexte socio-économique induit ou accompagne des évolutions sociales et sociétales tout aussi spectaculaires, marquées par l'avènement d'une société des couches moyennes, et dans laquelle sont notamment remis en question la place et le rôle des femmes, du couple, de la famille, des jeunes ou des plus âgés. Ce demi-siècle a vu émerger des thèmes encore balbutiants en 1958 : la féminisation des élites, la parité, le jeunisme, les seniors, le quatrième âge, la nouvelle sexualité, l'homosexualité et l'homoparentalité, la procréation assistée, la bioéthique, autant de modifications sensibles de notre écosystème social.

Ces évolutions se répercutent bien évidemment dans le champ de nos mentalités collectives et de nos comportements culturels. C'est là aussi un champ qui est profondément bouleversé pendant un demi-siècle, notamment par les problématiques liées à l'immigration, à la coexistence communautaire, aux enjeux de l'intégration et de l'« identité nationale ». D'où une remise en cause sans précédent du vieux « modèle républicain » issu de la IIIe République, avec son cortège de valeurs-repères, telles que la citoyenneté, la laïcité et la nation, et l'apparition de nouveaux concepts tels que la diversité, la mixité, le métissage, reliés directement aux transformations sociales évoquées plus haut. Ajoutons que le champ mémoriel est profondément renouvelé par ces transformations socioculturelles, conduisant à une relecture totale de la Seconde Guerre mondiale, de la Résistance, de la collaboration et de la déportation, mais aussi de la guerre d'Algérie et de la colonisation dans son ensemble.

Le lien est direct avec la transformation profonde du statut international de la France, conduite par de Gaulle à substituer à son empire colonial la coopération, la francophonie et, surtout, le « grand dessein » d'une puissance nucléaire qui tient son « rang ». La voici confrontée à sa marginalisation irrésistible au sein d'un monde bipolaire jusqu'en 1989 puis globalisé au début du XXIe siècle, et dans lequel le moteur européen peine à contrebalancer l'accélération des puissances émergentes.

Tels sont donc, entre autres, les enjeux majeurs auxquels est confronté le système né de la volonté gaullienne, avec ses institutions, ses hommes, ses valeurs et ses codes. Le champ des institutions et de la pratique institutionnelle est évidemment concerné au premier chef, puisque il est l'enjeu de la révolution politique de 1958, déterminant la spécificité du modèle français depuis un demi-siècle. Entre la pratique gaullienne des institutions, marquée par la centralisation jacobine, le « domaine réservé » et le contrôle de la communication, et l'« hyper-présidence », imprégnée par le « *story-telling* », le « bling-bling » et la « peopolisation », l'histoire des institutions et des pouvoirs sous la Ve République est une histoire riche et mouvementée. Elle est scandée, notamment, par la décentralisation des années 1980, par les expériences de cohabitation, par la réforme quinquennale en 2000 ou par les débats récurrents sur la place et le rôle du Parlement. Il y a là un champ profondément renouvelé par historiens et politistes, et qui mérite une réflexion soulignant les invariants du long terme et les adaptations progressives d'un système-caméléon.

On peut faire la même remarque à propos des familles politiques, dont l'étude a été profondément renouvelée depuis une trentaine d'années, notamment sous l'impulsion de René Rémond. L'exception française, marquée par la prééminence au début de la Ve République de la famille gaulliste et de la famille communiste, est aujourd'hui examinée à l'aune des traditions culturelles, des ancrages territoriaux, des pratiques partisanes ou de la prosopographie explicative. Le demi-siècle est marqué par la perte d'identité progressive de ces deux grandes familles, privées l'une et l'autre de leurs référents culturels, mais dont il convient d'examiner les modalités d'adaptation et de reconversion dans le champ idéologique comme dans l'espace partisan. Exception française encore, le parcours de la famille socialiste, tiraillée entre sa tradition révolutionnaire et la dynamique européenne de la social-démocratie, et portée au pouvoir par la stratégie mitterrandiste. Faut-il parler d'un « moment » de l'extrême gauche dans les années 1970 et d'un moment de l'extrême droite dans les deux décennies suivantes ? Comment analyser l'essor et le plafonnement de la famille écologiste, puis de l'altermondialisme face aux enjeux posés par la société de consommation globalisée ? Faut-il enfin parler d'un « centre introuvable » dans un système présidentiel bipolaire ? Telles sont les questions majeures que suscite l'adaptation de ces familles partisanes sur le temps long du demi-siècle.

De même faut-il s'interroger sur les capacités de modernisation et de réaction des contre-pouvoirs, tels que les syndicats, les groupes de pression économiques ou autres, les médias, les intellectuels, face à la tradition gaullienne de l'État tout-puissant, remise en question par l'esprit de la Nouvelle Société chabaniste et par la dynamique de la société civile. Cet inventaire des acteurs non politiques du politique n'est pas le moindre des enjeux, car il reflète l'une des tensions les plus fortes de ce demi-siècle, entre le recours à l'État et l'individu-citoyen, en mal de structures intermédiaires.

Ce qui nous renvoie évidemment à l'interrogation récurrente sur le « mal français » de la réforme impossible, conduisant la société française à se transformer brutalement, par la crise et l'affrontement, au lieu de gérer progressivement ses adaptations en douceur et par la négociation. L'une des vertus de ce colloque sera d'apporter des réponses nuancées et précises à cette idée reçue, qui ne tient pas assez compte de la complexité de nos évolutions.

LES NOUVEAUX CHAMPS

Le bilan historiographique exhaustif est suffisamment dense pour que se soit imposée à nous l'idée que le moment était venu de réaliser une synthèse de la Ve République. Celle-ci doit beaucoup de sa richesse aux nouveaux champs de recherche investis par les historiens qui n'ont pas toujours été des pionniers. Ceux-ci ont permis de mieux comprendre les mutations survenues depuis cinquante ans sous un même régime.

— Le champ institutionnel de la Ve République est étudié par les historiens alors qu'il fut pendant longtemps l'apanage des juristes et des politistes. Les travaux sur le Parlement sont les plus nombreux. On citera les analyses des discours des parlementaires, les études prosopographiques, les travaux sur les commissions parlementaires. Le Comité d'histoire parlementaire et politique (CHPP) joue un rôle déterminant dans leur multiplication. Les études sur le pouvoir exécutif n'en sont pas pour autant négligées avec les biographies ou les portraits de groupe des présidents de la Ve République.

— L'historiographie des partis politiques sous la Ve République s'est également renouvelée grâce aux apports de l'histoire culturelle et socioculturelle, à l'application de nouveaux concepts comme celui de « culture politique ». L'historien s'attache à analyser les constructions identitaires des partis à l'échelle départementale, régionale, nationale voire internationale avec les études comparées. Le renouvellement des études sur les familles politiques est facilité par la collaboration entre historiens et représentants des instituts et fondations comme les fondations Charles de Gaulle ou Guy Mollet, l'institut Mitterrand, l'institut Pierre Mendès France, l'institut des études marxistes. Ont été privilégiées les études sur le Parti communiste, le parti socialiste, les droites, le gaullisme et, plus récemment, sur les centres ; beaucoup moins étudiés sont les partis d'extrême gauche écologistes ou altermondialistes.

— Les approches catégorielles ont toujours existé si on se réfère aux études sur la classe ouvrière ou sur les paysans mais elles sont profondément renouvelées ; l'articulation entre l'histoire sociale, l'histoire socioculturelle et l'histoire politique a facilité ce renouvellement à partir de plusieurs critères :
- le critère démographique avec la mise en valeur du phénomène

générationnel et, pour la Ve République, le rôle des *baby-boomers* devenus des *papy-boomers*, le rôle de la jeunesse mais aussi des seniors ;
• le critère du sexe avec la *gender history* ;
• le critère social autour des réflexions sur les couches intermédiaires mal définies, comme les classes moyennes, ou sur le patronat, petit et grand, considéré comme un groupe de pression ou un groupe d'influence.

— Le poids de l'image dans une République marquée par la médiatisation de la vie politique et par l'importance de la communication politique a favorisé les recherches sur la presse, l'ensemble des médias et les nouvelles technologies.

— Les travaux sur la France de la Ve République dans le monde se sont renouvelés à partir de quelques problématiques bien identifiées :
• Les rapports de la France avec ses anciennes colonies devenues indépendantes ou plus globalement avec les Sud, porteurs d'une forte connotation mémorielle. On citera également le rôle de la France dans la francophonie ;
• La participation de la France dans l'aventure européenne ;
• La place de la France devenue puissance moyenne dans les conflits, dans les manifestations de l'aide humanitaire avec les *French doctors* et dans la globalisation et la mondialisation.

Ce panorama trop rapide est l'illustration de fécondes mises en perspective que permettent cinquante ans de recul. L'historien ne peut certes pas prévoir quel sera l'avenir de la Ve République dans un pays qui aime changer de régime mais il est capable avec ses méthodes, ses outils et sa démarche d'enrichir la connaissance et légitimer ainsi pleinement l'histoire du temps présent.

LES MOMENTS DU COLLOQUE

L'articulation de la synthèse autour de cinq thèmes se veut être l'illustration des problématiques énoncées précédemment et des nouvelles orientations de l'historiographie. Les titres des cinq thèmes insistent davantage sur les changements que sur les continuités. La France de 2008 n'est plus la France de 1958.

« **La France qui change** » propose une temporalité du changement en testant le poids des « Vingt Décisives » 1965-1985 et en privilégiant les métamorphoses de l'économie, du social et du religieux.

« **Un régime qui s'adapte ?** » souligne les capacités de réaction d'un régime à une conjoncture politique et institutionnelle mouvante (cohabitations, alternance politique, bipolarisation, personnalisation du pouvoir, décentralisation) dans un espace qui s'élargit à l'Union européenne.

« **Des lignes qui bougent** » analyse l'évolution des familles politiques, le déclin du communisme qui demeure une « passion française », le poids du gaullisme et ses transformations, les difficultés de la social-démocratie, les péripéties du centre et du libéralisme, la tentation des extrêmes.

« **Des acteurs qui évoluent** » met l'accent sur les élites et sur les acteurs de l'ensemble de la société civile.

« **L'impossible réforme ?** » tente de confirmer ou d'infirmer ce qui a longtemps été une exception française qui se manifeste par la difficulté à proposer des réformes pour résoudre les crises.

Puissent ces cinq thèmes proposés par les organisateurs du colloque répondre aux objectifs de synthèse des cinquante ans de la

Ve République à travers la diversité des approches par des historiens de générations différentes. Qu'ils en soient ici remerciés pour leur contribution.

Première partie

La France qui change

Les Vingt Décisives (1965-1985)

Jean-François Sirinelli

La Ve République a connu un enracinement très rapide dans la France prospère du cœur des Trente Glorieuses. Or, en cinquante ans, cette France a changé profondément. Globalement, en termes macro-historiques, elle a connu trois mutations considérables, et imbriquées : le passage à une société postindustrielle, l'entrée en globalisation économique et l'immersion dans la culture-monde. Bien plus, dès le premier versant de ces cinquante années d'histoire, intervient une première métamorphose essentielle, qui certes prépare ces mutations encore plus décisives mais constitue déjà, en elle-même, un bouleversement du socle initial. Il y a bien, débutant en ce cœur des Trente Glorieuses mais survivant à leur disparition, une période d'une vingtaine d'années (1965-1985) qui a changé la France. Si un tel constat, apparemment, nous éloigne de l'histoire politique c'est, en fait, pour nous ramener en son sein, si l'on veut bien considérer que celle-ci, quand elle analyse un régime, doit forcément se poser, entre autres, la question suivante : comment celui-ci s'enracine-t-il dans un terreau socioculturel et dans quelle mesure se constitue éventuellement un écosystème, que l'on peut définir comme un équilibre, toujours fragile, entre un tel régime et ce terreau – une société, dans sa morphologie mais aussi dans ses normes et ses valeurs – qui le porte ? La réponse à une telle question est assurément essentielle mais forcément complexe, car tous les éléments de l'écosystème n'évoluent pas au même rythme, ce qui place *de facto* l'analyse à la croisée de plusieurs temporalités : écoulement global du temps, d'abord, en d'autres termes le demi-siècle d'existence du régime étudié, mais aussi les rythmes propres de chacune des pièces de l'écosystème.

S'il y a un métabolisme global de ce régime, celui-ci est, à bien des égards, la résultante de chacun de ces rythmes et comprendre la Vᵉ République, c'est donc à la fois analyser un tel métabolisme – ce régime qui s'adapte et ces lignes qui bougent, pour reprendre deux des thèmes de notre colloque – et étudier l'articulation des différentes pièces qui muent à leur rythme propre et qui peuvent se résumer par deux autres thèmes retenus : la France change et les acteurs évoluent. Or il se trouve que, dès la période 1965-1985, la France a considérablement changé et les acteurs ont beaucoup évolué. Globalement, en effet, durant cette vingtaine d'années, on observe un couple de forces historiques à l'œuvre, dont les effets sont d'autant plus difficiles à analyser qu'ils sont apparemment contradictoires. D'une part, se produit pendant cette période une inversion de la conjoncture socio-économique : le ralentissement très fort de la croissance survenu à partir du milieu des années 1970 sonne le glas des Trente Glorieuses qui, depuis la Libération, avaient porté la grande mutation française. Mais, d'autre part, en dépit de l'inversion brutale et profonde de la conjoncture, la mutation se poursuit et, on l'a dit, ses effets s'amplifient même. Il convient donc de revenir à gros traits sur ces deux aspects, en s'attachant à en discerner les effets politiques.

LES RETOMBÉES POLITIQUES DE LA MORT DES TRENTE GLORIEUSES

La deuxième partie des années 1970 marque bien une césure fondamentale : la France devient alors orpheline de sa croissance des trois décennies précédentes, et la crise économique n'a pu que contribuer à l'usure de l'équipe dirigeante en place. Mais, bien plus largement encore, c'est l'écosystème quinto-républicain qui allait se trouver progressivement perturbé par le changement de configuration économique. Ces années 1970 sont donc un moment essentiel de l'histoire de la Vᵉ République. Essentiel, en fait, car paradoxal. D'une part, ce régime est alors parvenu, à peine une quinzaine d'années après son apparition, à une sorte de point d'équilibre : ses institutions, tour à tour, ont passé positivement le test d'effort qu'a été pour elles la crise de Mai 68 puis ont fait la preuve de leur capacité à survivre au départ de leur fondateur qui s'était tant identifié à elles, tout en se montrant aptes, parallèlement, à structurer la vie politique autour du « quadrille bipolaire » (Maurice Duverger), presque chimiquement pur au fil de cette décennie. Mais, d'autre part, l'inversion économique qui surgit durant cette même période aura vite de tels effets de déstructuration que ce point d'équilibre des années 1970 n'aura été, en fait, à l'échelle de l'Histoire, qu'un bref moment suspendu. La crise multiforme qui se développe alors allait rapidement introduire au sein de cette République stabilisée depuis peu des germes de dérèglement.

Nous avions prévu, dans la première séance de ce colloque, une communication intitulée « Croissance et déclin ? », confiée à Jacques Marseille. Celui-ci, malheureusement, n'a pu donner, ensuite, de texte écrit. Il montrait notamment qu'il y a débat entre historiens de l'économie sur l'ampleur du renversement de conjoncture, ainsi que sur sa chronologie précise. Tous s'accordent cependant sur l'intensité et le caractère durable du processus alors enclenché. La hausse soudaine du chômage en 1974 et son doublement en deux ans à peine, le tassement rapide d'une croissance qui jusque-là dépassait 5 % l'an, l'inflation qui s'emballe à la même époque : la concomitance entre tous ces symptômes et le choc pétrolier de l'année précédente n'est assurément pas une coïncidence, même si les causes du dérèglement sont probablement plus complexes. Il y a bien, en quelques mois, une sorte d'alternance économique : la « stagflation » succède à l'expansion. Les gouvernements successifs de la Ve République se trouveront donc désormais devant une situation historique inédite : si leurs prédécesseurs avaient eu à gérer une situation économique florissante, ils devront pour leur part affronter cette situation de « stagflation » et de chômage. La tâche sera d'autant plus malaisée que la perception de ce changement de conjoncture économique ne sera pas immédiatement sensible au sein d'une opinion publique et d'une classe politique habituées de longue date à la croissance et au plein emploi. Désormais, pour cette raison, les gouvernants devront non seulement affronter des difficultés économiques croissantes mais aussi une opinion désorientée, bientôt flottante et reportant sur les équipes politiques en place la responsabilité des difficultés. Une telle impopularité, beaucoup plus qu'auparavant, deviendra un élément structurel de la vie politique de la Vᵉ République.

Certes, dans un premier temps, à la fin du septennat de Valéry Giscard d'Estaing, la gauche apparaîtra comme une solution alternative. Mais, là encore, la période des Vingt Décisives voit intervenir un changement décisif. L'échec économique, patent dès 1982, entraîne une mutation considérable. Cette gauche au pouvoir passe alors du statut d'incarnation d'une sorte d'au-delà politique – « changer la vie » – à celui de gestionnaire du réel. Cette gauche, désormais, se voudra elle aussi comptable du présent, alors qu'elle avait plutôt représenté depuis 1958 une force de contre-proposition sous-tendue par sa position d'opposant. À bien y regarder, le tournant de 1982-1983 est encore plus profond : l'annonce de la « rigueur » signifie l'acceptation du monde économique tel qu'il est, c'est-à-dire l'économie du marché. Certes, une telle acceptation survint en France avec un effet différé de plusieurs décennies par rapport à la social-démocratie allemande et, de surcroît, elle ne se fit jamais de façon totalement explicite, mais, même ainsi complexe et ambiguë, elle apparaît bien, avec le recul, comme un moment décisif de l'histoire des cultures politiques sous la Vᵉ République : le point de clivage droite-gauche ne se ferait plus désormais sur cette question, pourtant jusque-là idéologiquement discriminante. Bien plus, une telle acceptation et la proclamation de la nécessité de la « rigueur » ont une autre conséquence essentielle : la vertu tout à la fois sociale et volontariste affichée par la gauche – le réel peut être modifié, à condition de le vouloir – cédant la place au principe de réalité, un indéniable tournant politique et psychologique intervient. La crise est bien là et aucun parti de gouvernement ne peut plus, en France, en nier l'importance. Neuf ans après le premier choc pétrolier, une page est tournée et 1982-1983, d'une certaine façon, marque bien la seconde mort des Trente Glorieuses.

Un tel tournant est, à coup sûr, essentiel pour l'histoire de la

Ve République. Aucune équipe au pouvoir ne pourra plus désormais faire rêver, et la vie politique française, plus que par le passé, sera un affrontement des possibles. Une perte de magie du politique, rattrapé par le principe de réalité, a bien lieu à cette date et les équipes en place en subiront tour à tour les conséquences. Alors que, jusqu'aux années 1970, la stabilité économique constituait une prime aux sortants, ceux-ci seront désormais fragilisés par leur présence au pouvoir. Au sortir des Vingt Décisives, tour à tour 1986, 1988 et 1993 seront des moments d'alternance politique, touchant aussi bien la droite que la gauche. Et même 1995 n'échappe pas véritablement à la règle, Jacques Chirac étant élu à cette date sur une posture d'opposant, le sortant étant ici incarné par Édouard Balladur. Et, en 1997, la dissolution ratée crée une nouvelle alternance, elle-même inversée en 2002. On mesure bien le contraste de cette période 1986-2002 (et même 1981-2002, 1981 ayant constitué non seulement la première alternance mais aussi l'épure de ces situations électorales où le sortant souffre d'une sorte de handicap structurel) avec le quart de siècle précédent, durant lequel la stabilité avait été la norme. En quelques années à peine, au sortir de ces Vingt Décisives, la Ve République est passée d'une telle stabilité – au moins apparente – à un dérèglement avéré. Et la crise qui s'était enclenchée au milieu des années 1970 a assurément joué un rôle majeur dans ce processus de dérèglement. Cette crise, de fait, n'a pas seulement beaucoup ralenti la croissance économique, elle est vite devenue multiforme, avec des effets induits globalement ternaires – sociaux, identitaires et politiques – et très imbriqués.

LA GRANDE MÉTAMORPHOSE FRANÇAISE

Il ne nous appartient pas d'étudier ici cette réaction en chaîne, dont l'onde de choc fut assurément considérable[1]. D'une part, la place

1. J'ai tenté d'analyser cette réaction en chaîne dans mon livre *Les Vingt Décisives, 1965-1985. Le passé proche de notre avenir*, Paris, Fayard, 2007.

impartie à cette contribution ne le permettrait pas, tant les aspects d'une telle réaction ont été tout à la fois ramifiés et massifs[1]. Conçues dans un pays prospère, dont la ligne d'horizon était le progrès, les institutions de la Ve République se retrouvent régir, un tiers de siècle plus tard, la vie d'une communauté nationale dont les repères et les attentes ont été entre-temps profondément bouleversés. Mais, d'autre part, à focaliser l'analyse sur cette onde de choc, on fausserait l'analyse de cette période 1965-1985, dont l'importance historique ne tient pas seulement au fait d'avoir été le moment de la propagation d'une telle onde. Durant cette même période, en dépit de l'ampleur du dérèglement, la mutation socioculturelle, qui s'était nourrie de la croissance et de la prospérité des Trente Glorieuses, se poursuit.

Là se trouve, du reste, l'un des paradoxes de l'histoire de la Ve République : ce régime, comme d'ailleurs la plupart des autres démocraties libérales concernées par l'arrivée de la crise, parvient à en amortir, par les mécanismes de l'État providence et notamment les processus de transferts sociaux et de redistribution, les effets les plus lourds, sans pour autant être politiquement crédité de ces tentatives d'enrayement menées aussi bien à droite qu'à gauche, avant comme après 1981. Commencent au contraire, dans la seconde partie des années 1970, une crise de confiance puis, au fil de la décennie suivante, une véritable déflation – entendue au sens d'érosion – politique, dont la crise socio-économique et ses perceptions par l'opinion constituent l'une des principales causes. Et le paradoxe est d'autant plus frappant que les conditions de vie du plus grand nombre vont, au moins dans un premier temps, continuer à s'améliorer : l'ampleur de la décélération économique après 1974 n'entraîne pas, pour autant, une dégradation matérielle de la situation du plus grand nombre. Mais l'euphorisant qu'était la croissance conquérante a disparu et, surtout, l'augmentation du chômage a entraîné une aggravation de la

1. C'est la raison pour laquelle cette communication, en contradiction apparente avec le principe que nous avons préconisé quand le thème traité le permettait, ne se comprend pas comme une approche bibliographique des travaux existants sur le sujet traité.

déchirure sociale qui masque les progrès accomplis et qui devient la préoccupation majeure des Français, avant que vienne, mais dans un second temps seulement, le temps des « nouveaux pauvres » et des grands écarts générationnels.

Bien plus, l'évolution des normes et des valeurs se poursuit. Dès les années 1960 s'était ainsi amorcée une « crise des régulations traditionnelles » (Michel Crozier) : un certain nombre d'institutions de nature très diverse – l'Église, les syndicats, les associations et, sur un autre registre, la famille –, qui jouaient, en dehors de leurs fonctions propres, un rôle de dépositaires ou de gardiennes de ces normes et valeurs et qui, de ce fait, interféraient directement ou indirectement dans de telles régulations, se retrouvent ébranlées et bientôt en décalage. En effet, dans cette France enrichie et urbanisée qui, au fil des décennies d'après-guerre, avait succédé brusquement – tout au moins à l'échelle de l'Histoire – à une France d'économie très contrastée et de soubassement rural, ce n'est pas seulement la stratification sociale qui change ou le mode de vie qui est bouleversé, ce sont bientôt les normes qui se retrouvent au cœur de la grande métamorphose. La frugalité et la prévoyance, par exemple, qui étaient restées jusque-là des vertus cardinales et des valeurs fédératives dans une société où les aléas de l'existence – la mort brutale, la maladie grave, l'accident invalidant – pouvaient provoquer des désastres familiaux irrémédiables, se retrouvent progressivement en décalage, dans une société de plein emploi et de solidarité nationale par l'assurance maladie et les transferts sociaux. Le desserrement des contraintes socio-économiques a des conséquences de plus en plus perceptibles dans les comportements collectifs et à la frugalité dans la consommation et au souci lancinant de prévoyance viennent progressivement se substituer des normes implicites ou explicites qui rompent avec ce passé : ainsi, grâce au crédit, la satisfaction immédiate des besoins et des aspirations plutôt que leur report. D'une façon plus générale, commencent alors à pointer tout à la fois des attitudes nouvelles face à l'autorité – et donc aux institutions qui l'incarnent et l'assurent – et d'autres comportements face aux traditions et aux interdits.

Une telle distorsion croissante des normes et des valeurs était donc induite presque mécaniquement par un décalage chaque jour plus fort entre celles-ci, héritées de la France d'avant – au sens où Stefan Zweig parlait du « monde d'hier » en évoquant l'Europe d'avant le grand ébranlement de 1914-1918 –, et la société née des Trente Glorieuses. De cette distorsion découlèrent de réels blocages, que Mai 68 tout à la fois rendit plus visibles et amplifia. La résolution de certains de ces blocages au cours de la décennie qui suivit montra une indéniable capacité de la société française à absorber l'onde de choc et la Ve République, on l'a dit, en sortit encore davantage renforcée : elle semblait avoir ainsi confirmé son aptitude à gérer cette grande métamorphose française. En même temps, et paradoxalement, cette indéniable réussite plaçait indirectement dans le code génétique de ce jeune régime, auquel pour l'instant tout semblait réussir, une sorte de faiblesse structurelle, qui se manifesterait plusieurs décennies plus tard.

Au temps de la croissance forte et durable, en effet, c'est bien le desserrement des contraintes économiques qui favorisa et accéléra celui des contrôles sociaux : dans la France enrichie des années 1960 et encore d'une partie de la décennie suivante, où la sécurité des situations et des statuts paraissait solidement établie pour le plus grand nombre, les normes et les valeurs de la période précédente, issues d'une civilisation de relative pénurie économique et d'insécurité sociale, ont semblé progressivement perdre leur raison d'être. Mais ce rapport de causalité apparent entre cette croissance économique conquérante et une telle mutation socioculturelle induisait une question décisive, devenue peu à peu d'actualité à mesure que les Trente Glorieuses s'éloigneraient et deviendraient seulement une sorte d'image rétinienne dans le souvenir des générations qui furent concernées par elles : quels pouvaient être les points d'ancrage – et de stabilité historique – de ces nouveaux comportements et de ces nouvelles valeurs dans une France installée à partir des années 1980 dans une crise devenue durable à cette date et atteinte profondément, de ce fait, dans son tissu social ? Points d'ancrage, valeurs, stabilité, crise, atteinte du tissu social : ce sont bien les ingrédients de tout un écosystème sociopolitique qui sont ici concernés.

JEUX D'ÉCHELLES

Bien plus, cette France des années 1980 voit également son environnement se modifier à vitesse accélérée. Les débuts de la Ve République avaient été placés sous le signe de la guerre d'Algérie, ou plus précisément des étapes dramatiques de son dénouement. Avec ce dénouement, c'est une phase de l'histoire nationale qui se termine : l'adieu définitif à l'Empire et la rétraction du pays, après plus d'un siècle de dilatation coloniale, aux dimensions de l'Hexagone constituent un phénomène fondamental, consistant en un véritable changement d'échelle. La suite de l'existence de la jeune Ve République se déroulera désormais dans un cadre géographique rétréci. Un tel constat n'est pas contradictoire avec le fait qu'à la même date, d'une part, la France est partie prenante dans le processus de construction européenne enclenché quelques années plus tôt et que, d'autre part, la communauté nationale commence à s'ouvrir, beaucoup plus que par le passé, aux vents venus d'ailleurs. Dès les années 1960, en effet, la culture de masse audiovisuelle tout à la fois rajeunit et se mondialise : elle est de plus en plus porteuse de sons et d'images pour lesquels les frontières nationales n'ont plus guère de signification. En d'autres termes, plus qu'à une simple rétraction géographique, on avait assisté, durant cette première phase de l'existence de la Ve République, à une insertion de l'État-nation qui la portait dans des jeux d'échelles singulièrement plus complexes qu'auparavant : le recentrage centripète du début des années 1960 est concomitant du développement rapide de nouvelles forces centrifuges, d'une autre nature que celles induites auparavant par l'expansion coloniale. La Ve République est donc un régime politique qui s'installe et s'enracine à un moment où ces processus complexes et à géométrie variable dessinent de nouveaux périmètres pour la vie de la Cité.

Vingt ans plus tard, au milieu des années 1980, ces jeux d'échelles ont pris plus d'ampleur encore, du fait des premiers effets d'un processus de globalisation non seulement économique mais également socioculturelle, avec la poursuite du développement d'une culture-monde : en une vingtaine d'années, la planète s'est peu à peu muée en un vaste parvis où, par l'image relayée et le son amplifié, l'ailleurs parvient à domicile. Si un tel constat ne concerne apparemment pas la Ve République, structure institutionnelle endogène, il contribue, en fait, à accroître, en cette décennie où la crise économique s'amplifie, le sentiment de désarroi devant une telle crise. Cette caisse de résonance mondiale engendre, en effet, des angoisses collectives qui nourrissent parfois l'irrationnel et contribuent, de toute façon, à déstabiliser le politique. La Ve République, dès ce moment, aura à gérer une société de plus en plus inquiète et de plus en plus soumise à des passions exogènes.

Cette culture-monde et ses effets nationaux confirment, notamment, que les caméras de télévision ont bien acquis, au fil de ces premières décennies de la Ve République, un pouvoir et une capacité de *faire*, au sens propre, l'événement. Créent-elles pour autant du lien social et constituent-elles une sorte d'agora où le débat de la Cité gagnerait en clarté et la démocratie – et donc la Ve République – en cohésion ? Le maillage dense des images et des sons apporte-t-il un réel supplément de sens ? Ou, au contraire, le bain anthropologique qu'est alors devenue la culture de masse a-t-il des effets pervers sur le principe de la représentation politique ? Y aurait-il même, de ce fait, l'amorce d'une sorte de mutation des démocraties libérales ? Celles-ci ne seraient-elles pas en train de devenir des « démocraties d'opinion » ou « démocraties du public » (Bernard Manin) – termes alors forgés par les sciences sociales, et notamment la science politique – confrontées à ces changements en temps réel. Si, faute de recul, la discipline historique peut difficilement proposer une analyse globale d'un processus complexe et multiforme, le développement actuel d'une histoire culturelle du politique et les acquis de l'histoire du temps présent permettent toutefois d'établir un constat empirique : l'examen raisonné des possibles et leur concurrence, qui sont au cœur de l'identité et du fonctionnement des démocraties libérales, risquent, à partir de cette période, d'être parasités par les palpitations successives d'opinions publiques plongées dans ce bain anthropologique télévisé et ballottées par ses houles.

Le résultat en est, presque mécaniquement, une société plus nerveuse et un fonctionnement de la représentation politique moins serein. L'expression des dissensus et la gestion de cette concurrence des possibles se sont longtemps faites sur d'autres agoras que la scène médiatique : le préau d'école, la tribune parlementaire ou, sur un autre registre, l'imprimé étaient les lieux traditionnels tout à la fois de diffusion et de réception politiques. Ils permettaient de convaincre et de clarifier, réunissant ainsi les deux conditions nécessaires pour obtenir non seulement une adhésion mais aussi un soutien durable. Tant il est vrai que le pouvoir, « s'il renonce à s'imposer par la force, passe par les circuits du langage » (Jean Starobinski). Or, les grandes émotions collectives, engendrées par la prolifération médiatique, court-circuitent désormais les formes classiques du « langage » politique. Il faut notamment faire court pour faire mouche et cette suprématie du lapidaire favorise le *pathos*, qui privilégie l'émotion, par rapport au *logos*, analyse raisonnée et expression raisonnable des problèmes collectifs posés à un groupe humain et fondement de la démocratie. Les processus de représentation politique sont là pour permettre au citoyen, auquel sont proposées plusieurs interprétations et solutions subséquentes de ces problèmes, d'arbitrer entre ces diverses conceptions. La règle et le consentement, le conflit et sa résolution, tout, en fait, est longtemps passé par ce choc organisé des *logoi*, cette opposition explicite entre discours construits. L'affaiblissement progressif de ceux-ci a donc contribué à faire apparaître ce cas de figure jusque-là inédit dans les Républiques successives : non pas le citoyen s'érigeant contre les pouvoirs, mais la société partiellement atomisée se plaçant en extériorité par rapport à eux et aux discours qui les fondent, les légitiment et les identifient.

GÉNÉRATIONS ET REFONDATION RÉPUBLICAINE

La prolifération de la culture de masse et l'apparition d'une « démocratie du public », pour déterminantes qu'elles soient, ne sont pas les seules modifications structurelles induites par la grande mutation française qui s'est amplifiée au fil des Vingt Décisives. Plus banalement, mais non moins profondément, c'est le substrat démographique du pays qui s'est trouvé modifié par le renouvellement des générations. Et ces relèves générationnelles ont forcément eu un effet politique induit. Pendant les vingt-cinq premières années d'existence de la Ve République, deux strates de Français ont été essentiellement concernées par la participation électorale qui a jalonné ce premier quart de siècle : la strate de ceux en âge de voter durant la première décennie de cette existence, notamment lors de ces étapes essentielles que furent 1958, 1962 et 1965, et celle des *baby-boomers*, venue au vote entre 1967 et 1974. La première conserva sans doute, par-delà l'existence du clivage droite-gauche, un attachement au régime en raison, notamment, de l'instabilité qui précéda 1958. Et si la seconde contesta en 1968, ce fut moins le régime que la société qui fut l'objet de cette contestation. Les taux de participation de l'élection présidentielle de 1974, comparables à ceux de 1965, montrent bien, du reste, que cette deuxième strate adhéra elle aussi au jeu des institutions. De ce fait, jusqu'aux années 1980 le corps électoral ne fut constitué que de strates générationnelles ayant connu directement, fût-ce à l'adolescence, ce régime dans sa phase d'installation ou d'épanouissement et qui en retinrent, même de façon subliminale, le caractère à l'époque stabilisateur et modernisateur. À partir de ces années 1980, en revanche, au moment même où la Ve République commençait à être confrontée à une crise multiforme, et notamment dans le domaine de la représentation politique, les nouvelles générations qui, tour à tour, commencèrent à s'intégrer dans le corps électoral le firent dans un contexte d'essoufflement politique, au sein d'un écosystème déstabilisé.

Bien plus, ces relèves opéraient à un moment où la Ve République atteignait le cap de la trentaine puis de la quarantaine. Or le seul régime depuis 1789 pour lequel s'est ainsi posée la question des relèves de générations et du passage du cap de la quarantaine fut celui de la IIIe République. Pour celle-ci, la troisième génération de citoyens fut celle des tranchées, et l'alliage avec le régime s'opéra au feu de la guerre. Cette génération en sortit décimée mais solidement arrimée à un système politique pour lequel elle avait versé son sang : pour cette raison, la République, même amoindrie par la crise des années 1930, resta un bien commun et une valeur-ciment, que seule la défaite de 1940 abattit. Assurément, il ne s'agit pas de considérer ici que seul le tribut du sang est susceptible de permettre le passage d'un régime à une troisième puis une quatrième génération de citoyens, les premières qui ne soient pas directement reliées à la période fondatrice, mais d'observer que, mis à part cet exemple de la IIIe République, un tel passage est historiquement inédit. À partir des années 1980-1990, la Ve République a donc dû inventer son second âge sans précédent historique comparable,

Et un tel défi, toujours en cours, est d'autant plus complexe à gérer que, répétons-le, entre-temps la France a profondément changé. Le pays, au moment de la naissance de la Ve République, avait validé une sorte de pacte en souscrivant massivement au nouveau dispositif institutionnel, modèle 1958 modifié 1962. Ce nouveau dispositif et cette nouvelle mouture républicaine bénéficièrent, il est vrai, d'une conjoncture objectivement favorable. La prospérité commençant, à partir de la deuxième décennie des Trente Glorieuses, à toucher le plus grand nombre, les Français cueillirent dans leur vie quotidienne les fruits de la modernisation et comme, à cette date, le régime politique avait changé, c'est celui-ci qu'ils créditèrent d'une telle amélioration en cours. D'une certaine façon, et pour cette raison même, la Ve République apparut au plus grand nombre comme la structure politique d'accompagnement de la modernisation du pays et de sa métamorphose. Et comme cette métamorphose était placée à cette époque sous le signe des 4 P – paix, prospérité, plein emploi et progrès –, la Ve République apparut bien alors comme le cadre d'une délibération politique apaisée, elle-même sous-tendue par une société apparemment en paix avec elle-même. Le mot écosystème rend donc bien compte de ce moment de refondation et d'équilibre institutionnels.

Bien plus, par-delà le débat sur les modalités du changement de régime en 1958, la modification de la règle régissant l'agora s'est faite dans le consentement, donnant à la Ve République tout à la fois le fondement de la légalité et l'onction de la légitimité. De même que, à la fin du XIXe siècle, la République avait été non seulement un régime politique victorieux mais aussi, déjà, une sorte d'écosystème, de même la Ve République apparaissait comme la transcription politique d'un équilibre entre des institutions, une société en mutation et une vision du monde partagée : des rouages institutionnels acceptés, un socle sociologique affermi par la croissance et la prospérité, des valeurs communes, telle est, dans ses premières décennies d'existence, la Ve République. Même les débats idéologiques, à l'époque très durs, trouvèrent un débouché électoral à travers la bipolarisation droite-gauche en voie de coagulation à cette date. D'autant qu'au même moment, le Parti communiste français est engagé dans un processus de réintégration de plain-pied dans le jeu politique. De ce fait, les attaques venues de l'extrême gauche contre la démocratie « bourgeoise » et les libertés « formelles », largement incantatoires puisque déconnectées de la nature du régime et de la situation réelle de la société française, n'ont guère fermenté en dehors de quelques cercles restés étroits.

À partir des années 1980, pourtant, au sortir des Vingt Décisives, l'écosystème montra des symptômes de déséquilibre. La Ve République, loin d'être devenue la structure politique pérenne que paraissait déjà être, vers 1900, vingt-cinq ans après son installation officielle, la IIIe République, commençait au contraire à présenter des fissures. Non seulement la crise socio-économique avait lézardé son socle sociologique mais, de surcroît, on l'a vu, les valeurs partagées avaient connu une forte érosion. Certaines des idéologies nourrissant l'air du temps tendaient désormais à considérer que toute autorité est pernicieuse et toute règle répressive, tandis que, plus largement, une effervescence multiforme avait stimulé la revendication du droit à la différence. Un tel glissement était assurément essentiel dans la mesure où la société française sortie du moule tertio-républicain avait notamment conservé son ciment, durant soixante-dix ans, grâce à l'aspiration à l'assimilation par la ressemblance.

CONCLUSION

Un écosystème sociopolitique, en effet, sorte d'alliage entre un dispositif institutionnel et un soubassement socioculturel, est un organisme vivant : entendons ainsi qu'il apparaît dans des circonstances précises, se développe dans des conditions données mais aussi se transforme et s'altère quand ces circonstances changent et que ces conditions évoluent. Comme l'historien n'est pas devin, sa compétence n'inclut pas la prédiction. Celle-ci serait, du reste, d'autant plus malaisée que les constituants d'un écosystème – institutions, société porteuse, valeurs partagées – ne se modifient pas au même rythme et se retrouvent parfois en décalage les uns par rapport aux autres. L'histoire des systèmes politiques est faite de ces réajustements politiques, réussis ou avortés, entre des rouages institutionnels et le socle socioculturel qui les porte. La règle et le consentement, qui, on l'a dit, fondent la légalité et la légitimité d'un régime, sont ainsi le fruit de tels réajustements, plus ou moins nécessaires selon les lieux et les moments. À cet égard, les Vingt Décisives ont constitué un de ces moments capitaux de l'histoire nationale.

Et leur analyse historique confirme que tout comme un écosystème doit être analysé à travers les jeux d'échelles géographiques dans lesquels il s'insère et qui influent sur son métabolisme historique, il faut donc, pour rendre compte d'un tel métabolisme, analyser également les jeux de temporalités qui interfèrent aussi dans l'équilibre de cet écosystème. Celui-ci doit être étudié dans le court terme du jeu politique qui en dessine la trame, mais aussi dans le moyen terme de l'histoire de ces décalages et de ces réajustements[1].

1. C'est, en tout cas, la démarche que j'ai adoptée dans *La Ve République*, Paris, PUF, coll. « Que sais-je ? », 2008. J'ai donc déjà eu l'occasion d'y développer certaines des analyses présentées dans cette contribution.

Les classes moyennes dans la Ve République : de l'expansion économique aux incertitudes sociales

Louis Chauvel

Du point de vue des « classes moyennes », notions que nous définirons plus loin, la Ve République ne forme pas un ensemble homogène. Si les deux premières décennies sont marquées, pour les fractions intermédiaires de la structure sociale française, par un progrès fulgurant des niveaux de consommation, de protection sociale, de reconnaissance culturelle, mais aussi d'accès à la représentation politique, les deux dernières décennies sont une période d'incertitude particulièrement complexe. Si Henri Mendras (1988) parlait de « seconde révolution française » pour la période qui va de 1964 à 1984 – de la période post-Algérie jusqu'au renoncement des gouvernements socialistes à « changer la vie » –, qualifier la suivante de « seconde restauration » serait peu pertinent. Pour le noyau central des « nouvelles classes moyennes éduquées » en ascension dans les années 1970, il s'agit plutôt d'un « grand pas de côté », ou mieux, d'un « temps des incertitudes », où la stabilisation de leur statut avec leur entrée dans la maturité contraste avec, d'une part, les difficultés nouvelles d'une grande partie de leurs enfants et, de l'autre, avec le retour du patrimoine (mobilier et immobilier) depuis les années 1990, dont la conséquence est le déclassement relatif de l'éducation et de la culture dans la conquête d'un statut social.

Mais avant de parvenir à ces conclusions, revenons, avec Jean Fourastié ([1949], 1963), sur le « grand espoir du XXe siècle » tel qu'il était défini avant même l'établissement de la Ve République. Avec la fin de la Seconde Guerre mondiale, la période qui s'ouvrait pour les pays occidentaux d'économie avancée, avant tout aux États-Unis, en

Suède, en Australie, puis ailleurs, était caractérisée par : 1 - une économie postindustrielle fondée sur de hauts salaires, croissants ; 2 - la maîtrise des grands fléaux – dont les épidémies –, le chômage, la pauvreté de masse et, parallèlement, la hausse de l'espérance de vie sans invalidité et, *in fine*, le contrôle des risques sociaux de la naissance jusqu'à la vieillesse ; 3 - la valorisation des diplômes et la certitude que l'obtention de titres scolaires garantit un statut enviable et assure la promotion sociale ultérieure ; 4 - la mobilité sociale intergénérationnelle ascendante. Nous pourrions ajouter de façon apocryphe : 5 - la dépatrimonialisation, autrement dit, le fait que l'obtention de ressources économiques accumulées (en particulier par l'héritage familial) n'est plus centrale pour l'obtention d'un logement, d'une position sociale et pour la stabilisation des trajectoires individuelles ; 6 - la centralité politique, autrement dit, l'accession des catégories intermédiaires éduquées à la représentation syndicale puis politique, au travers d'une masse d'élus locaux, voire nationaux, de tout premier plan, en particulier à partir du 10 mai 1981.

DÉFINIR LES CLASSES MOYENNES

« Classes moyennes » devrait être invariablement au pluriel. Toute structure sociale hiérarchisée suscite l'émergence de catégories dotées d'un niveau intermédiaire de ressources susceptibles de les éloigner tout autant du sommet que de la base de la répartition considérée. Plus encore, entre les fractions intermédiaires en mesure de rejoindre le faîte de la distribution et celles qui jouxtent les catégories les moins dotées, une forte hétérogénéité peut apparaître. Dès lors qu'une échelle de patrimoine, une autre de revenus et une encore fondée sur les succès scolaires sont susceptibles de se distinguer les unes des autres, les classes moyennes peuvent former des noyaux diversifiés, juxtaposés, capables d'une autonomie partielle, et dont l'unification en un mouvement unique n'est en rien certaine.

Pour autant, quatre grandes caractéristiques sont centrales dans l'établissement de leur statut : 1 - il s'agit avant tout de catégories situées aux échelons intermédiaires de la société, et ce sur différentes dimensions (revenu, diplôme, patrimoine, pouvoir, etc.) ; 2 - ces groupes sociaux sont marqués par une aspiration à la mobilité sociale ascendante (ou par la volonté de résister au déclassement social) qui résulte presque mécaniquement de l'incertitude de leur position sociale objective ; 3 - ces groupes sont marqués par une aspiration à la sécurisation de leur position, soit par l'obtention de statuts sociaux institutionnalisés (l'État providence), soit par une accumulation patrimoniale permettant la maîtrise de leur avenir, et leur projection dans un après-demain à l'abri des accidents de l'existence ; 4 - dans une large mesure, ces aspects objectifs, souvent ténus, sont susceptibles de se solidifier subjectivement par l'apparition d'une identité collective protéiforme. Ainsi, en cas d'expansion numérique et idéologique des classes moyennes, le sentiment d'appartenance à cette catégorie peut dépasser très largement les frontières objectives du groupe social, de façon à agréger plus des deux tiers de la population ; dans des contextes de récession, en revanche, l'émergence d'une identité collective de classes moyennes en lutte peut opérer pour cimenter l'identité d'un groupe on ne peut plus hétérogène.

Devant cette confusion, la reconstruction de l'objet s'impose, en revenant aux fondations. Un retour aux sciences sociales allemandes, inventrices voilà un siècle de l'idée de « nouvelles classes moyennes » (*neue Mittelstand*), permet de résoudre une part des difficultés conceptuelles actuelles. Le contexte de la naissance de cette lecture est particulier, et bien distinct de la problématique française contemporaine (Christophe Charle, 2003) : il est celui d'une Allemagne wilhelmienne marquée par les transformations profondes des années 1870-1900, grâce auxquelles l'Allemagne est passée en une génération, quoique de façon inégale sur son territoire, de la féodalité à la modernité industrielle (Schultheis et Pfeuffer, 2002). Le contraste est ainsi maximal entre, d'une part, l'archaïsme des représentations sociales de l'époque (ce dont découle la notion même de *Mittelstand*, d'« État intermédiaire », comme nous parlerions de « Tiers État ») et, d'autre part, la vitesse saisissante des transformations de la structure sociale, marquée par l'industrialisation de haute technologie et, surtout, par une bureaucratie élaborée, en rapide expansion, liée à la très grande industrie et à la constitution tardive mais rapide d'un État centralisé. Il en a résulté au sein même de la social-démocratie allemande un débat sur la justesse ou l'inexactitude de la prophétie marxiste orthodoxe en termes de paupérisation absolue et de prolétarisation de la classe moyenne, point qu'Eduard Bernstein (1899) fut un des premiers à systématiser politiquement.

Pour autant, quelques années avant lui, Gustav Schmoller (1897) fut bien le premier à se confronter à la difficulté, dans un texte fécond qui anticipe sur un grand nombre de lectures sociologiques de la structure sociale. Il y souligne en effet deux grandes dimensions internes structurant les classes moyennes :

1 - D'une part, un *Obere* et un *Untere Mittelstand* sont distingués – la classe moyenne supérieure et la classe moyenne « intermédiaire », en termes qui nous sont contemporains –, ce qui permet de saisir la hiérarchie interne entre deux pôles, le premier jouxtant la haute bourgeoisie et le second voisinant la classe ouvrière ;

2 - D'autre part, un *Alte* et un *Neue Mittelstand* sont opposés – entre ancienne et nouvelle classe moyenne –, le premier pôle étant fondé sur les paysans, artisans et commerçants, pour l'essentiel, et le second, qui représentait une profonde nouveauté, bénéficiant alors de l'essor très rapide d'un salariat qualifié, de l'industrie, de la révolution technique qu'elle impliquait, mais, surtout, des services et de la grande bureaucratie publique (*Beamten*) comme privée (*Angestellten*).

Ce deuxième axe, qui permet de penser l'émergence d'une « nouvelle classe moyenne », reste d'une grande fécondité et d'une stupéfiante modernité. Quelques décennies avant Lederer et Marschak (1926) et Geiger (1932), et un demi-siècle avant *White Collar* (Mills, 1951) – qui est pour la sociologie classique des classes moyennes salariées l'auteur le plus visible –, une part majeure du débat est déjà en place bien avant la Première Guerre mondiale – Lederer, réfugié à la *New School for Social Research* jusqu'à sa mort en 1939, est le chaînon manquant entre la sociologie allemande de la Belle Époque et la sociologie américaine du *Golden Age*. En réalité, dans ce débat (émergence ou paupérisation des classes moyennes), le grand passage à vide 1914-1950 n'est pas un hasard : la rupture des deux guerres mondiales fut aussi une pause après une période d'expansion considérable, sinon un contre-coup après une accélération trop forte.

Pour en revenir au temps présent, l'intérêt de ces deux oppositions – « supérieure » *versus* « inférieure » et « anciennes » *versus* « nouvelles » classes moyennes – est de nous permettre de saisir les diversités toujours à l'œuvre aujourd'hui. Ces deux dimensions sont complémentaires et offrent une lecture analytique de quatre grands ensembles permettant de cadastrer le domaine des classes moyennes.

Graphique 1 : L'espace social schmollerien des classes moyennes

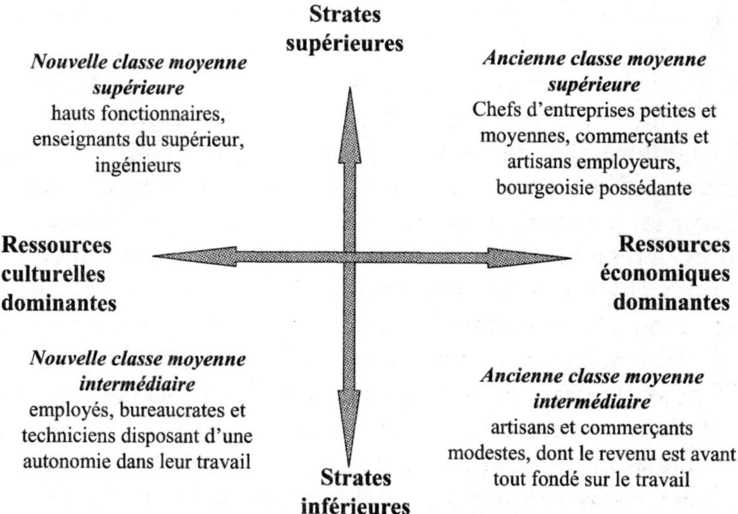

Au sein des classes moyennes, si le premier axe est avant tout celui de la hiérarchie sociale, le second oppose nettement le pôle de la grande entreprise et, avant tout, de l'État, des titulaires de la fonction publique, des salariés à statut, d'un côté, aux indépendants, à la moyenne et petite entreprise, à la logique marchande, de l'autre. Il s'agit donc, tout à la fois, d'une opposition entre « gens du public et gens du privé » (Singly et Thélot, 1988), et entre des modèles sociaux de recrutement nettement opposés, qui mettent directement en jeu l'école.

Ainsi, dans les grandes lignes, l'opposition entre « anciennes » et « nouvelles » classes moyennes correspond à l'opposition classique de la sociologie parsonnienne entre statuts « assignés » et « acquis » (*ascribed versus achieved status*). Dès lors, l'école est une agence de sélection et de recrutement essentielle pour les « nouvelles classes moyennes », mettant en jeu avant tout les critères d'une gestion bureaucratisée des carrières, selon une représentation du mérite se voulant objective et permettant une prévisibilité maximale des trajectoires selon une vision très weberienne.

Il reste que pour les principaux auteurs de la sociologie moderniste des décennies passées, l'axe du temps allait sans nul doute de la droite du schéma vers la gauche, dans un courant de rationalisation fondé sur une légitimité bureaucratique typique, où la qualification professionnelle reconnue par les diplômes est centrale et selon une représentation du mérite qui se veut totalement objective, mais aussi où la notion d'ancienneté et d'expérience sert à assurer une prévisibilité maximale des trajectoires (Max Weber). Cet axe horizontal correspond aussi à l'opposition entre les positions sociales, dont l'accès est conditionné par une accumulation capitalistique, et celles dont le recrutement est fondé avant tout sur la compétition scolaire. Devant cet espace social à deux dimensions et à quatre grands types, la difficulté est que, depuis près de vingt ans maintenant, la flèche du temps qui allait des anciennes aux nouvelles classes moyennes semble sinon brisée, en tout cas, singulièrement tordue. L'expression même de « nouvelles classes moyennes salariées » est à présent quelque peu surannée.

LES CLASSES MOYENNES DE L'EXPANSION À LA CRISE

Aujourd'hui, l'évidence de la crise des classes moyennes est à ce point évidente que nous aurions tendance à oublier que ce temps des difficultés est relativement récent sur l'échelle historique d'après la Seconde Guerre mondiale. Cette crise est en réalité d'autant plus profonde et visible dans les statistiques françaises que la période antérieure était exceptionnellement florissante. Il s'agit ici de passer en revue les grandes crises contemporaines des classes moyennes, en les contrastant avec la période précédente, celle de la seconde révolution française (1964-1984) chère à Henri Mendras.

La première crise, la plus évidente, est celle des revenus salariaux. Si cette crise est partagée par toutes les catégories de salariés, le déclassement salarial des « professions intermédiaires » (PI), qui forment le socle de la représentation des classes moyennes salariées intermédiaires sinon inférieures, apparaît avec évidence. En effet, si en 1975, le revenu salarial des professions intermédiaires était de l'ordre du double de celui des employés et ouvriers, il ne le dépasse plus que de l'ordre d'un tiers aujourd'hui. Il est vrai que cet écart apparent est d'autant plus faible que les déclarations annuelles de données sociales ne prennent pas en compte l'accroissement du risque de chômage des ouvriers et employés (jusqu'à des taux de 18 % lors des années les plus difficiles), mais il reste que l'intensité de ces transformations fait sens pour ceux qui la connaissent.

Salariés secteur privé emploi temps plein toute l'année salaires nets réels (euro constants 2004)

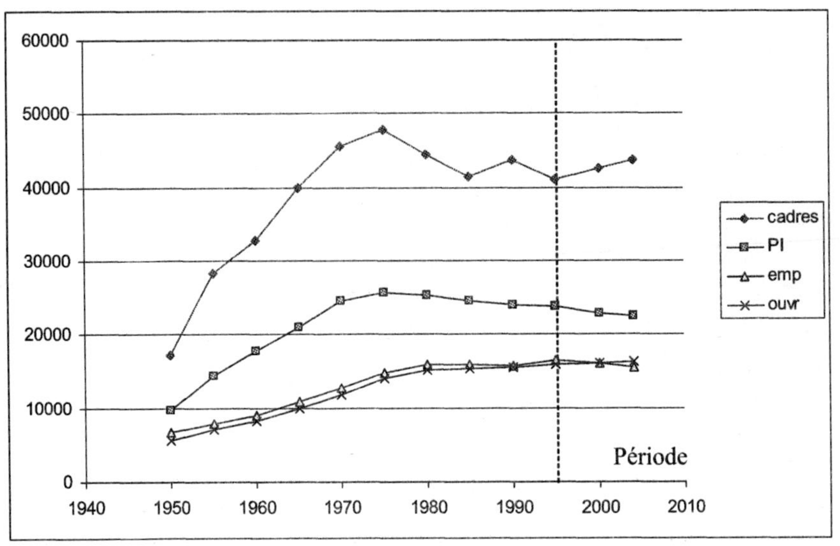

Source : DADS INSEE 1950-2004,
salaires et primes, entreprises privées et semi-publiques.

Dans cette crise salariale, les cadres font face à une longue stagnation des ressources économiques issues de leur travail. Ce tableau des rémunérations dans le secteur privé et semi-public a son équivalent dans le secteur d'État, les fonctionnaires ayant aujourd'hui des carrières dont le point d'entrée se situe à des niveaux salariaux 20 % inférieurs à ce qu'ils étaient trente ans plus tôt (Bouzidi *et al.*, 2007).

Salaires nets en termes réels dans Paris et indice des prix à l'acquisition de logements anciens de 1996 à 2006 (100 = 1996)

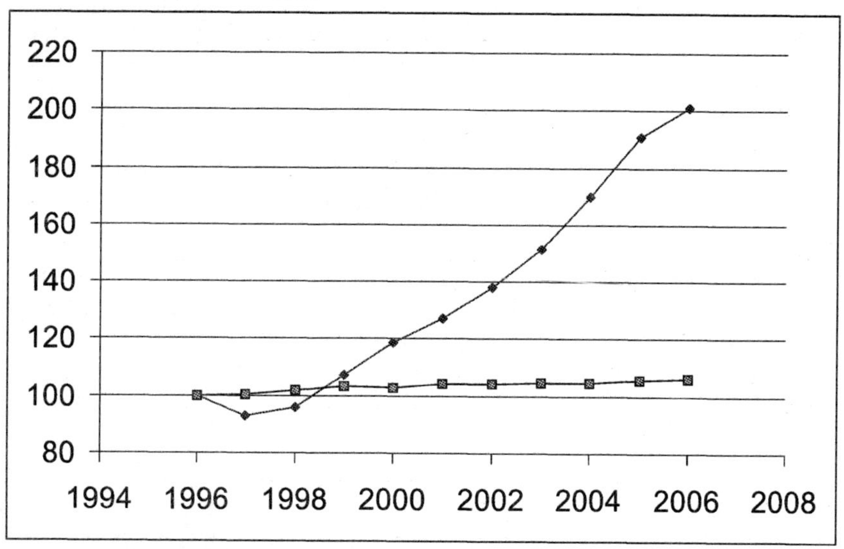

Source : DADS INSEE 1950-2004,
salaires et primes, entreprises privées et semi-publiques.

Cette crise salariale va de pair avec une modification profonde du rapport au logement dans un contexte de renchérissement de long terme des biens immobiliers, à Paris comme dans les grandes villes de région. Le doublement des prix dans le courant des années 1996-2006 (qui suit une élévation de près de 50 % sur la période décennale précédente) porte des conséquences éventuellement discordantes : si le patrimoine des uns se renchérit, le poids de l'acquisition des autres s'alourdit. Qu'en résulte-t-il ? En réalité, il s'agit là de profondes distorsions selon l'âge et, *in fine*, selon la génération. Très bonne nouvelle pour ceux qui se sont portés acquéreurs dans les années qui précèdent 1984 (qui peuvent ainsi passer de la catégories des classes moyennes salariées à celle des classes moyennes néo-patrimoniales), cette même hausse a des effets délétères sur les générations plus récentes, au sens où sans apport personnel (ou familial), les revenus salariaux ne permettent plus de se loger décemment, à l'achat comme à la location, d'où il résulte une distorsion forte au sein même des catégories moyennes, entre les jeunes pour qui le salaire est un appoint une fois le logement payé par les aides de la famille, et ceux pour qui plus du tiers des ressources sont absorbées par le logement, d'où un risque de repatrimonialisation (Chauvel, 2006) de la structure sociale après une période où l'expansion salariale permettait aux classes moyennes de s'autonomiser précocement vis-à-vis de la parentèle.

Un troisième aspect de la crise des classes moyennes est celui du déclassement scolaire, lié à l'inflation des diplômes typiques des classes moyennes intermédiaires, en particulier entre le baccalauréat et la fin du premier cycle universitaire.

Croissance scolaire : pourcentage de bacheliers par génération

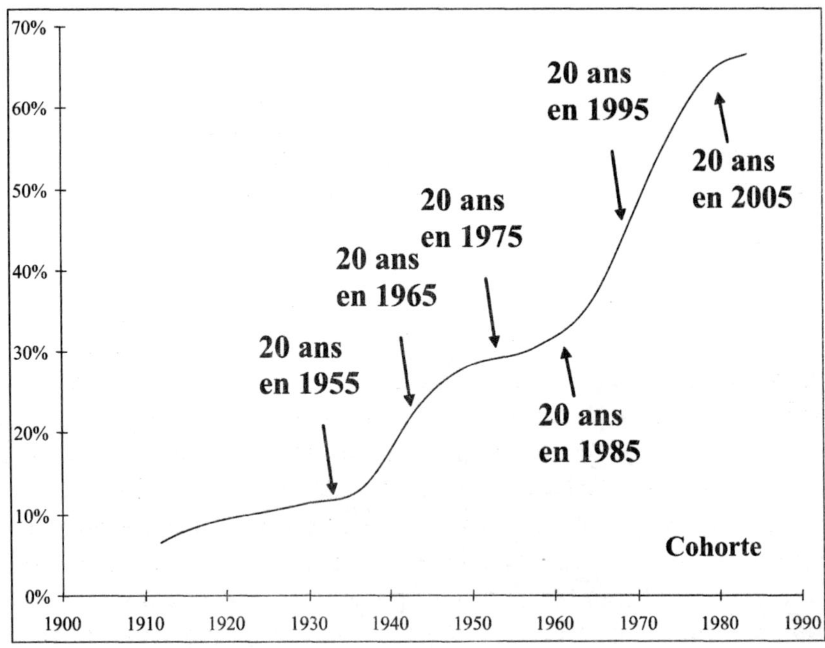

Source : enquêtes Emploi INSEE.

Pourcentage d'accès aux catégories cadres ou professions intermédiaires pour les titulaires du seul baccalauréat

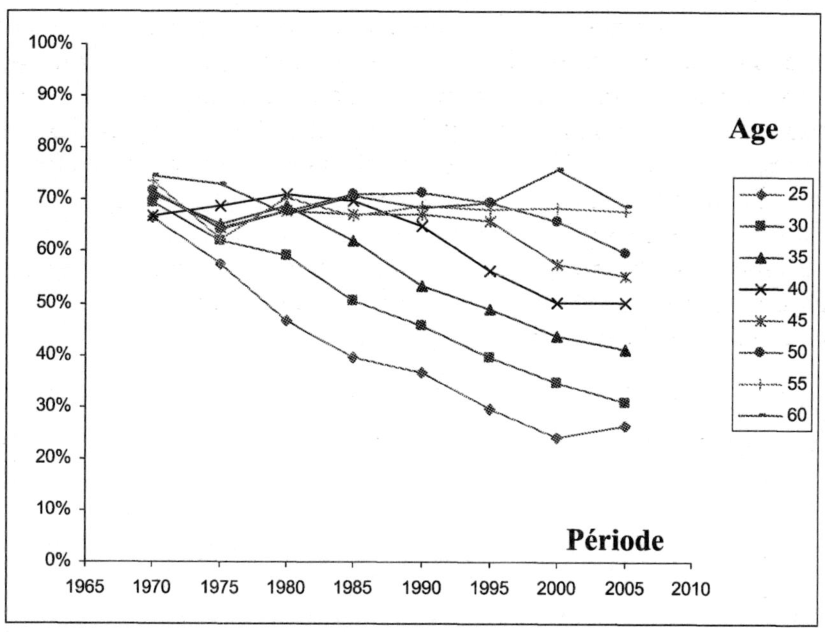

Source : enquêtes Emploi INSEE.

Nous pouvons montrer que les bénéficiaires de la « première explosion scolaire » (selon l'expression d'Antoine Prost) n'ont pas connu de transformation de la valeur de leurs titres : c'est un cas unique où la diffusion des titres n'a pas donné lieu à une dévaluation relative de leur valeur en termes de position dans la société. En revanche, toutes les générations entrées dans le monde du travail depuis 1975 (les cohortes qui ont 25 ans à partir de 1975 sont nées à partir de 1950) ont connu un déclin irréversible de la valeur de leur baccalauréat, qui ouvrait la voie d'accès aux classes moyennes salariées dans 65 % des cas en 1970, et dans seulement 28 % en 2005, les autres devant se contenter d'emplois dans les catégories d'employés ou d'ouvriers.

C'est ici que se révèle, plus encore que dans le cas du logement, la profonde distorsion générationnelle à l'œuvre dans cette crise des classes moyennes : les générations qui ont 60 ans en 2005 ont conservé toute leur vie la valeur initiale de leur baccalauréat, alors que leurs plus jeunes contemporains connaissaient la dévalorisation irréversible de leur diplôme. Il est vrai que, parmi les premiers nés du *baby-boom*, les bacheliers étaient plus sélectionnés. En revanche, pour les suivants, les transformations mesurées ici sont mécaniques si on a en vue qu'en France le diplôme est un bien positionnel qui permet de se classer dans sa propre génération, et non une ressource permettant d'entrer en concurrence avec l'ensemble des participants du jeu social, quelle que soit la génération. Mais pour ceux à qui on a expliqué dans les années 1990 que l'expansion des diplômes multiplierait intrinsèquement la taille des classes moyennes, améliorerait les carrières et réduirait le chômage des jeunes diplômés, l'écart entre les réalités et les promesses risque de développer une profonde frustration, voire un ressentiment lourd de conséquences délétères (Peugny, 2009).

Cette séquence générationnelle est particulièrement intéressante pour compléter la frise historique des jeunesses qui va de l'« aube des Trente Glorieuses » (Bantigny, 2007) jusqu'à l'issue du *baby-boom* (Sirinelli, 2003). Autant les premiers nés du *baby-boom* contrastent par leur bien-être économique (doublement de l'accès à la catégorie des cadres) et culturel (pour le baccalauréat) avec les dernières générations nées à la fin des années 1930, qui ont participé à la guerre d'Algérie, autant le dégradé qui va des générations nées à la fin des années 1940 à celles de la fin des années 1960 est considérable. Elle se lit aux risques relatifs de chômage à un âge donné, à la délitescence du contrat salarial, à la baisse relative des revenus, au poids du logement, à l'inflation scolaire, à l'expansion des taux de suicide à un âge donné.

Un point important pour la dynamique d'accession au pouvoir des nouvelles classes moyennes, bien qu'il n'ait guère retenu l'attention des observateurs de la vie politique française, est la composition de l'Assemblée nationale. Son analyse générationnelle depuis la fin de la Seconde Guerre mondiale met en évidence la succession de deux grandes générations. La première est composée de jeunes trentenaires à peine de 1945, généralement issus des mouvements de la Résistance, et qui ont acquis leur légitimité dans la période nouvelle qui s'ouvre à la Libération. La génération suivante est celle de leurs enfants, démographiquement parlant, nés autour de 1945, formés dans la déstabilisation politique du tournant de 1968, et qui ont trouvé leur institutionnalisation politique avec, notamment, le congrès d'Épinay où de nouvelles possibilités d'expression et d'ascension se sont ouvertes. Il est possible de suivre à droite de l'échiquier politique des homologies évidentes.

Dans cette perspective, de jeunes diplômés de l'université, recrutés le plus souvent dans la fonction publique, ont trouvé dans la période des années 1970 un champ d'expression culturelle, syndicale et politique (Bidou, 1984) qui a vu avec le 10 mai 1981 son apothéose, puis sa stabilisation. La structure par âge de l'Assemblée nationale, depuis 1981, est l'image même d'une génération de jeunes qui ne cesse de se succéder à elle-même sans penser à l'impératif de transmission intergénérationnelle.

Cette structure générationnelle souligne en définitive le contraste entre l'évidence de la stabilité et de l'institutionnalisation d'une génération de nouvelles classes moyennes salariées du public (l'« Assemblée nationale CAMIF ») et une autre réalité qui est, sinon la dépolitisation, certainement la perte de maîtrise syndicale ou politique de la génération qui la suit. Ce déséquilibre, qui n'est pas encore au centre des enjeux politiques et sociaux, ne pourra tarder à paraître au grand jour pour se résoudre en une profonde crise de la représentation, portant en germe, vraisemblablement, la refamilialisation de la représentation nationale, avec un retour des lignées. Cette dynamique est parallèle à la tendance de repatrimonialisation qui caractérise l'espace économique des classes moyennes.

Évolution de la répartition par âge des députés 1981-2007 (tranches d'âge 5 ans)

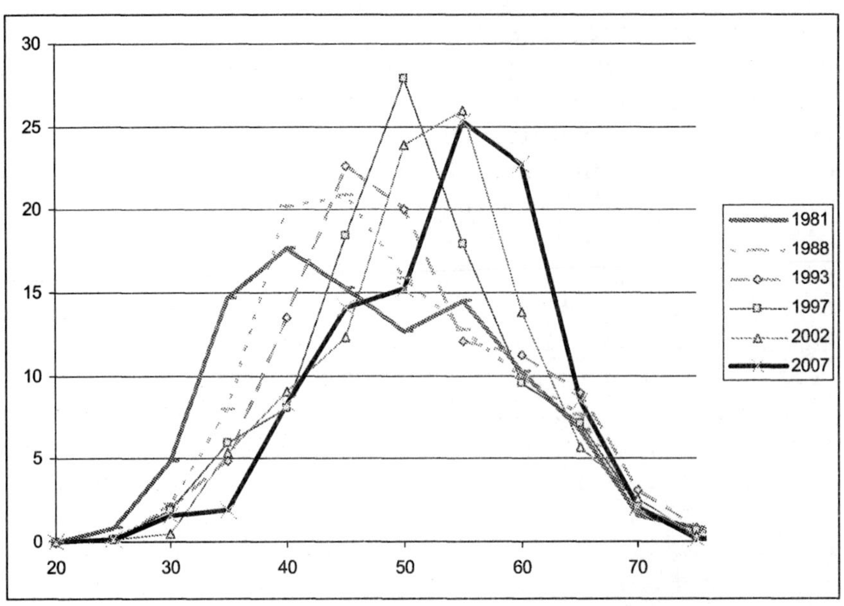

Source : Trombinoscopes de l'Assemblée nationale et base Sycomore.

CONCLUSION : UNE CRISE MULTIDIMENSIONNELLE DES « NOUVELLES CLASSES MOYENNES »

L'expression même de « nouvelles classes moyennes » est aujourd'hui singulièrement datée, parce que le modèle, maintenant ancien, de modernisation qui était encore celui des années 1970 s'est éloigné et fait place à un nouveau modèle où le rôle de l'école comme agence ou institution de reproduction, de sélection et de répartition de la population a changé. La dynamique des sous-groupes sociaux constitutifs des « classes moyennes » met en évidence une crise profonde de recrutement, en particulier des fractions les plus liées à l'État.

En réalité, les relations des classes moyennes à l'école sont au moins de trois ordres : elles relèvent avant tout de l'école comme lieu de formation de classes moyennes, ensuite, comme lieu de reproduction de ces mêmes classes moyennes, et, enfin, comme employeur central de ces classes, le système universitaire, scolaire, de recherche – et, plus généralement, le système d'État providence qui le généralise – étant le pourvoyeur central d'emplois de ces classes moyennes. Chacune de ces dimensions révèle une crise profonde.

L'inversion de la dynamique ancienne produit notamment un profond pessimisme scolaire parallèle à un malaise des classes moyennes qui, jusqu'à présent, voyaient leur développement bénéficier de cette expansion. Maintenant que cette relation n'est plus assurée, l'école tend à jouer le rôle de bouc-émissaire, chargé de la responsabilité de calamités dont la source est très vraisemblablement ailleurs. Au même moment, on assiste à un surinvestissement du haut des classes moyennes, en particulier, de celles qui disposent de ressources économiques confortables au-delà d'une certaine dotation scolaire, dont les enfants parviennent à rattraper, voire à dépasser, ceux des groupes sociaux qui, jusqu'à présent, avaient le plus bénéficié de l'école comme lieu de reproduction scolaire.

Il en découle une profonde crise de certaines fractions des classes moyennes, en particulier des « nouvelles classes moyennes intermédiaires », typiquement, les instituteurs et les travailleurs sociaux ou ceux de la santé, qui pourraient aujourd'hui subir les contrecoups de leur développement extraordinaire à la fin des Trente Glorieuses. La France n'est pas un cas singulier et d'autres pays, comme les États-Unis, ont connu des évolutions similaires, en particulier dans les années 1970, lorsque Richard Freeman (1976) s'intéressait à l'Américain sur-éduqué (*Overeducated American*), dans le contexte d'une raréfaction des recrutements au sein des classes moyennes supérieures (Chauvel, 2001). Il reste qu'en France, les évolutions contemporaines sont d'autant plus visibles et symboliques que l'école est plus centrale dans le processus de sélection des élites. L'exemple américain montre pourtant l'intensité des conséquences politiques d'une crise de confiance vis-à-vis du système scolaire qui a connu, depuis 1980, des réformes structurelles considérables. Dans le cas français, c'est l'institution centrale porteuse d'une idée de progrès fondé sur la méritocratie qui pourrait en subir les conséquences. Du même coup, on se demande aussi ce qui est « nouveau », aujourd'hui, dans ces « nouvelles classes moyennes salariées » dont l'avenir est maintenant fort incertain. Le jeu dynamique de la Ve République s'est confondu jusqu'à présent avec la jeunesse et l'ascension de ces « nouvelles » classes moyennes du *baby-boom* dans la période 1958-1981, jusqu'à leur accession au pouvoir et leur institutionnalisation de 1981 à nos jours, mais une nouvelle période devra s'ouvrir, immanquablement, dès 2012. La difficulté est que rien n'est fait pour s'y préparer.

Bibliographie

Ludivine Bantigny, *Le plus bel âge ? Jeunes et jeunesse en France de l'aube des Trente Glorieuses à la guerre d'Algérie*, Paris, Fayard, 2007.

Eduard Bernstein, *Die Voraussetzungen des Sozialismus und die Aufgaben der Sozialdemokratie*, Stuttgart, J.H.W. Dietz Nachf, 1889.

Catherine Bidou, *Les aventuriers du quotidien : essai sur les nouvelles classes moyennes*, Paris, Presses universitaires de France, 1984.

Btissam Bouzidi, Touria Jaaidane et Robert Gary-Bobo, « Les traitements des enseignants français 1960-2004 : la voie de la démoralisation ? », *Revue d'économie politique*, 117 (3), 2007, p. 323-363.

Christophe Charle, « Les classes moyennes en France : discours pluriel et histoire singulière (1870-2000) », *Revue d'histoire moderne et contemporaine*, 50 (4), 2003, p. 108-134.

Louis Chauvel,

« Un nouvel âge de la société américaine ? Dynamiques et perspectives de la structure sociale aux États-Unis (1950-2000) », *Revue de l'OFCE*, 76, 2001, p. 7-51 ;

Les classes moyennes à la dérive, Paris, Seuil, 2006.

Jean Fourastié. Le *Grand Espoir du XXe siècle*, Paris, Gallimard, [1949] 1963.

Richard B. Freeman, *The Overeducated American*, New York, Academic Press, 1976.

Theodor Geiger, *Soziologische Gegenwartsfragen, Heft 1 : Die soziale Schichtung des Volkes. Soziographischer Versuch auf statistischer Grundlage*, Stuttgart, Ferdinand Enke Verlag, 1932.

Emil Lederer et Jacob Marschak, « Der neue Mittelstand », in *Grundriss der Sozialökonomik, Das soziale System des Kapitalismus 9 (1)* 120-141, Tübingen, Mohr, 1926.

Henri Mendras, *La seconde révolution française. 1965-1984*, Paris, Gallimard, 1988.

Charles Wright Mills, *White Collar*, New York, Oxford University Press, 1951.

Camille Peugny, *Le déclassement*, Paris, Grasset, 2009.

Gustav Schmoller, *Was verstehen wir unter dem Mittelstande ? Hat er im 19. Jahrhundert zu oder abgenommen ?*, Göttingen, Vandenhoeck und Ruprecht, 1897.

Franz Schultheis et Andreas Pfeuffer, « Quelques particularités allemandes dans la représentation statistique du monde social », *Sociétés contemporaines*, 2002, p. 17-46

François de Singly et Claude Thélot, *Gens du privé, gens du public*, Paris, Dunod, 1988.

Jean-François Sirinelli, *Les baby-boomers. Une génération 1945-1969*, Paris, Fayard, 2003.

Probleme der Mittelschicht

1. Gehälter stagnieren (die vorher regelmäßig stiegen)

2. Überteuerung des Wohnraums (v.a. in den großen Städten) wodurch das Gehalt weggefressen wird.

3. Entwertung d. Schulbildung: Abi wird für viel mehr Berufe vorausgesetzt & immer mehr Leute haben Zugang. Studium ist keine Jobgarantie mehr.

Auch in anderen Ländern aber 2/3 in F besonders stark, aufgrund der Bedeutung d. Schule für die Selektion d. Eliten.

Les fractures sociales de la Ve République : métaphores pour les inégalités

CHRISTIAN CHEVANDIER

Le 17 juin 2008, l'éditorial du *Monde* évoque des « fractures – sociales, scolaires, ethniques, urbaines » qui « se creusent ». Un demi-siècle plus tôt, un emprunt était lancé d'urgence par le nouveau président du Conseil, Charles de Gaulle, première étape d'une politique économique qui, dans le budget 1959, prévoyait des augmentations d'impôts et de tarifs publics mais augmentait le salaire minimum garanti, majorait les allocations familiales et ajoutait un versement immédiat aux pensions de retraite. Tout au long des cinquante premières années de la Ve République, la conscience fut grande des inégalités sociales mais leur évocation s'est peu à peu diluée. Après avoir mis en perspective l'usage des termes qui énoncent la question, je tenterai ici une approche de la dynamique des inégalités tout au long de la Ve République avant de me demander s'il est pertinent de les étudier à cette échelle.

DÉSIGNER LES TROUBLES DE LA SOCIÉTÉ

En ces temps où la communication semble décisive, l'usage de métaphores pour désigner un phénomène ou une question sociale s'est généralisé, métaphores choisies rarement avec bonheur. C'est plutôt par des références historiques et juridiques que des syntagmes parviennent à synthétiser une approche, comme *la Relégation*, rapport de Jean-Marie Delarue en 1991 sur la « crise des banlieues ».

Pour reprendre l'article cité *supra*, à quoi peut bien correspondre une fracture ethnique qui se creuse ?

« Une fracture sociale » : en 1995, le candidat Jacques Chirac avait ainsi décrit le mal de la société, légèrement critiqué par l'autre candidat, Lionel Jospin : « Il y a deux France qui s'écartent. Je n'appellerai pas ça une fracture, mais une faille, car elle se creuse »[1]. Le mot fracture, par son étymologie tout comme son emploi initial, désigne une rupture violente au sein d'un ensemble. L'usage le plus commun se fait en traumatologie, pour désigner une lésion osseuse caractérisée par une discontinuité. Le mot qui désigne le soin le plus efficace est lui-même ambivalent, puisque si pour un médecin réduire une fracture consiste à rétablir la continuité de l'os, ce verbe est aussi synonyme de minorer. La principale faiblesse du terme, qui assimile la société à un individu et se situe dans le champ de la pathologie, est que les fractures (du moins la plupart de celles que l'on peut réduire) troublent la continuité d'un membre plus que du corps dans son ensemble. Ce serait ainsi une partie seule de la société qui serait atteinte de ce mal. Parmi ses avatars les plus singuliers, celui de « fracture numérique » caractérise le fait que l'usage de l'outil informatique n'est pas le même en fonction des groupes sociaux et des générations ou des classes d'âge. Cela mériterait d'être nuancé, lorsque les plus âgés ont été initiés à l'informatique en programmant et maîtrisent le fonctionnement de cette technologie tandis que la plupart de leurs cadets n'en ont qu'un usage passif (en dépit d'une « interactivité » qui ne fait que les conformer à des programmes)[2]. La métaphore évite ou empêche de penser le phénomène. Ce n'est cependant pas récent : le fondateur de la Ve République parlait déjà d'ouvrir « une brèche [...] dans le mur qui sépare les classes »[3], investissant un champ sémantique familier à ce militaire praticien de l'offensive.

Le ministre et candidat Nicolas Sarkozy évoque quant à lui les

1. Débat télévisé entre Jacques Chirac et Lionel Jospin, 2 mai 1995.

2. Dominique Pasquier, *Cultures lycéennes. La tyrannie de la majorité*, Paris, Autrement, 2005.

3. Charles de Gaulle, *Mémoires d'espoir*, tome 1, Paris, Plon, 1970, p. 162.

« accidentés de la vie »[1] – surprenante expression –, où la notion de rupture s'oppose à un déterminisme dont il semble faire la base de son système de pensée. Cependant, comme les précédentes, elle a une signification et s'inscrit dans une approche politique de la question sociale. Ainsi, dans le contexte de la préparation de la loi sur le revenu minimum d'insertion (RMI), l'expression « nouveaux pauvres » est apparue dans les années 1980. Elle a été reprise et utilisée pour stigmatiser la politique de la gauche qui serait responsable de cette « nouvelle » pauvreté dont la genèse aurait été de nature conjoncturelle, et la structure n'avait donc pas à être remise en cause. À la fin des années 1990, le terme de dépendance a été généralisé lorsqu'il fut question de la « prestation spécifique dépendance », créée par la loi du 24 janvier 1997. Plus récent encore, celui de défectologie renvoie à une démarche de stigmatisation. Si la nécessité de nommer, de désigner, est indéniable, le choix des mots est loin d'être innocent.

La notion qui eut le plus vif succès est celle d'« exclusion », théorisée et popularisée dans un livre écrit en 1973 par René Lenoir[2] qui y trouva un viatique pour ses fonctions de secrétaire d'État à l'Action sociale, du gouvernement Chirac en 1974 à celui de Raymond Barre en 1978. Elle a été critiquée comme conçue pour rendre « indéchiffrables les phénomènes dits d'exclusion en termes d'aggravation et de renouvellement des formes d'exploitation et de domination, donc en définitive de luttes de classes » et participe à l'« invisibilisation » des classes sociales[3]. Lorsque la crise des années 1970 a produit ses premiers effets, alors que les gouvernements Messmer puis Chirac avaient pour politique « moins [de] combattre [la pauvreté] que la stabiliser », l'usage de ce terme « qui porte déjà l'indétermination qu'il a gardé depuis » et regroupe 2 à 3 millions de handicapés physiques et mentaux, plus de 1 million d'invalides âgés et 3 à 4 millions

1. Voir son discours du 24 décembre 2006 sur « La France qui souffre », prononcé lors d'un déplacement dans les Ardennes.

2. René Lenoir, *Les exclus*, Paris, Le Seuil, 1974.

3. Roland Pfefferkorn, *Inégalités et rapports sociaux. Rapports de classes, rapports de sexes*, Paris, La Dispute, 2007, p. 127.

d'« inadaptés sociaux » participe, selon Robert Castel, au brouillage de « la distinction Sécurité sociale-aide sociale »[1].

D'autres expressions ont connu quelque fortune, telle celle de l'« ascenseur social » (qui est « en panne »). S'il s'agit d'expliquer que les processus de mobilité sociale ascendante sont moins systématiques, l'image est plaisante. Elle se situe dans la continuité de l'expression d'« échelle sociale », dont les barreaux sont des échelons où l'on progresserait petit à petit, qui relève d'une perception de la société qui combinerait les apports de Carl von Linné (débarrassé de son fixisme) et ceux d'Auguste Comte. En revanche, il est plus malaisé d'y trouver l'explication d'un tel phénomène : un ascenseur se meut (dans les deux sens) dans un immeuble relativement immuable. Or, les phénomènes de mobilité sont plus notables dans des sociétés en mutation. Habitués au temps long, les historiens qui préfèrent parler de mobilité sociale ascendante plutôt que d'ascension sociale, sont réticents à emprunter l'ascenseur social qu'ils ne parviennent pas à repérer. Ces expressions n'en sont pas moins utiles pour rendre compte de la complexité de certains phénomènes : ainsi, au-delà des inégalités mesurables, la fracture sociale nécessite de prendre en compte la subjectivité des acteurs.

Un autre enjeu s'est présenté lorsque le mot « équité » a été mis en avant pour réfuter le concept d'égalité, censé présenter nombre d'effets pervers. L'emploi en a été souvent effectué par des contresens, abandonnant la dimension réparatrice et égalisatrice du mot qui fait que l'impôt progressif est la mesure sociale équitable par excellence. La confrontation terminologique peut se dérouler à l'intérieur d'un même milieu politique. Dès les débuts de la Ve République, pour contrecarrer les analyses de la mutation du salariat qui mettaient en avant l'émergence de la nouvelle classe ouvrière, le Parti communiste français (PCF), pendant une décennie et demie à partir de la fin des années 1950, s'est accroché aux mots ingénieurs, cadres, techniciens afin de ne pas laisser l'Union générale des ingénieurs, cadres et techni-

1. Robert Castel, *La métamorphose de la question sociale. Une chronique du salariat*, Paris, Fayard, 1995, p. 420.

ciens (UGICT) conquérir une place prépondérante au sein de la Confédération générale du travail (CGT)[1].

S'il ne se limite pas à une démarche pédagogique et tend vers le paradigme, l'usage de métaphores ne fait que rendre plus flou ce qui est désigné, en empêche l'intelligence. Il n'en reste pas moins que des catégories peuvent être déterminées, et doivent dès lors être désignées. Pierre Bourdieu distingue ainsi la misère de position de la misère de condition. Depuis le début du second septennat de François Mitterrand, trois grands concepts ont été élaborés pour comprendre les inégalités afin de tenter d'en venir à bout : la « disqualification sociale » de Serge Paugam, le « déclassement » de Pierre Bourdieu et, enfin, la « désaffiliation » de Robert Castel. À ce propos, il est remarquable que ce soit à un sociologue que l'on doive un ouvrage d'histoire sociale parmi les plus efficaces en termes d'intervention sociale. Et le fait qu'il ait auparavant consacré ses recherches à la psychiatrie rappelle la nécessité des va-et-vient de l'individu au collectif et la prise en compte d'éléments toujours malaisés à saisir et à inclure dans une approche politique.

L'ÉTAT DES INÉGALITÉS

Il ne sera pas ici développé de manière acérée la réalité de la dynamique des inégalités. De nombreux travaux, notamment ceux de Philippe Askenazy, Alain Bihr, Robert Castel, Louis Chauvel, François Dupuy, Camille Landais, Éric Maurin, Serge Paugam, Roland Pfefferkorn, Thomas Piketty, Robert Rochefort et Emmanuel Todd permettent d'affirmer que, « si l'on se rappelle la violence des inégalités sociales qui persistaient encore au milieu du XXe siècle, la France d'aujourd'hui ressemble sans doute à un tout autre monde »[2]. De fait,

1. Jean-Michel Chapoulie, Olivier Kourchid et Jean-Louis Robert (dir.), *Sociologues et sociologie. La France des années 60*, Paris, L'Harmattan, 2005, p. 195-291.

2. Louis Chauvel, « Stratifications sociales. Grandes tendances », *L'État de la France*, Paris, La Découverte, 2003, p. 116-125.

entre le début de la présidence de Charles de Gaulle et la fin de celle de François Mitterrand, le rapport entre les niveaux de vie du dernier et du premier décile des revenus n'a cessé de décroître[1]. Il semble cependant que la tendance se soit inversée au cours de la décennie qui a suivi, notamment parce que la hausse des revenus des capitaux mobiliers a été bien plus importante que celle des salaires[2]. Ce phénomène s'explique par l'évolution de la part des revenus du capital dans le partage de la valeur ajoutée des entreprises qui a connu une croissance considérable à partir de 1982 aux dépens de ceux du travail et atteint en France, depuis le milieu des années 1990, un niveau jamais connu au cours du XXe siècle dans ce pays, mais aussi au Royaume-Uni et aux États-Unis[3]. Cette répartition de la richesse créée n'empêche pas que le taux de croissance moyen du pouvoir d'achat du salaire net ouvrier par an a toujours été positif, mais elle explique que, évaluée quantitativement, la fracture sociale qui s'est réduite tout au long des quatre premières décennies de la Ve République s'est ensuite élargie. Par leurs revenus, par leurs patrimoines, les nantis sont de plus en plus riches sans que les miséreux ne deviennent de plus en plus pauvres. C'est dans cette dynamique initiale qu'ont disparu, ces décennies-là, certaines marques de la pire indigence, comme les bidonvilles et la tuberculose. Si ces calamités sont présentes sur le territoire français au début du XXIe siècle, ce n'est que pour de rares migrants, misère importée qui ne reflète en rien l'état de la société française.

Quelle signification accorder cependant, dans la perspective qui nous préoccupe, à cette évolution ? Quel est le sens de la différence entre le « parachute doré » du patron d'EADS qui perçoit en 2006 l'équivalent de 565 années de SMIC et celui, supérieur de trois siècles l'année suivante, du patron de Vinci ? Lorsque les milliardaires se

1. En revanche, le rapport entre les salaires des cadres et ceux des ouvriers ne diminue que depuis la fin des années 1960.

2. 30,7 % contre 5,3 % entre 1998 et 2005 ; toutes les données quantitatives citées proviennent de l'INSEE.

3. Thomas Piketty, *L'économie des inégalités*, Paris, La Découverte, 2004, tableau VIII, p. 40.

livrent à la compétition du plus long yacht, cela importe-t-il vraiment que les 60 mètres du *Paloma* de Vincent Bolloré aient détenu quelque temps le record français ? Sans doute la dimension ostentatoire de ces richesses les rend-elle moins supportables et contribue-t-elle à élargir la « fracture », *a fortiori* lorsque la proximité des hommes d'argent et des hommes de pouvoir est affichée. Depuis le président de Gaulle, qui avait dû à ce propos réfréner les ardeurs de son deuxième Premier ministre, les gouvernants avaient tenté de conserver une certaine discrétion. « Avec Sarkozy, la nécessité de la corruption en son sens intellectuel, soit l'harmonie que l'on suppose entre les intérêts privés et le bien public, cesse de devoir se dissimuler, et cherche à ce que l'on puisse même en faire étalage. » [1] Mais ce phénomène n'est pas à l'origine de l'hostilité aux forts écarts de fortune. Depuis plus d'une décennie, la chanson qui a eu le plus de succès lors des manifestations proclamait : « Tout est à nous, rien n'est à eux, tout ce qu'ils ont, ils l'ont volé. »

Tout autant que dans les portefeuilles et les coffres, c'est dans la vie que l'historien a tendance à quérir les inégalités. Celles d'accès aux soins sont déterminantes, mais le mode de vie est loin d'être secondaire. Au rachitisme encore perceptible au début de la IVe République s'est paradoxalement substituée l'obésité des enfants comme marque de la pauvreté : un enfant d'ouvrier qualifié a cinq fois et demi plus de risque d'être obèse en 2004 que celui d'un cadre. L'indicateur le plus pertinent est sans doute l'espérance de vie qui est à 35 ans, lors de la dernière décennie du siècle, de sept années plus longue pour les hommes cadres supérieurs que pour les hommes ouvriers. Observée sur le demi-siècle du régime, cette différence ne s'est pas réduite. Les conditions de logement sont souvent présentées comme un élément déterminant de cette « fracture sociale », voire comme son principal facteur. Les recensements de 1954 et 1962 puis de 1999 montrent à quel point, pour l'ensemble de la population, elles se sont améliorées, progrès dont ont surtout bénéficié les plus pauvres. Les grands ensembles ont succédé

1. Alain Badiou, *De quoi Sarkozy est-il le nom ?*, Paris, Lignes, 2007, p. 124.

aux taudis et bidonvilles et si une critique pertinente a pu en être rapide[1], l'amélioration est indéniable. Les dégradations de conditions de vie en commun, la volonté également de s'éloigner de ceux qui sont considérés comme les plus néfastes, affectent cependant leurs habitants tout comme ceux des banlieues pavillonnaires[2]. En revanche, les milieux aisés parviennent à préserver leur environnement de l'altérité. La fracture sociale est ici tranchée[3].

Dans le domaine du travail, où la fracture n'est plus seulement entre ceux qui en vivent et les autres (bien que l'on puisse constater que plus les revenus augmentent, plus la part de ceux du travail est réduite) mais peut également être repérée en fonction de la nature de l'ouvrage, de l'importance de l'usage de la force physique ou de la répétition de tâches d'un intérêt réduit, les indicateurs montrent une aggravation continue et assez générale. Dans ce cadre, la contrainte hiérarchique devenue plus supportable lors des premières décennies de la Ve République du fait, notamment, des conflits sociaux des années 1968, se fait de nouveau plus pesante. L'environnement du travail devient ainsi contraignant, affecte plus profondément l'individu[4]. Le poids nouveau des troubles musculo-squelettiques s'explique par les nouvelles pratiques d'organisation du travail et leur enjeu majeur, l'articulation entre flexibilité et intensification du labeur. Le « management par objectif » met les salariés en demeure d'obtenir des résultats sans marge de manœuvre avec une contrainte temporelle considérablement alourdie. Sont touchées des populations longtemps épargnées et indemnes de tâches ingrates. Le *stress* est ainsi devenu explicitement un mode de gestion, notamment de l'encadrement et de professionnels très qualifiés qui ne subissent aucune pénibilité physique. La mode des évaluations, peu rigoureuses et

1. René Kaës, *Vivre dans les grands ensembles*, Paris, Éditions ouvrières, 1963.
2. Marie Cartier, Isabelle Coutant, Olivier Masclet et Yasmine Siblot, *La France des « petits-moyens ». Enquête sur la banlieue pavillonnaire*, Paris, La Découverte, 2008.
3. Éric Maurin, *Le ghetto français. Enquête sur le séparatisme social*, Paris, Seuil, 2004.
4. Christophe Dejours, *Souffrance en France. La banalisation de l'injustice sociale*, Paris, Seuil, 1998.

effectuées par des individus qui ne rendent aucun compte, affecte particulièrement ces travailleurs qui accordent beaucoup d'importance à l'institution dont ils relèvent. En touchant de telles populations, l'évolution de l'activité laborieuse a plutôt réduit la fracture sociale. Des groupes professionnels jusque-là plus concernés par la pénibilité du travail disposent de ressources qui manquent aux cadres ; ainsi, les conditions de travail des conducteurs de la SNCF sont encore déplorables mais ils ont la possibilité de s'inscrire dans un collectif, de se réclamer d'une solidarité corporative ou de classe et de tenir des discours altruistes, facteurs d'une meilleure endurance.

L'augmentation considérable des actes de délinquance depuis le milieu des années 1960 fut un des enjeux de la campagne électorale de 2002 et elle ne s'est pas interrompue depuis. Les victimes en sont avant tout des milieux populaires, ce qui permet de percevoir l'« insécurité [comme] miroir de l'inégalité sociale »[1]. Il ne s'agit pas là simplement de l'évolution générale de la délinquance qui, à population égale, a plus que doublé depuis les débuts de la Ve République, mais bien d'un autre aspect de cette fracture sociale qui fait que ce sont les voitures des pauvres que l'on brûle, les établissements scolaires qui accueillent les enfants des milieux populaires où s'exercent les violences les plus graves. Ce qui était scandaleux est devenu habituel : il y a eu autant d'incendies d'automobiles dans la région parisienne pour le 14 juillet 2008 que de véhicules y avaient été endommagés en mai et juin 1968. La tolérance accrue des milieux favorisés envers ces actes qui les concernent peu participe de l'élargissement de la fracture sociale.

Reste l'avenir. L'on va nous répétant que les jeunes adultes d'aujourd'hui seraient la première génération qui ne vivra pas mieux que ses parents ? Qu'en savons-nous ? D'abord de la réalité de ce reflux : pour n'en rester qu'aux éléments matériels, la croissance n'est pas négative et, si elle était distribuée équitablement, la part revenant à chacun serait supérieure à celle des décennies précédentes. Au demeurant, une telle assertion fait fi de la situation de bien des

1. Didier Peyrat, *En manque de civilité*, Paris, Textuel, 2004, p. 78-87.

groupes pour lesquels la question ne se pose pas, des enfants d'immigrés qui ont fui la misère de leur pays aux jeunes du Gotha dont la famille fait tout, avec succès, pour qu'ils ne quittent pas leurs ghettos. Surtout, si les phénomènes de mobilités intergénérationnelle ascendante ont pu être prédominants lors des XIXe et XXe siècles (et largement dans la deuxième moitié de ce dernier), notamment du fait de l'évolution de la stratification sociale et de l'arrivée d'immigrants venant occuper les strates inférieures, ils n'ont pas empêché des parcours de mobilité descendante. Qu'en fut-il même d'un optimisme antérieur ? Jusqu'aux premières années de la Ve République, c'est bien la perspective pour les jeunes hommes d'aller combattre, et pour les jeunes femmes de porter des habits de deuil, qui inquiétait. Une histoire de l'avenir reste à écrire pour mieux comprendre la société française, les perspectives qu'elle a cru être les siennes et, en définitive, la façon dont on construisait (ou ne construisait pas) le présent. En revanche, la bien moindre prégnance, dans l'agencement des sociabilités populaires, des grands mouvements politiques ou religieux étayés par la conscience de la nécessité d'une justice sociale est un élément de poids du recul du bien-être dans ces milieux. Les organisations liées au Parti communiste, dans une bien moindre mesure aux socialistes sinistrés par la guerre d'Algérie, mais aussi largement au christianisme le plus social, autour de l'Action catholique ouvrière (ACO), de la Jeunesse ouvrière chrétienne (JOC) et de la Jeunesse étudiante chrétienne (JEC), ont presque disparu ; Billancourt, si l'usine Renault s'y élevait encore, aurait de quoi désespérer. Les milieux les plus aisés, dont le programme est de perpétuer leur domination et de demeurer dans leur entre soi, peuvent être bien plus optimistes ; en cela, la fracture sociale de l'espoir s'est indéniablement élargie. Il semble aussi qu'il n'y ait plus, en ce début de siècle, de laboratoire d'idées implanté dans la société comme ceux qui ont renouvelé la pensée politique et sociale aux débuts de la Ve République. Aucun groupement politique ne peut évoquer le Parti socialiste autonome (PSA) – puis le Parti socialiste unifié (PSU) – et les discussions menées dans le syndicalisme chrétien autour de Reconstruction mais aussi la politique culturelle impulsée par la Confédération générale du travail (CGT). Restent bien sûr, restreints aux milieux dont c'est la profession, des clubs comme la République des idées qui se situent dans le même champ que le Club Jean-Moulin un demi-siècle plus tôt[1] ; si le sujet des inégalités sociales y est bien plus abordé, c'est aussi parce que la conjoncture politique a perdu de son intensité[2].

Il n'en reste pas moins que ces inégalités existent dans une société démocratique qui n'est pas une société d'ordre. Un passage d'une lettre de la marquise de Sévigné avait été utilisé par Tocqueville pour expliquer : « On ne concevait pas clairement ce que c'était que de souffrir quand on n'est pas gentilhomme. » N'y a-t-il pas semblable disposition en ces temps où l'on use outre mesure du mot « sentiment » ? Le terme « sentiment d'insécurité » a permis de minorer la délinquance dont sont victimes les milieux populaires ; il correspond à une réelle incapacité de percevoir les conditions de vie d'une partie de la population. Les avatars de cette expression, dont le succès politique serait à reconsidérer, ont proliféré. Lorsqu'un ministre évoque le « sentiment d'une baisse du pouvoir d'achat », force est de mettre en relation son train de vie et celui de ses concitoyens qui éprouvent un tel « sentiment ». Cette démarche est du même ordre que celle qui infantilise des opposants en expliquant que s'ils pensent ou votent mal, c'est parce qu'ils ne comprennent pas bien et qu'il faut faire un effort de « pédagogie ». Là encore, nous ne sommes pas loin de la question qui nous préoccupe puisque c'est généralement à propos de l'attitude des milieux populaires que ce mot est utilisé. Quelle que soit la réalité des différents types d'inégalité et leur évolution, la volonté d'une partie de la population de se distinguer des plus faibles et des plus pauvres ne fait qu'exacerber ce « sentiment d'inégalité ».

1. Claire Andrieu, *Pour l'amour de la République. Le Club Jean Moulin 1958-1970*, Paris, Fayard, 2002.

2. La lecture des ouvrages écrits dans leur cadre a grandement alimenté ma réflexion pour cette communication.

L'ÉTAT ET LES INÉGALITÉS

Est-il pour autant pertinent d'observer la société et ses divisions à une échelle politique, voire constitutionnelle ? Le cadre chronologique est tentant par sa simplicité, tout comme celui d'une décennie qui nous vient des États-Unis, où faute de pouvoir recourir à l'échelle politique d'une constitution, est commune celle d'une présidence. Étudier la société française à cette dimension a jusque-là été malaisé, et il a alors fallu élargir la focale[1]. Une échelle politique n'a de légitimité que dans sa pertinence. Un tel champ implique comme essentielle la prise en compte de la politique menée par l'État. Comme c'est à l'échelle d'un régime qu'est étudiée ici la « fracture sociale », la première question est celle de la mention d'inégalités par la Constitution de la Ve République. Le texte adopté par le peuple français le 28 septembre 1958 se réfère explicitement au préambule de la Constitution du 27 octobre 1946 dont la dimension sociale est fondamentale et qui proclame notamment que « chacun a le devoir de travailler et le droit d'obtenir un emploi ». Il insiste sur la solidarité et la responsabilité de la nation en ce domaine : « Tout être humain qui, en raison de son âge, de son état physique ou mental, de la situation économique, se trouve dans l'incapacité de travailler a le droit d'obtenir de la collectivité des moyens raisonnables d'existence. » Comme les 92 articles de la Constitution de 1958 concernent avant tout le fonctionnement des institutions, c'est à ce texte antérieur que renvoient les évocations de la dimension sociale de la Constitution de 1958. Il ne trouve au demeurant force juridique qu'en 1971, lorsque le Conseil constitutionnel l'inclut dans le bloc de constitutionnalité. Ainsi, alors que Jacques Chaban-Delmas est à Matignon, le régime peut prendre en compte plus sûrement la question sociale. Peut-être est-ce aussi à cette

1. La plupart des communications du colloque *Action et pensée sociale chez Georges Pompidou* (PUF, 2004) ont établi un *continuum* de douze ans entre sa nomination à Matignon et son décès.

question sociale que faisait en partie allusion le Premier ministre Jean-Pierre Raffarin lors d'une réunion du Congrès à Versailles dans une formule quelque peu énigmatique : « C'est la colonne centrale de notre vivre ensemble. »[1] Mais c'est dès le début de la Vᵉ République, par l'accord interprofessionnel du 31 décembre 1958, que la mise en place de l'Union nationale interprofessionnelle pour l'emploi dans l'industrie et le commerce (UNEDIC) et des Associations pour l'emploi dans l'industrie et le commerce (ASSEDIC) posait les bases d'une indemnisation du chômage. En 1971, après une interruption d'une douzaine d'années, rien n'est véritablement nouveau dans la Constitution de 1958 qui s'inscrit dans un *continuum* où le programme du CNR est initial. Une telle approche tient sa pertinence pour la France du fait que l'État, contrairement aux pays anglo-saxons, y est construit et perçu comme l'incarnation d'un intérêt général en rien réductible à la somme des intérêts particuliers.

Dans notre perspective, la question de l'influence de l'économie sur l'évolution de la société française est loin d'être secondaire. Les cinquante ans qui nous séparent de la création de la Vᵉ République correspondent à la durée d'un cycle de Kondratieff[2], mais la chronologie du régime est indépendante de ces mouvements : l'année 1958 se situe au milieu de la phase A du quatrième cycle. La IVᵉ République n'a duré que la moitié de cette phase tandis que la IIIᵉ est allée du début de la phase B du deuxième cycle à la fin du troisième, et les éléments à l'origine des changements de régimes en sont largement indépendants, contrairement à ceux qui, pour la IIᵉ République et le Second Empire (qui correspondent globalement à la phase A du deuxième cycle), ont joué un rôle déterminant. C'est donc hors de cette approche macroéconomique que peut être mise en évidence l'éventuelle efficience de ces politiques sociales.

Pour cela, nous avons à notre disposition, depuis les lendemains de la Libération, des organismes qui recueillent des données de

1. 17 mars 2003.

2. Est-ce aussi pour les raisons évoquées *supra* que les Américains privilégient la prise en compte des cycles de Juglar ?

manière rigoureuse, les mettent en perspective et offrent des outils de compréhension. Ils furent surtout conçus pour préparer des politiques publiques, notamment sociales. L'Institut national de la statistique et des études économiques (INSEE) fut institué sous un ministre qui avait été l'introducteur en France du planisme et l'Institut national d'études démographiques (INED) a joué rapidement un rôle dans la réduction de la mortalité infantile et néonatale. Ces différents outils n'ont pas été créés de toutes pièces à la Libération. Les technocrates de Vichy s'étaient déjà acquittés d'une partie de la tâche et il faut remonter au XIXe siècle pour trouver les modèles de certaines enquêtes. Cependant, en dépit de leur qualité, les classifications des catégories socio-professionnelles (CSP) – puis CPS à partir de 1982 – élaborées par l'INSEE pour les recensements ont peu de pertinence pour connaître la grande bourgeoisie et permettent donc de n'appréhender qu'imparfaitement les inégalités[1].

Les politiques sociales et leur dimension économique sont apparues essentielles au fondateur de la Ve République. En effet, Charles de Gaulle termine le premier paragraphe du chapitre « L'économie » de ses *Mémoires d'espoir* par une définition : « Ce degré relatif de bien-être et de sécurité que pour un peuple, ici-bas, on est convenu d'appeler le bonheur. »[2] Ainsi, la politique monétaire du premier gouvernement Debré, si elle a interdit toute indexation, conservait une exception, celle du salaire minimum interprofessionnel garanti (SMIG), préservant la réduction de l'écart entre les revenus salariaux. Très vite, par l'ordonnance du 7 janvier 1959, le président de Gaulle réaffirma sa préoccupation sociale en favorisant l'intéressement des travailleurs aux profits des entreprises. Dans la logique de son discours de janvier 1948 à Saint-Étienne, l'association du capital et du travail devait pour lui mettre un terme à la lutte des classes. Repris dans une ordonnance d'août 1967 avec le mot de « participation », ce projet n'eut de suites que fort limitées. C'est pourtant à ce souci, constant

1. Michel Pinçon et Monique Pinçon-Charlot, *Les ghettos du Gotha. Comment la bourgeoisie défend ses espaces*, Paris, Seuil, 2007, p. 276.
2. Charles de Gaulle, *op. cit.*, p. 139.

pendant la décennie qu'il a passée à l'Élysée, qu'il attribue l'« opposition déterminée de toutes les féodalités » qui est parvenue à l'écarter du pouvoir.

Il ne sera pas fait ici une brève approche des politiques sociales menées sous la Ve République, mais nous savons à quel point des dispositifs comme le salaire minimum interprofessionnel de croissance (SMIC) ou le RMI, l'augmentation des pensions de retraite et l'indemnisation du chômage ont contribué à réduire les inégalités. Les grands moments en furent notamment les débuts du premier septennat de Charles de Gaulle, sous le gouvernement Debré, du septennat interrompu de Georges Pompidou, sous le gouvernement Chaban-Delmas, du septennat de Valéry Giscard d'Estaing, sous le gouvernement Chirac, du premier septennat de François Mitterrand, sous le gouvernement Mauroy, ainsi que les cinq ans où Lionel Jospin fut Premier ministre. Ces accès de volontarisme eurent une efficacité réelle en réduisant de fait les inégalités, en dépit parfois d'une évolution de la conjoncture. *A contrario*, il est possible, malgré le manque de recul, d'estimer que la politique de contre-réformes menée au début du quinquennat de Nicolas Sarkozy a eu, même à court terme[1], l'effet d'augmenter les inégalités, ce qui au demeurant n'a rien de surprenant dans la mesure où les prélèvements fiscaux sont un facteur essentiel de leur réduction.

Les politiques publiques ont été, dans la deuxième moitié du XXe siècle, largement menées grâce à la planification. L'histoire du commissariat général au Plan, créé alors que Charles de Gaulle présidait le Gouvernement provisoire de la République française (GPRF) et supprimé quarante ans plus tard par le Premier ministre Dominique de Villepin, est indépendante des rythmes des régimes. Cela explique le passage sans trop de difficulté d'une République à l'autre alors qu'était en cours le IIIe Plan ; dans un discours du 8 mai 1961, de Gaulle insista sur l'« ardente obligation » du plan dans sa politique économique. Ce qui ne signifie pas que les aléas politiques n'ont

1. Cumulée avec les effets à plus long terme de mesures prises lors du quinquennat précédent.

aucun impact sur le plan, de la mission donnée à Jacques Rueff après le retour de De Gaulle au pouvoir en 1958 jusqu'à la suspension du XIe Plan et l'interruption de la planification par le gouvernement Juppé après les élections de 1993.

La préoccupation de la cohésion de la population est partie intégrante de nombre de décisions. La dimension sociale de la politique familiale ne doit pas être négligée. En s'adressant à l'ensemble des familles, à l'exception du quotient familial pour l'impôt sur le revenu, elle est particulièrement importante pour les moins aisées. D'autres mesures ont été vite oubliées, qui ont pourtant évité qu'une partie de la population française soit mise à part au moment de la décolonisation. Les différents textes officiels (ordonnances, instructions, décrets, arrêtés, circulaires) adoptés pour les rapatriés d'Algérie entre 1962, dès le 10 mars, et 1966 ont permis, par l'octroi de prestations et des possibilités de reclassement, que l'énorme mouvement de population n'ait pas des conséquences sociales par trop néfastes. Là encore, il ne s'agit pas d'une innovation de la Ve République, et les mesures prises en faveur des rapatriés du Maroc et de Tunisie, comme la loi du 4 août 1956, ont été des modèles. Des dispositions anciennes, ayant prouvé leur efficacité, ont été pérennisées. Les textes sur les emplois réservés, instaurés en 1889 avec le service militaire, modifiés au début du siècle suivant puis avec la Grande Guerre, sont restés efficients jusqu'au début du XXIe siècle. C'est dans un contexte de réduction drastique des effectifs militaires qu'une loi a été en partie substituée en 2007 à celle du 18 juillet 1924. Notons à ce propos que l'institution militaire, qui par le biais de la conscription avait joué un rôle de premier plan dans la construction d'une unité sociale, a presque complètement perdu cette fonction par la suppression du service national à partir de 1996. Déjà, la transformation du service militaire en service national par la loi Messmer du 9 juillet 1965 avait ébréché l'institution en permettant à certains jeunes hommes de milieux privilégiés d'échapper peu ou prou à la conscription par l'aide technique ou la coopération. L'officier n'a plus vraiment, au XXIe siècle, qu'un rôle social bien réduit.

Toutes ces politiques ont été pensées et mises en œuvre sur un temps relativement long. La genèse de la réforme [Robert] Debré qui crée les centres hospitaliers universitaires (CHU) remonte aux réflexions au sein de la Résistance médicale, voire aux débats des années 1930, et l'ordonnance du 30 décembre 1958 ne fut vraiment appliquée qu'une dizaine d'années plus tard[1]. Se donner les moyens d'une politique qui conjure la fracture sociale, c'est notamment, puisqu'elle est largement assurée par des tâches relevant du secteur tertiaire, embaucher en nombre des travailleurs qualifiés. Les deux grandes œuvres des premières décennies de la Ve République furent l'éducation et les hôpitaux. Entre 1960 et 1971, les effectifs de l'enseignement public ont doublé ; entre 1968 et 1979, les effectifs hospitaliers publics ont doublé. Pour mener une politique sociale, il faut aussi se fixer des buts, puis les rappeler lorsque l'objectif n'est pas atteint. Le gouvernement de Chaban-Delmas reprit ainsi explicitement, plus de dix ans après, des objectifs définis au début de la Ve République. Ce fut le cas ainsi de la résorption des bidonvilles, prévue par un plan de deux ans en 1959 et réaffirmé après l'intervention du Premier ministre par la loi Vivien du 10 juillet 1970, comme de la politique dite d'« humanisation » des hôpitaux prévue par la circulaire du 5 décembre 1958 et réactivée par celle du 18 décembre 1970. Les deux tâches furent menées à bien au milieu de la décennie.

Prendre en compte le rôle des politiques publiques dans la réduction des inégalités n'implique pas d'y voir le seul niveau d'intervention. Pour l'élection présidentielle de 2002, Lionel Jospin s'était fixé comme objectif « Zéro SDF[2] », prenant en compte la parution, quelques semaines plus tôt, d'un livre consacré aux « clochards de Paris ». Or, un des apports les plus forts de cet ouvrage est la mise en évidence de « la blessure essentielle dont souffrent les clochards, celle de n'avoir jamais reçu dans leur enfance d'amour stable, durable et inconditionnel »[3]. Si la prévention ou au moins le « pansement sym-

1. Christian Chevandier, *L'hôpital dans la France du XXe siècle*, Paris, Perrin, 2009, p. 305-309.
2. Interview à LCI, 19 mars 2002.
3. Patrick Declerck, *Les Naufragés. Avec les clochards de Paris*, Paris, Plon, 2001,

bolique » d'un tel mal peut relever en partie de politiques publiques, il serait vain d'en attendre un résultat à court terme.

Les politiques sociales s'inscrivent dans une dynamique économique dont il est décidé d'entériner un effet social ou, au contraire, de le contrarier. Ainsi, la tendance séculaire à la baisse du temps de travail, qui en un siècle et demi a diminué de moitié sa durée annuelle, est liée à l'organisation de la production de biens et de services. Freinée depuis le milieu des années 1930, la réduction a repris en 1965 et s'est prolongée au moins une trentaine d'années. Si elle permet une amélioration des conditions de vie, elle ne réduit pas forcément les inégalités au sein de la population : elle ne peut se faire que de deux manières, par une régulation collective ou en aggravant les inégalités. En France, elles sont fortes dans ce domaine et l'âge comme le genre influent considérablement la distribution du travail. Tandis que les plus jeunes ont quelque difficulté à entrer dans la vie active et que les plus âgés en sont évincés assez tôt, les hommes qui ont entre 30 et 50 ans travaillent beaucoup. De même, certaines politiques de l'emploi ont comme condition un accroissement des inégalités. Ainsi, le développement des services d'aide à la personne n'est possible que si les clients potentiels disposent de revenus tels qu'ils puissent acheter les services d'autres individus même lorsque, comme c'est le cas avec les dispositions prévues par la loi du 26 juillet 2005, une partie importante de ces prestations est prise en charge par la collectivité.

Les expressions se sont multipliées pour tenter de décrire mais surtout d'imposer une analyse de la question sociale ; elles n'ont de pertinence que si l'on ne tente pas de sur-interpréter métaphores et néologismes. Le syntagme « fracture sociale » ne renvoie ainsi pas seulement à des inégalités quantifiables, mais également à la manière dont elles sont perçues, et là se trouve sa richesse.

p. 362. Dans l'expression « symboliquement panser la blessure essentielle », le mot blessure utilisé par l'auteur, anthropologue et psychanalyste, ne doit pas être appréhendé comme une métaphore.

Si tout au long des cinquante dernières années, les inégalités se sont réduites, leurs différentes modalités ont évolué de manière distincte. Il n'est pas pour autant pertinent d'aborder, pour ce thème, la Vᵉ République comme un tout. Des rythmes divers ont marqué l'évolution de la « fracture sociale », où la conjoncture économique mais aussi les politiques sociales, notamment lors des premières années du séjour à l'Élysée des quatre premiers présidents, ont joué un rôle déterminant. Par les références des politiques sociales, par les instruments qu'elles nécessitent, en observant l'évolution des inégalités également, c'est bien dans un temps moins court qu'une dynamique peut être confirmée. Et si a pu être considérable l'action de certains hommes politiques, comme André Philip, principal inspirateur du préambule de la Constitution de 1946, ministre de l'Économie nationale lorsque fut créé l'INSEE [1], la volonté de la nation a joué dans ce domaine le rôle essentiel. Mais la hausse considérable du niveau de vie de l'ensemble de la population a créé de nouveaux problèmes : les « grands ensembles », qui ont paru des havres de confort pour les anciens habitants de taudis voire de bidonvilles, sont communément présentés comme la principale cause des problèmes sociaux et les Renseignements généraux évoquent une « fracture entre villes et banlieues » [2].

- Die Ungleichheiten nehmen zu; die Armen leiden am meisten; Problem der Gleichgültigkeit gg. Problemen, die nicht einen selbst/die eigene Bevölkerungsgruppe betreffen / Individualismus; keine ganzheitlichen Ideen für die Nation

1. Christian Chevandier et Gilles Morin (dir.), *André Philip, socialiste, patriote, chrétien*, Paris, Comité pour l'histoire économique et financière de la France, 2005.
2. DCRG, rapport du 23 novembre 2005.

La fin de la condition féminine ?

Christine Bard

Pourquoi choisir comme fil conducteur la locution « condition féminine » ? Parce qu'elle est emblématique[1]. Elle a longtemps dominé dans le langage courant ainsi que dans les titres des ouvrages spécialisés et a donné sa couleur à l'émergence du féminisme d'État, avec la création du secrétariat à la Condition féminine en 1974. Ensuite, parce qu'elle a été l'objet de protestations, notamment féministes[2], et d'une reformulation, par les socialistes au pouvoir : ministère des Droits de la femme. Enfin, parce qu'elle est morte deux fois : une première fois noyée par la vague de la parité, une deuxième fois parce que ce qu'elle désignait au niveau gouvernemental n'existe plus, ni comme ministère ni comme secrétariat d'État autonome. Cette disparition sans tambour ni trompette doit déjà interroger l'historienne, car 2007 marque peut-être la fin d'un cycle, commencé en 1965 avec la création du Comité du travail féminin, organisme consultatif du ministère du Travail. Sous la présidence de Nicolas Sarkozy, la parité joue contre les droits des femmes, un peu comme si l'augmentation du nombre de femmes au gouvernement compensait la disparition d'un

1. Une telle synthèse ne permet pas de citer exhaustivement toutes les sources sur lesquelles le propos s'appuie. Les faits et chiffres évoqués sont présentés de manière plus complète, avec les notes *infra*-paginales qu'ils méritent, dans mon ouvrage, *Les femmes dans la société française au 20e siècle*, Paris, Armand Colin, 2003.

2. Lire par exemple les réactions de la philosophe, historienne et ancienne déléguée interministérielle aux droits des femmes Geneviève Fraisse dans « En finir avec la "condition" féminine ? », Catherine Vidal (dir.), *Féminin, Masculin. Mythes et idéologies*, Paris, Belin, 2006, p. 15-23.

ministère ou secrétariat d'État spécifique[1]. C'est en tout cas le point de vue des féministes.

Une deuxième raison me pousse vers cette investigation : la surprise de voir réapparaître dans le langage des sciences humaines le mot « condition » qui avait disparu depuis vingt ans. *Retour sur la condition ouvrière* pour les sociologues Stéphane Beaud et Michel Pialoux ; *La condition noire* pour l'historien Pap Ndiaye[2]. Pourquoi cette disparition ? Pourquoi ce retour ? Il conviendra de comprendre ce qui a fait la bonne fortune du mot, puis de s'interroger sur son déclin, par un aller-retour entre la réalité et sa conceptualisation puis de comprendre ce qui l'a disqualifié. On ne voit pas, pour le moment, revenir cette locution dans les études sur les femmes désormais requalifiées par des concepts tels que ceux de « genre » et de « rapports sociaux de sexe », pour la sociologie[3].

L'ÉMERGENCE DE LA « CONDITION FÉMININE » AU DÉBUT DE LA Ve RÉPUBLIQUE

Parler de « condition féminine » a d'abord été quelque chose de novateur, qui pouvait relativiser voire contester l'habituelle vision

1. Dans le gouvernement de François Fillon, Valérie Létard est chargée de la Solidarité auprès du ministre du Travail, des Relations sociales, de la Famille et de la Solidarité. La parité et les droits des femmes relèvent de ses compétences, comme les personnes handicapées et âgées. Au niveau de l'administration, le service des Droits des femmes et de l'Égalité, avec sa structure couvrant l'ensemble national, régions et départements, existe toujours mais se sent menacé de disparition. Dernière protestation, émise par le collectif « Droits des femmes en danger », communiqué de presse du 7 novembre 2008, diffusé par le Mouvement français pour le Planning familial.

2. *Retour sur la condition ouvrière : enquête aux usines Peugeot de Sochaux-Montbéliard*, Paris, Fayard, 1999 et Pap Ndiaye, *La condition noire : essai sur une minorité française*, Paris, Calmann-Lévy, 2008.

3. Je me permets de renvoyer à l'ouvrage collectif de Christine Bard, Christian Baudelot, Janine Mossuz-Lavau (dir.), *Quand les femmes s'en mêlent... Genre et pouvoir*, Paris, La Martinière, 2004 qui offre un panorama assez complet sur ces questions.

naturaliste de la différence des sexes. Contre l'avalanche de discours sur la « nature de la femme » se dressaient des études sur sa condition historique. « Femme » est pensé dans un cas comme dans l'autre comme une catégorie homogène, a-historique pour les uns, à historiciser pour les autres. La condition est en effet une « situation à un moment donné ». Elle désigne aussi un « rang social », « une place dans la société » dont on sait qu'ils peuvent évoluer.

Dans l'introduction au second tome du *Deuxième sexe*, le mot condition est utilisé deux fois : « Les femmes d'aujourd'hui sont en train de détrôner le mythe de la féminité ; elles commencent à affirmer concrètement leur indépendance ; mais ce n'est pas sans peine qu'elles réussissent à vivre intégralement leur condition d'être humain. » Puis : « Comment la femme fait-elle l'apprentissage de sa condition, comment l'éprouve-t-elle, dans quel univers se trouve-t-elle enfermée, quelles évasions lui sont permises, voilà ce que je chercherai à décrire. »[1] Ces deux emplois posent bien le dilemme du spécifique et de l'universel, condition féminine ou condition humaine ? On connaît la réponse universaliste apportée par Beauvoir. Le mot condition, très proche de situation, est fondamental dans sa pensée et dans l'existentialisme en général : tout humain est en situation, tout humain confère un sens à cette situation et peut se révolter contre elle. C'est sous son influence qu'écrivent beaucoup d'intellectuelles en sciences humaines dès les années 1950. Les femmes se trouvent enfermées dans une condition, qu'il faut changer.

On mesure la connotation progressiste de la locution « condition féminine » en la rapprochant des autres usages du mot condition, la condition ouvrière par exemple, travaillée par les sociologues, les historiens, et par la philosophe Simone Weil[2]. Les sociologues, les historiennes qui l'utilisent dans les années 1960 pensent que c'est, après l'identité sexuée, la condition économique qui définit l'individu.

1. Simone de Beauvoir, *Le deuxième sexe II*, Gallimard, 1949, rééd. 1976, Folio essais, p. 9.

2. Simone Weil, *La condition ouvrière*, Paris, Gallimard, 1951, recueil posthume de différents textes, l'un deux, daté du 30 septembre 1937, étant intitulé « La condition ouvrière ».

L'identité sexuée est pensée du côté féminin comme une identité d'épouse et de mère ; la condition économique renvoie aux mutations des années 1950 et 1960 : l'exode rural, le travail salarié féminin. C'est la figure de l'ouvrière qui domine dans les études des années 1960, l'agricultrice et l'employée restant dans l'ombre. Les institutions productrices d'études sont pour l'essentiel l'Institut national d'études démographiques (INED) et le Plan, ce qui nous renvoie aux deux fonctions désormais reconnues : reproduction et production[1].

Il y a à l'époque trois grands indicateurs : le statut dans le droit civil, la fécondité et le travail.

Ce qui unifie les femmes au point de justifier l'emploi du singulier – la femme – comme une catégorie allant de soi, c'est d'abord le droit. Or les derniers vestiges du Code Napoléon commencent à tomber, avec la réforme des régimes matrimoniaux, adoptée en 1965 et le droit de la femme mariée d'exercer une profession sans l'autorisation du mari. Le nouveau régime légal est celui de la communauté réduite aux acquêts. Les femmes peuvent gérer leurs propres biens et en disposer. Cette réforme du Code civil de 1804 était attendue depuis des décennies par les féministes[2]. Puis vient en 1970 la fin de l'autorité paternelle, le partage de l'autorité parentale.

Une deuxième conquête juridique bouleverse la condition féminine. En 1967 est votée la loi qui porte le nom du député gaulliste Lucien Neuwirth. Le contexte démographique, auquel le président de la République, ardent nataliste, est très sensible ne peut plus empêcher la réforme : on vit encore sur l'euphorie du *baby-boom* même si la courbe vient de s'inverser. Les résistances du côté des catholiques et parmi les gaullistes n'ont pas empêché cette réforme fondamentale, qui donne aux femmes le droit de maîtriser leur fécondité.

1. Témoin de ce moment, la publication conjointe de l'INED et du commissariat général au Plan d'équipement et de la production d'un groupe d'études « Condition féminine » présidé par Jean Fourastié : dans Françoise Guelaud-Leridon, *Recherches sur la condition féminine dans la société d'aujourd'hui*, Travaux et documents, Cahier n° 48, PUF, 1967.

2. William Guéraiche, *Les femmes et la République, essai sur la répartition du pouvoir de 1943 à 1979*, Paris, Éditions de L'Atelier, 1999, p. 166.

La dynamique modernisatrice est enclenchée dans le monde du travail : le commissariat au Plan choisit de faire appel aux femmes : 6 875 000 actives en 1955, 8 225 000 en 1974. Elles sont dans le tertiaire mais aussi dans les nouvelles industries à la recherche d'OS, toutes payées à des salaires féminins, c'est-à-dire, de fait, inférieurs à ceux des hommes. « Maintenant que les femmes travaillent », dit-on alors, en oubliant qu'elles étaient déjà au début du XXe siècle le tiers de la population active. C'est dire la visibilité de cette augmentation du taux d'activité féminine. Tout un discours idéalisant la modernisation de la France insiste sur la révolution qu'apportent au foyer les nouveaux appareils ménagers et les produits alimentaires transformés. Mais en 1958, une femme au foyer avec trois enfants effectue quand même 83 heures par semaine de tâches ménagères[1]. La « rentabilité » de la femme au foyer va diminuer dans les années suivantes. L'allocation de salaire unique en constante diminution n'est plus assez attractive. L'image médiatique des femmes bascule entre les années 1950 et les années 1960 du modèle de la « maîtresse de maison » à celui de la femme moderne épanouie attentive à son corps, à sa séduction, à ses loisirs, plus autonome...

La place des femmes dans la vie politique n'est pas alors considérée comme un élément majeur de compréhension de la condition féminine. Certes, on note dès les années 1950 une différence sexuée pour le vote et l'abstention. Le général de Gaulle est élu en 1965, avec 61 % des suffrages exprimés par les femmes contre 49 % par les hommes, ces douze points d'écart sont assez spectaculaires[2]. Les explications de vote les plus rationnelles se fondent sur la condition féminine : les femmes au foyer sont politiquement des modérées. À l'Assemblée nationale, on passe de 9 députées en 1958 à 8 en 1968 (soit 1,6 % des députés). La proportion d'élues a chuté depuis 1945. La Ve République, avec son suffrage uninominal, s'avère fortement

1. Évelyne Sullerot, *L'évolution de la condition féminine*, conférence, tapuscrit, s.d., p. 18 (Centre des archives du féminisme, Angers).

2. Cf. Christine Bard, « Femmes », dans Claire Andrieu, Philippe Braud, Guillaume Piketty (dir.), *Dictionnaire Charles de Gaulle*, Paris, Robert Laffont, coll. « Bouquins », 2006, p. 479-481.

excluante pour les femmes. Au niveau du gouvernement, depuis Germaine Poinso-Chapuis, en 1947, il n'y plus aucune ministre[1]. Pendant la présidence gaullienne, il n'y a aucune femme ministre et deux secrétaires d'État, l'une de 1959 à 1962, l'autre en 1968. Le mouvement féministe issu de la IIIe République, fidèle à sa tradition modérée, jouit d'une faible influence[2].

En 1958, quand commence la Ve République, des changements sociaux sont amorcés pour les femmes, ils ne sont pas encore visibles et concernent plus spécialement les jeunes femmes. On n'en voit pas la traduction dans le monde politique ou intellectuel. Un signe avant-coureur d'une révolution pourtant, avec Maternité heureuse, créée en 1956 et transformée en 1960 en Mouvement français pour le Planning familial. Et, du côté des socialistes, le Mouvement démocratique féminin et le rôle de Colette Audry[3]. Du côté protestant, le Mouvement jeunes femmes. Le féminisme américain pénètre en France, avec par exemple la traduction du livre de Betty Friedan, *La femme mystifiée* (1964). Et puis c'est une « révolution silencieuse » qui se joue dans le domaine de l'enseignement : l'accès aux études secondaires et supérieures pousse une partie de la jeunesse féminine à envisager différemment leur vie familiale et/ou professionnelle. Enfin, dès les années 1960, la société de consommation et la culture de masse offrent des voies alternatives à la tradition. La minijupe et le jean unisexe en sont des symboles puissants. Les observateurs les plus perspicaces pensent à ajouter, aux critères habituels de jauge de la condition féminine, la question sexuelle d'une part, et l'image d'autre part.

1. Christine Bard, « Les premières femmes au gouvernement (France, 1936-1981) », *http://www.histoire-politique.fr*, mise en ligne mai 2007.

2. Sylvie Chaperon, *Les années Beauvoir 1945-1970*, Paris, Fayard, 2000.

3. Cf. Séverine Liatard, « Colette Audry (1906-1990), une femme intellectuelle au XXe siècle », thèse sous la direction de Pascal Ory, Université de Paris 1, 2007.

LA CONDITION FÉMININE RECONNUE ET CONTESTÉE : LES ANNÉES 1970

En 1974, Valéry Giscard d'Estaing innove en créant un secrétariat à la Condition féminine[1]. Il surprend en le confiant à une femme de gauche extérieure au sérail, Françoise Giroud. « La jeunesse et les femmes : Valéry Giscard d'Estaing voit bien que, globalement, ces deux groupes sont, pour des raisons différentes, en dynamique. Mais ni les uns ni les autres ne détiennent les niveaux de commande. Hétérogènes dans leur composition sociale, ni l'un ni l'autre ne sont organisés en l'une de ces féodalités qui se partagent, en France, les vrais pouvoirs »[2], analyse la journaliste cofondatrice de *L'Express*. La droite gaulliste n'est pas favorable à cette innovation, ce qui gêne considérablement la mise en œuvre de ce féminisme d'État. Mais le blocage vient aussi de l'« indifférence de la plupart des hommes politiques face au changement de la condition féminine », une « révolution » dont ils ne prennent pas la mesure, selon Françoise Giroud[3]. Par ailleurs, l'ONU en 1975 interpelle avec son « année de la femme » et les directives européennes poussent la France dans une voie plus égalitaire. Le bilan des premières années du féminisme d'État est mitigé. Les deux grandes lois du septennat giscardien dans notre domaine échappent à Françoise Giroud : c'est la loi Veil, adoptée en janvier 1975 et, la même année, la possibilité de divorcer par consentement mutuel. Les avancées législatives et la reconnaissance, au moins symbolique, de l'égalité des sexes, montrent la force de la protestation féministe.

Le Mouvement de libération des femmes (MLF), présent à partir de 1970, rejette violemment tout réformisme mais aussi les dogmes révolutionnaires des organisations masculines. La deuxième vague du

1. Christine Bard, « Cent mesures pour les femmes », dans Serge Berstein et Jean-François Sirinelli (dir.), *Les années Giscard. Les réformes de société 1974-1981*, Paris, Armand Colin, 2007, p. 203-225.

2. Françoise Giroud dans *La comédie du pouvoir*, Paris, Fayard, 1977, p. 72.

3. *Ibid.*, p. 73-74.

féminisme reste pendant longtemps un objet politique non identifié ou mal identifié. Hors cadre. Elle correspond à une période où d'ailleurs beaucoup d'hommes souhaitent faire de la politique autrement, renouent avec les utopies et replacent la question du sexe et de la sexualité dans l'analyse politique. Dans ces milieux politiques alternatifs, minoritaires mais influents culturellement, la « condition féminine » appartient à un passé archaïque dont il convient de faire table rase, quelle que soit l'orientation féministe choisie : l'universalisme qui mène à la réduction de la différenciation sexuée, ou le différencialisme, recherche d'une féminitude qui n'a de valeur que librement choisie et non subie comme une condition. Les mots les plus durs s'appliquent à la condition de femme : esclave, exploitée, etc. L'étymologie de condition mène d'ailleurs au bas latin « situation d'esclavage ». Latin : *condicio*, « formule d'entente, pacte »[1]. Le cumul des activités professionnelles, éducatives, ménagères est un des problèmes soulevés (insuffisance des crèches, double journée épuisante, interruptions de carrières pour s'occuper des enfants en bas âge, etc.). La conciliation du travail et de la maternité préoccupe surtout les syndicats, les partis, et les groupes féministes réformistes. Pour Christine Delphy, théoricienne d'un féminisme matérialiste, ce qui fait la condition féminine est le servage domestique, ce travail extorqué. La notion de classe des femmes est même proposée, ce qui rejoint l'un des sens que le Littré de 1881 met en avant pour le mot « condition » : « *La condition, c'est la classe à laquelle appartient une personne dans la société par sa fortune, par sa qualité, par ses emplois, par sa profession* »[2]...

La domination masculine est dénoncée avec vigueur ; la question des violences devient cruciale dans la seconde moitié des années 1970. Le malaise féminin s'exprime désormais de multiples manières : l'émission de Menie Grégoire sur RTL joue un rôle capital en touchant les

1. *Le Nouveau Petit Robert*, 2004, p. 505.

2. Émile Littré, *Dictionnaire de la langue française*, tome I, Paris, Hachette, 1881, p. 720. Dans ce long article « Condition », paru au début de la IIIe République, diverses conditions sociales sont évoquées, mais pas la condition féminine : une invisibilité que l'on peut interpréter comme une naturalisation des différences sociales hommes/femmes.

femmes les plus isolées, dans leur HLM ou dans leur ferme[1]. Un sondage indique qu'en 1975, 37 % des femmes préféreraient être un homme : un chiffre impressionnant qui révèle, selon Françoise Giroud, un « vécu féminin » « inconfortable », surtout chez les femmes les moins politisées et restant au foyer. « Ce sont les couches moyennes et supérieures les plus progressistes et favorables au changement qui sont en même temps les plus en harmonie avec leur féminité. »[2] Quant aux jeunes filles, elles découvrent la mixité dans les collèges et les lycées : à l'instar de la mode jeune des cheveux longs, des tuniques indiennes et des jeans, la vie semble désormais rapprocher les sexes dans beaucoup de domaines et effacer les différences les plus marquantes.

En 1981, Monique Pelletier, ministre de la Condition féminine, constate qu'une « révolution » de la condition féminine s'est accomplie[3].

QUAND LES DROITS DES FEMMES ÉCLIPSENT LA CONDITION FÉMININE (1981-1995)

En 1981, la gauche arrivée au pouvoir crée le ministère des Droits de la femme, ce qui contribue à délégitimer la locution « condition féminine ». L'ambition initiale de la gauche était de « changer la vie ». Celle du ministère est également vaste : ce sera le ministère du « déconditionnement », explique Yvette Roudy, après la victoire de 1981[4]. Un

1. Menie Grégoire, *Comme une lame de fond. 100 000 lettres qui disent le mal-être des corps et des cœurs 1967-1981*, Paris, Calmann-Lévy, 2007.

2. Françoise Giroud, *Cent mesures pour les femmes*, Paris, La Documentation française, 1976, p. 11.

3. Mot employé par Monique Pelletier, *Nous sommes toutes responsables*, Paris, Stock, 1981, p. 15.

4. Dans *L'Unité*, dans le premier numéro de *Citoyennes à part entière* et dans la circulaire adressée aux préfets, aux déléguées régionales et chargées de mission départementales, envoyée après le Conseil des ministres du 17 juin 1981. Voir Françoise Thébaud, « Promouvoir les droits des femmes : ambitions, difficultés et résultats », dans Serge Berstein, Pierre Milza, Jean-Louis Bianco (dir.), *François Mitterrand. Les années du changement 1981-1984*, Paris, Perrin, 2001, p. 575.

mot très intéressant puisqu'il faut bien l'entendre comme une sortie de la condition féminine. Dans le dictionnaire *Le Robert*, condition a aussi le sens d'« état passager, relativement au but visé » ; mettre en condition, être en condition nous mène à « conditionnement » ou conditionner et, appliqué aux choses, c'est l'« état d'une chose qui a les qualités requises ». La dénonciation du conditionnement est donc à l'ordre du jour, et donne un style militant au ministère, au point de soulever parfois, chez François Mitterrand, la peur d'un « sexisme à l'envers ». Pourtant, le bilan législatif est modeste. En application de la directive européenne de 1976 est votée la loi sur l'égalité professionnelle, le 13 juillet 1983. L'abandon du projet de loi antisexiste en mars 1983 est un camouflet pour Yvette Roudy. Inspirée par la loi antiraciste de 1972, la loi devait sanctionner les atteintes à la dignité des femmes et autoriser les associations à se porter partie civile. Obtenu en 1982, le remboursement de l'interruption volontaire de grossesse (IVG) par la Sécurité sociale, mesure de justice sociale, a pour effet de consolider un acquis qui ne sera plus remis en cause qu'aux marges, par un mouvement dit « pro-vie » minoritaire. Le féminisme entre dans les années 1980 dans une crise d'adaptation que l'on peut mettre en relation avec le reflux général du militantisme. Ce que l'on appelle encore la crise économique crée un climat morose et affaiblit les plus faibles, dont les femmes cachées derrière le terme de « familles monoparentales ». La condition féminine n'est plus au cœur du débat public. La question du moment est celle de la condition des enfants d'immigrés : la marche des beurs, puis SOS racisme répondent à une montée des sentiments xénophobes et racistes qu'exprime la montée de l'extrême droite. Mais les succès électoraux du Front national (FN) et l'affirmation des intégrismes religieux ne remettent pas en cause ce qui est en marche pour les femmes. Le natalisme d'État est moins offensif ; les femmes se maintiennent sur le marché du travail, malgré un taux de chômage plus important que celui des hommes, la révolution silencieuse qu'elles réalisent dans le milieu scolaire se confirme (en 2007, les filles représentent 56,4 % des effectifs universitaires)[1] ; elles ont un peu

1. Le livre qui révèle au grand public que « de la maternelle à la fac, les filles sont les

moins d'enfants et divorcent un peu plus. Ajoutons à ce tableau l'essor des études sur les femmes en sciences humaines, essor visible lors du colloque de Toulouse en 1982, suivi par la création de quelques postes fléchés. Moins spectaculaire que dans le monde anglo-saxon, un peu en marge par rapport aux centres du pouvoir dans les universités et les instituts de recherche, mais important, avec un nombre croissant de publications et de rencontres scientifiques, plutôt bien médiatisées. Il n'y est plus question de la « condition féminine », archaïsme signalant le ou la profane. L'analyse d'abord faite par les féministes des années 1970 est reprise dans le milieu savant : l'essentialisme de cette expression est dénoncé comme un préjugé qu'il faut déconstruire. Sur les décombres d'une historiographie aussi bien marxiste que conservatrice, qui pense par catégories toutes faites, la même opération intellectuelle a lieu dans bien des domaines et mène à la découverte de l'hétérogénéité des ensembles autrefois unifiés.

Si les années 1980 marquent pour les contemporains un repli voire une disparition du féminisme, des changements structurels majeurs sont en cours : la libération sexuelle se confirme malgré le sida ; la mode et le cinéma créent le mythe d'une *superwoman* qui assure dans une marque connue de tailleurs ; l'accès de certaines femmes à des postes de responsabilité semble confirmer la mutation et le modèle de la femme au foyer trouve de moins en moins de partisans déclarés. Dans ce tableau où les progrès dominent, le maillon faible se situe dans le domaine de la représentation politique où les progrès de l'égalité sont minimes. C'est un des indices les plus forts du décalage entre la sphère politique et la société.

La spécialiste américaine du féminisme d'État, Amy Mazur, qualifie de « réforme symbolique » la politique menée en France : une « politique à faible impact », à laquelle « personne ne croit », mais attirante pour plusieurs mauvaises raisons : elle coûte peu en ressources administratives et financières et, grâce à sa médiatisation, procure des bénéfices aux hommes et femmes politiques qui la pro-

meilleures » est celui de Christian Baudelot et Roger Establet, *Allez les filles !*, Paris, Seuil, 1992. Il a été depuis complété et nuancé par d'autres travaux, souvent plus pessimistes.

meuvent[1]. Les causes de cet échec relatif sont multiples et ont à voir avec les conditions de la création du ministère, les réticences des groupes féministes les plus radicaux à l'égard de l'État et la mauvaise volonté de l'administration.

LES ANNÉES 1995-2008 À L'HEURE DE LA PARITÉ

On croit le féminisme agonisant depuis une dizaine d'années, on le fantasme dans sa version américaine du politiquement correct, on le déclare dépassé dans les hebdomadaires de gauche et de droite. La journaliste Susan Falludi révèle le virage conservateur pris par l'Amérique et lui donne un nom, le « *backlash* », le retour de bâton. Dans ce contexte peu propice, la réforme du Code pénal reconnaît le harcèlement sexuel en 1992. C'est l'avancée la plus importante depuis la redéfinition du viol, en 1980. Mais la lutte la plus mobilisatrice se situe sur le terrain politique : c'est la parité. En 1992, à Athènes, un sommet européen « Femmes au pouvoir », à l'initiative de la Commission des Communautés européennes, adopte une charte défendant l'idée que « la démocratie impose la parité dans la représentation et l'administration des nations ». La même année, Françoise Gaspard, Anne Le Gall et Claude Servan-Schreiber proposent dans leur ouvrage *Au pouvoir citoyennes ! Liberté, égalité, parité,* une loi simple : « Les assemblées élues sont composées d'autant de femmes que d'hommes. » Des associations féminines pour la parité sont créées, des associations plus anciennes, qui ne se fréquentaient guère, se retrouvent autour de cet objectif mobilisateur, à gauche comme à droite, ainsi que des femmes ministres ou anciennes ministres de gauche comme de droite. La victoire est rapide : réforme constitutionnelle en 1999, vote de la loi en 2000 « tendant à favoriser l'égal accès des femmes et des hommes

1. Amy Mazur, *Comparative State Feminism*, Sage Publications, 1995 et *Gender Bias and the State : Symbolic Reform at Work in Fifth Republic France*, Chicago, University of Pittsburgh Press, 1996.

aux mandats électoraux et fonctions électives ». Loi décevante pour beaucoup de féministes : les progrès sont mineurs à l'Assemblée et au Sénat. Nous n'insisterons pas sur le bilan de la parité qui suscite des travaux nombreux et convaincants mais souhaitons simplement souligner que la parité s'est substituée au concept traditionnel pour les féministes d'égalité dans les droits et, dans les faits, a promu une approche quantitative qui a ses limites. La parité, dans la culture politique française, est une véritable bombe philosophique. Elle l'est aussi dans les débats féministes où elle semble avoir le pouvoir de réconcilier les contraires, différencialistes et universalistes[1]. Rappeler par une mesure comme la parité que le genre humain est composé pour moitié de femmes et pour moitié d'hommes ne dit rien en soi sur ce que c'est qu'être homme ou être femme. Mais les anti-paritaristes dénoncent le risque d'une assignation identitaire. Les mêmes dilemmes agitent la question de la condition linguistique des femmes et ce n'est pas un hasard si la féminisation des noms de métier débouche à peu près en même temps que la parité vers une reconnaissance officielle.

L'autre révolution de la période, sur le plan conceptuel, est le genre. Un mot venu des États-Unis où il désigne le sexe social, opposé au *sex*, renvoyant au sexe biologique, dès la fin des années 1960. Mais la bonne fortune du mot est plus tardive : au cours des années 1980-1990, les *gender studies* tendent à remplacer les *women's studies*. Et *gender* devient une manière politiquement correcte de dire femmes ou est pris comme synonyme de différence des sexes. Genre est assez vite adopté dans les études sur les femmes et dans l'administration chargée des questions d'égalité des sexes au niveau mondial et européen. Parfois à contresens. Le genre porte un coup fatal à la condition féminine, alors qu'au fond il dit ce que Beauvoir signifiait déjà dans sa phrase fameuse : « On ne naît pas femme, on le devient. »[2] Mais le mot dit plus que cela. Il implique le masculin. On devient aussi homme. Le

1. Cf. Yves Sintomer, « Le paysage idéologique de la parité », *Travail, Genre et Sociétés*, n° 18, novembre 2007, p. 147-152 (qui propose un classement pertinent des courants impliqués dans la controverse sur la parité).

2. Simone de Beauvoir, *Le deuxième sexe*, Paris, Gallimard, coll. « Folio », 1986.

genre accompagne les progrès de la réflexion sur la masculinité, autant dire que le bilan des études sur ce sujet en langue française est, jusqu'à une date récente, d'une pauvreté saisissante. Longtemps, il n'y a eu qu'un seul ouvrage sur ce sujet, abordé par une journaliste, militante du Planning familial, Catherine Valabrègue. Paru en 1968, il tente de convaincre les hommes des gains qu'ils peuvent espérer des progrès de l'égalité et il plaide pour une virilité sans violence ni prédominance. Il s'intitule *La condition masculine*[1] : une locution rarissime. Dans le mot genre, on ne retrouve pas seulement une interrogation sur le conditionnement social et culturel, on entend aussi l'acquis des études sur la domination : pour l'historienne américaine Joan W. Scott, genre signifie rapport de pouvoir. Et l'on prend aussi en compte le champ de la sexualité, avec, au cœur des normes sexuées, l'hétérosexualité.

La fin du XXe siècle porte l'aspiration militante de gays et de lesbiennes à développer une culture spécifique, à vivre et s'aimer au grand jour ainsi qu'une forte détermination à lutter contre l'homophobie, et pour la reconnaissance des couples de même sexe – le pacte civil de solidarité (PACS) est un premier pas en 1999. La révolution continue avec la visibilité croissante de l'homoparentalité, l'insémination artificielle, l'adoption. C'est en quelque sorte la fin de l'hétérosexualité obligatoire qui semblait aller de soi dans la condition féminine essentialisée. On ne peut plus désormais penser la condition féminine à partir d'un seul modèle sexuel et familial.

La fin du modèle unique est très sensible aussi sur le plan culturel. De 1989, avec l'affaire du voile, jusqu'à Ni putes ni soumises et sa marche fondatrice en 2003, diverses campagnes médiatiques attirent l'attention sur la « condition féminine » dans les quartiers défavorisés des banlieues. Le principe de diversité vaut aussi dans ces milieux pauvres et issus de l'immigration et les généralisations sont toujours un peu douteuses. Faire la part, pour comprendre cette condition féminine spécifique qui s'éloigne du cas majoritaire en France, de ce qui relève du politique, de l'islam, des effets de l'exclusion sociale et

1. Catherine Valabrègue, *La condition masculine*, Paris, Payot, 1968.

du racisme est tout sauf évident. On peut aussi noter qu'aucun groupe social n'a le monopole de la violence machiste. Et que les traditionalismes des religions monothéistes se rejoignent dans la défense d'un rôle féminin à l'ancienne. La nostalgie de la femme au foyer flotte même dans des milieux plutôt progressistes, au nom de l'intérêt des enfants. La défense d'un modèle laïque à la française semble hâter la clarification, par exemple devant les tribunaux, de ce que représente aujourd'hui l'égalité des droits et des conditions des hommes et des femmes[1]. Au niveau des droits, c'est la non-discrimination selon le sexe qui est la règle. Elle a conduit, par exemple, à la suppression de l'interdiction du travail de nuit pour les femmes, malgré les oppositions syndicales. Le droit d'accès des femmes à toutes les formations et à toutes les professions s'est concrétisé par l'ouverture de la police et de l'armée. La défense et la sécurité intérieure cessent d'être des bastions virils. La nomination de Michèle Alliot-Marie à ces fonctions est un symbole très fort[2]. La mixité est de fait perçue comme le prolongement naturel de la devise républicaine : « Liberté, égalité, fraternité ».

Ceux et celles qui combattent ces valeurs au nom des leurs ont beau jeu de dénoncer sur les murs des villes les images publiques de femmes-objets vendant des marques de sous-vêtements. La publicité sexiste, à forte teneur sexuelle en France, persiste. On peut d'ailleurs défendre l'idée, d'inspiration sartrienne, que c'est le sexisme qui fabrique la condition féminine. À mesure qu'il régresse, le particularisme féminin s'estompe. Il ne serait plus nécessaire. Cette position radicale invite à s'interroger sur les fondements de l'identité féminine. Telle est la quête de nombreuses artistes contemporaines, dans les arts plastiques, en danse, au cinéma ou en littérature[3], traversée par le trouble dans le

1. Exemple marquant de l'année 2008 : l'affaire du mariage (entre deux musulmans pratiquants) annulé pour cause de mensonge de la mariée sur « l'une des qualités essentielles du conjoint » : elle n'était pas vierge. La décision du tribunal de grande instance de Lille, qui soulève en avril un tollé, notamment parmi les féministes, sera finalement cassée par la cour d'appel de Douai en novembre.

2. Une double première donc puisqu'elle devient ministre de la Défense en 2002 et ministre de l'Intérieur en 2007.

3. Cf. Catherine Gonnard, Élisabeth Lebovici, *Femmes artistes/artistes femmes*,

genre, devenu sujet philosophique pour Judith Butler, et par une interrogation extrêmement forte sur le corps et ses marques sexuées[1]. Les normes en la matière ont éclaté – comme pour les manières de se vêtir – et ce qui s'exprime est de l'ordre de l'humour, de la provocation, de l'étrange, de la violence, de l'érotisme…

Ces cinquante années trop rapidement traversées ont bouleversé la condition féminine au point de discréditer cette locution figée suspecte d'essentialisme. Famille, travail, statut personnel, sexualité, images et représentations : aucun domaine n'ignore les progrès de l'égalité des sexes, qui a d'ailleurs valeur constitutionnelle. L'indifférenciation est souhaitée par les uns, crainte par les autres. On en est pourtant encore assez loin, sur le plan psychologique et sur le plan matériel. Le genre est là, comme un boulet parfois, comme une ressource aussi. Comme une obligation, ou comme un choix ? La révolution des cinquante dernières années ne peut abolir des siècles de domination masculine sans contradictions, retours en arrière, peurs et inquiétudes. Le différencialisme est toujours présent : l'altérité féminine est même devenue une ressource politique. Fait de nature ? La vieille manière de penser n'a évidemment pas disparu, mais comment tiendra-t-elle face aux prouesses scientifiques qui autorisent les opérations de changement de sexe, l'usage des hormones et de la chirurgie qui fait vaciller les critères d'identification du sexe[2]… Sans parler de l'utérus artificiel qui privera les femmes du monopole de la gestation[3]. L'avenir est (par définition) incertain.

Mais la condition féminine n'a peut-être pas dit son dernier mot. Les modes intellectuelles passent, la conscience des différences sexuées fluctue, mais les inégalités et discriminations demeurent…

Paris, Hazan, 2007 et, pour le contexte et pour comprendre le caractère violent de ces œuvres de femmes : Laurence Bertrand Dorléac, *L'ordre sauvage, violence, dépense et sacré dans l'art des années 1950-1960*, Paris, Gallimard, 2004.

1. Judith Butler, *Trouble dans le genre*, Paris, La Découverte, 2005. Sous-titre : « Pour un féminisme de la subversion » (des identités sexuées et sexuelles).
2. Cf. Beatriz Preciado, *Testo Junkie. Sexe, drogue et biopolitique*, Paris, Grasset, 2008.
3. Henri Atlan, *L'utérus artificiel*, Paris, Seuil, 2005.

Recherche bibliographique sur trois bases de données (réalisée le 5 septembre 2008)

Interrogation	**CCFR**	**BN Opale**	**SUDOC-ABES**
« condition »	1208	_	4456
« condition féminine »	34	17	138
« condition des femmes »	79	4	88
Sous-total	**113**	**21**	**226**
« condition ouvrière »	20	7	80
« condition des ouvriers »	25	20	97
Sous-total	**45**	**27**	**177**
« condition masculine »	2	3	10
« condition juive »	2	1	19
« condition noire »	0	1	1

Nombre de publications annuelles d'ouvrages comportant dans leur titre l'intitulé « condition féminine » d'après le catalogue du SUDOC

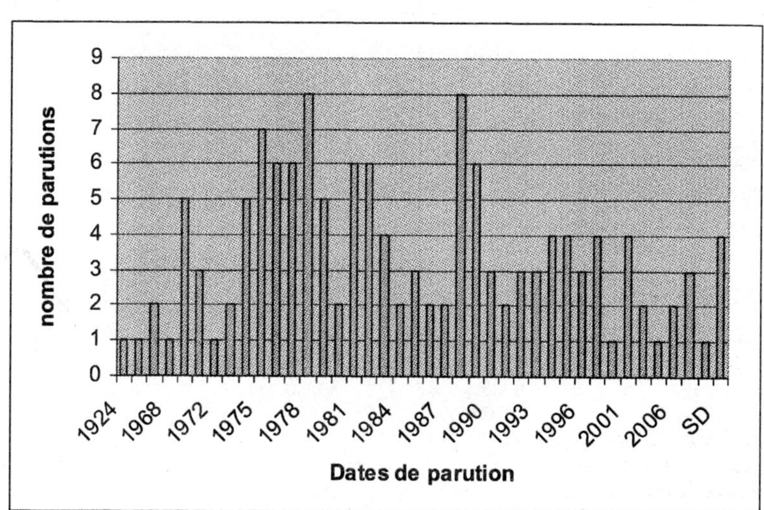

50er-60: Änderung d. Bildes d. Frau v. d. Hausfrau / Mutter und der modernen, modischen & erfolgr. Frau
70er: Giscard fokussiert sich auf β Thema, dann lahm, Ende d. 70er wieder wichtiger. Aber Problem: Doppelbelastung & schlechte Bezahlung
unter Mitterand: Minister für Frauenrecht. Aber meist nur medienwirksame Reförmchen

Les transformations du champ religieux en France depuis 1958

DENIS PELLETIER

Au début de 1962, à la question « Avez-vous une religion et laquelle ? », 85 % des Français répondaient en se disant catholiques. 2 % d'entre eux se disaient protestants, 1 % juifs, et 11 % s'affirmaient « sans religion »[1]. Les sondeurs n'avaient pas jugé utile de comptabiliser les musulmans, fondus parmi d'autres dans la catégorie « Autres religions » qui regroupait 1 % du total des sondés. Au printemps 2003, en réponse à la question « Quelle est votre religion ? », ils n'étaient plus que 62 % à se dire catholiques. Deux catégories avaient vu leur poids augmenter considérablement : les « sans religion » représentaient 27 % du total, les musulmans 6 %. Les autres groupes demeuraient stables, avec 2 % de protestants, 1 % de juifs, et toujours 1 % pour les autres confessions religieuses, essentiellement bouddhistes et orthodoxes[2].

À quarante ans d'écart, la comparaison des chiffres appelle deux commentaires. D'une part, on peut souligner le maintien, quoiqu'à un niveau légèrement moins élevé, du face-à-face entre catholiques et non-croyants qui est au centre de l'histoire de la laïcité républicaine : additionnées, les deux catégories représentent toujours en 2003 89 % du total des Français, contre 96 % en 1962. D'autre part, l'émergence de l'islam comme seconde confession religieuse met en évidence

1. Enquête IFOP pour *France-Soir*, in Jacques Sutter, *La vie religieuse des Français à travers les sondages d'opinion (1944-1976)*, Paris, Éditions du CNRS, 1984, vol. 1, p. 172, et vol. 2, p. 626.

2. Sondage CSA pour *Le Monde* et *La Vie*, *Le Monde*, 17 avril 2003.

le passage de la société française à un multi-confessionnalisme certes limité, mais dont la réalité est renforcée par la récurrence du débat sur la place de l'islam dans l'espace public. Sous cet angle, on pourrait affirmer que la plus évidente des transformations du champ religieux au cours de la Ve République réside dans le passage à un jeu à trois partenaires, le relativement faible poids statistique du partenaire le plus récent, l'islam, étant compensé par l'effet politique, et sans doute aussi psychologique, de l'innovation qu'a représenté son accès à la visibilité sociale.

Cette recomposition limitée des équilibres s'accompagne d'une perte d'emprise des religions sur le corps social, perte d'emprise qu'il faut comprendre comme un recul de leur capacité à imposer des normes de comportement. De ce phénomène, spécifiquement européen par son intensité, la France serait à la pointe, en raison d'une tradition ancienne de prise de distance à l'égard des appartenances religieuses, renforcée par la structuration laïque de l'espace public. Entre crise de l'encadrement, baisse des pratiques et perte de pertinence sociale des référentiels normatifs, le champ religieux français serait en crise[1]. Pourtant, le temps n'est plus où les analystes pouvaient annoncer l'effacement prochain du fait religieux à l'horizon d'une société gagnée à la sécularisation. C'est au milieu des années 1980, sous l'effet de facteurs multiples, que la thématique du « retour du religieux » a fait surface dans le débat intellectuel et dans les médias. L'accent a été mis par les sociologues sur l'opposition entre la difficulté des institutions religieuses établies à réguler croyances et pratiques, et la prolifération d'un religieux « hors contrôle », ou dont la régulation ne passait plus par ces institutions traditionnelles[2]. Mais on a aussi analysé l'inégale capacité des confessions religieuses à s'adapter à la nouvelle donne de la société en réseaux, avant de mettre l'accent, de manière plus récente, sur l'étonnante résistance de ces mêmes institutions, leur capacité à se

1. Danièle Hervieu-Léger, *Catholicisme. La fin d'un monde*, Paris, Bayard, 2003.

2. Danièle Hervieu-Léger, *Le pèlerin et le converti. La religion en mouvement*, Paris, Flammarion, 1999.

renouveler à l'épreuve de la conjoncture, leur « plasticité » en un mot[1].

Ces analyses jalonnent notre histoire religieuse récente. D'une certaine manière, elles en sont partie prenante. Une des difficultés à retracer l'histoire du paysage religieux français depuis 1958 réside dans cette superposition des paradigmes, qui a fini par construire un tableau d'une extrême complexité au sein duquel il est malaisé de cerner les grandes lignes d'évolution. Que peut apporter l'historien à ces multiples regards ? On s'efforcera ici de retracer à très grandes enjambées les principaux moments de l'évolution du catholicisme d'abord, des confessions minoritaires ensuite, en espérant que ce survol nous permette en conclusion de tirer quelques enseignements plus généraux sur les mutations d'ensemble du rapport de la société française aux croyances religieuses qui l'habitent. On sera attentif à la dimension politique de cette évolution, tant par la conviction que le politique est la catégorie privilégiée au travers de laquelle le religieux contemporain se donne à comprendre, que parce que notre réflexion s'inscrit dans le cadre d'un travail collectif consacré à l'histoire de la Ve République.

FEU LA CATHOLICITÉ ?

De la guerre d'Algérie au concile Vatican II (1958-1965)

Le recul du temps nous conduit à surestimer le poids du catholicisme dans la France de 1958. « Les catholiques prennent peut-être trop facilement leur parti d'être une minorité. Après avoir connu la tentation d'imposer leur foi à ceux qui ne la partageaient pas, ils ont appris à vivre dans une société sans croyances communes : progrès sur un zèle indiscret ou sur la méconnaissance de la réalité. Mais

1. Jacques Lagroye, *La vérité dans l'Église catholique. Contestations et restauration d'un régime d'autorité*, Paris, Belin, 2006.

peuvent-ils se résigner à n'être plus qu'une minorité dans la nation ? »[1], écrivait René Rémond en 1962. Et il ajoutait un peu plus loin : « Depuis un demi-siècle, l'Église a vu sa position changer du tout au tout : elle n'est plus une puissance sociale ni une institution officielle ; elle a même cessé, pour la plupart de nos compatriotes, d'être une autorité. »[2]

La période qui sépare l'arrivée au pouvoir du général de Gaulle de l'élection présidentielle de 1965 est une phase de transition. Depuis la Libération, grâce au Mouvement républicain populaire (MRP) et au gaullisme, les catholiques français ont retrouvé leur place dans le paysage politique français, et la loi Debré de 1959 apaise durablement la guerre scolaire en marquant la reconnaissance de la spécificité de l'enseignement catholique. En interne, le catholicisme français se remet à peine, en 1958, des retombées de la crise du progressisme chrétien, qui a profondément marqué les esprits du fait des sanctions contre l'« aile marchante » du catholicisme social et intellectuel. La convocation du concile par le nouveau pape Roncalli, le 25 janvier 1959, ne compense guère la réitération, la même année, de l'interdiction du travail en usine pour les prêtres. En 1956, la suppression de l'Association catholique de la jeunesse française (ACJF) a marqué le point de départ d'un cycle de crises dans les mouvements de jeunesse, entretenu d'abord par la guerre d'Algérie : la question de la torture agite profondément la Route, branche aînée du scoutisme, ainsi que la Jeunesse étudiante chrétienne (JEC), et l'on peut penser que le retournement opéré par le général de Gaulle, dès lors qu'il annonce l'indépendance algérienne comme inéluctable, a contribué à discréditer auprès des générations montantes l'autorité de leurs aînés, celle des évêques en particulier. Ces événements pèseront lourd dans la crise de 1965 à la JEC, à un moment où Mgr Matagrin, un des évêques conciliaires les plus ouverts aux nouveaux courants de pensée, constate l'écart qui sépare l'*aggiornamento* conciliaire des préoccupations de la génération

1. Dans André Latreille *et alii*, *Histoire du catholicisme en France. Vol. 3. La période contemporaine*, Paris, SPES, 1962, p. 681.

2. *Ibid.*, p. 682.

des sixties[1]. Sans doute le concile Vatican II dynamise-t-il l'Église de France : passionnément suivi dans les paroisses et dans la presse, il semble confirmer les intuitions des théologiens condamnés quelques années auparavant. Pour cette raison, et sans doute à tort, il apparaît comme un concile d'inspiration française, cependant que la courbe des ordinations annuelles, qui s'affaissait régulièrement depuis 1950, connaît un léger retournement entre 1963 et 1965[2].

Les années de crise (1965-1985)

Mais jusqu'où cette embellie porte-t-elle ? La période qui suit, et qui va en gros de 1965 au milieu des années 1980, est marquée par le croisement de deux conjonctures[3]. Côté catholique, le concile se poursuit au travers de sa mise en œuvre concrète, non sans affrontements sur le sens à donner à son contenu. Cette crise de réception de l'*aggiornamento* en rencontre une autre, plus générale, à laquelle les événements de Mai 68 ont servi de révélateur et d'accélérateur. Conflit de générations et conflit sur les valeurs se conjuguent, sur un mode hyper-politisé dont le gauchisme est le porte-parole, pour conduire en quelques années à une transformation profonde des modes de vie dans laquelle Henri Mendras a vu la « seconde révolution française »[4]. Dans cette crise, le catholicisme est doublement pris, à la fois parce qu'il est une clé de voûte du système de valeurs en cause, et parce que nombre de ces jeunes militants se trouvent engagés dans les combats de la « génération 68 ».

Ce qui se joue n'est pas la disparition du catholicisme, en dépit

1. Gabriel Matagrin, *Le chêne et la futaie. Entretiens avec Charles Ehlinger*, Paris, Bayard, 2000, p. 94-116.

2. 1 033 ordinations en 1950, 595 en 1960, 573 en 1963, 646 en 1965. Voir Julien Potel, *Le clergé français*, Paris, Centurion, 1968.

3. Pour ce qui suit, Denis Pelletier, *La crise catholique. Religion, société, politique en France (1965-1978)*, Paris, Payot, édition de poche, 2005.

4. Henri Mendras, *La seconde révolution française. 1965-1984*, Paris, Gallimard, 1988.

d'une réelle perte d'emprise, mais l'affaissement d'une configuration historique, issue de sa confrontation à l'héritage de la Révolution française et à la révolution industrielle, dont les trois « piliers » entrent alors en crise. Crise de la figure du prêtre, d'abord[1] : si la contestation interne du statut « séparé » du prêtre est assez rapidement marginalisée, le déclin des vocations est rapide et durable – le chiffre annuel des ordinations, qui était encore de 1 033 en 1950 et de 646 en 1965, tombe en dessous de 100 en 1977. Crise de la figure du militant, ensuite : les mouvements catholiques voient leurs rangs s'éclaircir pour des raisons en partie internes, certes, mais d'abord parce que les formes de la socialisation générationnelle changent au sein de la société française. Crise du magistère enfin, contesté, d'un côté, par la mouvance intégriste qui récuse les réformes du concile, de l'autre, par la masse des catholiques qui ne se reconnaissent plus dans le magistère romain, notamment lorsque la mobilisation de l'opinion autour des enjeux de la contraception et de l'avortement se heurte à l'intransigeance romaine, manifestée une première fois en 1968 par l'encyclique *Humanae Vitae*, et régulièrement réitérée depuis lors. La disparition du Centre catholique des intellectuels français en 1975 témoigne aussi de l'épuisement d'un modèle d'engagement[2].

Pour autant, le bilan des années post-conciliaires ne saurait être réduit à ce constat de crise. Une transformation s'amorce, et sur plusieurs points. L'engagement de catholiques dans des conflits emblématiques de la recomposition du champ politique – le Larzac, Lip et l'autogestion, l'action en faveur des travailleurs immigrés « clandestins » – participe de la transformation plus générale des manières de militer en France. Sur le plan spirituel, les premières communautés charismatiques apparaissent au cours des années 1970 et obtiennent rapidement le soutien d'une partie des évêques français, en dépit

1. Martine Sevegrand, *Vers une Église sans prêtres. La crise du clergé séculier en France (1945-1978)*, Rennes, Presses universitaires de Rennes, 2004.

2. Claire Guyot, *Les intellectuels catholiques dans la société française. Le Centre catholique des intellectuels français (1941-1976)*, Rennes, Presses universitaires de Rennes, 2002, p. 287-306.

d'une légende tenace. Au sein des paroisses, de nouvelles relations entre prêtres et laïcs s'inventent à l'épreuve du déclin de l'encadrement, souvent dans le sillage d'expériences communautaires d'abord nourries par la contestation de l'institution.

Depuis 1985

Faire de 1985 une année tournante du catholicisme français, c'est renvoyer au rôle qu'y joue Rome. Dans le pontificat de Jean-Paul II, cette année est marquée par l'encyclique *Slavorum Apostoli* sur l'Europe chrétienne, par le synode des évêques à l'occasion du vingtième anniversaire de la clôture de Vatican II, par le règlement autoritaire des débats sur les théologies de la libération. On parlera donc volontiers de tournant conservateur, conforté en France par l'inflexion des nominations épiscopales et par le silence qui se fait sur les débats internes, silence rompu en de rares occasions, par exemple lors de la condamnation de Mgr Gaillot, évêque d'Évreux, en 1995. Ce qui est confirmé là, c'est un courant général de réaffirmation de l'identité catholique, dont le catholicisme social est un théâtre privilégié. C'est la victoire d'une lecture du concile Vatican II dans les termes du catholicisme intransigeant au détriment de la vision « progressiste » longtemps portée par les catholiques de gauche[1].

Ce tournant conservateur n'exclut pas le mouvement. Si la crise de l'encadrement religieux se confirme, le recrutement des prêtres se stabilise à un niveau certes bas, mais qui permet d'envisager l'avenir[2]. En 2004, la France compte environ 13 500 prêtres en activité, y compris les religieux mis au service des diocèses, mais seulement

1. Analyse à chaud sous la direction de Paul Ladrière et René Luneau, *Le retour des certitudes. Événements et orthodoxie depuis Vatican II*, Paris, Le Centurion, 1987. Également Paul Ladrière, « Le catholicisme entre deux interprétations du concile Vatican II », *Archives de sciences sociales des religions*, 62/1, 1986, p. 9-51.

2. Pour ce qui suit, voir notamment Colette Muller, Jean-René Bertrand, *Où sont passés les catholiques ? Une géographie des catholiques de France*, Paris, Desclée de Brouwer, 2002.

3 650 âgés de moins de 55 ans. Avec une petite centaine d'ordinations par an en moyenne, il devient possible de parier sur une stabilisation, à terme, autour du chiffre de 4 500 à 5 000 prêtres en paroisse, contre 40 000 au début des années 1960[1]. Tout se passe comme si l'épiscopat français était alors conduit à substituer à la logique d'emprise qui avait caractérisé la période précédente une logique d'accompagnement des fidèles, selon une évolution dictée par la démographie, mais qui rejoint une tendance lourde des « professions sociales » dans leur ensemble, bien au-delà du seul champ religieux. En quelques années, un véritable travail d'aménagement du territoire a été conduit dans la quasi-totalité des diocèses, centré sur le redécoupage des paroisses pour les adapter aux nouvelles conditions d'encadrement et de pratiques. Alors que l'on en comptait environ 38 000 au début des années 1970, elles ne sont plus que 15 740 à la fin de 2006, dont 6 628 seulement disposent d'un curé résident.

Ce relâchement de l'encadrement paroissial s'accompagne d'une redéfinition du travail pastoral. Les années 1980 et 1990 ont été marquées par la multiplication des synodes diocésains, dont un des objectifs était de mobiliser les laïcs et d'inventer de nouvelles formes de gestion locale du religieux. L'anthropologue Albert Piette a parlé de « religion de près » pour qualifier le nouveau partage des tâches qui se met en place dans les paroisses entre des prêtres devenus « rares » et des laïcs, majoritairement des femmes, qui contribuent plus qu'auparavant à l'« activité religieuse en train de se faire »[2]. Cette réorganisation des « métiers du religieux » est aussi marquée par l'apparition d'une nouvelle figure, celle du diacre permanent, rétabli depuis Vatican II et dont la place exacte, entre prêtres et laïcs, demeure l'objet de débats[3]. Enfin, notamment depuis la « Lettre aux catholiques de France » parue en 1996 sous la responsabilité de

1. Selon l'enquête du quotidien *La Croix*, 29-30 mai 2004. Les chiffres donnés par l'annuaire pontifical et repris par l'annuaire de l'épiscopat français sont supérieurs, car ils prennent en compte les prêtres âgés qui ne sont plus régulièrement en activité.

2. Albert Piette, *La religion de près. L'activité religieuse en train de se faire*, Paris, Métailié, 1999.

3. Céline Béraud, *Prêtres, diacres, laïcs. Révolution silencieuse dans le catholicisme*

Mgr Dagens à l'issue d'un long processus de consultation, tout se passe comme si les évêques français avaient substitué à l'ancien discours d'autorité une forme de magistère modeste, centré sur l'expertise et sur la proposition davantage que sur l'obligation, en faisant le pari que cette démarche plus consensuelle leur rendra à terme une place dans le débat public.

DU CÔTÉ DES CONFESSIONS MINORITAIRES

La nouvelle visibilité de l'islam

L'émergence de l'islam comme seconde confession religieuse en France est liée, à partir du milieu des années 1970, à l'installation définitive, à la faveur de la crise économique et des politiques de regroupement familial, d'une population musulmane issue de l'immigration et majoritairement originaire des pays d'Afrique du Nord[1]. Ce sont les grèves de 1982 et 1983 au sein de l'industrie automobile, marquées par la revendication de temps de pause au cours de la journée de travail afin de permettre la prière, qui ont révélé à l'opinion l'existence de cet islam. On se gardera toutefois de s'en tenir à cette chronologie courte. L'islam était déjà présent sur le territoire métropolitain au début de la Ve République, et pas seulement à travers la mosquée de Paris inaugurée en 1926 en reconnaissance de l'engagement des musulmans d'Algérie dans l'armée française au cours de la Première Guerre mondiale. Une enquête menée par Jacques Estrinnes pour *France Observateur* en 1955 montrait ainsi comment le soutien à la guerre de libération s'accompagnait d'un retour à la pratique

français, Paris, PUF, 2007 ; Bruno Dumons, Daniel Moulinet (dir.), *Le diaconat permanent. Relectures et perspectives*, Paris, Cerf, 2007.

1. D'une bibliographie abondante et inégale, on retiendra la quatrième partie de la somme dirigée par Mohammed Arkoun, *Histoire de l'islam et des musulmans en France du Moyen Âge à nos jours*, Paris, Albin Michel, 2006, p. 700-1145.

religieuse au sein de la communauté algérienne de Paris, en dépit de l'image « laïque » que se donnait le Front de libération nationale (FLN) auprès de la gauche[1]. Au cours des années 1960, il n'existait qu'une centaine de lieux pour le culte, et Claire de Galembert a montré la première comment cet islam trouva parfois refuge dans des salles paroissiales catholiques, au moment où la Jeunesse ouvrière chrétienne entrouvrait ses portes à de jeunes ouvriers de confession musulmane[2].

À partir du milieu des années 1980, la construction des mosquées, la formation et le recrutement des imams, et bientôt la question de l'organisation d'un « islam de France » qui échapperait à l'influence des autorités religieuses et politiques des pays d'origine, ont progressivement placé l'islam au centre d'un débat politico-religieux qui a occulté la diversité des modes d'appartenance. À l'islam « familial » autour duquel s'est d'abord organisée la pratique se sont ajoutés dans les années 1980 un islam de jeunes, majoritairement organisé en associations dans les banlieues des grandes villes, ainsi qu'un islam missionnaire, notamment autour du mouvement Foi et Pratique, branche française du Tabligh. On soulignera aussi la place importante tenue par les confréries soufies, à l'image de la Qâdiriyya implantée en banlieue parisienne au cours des années 1970 ou de la Tijâniyya dans la région lyonnaise[3].

Sans doute est-on fondé à mettre en avant la dimension communautaire de ces mouvements, qui contribuent à socialiser des populations en mal d'appartenance et se substituent aux structures de l'État providence là où celles-ci n'assurent plus leur fonction de solidarité. Mais l'islam met aussi l'accent sur la quête de perfection personnelle,

1. Jacques Estrinnes, « Le ghetto des Algériens de Paris », *France-Observateur*, n° 278, 8 septembre 1955, p. 9-10.

2. Claire de Galembert, « L'attitude de l'Église catholique à l'égard des musulmans en France et en Allemagne », thèse de doctorat en science politique, IEP de Paris, 1995.

3. Mehdi Nabti, « Des soufis en banlieue parisienne. Mise en scène d'une spiritualité musulmane », *Archives de Sciences Sociales des Religions*, n° 140, octobre-décembre 2007, p. 49-68 ; Sylvie Cottin, « La Tijâniyya lyonnaise. Une voie dans son temps », *ibid.*, p. 69-90.

dans une relation directe entre le croyant et son dieu qui s'accommode fort bien de l'individualisation des rapports au croire. L'articulation entre le lien communautaire et la quête individuelle de sens pèse sur la pratique religieuse. Les enquêtes sociologiques montrent que les musulmans français se définissent plus volontiers comme « croyants » (38 % en 1989 comme en 2007) ou « croyants et pratiquants » (37 % en 1989, 33 % en 2007) que leurs homologues des autres confessions religieuses[1]. Une minorité d'entre eux recourent à une définition strictement culturelle de l'appartenance et se reconnaissent dans la catégorie d'« origine musulmane » (20 % en 1989, 25 % en 2007). Si le jeûne du Ramadan est pratiqué par la grande majorité des musulmans français (plus de 70 % en 2007), la prière quotidienne (39 %) et la fréquentation de la mosquée le vendredi (23 %) sont des critères plus sélectifs de la pratique, tout en demeurant, là encore, à un niveau plus élevé que les pratiques équivalentes dans les autres confessions religieuses.

Les mutations du judaïsme

Les débuts de la Ve République ont coïncidé avec l'achèvement de la reconstruction du judaïsme français après la Shoah[2]. Reconstruction institutionnelle d'une part, autour du Consistoire central et du grand rabbinat côté religieux, pendant que le Comité représentatif des institutions juives de France (CRIF) s'affirme comme le porte-parole des intérêts de la « communauté » juive de France. Reconstruction proprement religieuse, puisqu'il faut aussi le temps de reformer

1. IFOP, « Enquête sur l'implantation et l'évolution de l'islam de France. Analyse : 1989-2009 », août 2009, téléchargeable sur www.ifop.com.

2. Pour ce qui suit, Jean-Jacques Becker, Annette Wieviorka (dir.), *Les Juifs de France de la Révolution française à nos jours*, Paris, Liana Levi, 1998, notamment : les chapitres d'Anne Grynberg, « Après la tourmente », p. 249-286 ; Michel Abitbol, « La cinquième République et l'accueil des Juifs d'Afrique du Nord », p. 287-327 ; Annette Wieviorka, « Vers une communauté ? Les Juifs en France depuis la guerre des Six-Jours », p. 363-405.

le réseau des synagogues, dont une partie n'avaient pas pu être rouvertes à la Libération faute d'un nombre suffisant de familles pour y assurer le culte. Reconstruction intellectuelle enfin, autour d'institutions comme le Centre de documentation juive contemporaine, l'École d'Orsay fondée par Robert Gamzon en 1946, l'École normale juive orientale dirigée à Paris par Emmanuel Lévinas, les colloques des intellectuels juifs de langue française dont la première édition se tient en 1957 à Versailles.

Cette triple reconstruction prend un tour nouveau avec le retour en métropole des Juifs d'Afrique du Nord. Amorcé en 1958, poursuivi jusqu'au milieu des années 1960 avec une pointe en 1962, ce retour transforme en effet la sociologie du judaïsme français. Évaluée à 360 000 personnes en 1960, la population de confession juive passe à 535 000 en 1970. On passe ainsi en une décennie de 50 000 à 80 000 familles juives en région parisienne, de 75 à 250 à Aix-en-Provence, de 4 000 à 20 000 à Marseille, etc. En moins de deux décennies, le judaïsme séfarade a pris le dessus sur la tradition ashkénaze jusqu'alors dominante. En 2002, selon les chiffres fournis par le Fonds social juif unifié (FSJU), ce sont plus de 60 % des 575 000 Juifs résidant en France qui sont désormais d'origine séfarade.

Trois événements méritent d'être soulignés. Au sein d'un judaïsme resté jusque-là rétif au sionisme, l'installation dans la durée du conflit israélo-arabe ainsi que la place prise dans l'espace public par la mémoire de la Shoah, ont renforcé le rôle de la référence à Israël, donnant à l'appartenance juive une dimension politique et mémorielle originale[1]. À la même époque, on a vu se multiplier les écoles privées et les centres communautaires se consacrant aux « études juives », ouverts à une population de jeunes adultes en quête de sens et de lien. Martine Cohen a étudié ces lieux de sociabilité marqués à la fois par un fort contenu communautaire et par la place accordée à l'apprentissage des langues (hébreu et yiddish) et au travail sur les

1. Martine Cohen, « Les Juifs de France. Modernité et identité », *Vingtième siècle. Revue d'histoire*, n° 66, avril-juin 2000, p. 91-106.

textes[1]. Enfin, les dernières décennies du XXe siècle ont été dominées par l'émergence en France de courants observants, que l'on pourrait dire traditionalistes ou orthodoxes, et dont l'exemple le plus visible est donné par le mouvement Loubavitch. Issu du judaïsme populaire ashkénaze au XVIIIe siècle, ce mouvement se développe en France à partir des années 1970 en s'appuyant, paradoxalement, sur le judaïsme séfarade des rapatriés d'Afrique du Nord. S'y affirme un judaïsme communautaire et extraverti, à forte composante de piété et d'observance, où s'imposent le respect scrupuleux des pratiques et des commandements traditionnels (repos du sabbat, interdits alimentaires, pratiques vestimentaires), et l'affirmation du lien communautaire au travers des œuvres : crèches, écoles juives, organisations d'entraide, etc.

Sans doute ces mouvements sont-ils demeurés minoritaires, regroupant quelques dizaines de milliers de personnes au maximum. Le judaïsme français reste majoritairement peu pratiquant : selon les enquêtes du Fonds social juif unifié (FSJU), la fréquentation régulière de la synagogue, qui concernait 15 % des personnes interrogées en 1986, serait passée au-dessus de 20 % en 2002. Simultanément, le judaïsme français demeure divisé en sensibilités qui vont de la stricte orthodoxie au libéralisme en passant par un pôle « *conservative* » à l'américaine, c'est-à-dire soucieux à la fois du respect de la tradition et de son adaptation à la société moderne. Reste que ce mouvement de renouveau, même minoritaire, a été assez visible et dynamique pour changer à la fois l'image que les Juifs de France se faisaient d'eux-mêmes, et celle que la société française se faisait de son judaïsme. Il contribue à rendre plus complexe une appartenance marquée par une double dimension, politique et mémorielle d'une part, culturelle et religieuse de l'autre, dont l'affirmation a constitué une innovation majeure au sein du champ religieux français sous la Ve République.

1. Martine Cohen, « Les renouveaux catholique et juif en France », dans Françoise Champion, Danièle Hervieu-Léger (dir.), *De l'émotion en religion. Renouveaux et traditions*, Paris, Le Centurion, 1990, p. 121-167.

Les incertitudes protestantes

En 1951, André Siegfried pouvait écrire du protestantisme français que « le rôle joué par ses membres dans la vie nationale est hors de proportion avec leur nombre minime »[1]. Au début de la Ve République, le protestantisme français est une minorité religieuse fière d'un double passé de résistance aux pouvoirs – y compris sous l'occupation nazie – et d'aiguillon de la démocratie et de la laïcité républicaine. Il est dominé par les courants réformés et luthériens, notamment au sein de la Fédération protestante de France à laquelle Marc Boegner, qui la dirige depuis 1929, a donné une aura incontestable. Au cours des années 1960 et 1970, les Églises protestantes sont traversées par des remises en cause analogues à celles qui traversent le catholicisme : contestation interne, notamment autour de la revue étudiante *Le Semeur* fondée en 1963, puis de l'élaboration du texte « Églises et pouvoirs » dont la publication en 1972 témoigne de la radicalisation politique des héritiers du christianisme social. Le protestantisme conserve toutefois son rôle de modèle de modernité religieuse : ses théologiens (Bonhoeffer, Bultmann...) sont lus et commentés dans les milieux « progressistes » catholiques, certaines de ses organisations, notamment le groupe « Jeunes femmes », sont à la pointe du combat pour l'émancipation, et l'heure est à une forme d'œcuménisme pratique rendu possible, côté catholique, par le concile.

Les choses changent ensuite. Ancien acteur de la contestation des années 1960 et 1970, l'historien Jean Baubérot publie en 1986 un livre intitulé *Le protestantisme doit-il mourir ?* Cette interrogation, réitérée dans le premier chapitre, « Le protestant français, une espèce en voie de disparition ? », fait de l'ouvrage un bel indicateur de l'inquiétude qui naît alors dans le protestantisme, et conduira quelques années plus tard un autre sociologue, Jean-Paul Willaime,

1. André Latreille, André Siegfried, *Les forces religieuses et la vie politique. Le catholicisme et le protestantisme*, Paris, Armand Colin, 1951.

à publier un recueil de ses articles sous le titre *La précarité protestante*[1]. Trop œcuménique, le protestantisme perdrait en visibilité ce qu'il gagne en popularité et en réputation d'ouverture ; trop libéral, il serait en déficit de sacralité au moment où commence à se faire sentir, au sein de la société française, une demande de ritualité nouvelle. De fait, si les sondages des années 1980 et 1990 montrent la popularité du protestantisme parmi les Français, ils montrent aussi la stagnation des déclarations d'appartenance, voire leur déclin en pourcentage de la population totale, à un moment où les pasteurs constatent aussi un recul de la pratique[2].

Il est tentant de voir dans cette inquiétude nouvelle la trace d'une sorte de blessure narcissique collective, qui affecterait une confession religieuse attachée à sa mémoire et à son histoire et découvrant qu'elle n'est plus la seconde confession présente sur le territoire. Mais ces interrogations reflètent aussi la manière dont le protestantisme français est travaillé de l'intérieur par la montée en puissance des courants évangéliques[3]. Regroupés sous de multiples dénominations (méthodistes, libristes, darbystes, baptistes, etc.), les protestants évangéliques ont en commun une organisation de type congrégationaliste, c'est-à-dire fondée sur la multiplication d'assemblées locales autonomes se regroupant dans des réseaux nationaux ou internationaux peu contraignants. Généralement issus de mouvements de Réveil, mettant l'accent sur la conversion personnelle et le refus de la privatisation de la foi, ils ont longtemps été ultra-minoritaires en France. Sébastien Fath évalue leur nombre à 50 000 en 1945, 100 000 environ en 1960, 350 000 en

1. Jean Baubérot, *Le protestantisme doit-il mourir ? La difficulté protestante dans une France pluriculturelle*, Paris, Seuil, 1988 ; Jean-Paul Willaime, *La précarité protestante. Sociologie du protestantisme contemporain*, Genève, Labor et Fides, 1992.

2. Selon un sondage CSA de 1995, 1,8 million de Français considèrent le protestantisme comme « la confession dont ils se sentent le plus proche », mais 600 000 seulement cotisent à une organisation ou à une Église protestante. Voir Rémi Fabre, *Les protestants en France depuis 1789*, Paris, La Découverte, 1999, p. 94-96.

3. Pour ce qui suit, Sébastien Fath, *Du ghetto au réseau. Le protestantisme évangélique en France (1800-2005)*, Genève, Labor et Fides, 2005, ainsi que ses contributions à Gérard Cholvy, Yves-Marie Hilaire, *Le fait religieux aujourd'hui en France. Les trente dernières années, 1974-2004*, Cerf, 2004, p. 63-72 et 226-235.

2003 – contre environ 650 000 luthéro-réformés –, le nombre de leurs implantations locales passant de 800 en 1970 à 1 800 en 2003. Cette croissance exceptionnelle est d'abord le fait des courants pentecôtistes et charismatiques, qui valorisent l'effusion de l'esprit, la fonction thérapeutique de la croyance, des liturgies festives où l'émotion est omniprésente. Deux groupes y occupent une place essentielle, les Assemblées de Dieu et la Mission évangélique tzigane, qui regroupent chacun environ 70 000 fidèles. Particulièrement bien implanté dans les banlieues des grandes villes, capable de séduire des jeunes, notamment parmi les populations africaines et antillaises dont les Assemblées locales se regroupent au sein de la Communauté des Églises africaines de France, ce pentecôtisme a déjà profondément modifié la physionomie du protestantisme français, en y réhabilitant un mode d'appartenance moins culturel et plus confessant, une forte dimension communautaire, des liturgies festives et exubérantes qui tranchent avec le libéralisme discret des Églises luthérienne et réformée.

RELIGION, SÉCULARISATION, PLURALISATION

En cinquante ans, le champ religieux s'est donc profondément transformé, sous l'effet de forces variées et parfois contradictoires. Les deux premières décennies de la période ont été vécues sous le signe de la crise. En quelques années, les théories de la sécularisation ont fleuri parmi les observateurs, qui ont repris de manière parfois trop univoque des schémas d'analyse hérités des fondateurs de la sociologie (Max Weber, Ferdinand Tönnies, Ernst Troeltsch...), jusqu'à parier sur l'effacement du religieux à l'horizon de nos sociétés par perte de pertinence sociale.

Or, les religions n'ont pas disparu du paysage. On peut même avancer l'idée que la pluralisation du religieux a été la réponse à la crise de sécularisation des années 1960 et 1970, comme si une autre histoire religieuse s'était déroulée discrètement en arrière-plan des évolutions les plus apparentes, pour s'imposer sur le devant de la scène à partir du milieu des années 1980. Cette pluralisation est moins statistique, on l'a dit, que politique et culturelle, participant d'une construction collective des représentations du croire, nourrie par des dynamiques religieuses minoritaires qui se sont trouvées en phase avec l'émergence de nouvelles logiques identitaires au sein du corps social. Cette pluralisation est externe : elle tient à la visibilité de l'islam et du judaïsme, mais aussi à celle d'autres appartenances que l'on a renoncé à traiter ici faute de place, notamment le bouddhisme et l'orthodoxie[1]. L'attention aux sectes s'est inscrite dans ce contexte. Publié en 1985, le premier rapport parlementaire sur la question a été reçu comme l'illustration d'une forme de violence religieuse née sur les décombres d'institutions en déshérence et menaçant toujours de dériver vers la délinquance spirituelle et la manipulation des consciences. Parfois justifiée, souvent approximative, cette analyse a placé les sociologues dans une position inconfortable au regard de la polémique sociale[2].

La pluralisation est aussi interne aux confessions, et explique que l'on puisse avoir, dans le même moment, le sentiment d'une crise et celui d'une inventivité religieuse inédite. La dialectique entre institution et émotion est une composante structurelle de l'histoire des monothéismes, au cœur notamment de l'expérience mystique. La « religion de l'émotion » n'est donc pas neuve mais, de s'inscrire dans un champ gagné au pluralisme, elle a pris une autre signification et a conduit à privilégier de manière parfois exagérée les points communs entre les différentes confessions. Sans doute la porosité des frontières religieuses est-elle une réalité, dont témoignent certains itinéraires de croyants naviguant avec virtuosité entre les appartenances. Mais le

1. Fin 1999, on évaluait le nombre des orthodoxes à 250 000, auxquels il faut rajouter les 200 000 chrétiens monophysites, surtout membres de l'Église arménienne. Il y aurait aussi 300 000 à 500 000 bouddhistes, principalement issus de l'immigration asiatique, et la France est le premier pôle d'implantation du bouddhisme en Europe avec plus de 200 monastères et centres spirituels.

2. Françoise Champion, Martine Cohen (dir.), *Sectes et démocratie*, Paris, Seuil, 1999 ; Danièle Hervieu-Léger, *La religion en miettes ou la question des sectes*, Paris, Calmann-Lévy, 2001.

bricolage religieux n'est pas forcément devenu la règle. Institutions et pouvoirs religieux résistent, capables aussi bien de produire une forme raisonnée d'autorité que de construire de la domination religieuse et de l'affrontement interconfessionnel, ou de donner sens à des jeux de frontières culturelles ou sociales.

Comment se reformule, dans un tel contexte de pluralisation, le rapport entre religions et politique ? De 1989 à l'adoption en 2004 d'une loi prohibant le port de « signes ostensibles d'appartenance religieuse » à l'école publique, les polémiques sur le foulard ont montré l'actualité de la question laïque et son renouvellement à l'épreuve de l'islam, à un moment où la République s'efforçait de faire du Conseil national du culte musulman fondé en 2002 une instance véritablement représentative de l'islam en France[1]. Cette querelle a introduit les enjeux de genre dans le champ de la laïcité à la française. Au même moment, les autorités religieuses, notamment catholiques, s'engageaient de manière résolue dans un certain nombre de débats sur les mœurs et les manières de « faire famille », notamment à propos du Pacte civil de solidarité (PACS), de l'homoparentalité et du mariage homosexuel. Les nouveaux enjeux de la bioéthique ont conduit à la fondation en 1983, à l'initiative du président Mitterrand, d'un Comité consultatif national d'éthique au sein duquel les différentes confessions religieuses disposent d'un représentant[2]. Les porte-parole des religions ont été consultés par la commission parlementaire lors du grand débat public organisé au premier semestre 2009 en vue de renouveler les lois de bioéthique en 2010, et l'épiscopat catholique en particulier s'est fortement impliqué dans les débats. En 2000 et 2001, la question des héritages religieux a croisé celle des frontières de

1. J'ai abordé cette question dans deux articles : « L'École, les corps, l'Europe : la laïcité et le voile », *Vingtième siècle. Revue d'histoire*, 87, juillet-septembre 2005, p. 159-176 ;« Tradition, séparation, intimité. Les "signes d'appartenance religieuse" dans une société sécularisée », dans *Les voiles dévoilés, pudeur, foi, élégance* (actes du colloque de la Mode, 28-29 avril 2008, Université Lumière Lyon 2), Lyon, Éditions lyonnaises d'Art et d'Histoire, 2009, p. 96-101.

2. Dominique Memmi, *Les gardiens du corps. Dix ans de magistère bioéthique*, Paris, Éditions de l'EHESS, 1996, p. 143-154.

l'Europe, à la faveur du référendum sur la Constitution européenne et du débat sur l'entrée de la Turquie dans la Communauté. On le voit, si les religions ont perdu de leur emprise au cours de ce demi-siècle, leur référentiel de valeurs continue d'être mobilisé dans l'espace public, souvent sous la forme d'une demande d'expertise non contraignante. La société française de 2008 n'assigne certes plus le même rôle ni la même place aux croyances religieuses qu'en 1958. Mais il s'agit d'un déplacement, non d'un effacement. Le religieux résiste à la sécularisation, comme si celle-ci consistait en un réagencement du rapport entre religions et démocratie, bien davantage qu'en une victoire de la seconde sur les premières.

Deuxième partie

Un régime qui s'adapte ?

Entrée en matière

Alain Delcamp

Je voudrais d'abord insister sur le très grand honneur pour moi d'être amené à présider une session d'un des colloques les plus importants de ce 50e anniversaire de la Constitution et d'accueillir ses participants, par la même occasion, au Sénat.

Vous savez que le Sénat est l'une des institutions fondatrices de la Ve République et qu'il arrive que sa situation dans le système institutionnel soit mal comprise. J'espère que cette nouvelle visite dans ses locaux vous permettra d'en saisir l'esprit, précisément au moment où s'amorce une nouvelle et très importante étape de la vie de notre Constitution et de la vie du Sénat lui-même à la suite du dernier renouvellement par tiers.

Je ne peux inaugurer cette séance sans évoquer les liens qu'ont toujours entretenus les secrétaires généraux du Sénat, la Fondation nationale des sciences politiques et, bien sûr, l'Institut d'études politiques lui-même. Je voudrais en cet instant que nous ayons tous une pensée pour François Goguel, secrétaire général du Sénat, qui fut longtemps président de la Fondation nationale et qui contribua, on le sait, à la mise en place de la Constitution de 1958 à travers ses fonctions, mais aussi par ses avis à ses inspirateurs et à ses auteurs mêmes.

Je voudrais également saluer l'initiative prise par les co-organisateurs, Sylvie Guillaume, membre honoraire de l'Institut universitaire de France, Jean-François Sirinelli, directeur du Centre d'histoire de Sciences Po et Jean Garrigues, président du Comité d'histoire politique et parlementaire qui sont des partenaires fidèles du Sénat. La tonalité de ce colloque marque, me semble-t-il, le retour à une analyse des institutions telle que les gens de ma génération l'avaient abordée au cours de leurs études et la présence ici de nombreux universitaires étrangers, notamment du monde anglo-saxon, témoigne du caractère très largement partagé de cette approche. Je me permettrai d'ailleurs un clin d'œil pour faire observer qu'en tant que vice-président de l'association des constitutionnalistes, j'aurais dû me trouver aujourd'hui à la Sorbonne pour le Congrès, précisément, organisé par notre association. En fait, je suis très heureux de cette circonstance qui me permet de témoigner que ce qui a pu être perçu comme une distance, pendant quelque temps, entre deux manières d'aborder les institutions demeure, à mes yeux, encore très largement factice. La réception commune à laquelle le président du Sénat a tenu à convier à la fois les participants du colloque et les participants du Congrès des constitutionnalistes en est la démonstration. Sachez que je fais partie, comme Didier Maus d'ailleurs ici présent, des constitutionnalistes attachés à une lecture plurale du droit et, surtout, à une analyse pluridisciplinaire de nos institutions.

Assemblée du pragmatisme, représentative de la continuité historique française et de la diversité des traditions politiques, ces traditions enracinées dans les terroirs et même la géologie, comme on le sait depuis André Siegfried, le Sénat est ainsi, incontestablement, parmi les institutions, celle qui est la plus ouverte au rapprochement entre les institutions et la société. Il en perçoit les évolutions de manière, si je puis me permettre, quasi « olfactive ». Il est donc toujours difficile de conceptualiser le rôle du Sénat car, plus que l'Assemblée, sans doute, son rôle de représentation et son rôle dans les institutions sont étroitement imbriqués, ce qui obscurcit son image. Cette difficulté dessert, je crois, l'institution car sa compréhension s'en trouve moins immédiate.

Assemblée du pragmatisme, le Sénat privilégie instinctivement dans son fonctionnement interne les usages, sinon les coutumes, et ses membres sentent confusément cette unité, cette transversalité, dirait-on aujourd'hui, qui les rassemble et qu'ils nourrissent par leurs travaux et leurs initiatives.

Fort de ces remarques préliminaires, je serais tenté de répondre tout de suite à la question « Un régime qui s'adapte ? » par une réponse très simple qui relève d'une conviction, inspirée par mon environnement et mon expérience personnelle, à savoir qu'un régime ne peut que s'adapter.

Déjà il y a quelques années, dans un article du *Monde*, Georges Vedel qualifiait la Constitution de 1958 d'« immuable et changeante » mais je voudrais rappeler aussi que, dès l'origine, le général de Gaulle lui-même prenait bien soin de distinguer la Constitution comme « texte » des institutions comme « pratiques ».

Certes, au cours de ces cinquante ans, nous n'avons pu échapper à notre mode de fonctionnement national qui veut que nous préférons modifier les textes en espérant pouvoir ainsi changer les pratiques, d'où les nombreuses révisions, mais il me semble que, pour une fois, la révision qui vient d'être votée accomplit, au moins s'agissant du Parlement, davantage des aspirations longtemps désirées qu'elle ne marque véritablement une inflexion prétorienne.

C'est donc avec d'autant plus d'intérêt que nous allons essayer de mesurer, ensemble, le chemin parcouru.

Une monarchie républicaine ?

SERGE BERSTEIN

En proposant au peuple français sur la place de la République le 4 septembre 1958 le nouvel équilibre des pouvoirs qui définit la Ve République et fait du chef de l'État la clé de voûte des institutions, le général de Gaulle annonce la fin d'une tradition profondément enracinée dans la culture politique des Français, tradition qui considère la République comme incompatible avec un pouvoir exécutif fort. Aussi ce bouleversement suscite-t-il le plus grand scepticisme dans l'opinion comme dans le monde politique quant aux chances de sa pérennité. Concevable dans son cas personnel, compte tenu du prestige que le général de Gaulle doit à son rôle historique durant la Seconde Guerre mondiale, ce retournement dans l'équilibre des pouvoirs ne semble pas pouvoir survivre à la vie politique du général. Or, contre toute attente, la monarchie républicaine fondée en 1958 a non seulement survécu à son fondateur, mais n'a cessé en un demi-siècle de se consolider et d'étendre le champ de ses prérogatives.

LA RÉVOLUTION COPERNICIENNE DE 1958

Une tradition républicaine fondée sur la prééminence du pouvoir législatif

Au moment où de Gaulle revient au pouvoir en 1958, la culture politique des Français se réclame d'une tradition fondée, non sur les trois actes constitutionnels de 1875 qui ont construit la IIIe République, mais sur une pratique mise en place en 1879 et qu'on a baptisée la « Constitution Grévy ». Pratique selon laquelle le nouveau président de la République, Jules Grévy, s'engageait à ne jamais entrer en conflit avec la majorité de la Chambre des députés élue au suffrage universel. De ce fait, le chef de l'État, bien qu'il demeurât en théorie le chef du pouvoir exécutif, perdait en fait l'essentiel de son pouvoir au profit d'un substitut n'ayant aucune existence constitutionnelle, le président du Conseil qui le remplaçait dans son rôle de chef du gouvernement, et il renonçait à la possibilité constitutionnelle de dissoudre la Chambre après avis conforme du Sénat. Dans la réalité, il laissait en fait la prééminence institutionnelle au Parlement qui, outre ses prérogatives législatives et budgétaires, dépassait le pouvoir de contrôle que lui reconnaissait la Constitution pour faire et défaire les gouvernements.

Bien que critiquée dès sa mise en œuvre par les partisans d'un retour à la lettre et à l'esprit de la Constitution, cette évolution de la pratique institutionnelle est largement acceptée par l'opinion, en ceci qu'elle paraît conforme à la culture républicaine qui considère comme légitime que la prééminence appartienne aux élus du peuple souverain désignés par le suffrage universel et qui marque sa méfiance envers un pouvoir exécutif fort, héritier de l'absolutisme monarchique et toujours porté à abuser de ses pouvoirs pour brider la liberté des citoyens[1].

Cette tradition républicaine demeure profondément ancrée dans les consciences au lendemain de la Seconde Guerre mondiale, d'autant que, la dictature de Vichy servant de repoussoir, la culture républicaine retrouve une nouvelle jeunesse à la Libération. C'est la raison pour laquelle le général de Gaulle échouera à faire accepter aux constituants de 1945-1946 sa conception d'un « gouvernement qui gouverne » et préférera quitter le pouvoir en janvier 1946 plutôt que d'admettre le retour à un système politique qui fait du gouvernement une simple émanation du Parlement. Toutefois, il fera connaître aux

1. Serge Berstein et Odile Rudelle (dir.), *Le modèle républicain*, Paris, PUF, 1992.

Français dans son discours de Bayeux du 16 juin 1946 ses vues institutionnelles fondées sur l'idée d'un président de la République chef de l'exécutif et guide de la nation, provoquant la vive réaction de Léon Blum qui, au nom des « Républicains », juge que la proposition du Général crée non seulement « un pouvoir personnel, mais [que] sa mise en œuvre exigerait que toute la vie publique soit dominée par ce pouvoir personnel »[1]. Il restera à de Gaulle à dire dans son discours d'Épinal du 29 septembre 1946 tout le mal qu'il pense de la Constitution adoptée la veille par l'Assemblée constituante, provoquant cette remarque du journaliste André Stibio, éditorialiste de *L'Ordre*, à propos du discours du Général : « Il est clair désormais que s'il devait un jour revenir au pouvoir, son retour serait lié à une révision constitutionnelle. »[2]

Or c'est précisément ce qui se produit, du fait de l'échec de la IVe République dans la guerre d'Algérie, début juin 1958.

La Constitution de 1958 renverse la hiérarchie des pouvoirs

Le texte élaboré au cours de l'été 1958 et soumis aux Français qui doivent se prononcer par référendum le 28 septembre 1958 traduit pour l'essentiel les vues que le général de Gaulle avait exprimées à Bayeux. Sans doute est-il susceptible d'une double lecture en fonction de la loi du 3 juin 1958 qui juxtapose, parmi les cinq conditions qui encadrent le pouvoir donné au gouvernement du général de Gaulle de rédiger une nouvelle constitution, la « séparation des pouvoirs » exigée par le Général et qui signifie que le gouvernement ne saurait émaner du Parlement et le maintien du régime parlementaire, voulu par les chefs de partis et qui implique que les députés conservent le droit de renvoyer le gouvernement en lui refusant la confiance ou en

1. *Le Populaire*, 18 juin 1946.

2. André Stibio : « Les vrais motifs du général de Gaulle », *L'Ordre*, 1-2 octobre 1946.

adoptant contre lui une motion de censure. De fait, il appartiendra à la pratique constitutionnelle de trancher entre ces deux lectures.

Mais l'organisation du texte constitutionnel lui-même souligne le renversement de la hiérarchie des pouvoirs. Dans la Constitution de la IVe République, le président de la République n'apparaissait qu'au titre V, alors que le Parlement se situait au titre II (après un titre premier qui traitait de la souveraineté). Dans la Constitution de la Ve République, c'est le Président qui figure au titre II, alors que le Parlement est renvoyé au titre IV.

Toutefois, l'énoncé des pouvoirs du Président ne diffère pas sensiblement de celui des chefs d'État des IIIe et IVe Républiques. Comme eux, il veille au respect de la Constitution, assure par son arbitrage le fonctionnement régulier des pouvoirs publics et la continuité de l'État, est le garant de l'indépendance nationale, de l'intégrité du territoire, du respect des traités internationaux. Comme eux, il nomme le Premier ministre et, sur proposition de celui-ci, les ministres, préside le Conseil des ministres, promulgue les lois.

La véritable nouveauté réside dans son mode de désignation et dans les moyens dont il dispose pour remplir ses fonctions. Comme il l'avait exprimé à Bayeux, de Gaulle n'entend pas que le chef de l'État soit l'émanation du Parlement ; aussi est-il désigné par un collège de 80 000 notables où les parlementaires sont noyés dans la masse des élus locaux et d'outre-mer. En outre la Constitution lui fournit trois armes qui lui permettent d'asseoir son autorité : le droit de soumettre à référendum tout projet de loi portant sur l'organisation des pouvoirs publics ou influant sur ceux-ci (article 11), la possibilité de dissoudre l'Assemblée nationale (article 12), la faculté de disposer de pouvoirs exceptionnels au cas où les institutions de la République, l'intégrité du territoire, l'indépendance de la nation ou l'exécution des engagements internationaux se trouveraient menacées (article 16).

Tels sont les fondements de la révolution copernicienne de 1958 qui va déboucher sur la naissance d'une monarchie républicaine, jusqu'alors impensable.

Comment expliquer ce basculement de la hiérarchie des pouvoirs ?

Trois raisons paraissent rendre compte de la volonté du général de Gaulle de substituer à une république à prépondérance parlementaire un régime politique à exécutif fort[1].

— La première tient à son milieu familial, d'origine monarchiste et ardemment catholique, et à son appartenance à une société militaire française qui sert la République sans l'aimer. C'est peu dire que le général de Gaulle ne partage pas les valeurs rationalistes et positivistes, la confiance absolue dans un Parlement dépositaire de la volonté nationale, la méfiance envers l'autorité, le pouvoir gouvernemental, l'administration, l'armée ou la justice qui caractérisent la culture républicaine depuis l'affaire Dreyfus. Face aux Républicains qui considèrent que le régime doit s'inspirer des grands principes de la Révolution française gravés dans le marbre pour l'éternité, de Gaulle exprime à Bayeux son relativisme institutionnel : une Constitution est faite pour un peuple donné à un moment de son histoire. Pour la France du XXe siècle, le régime sera républicain comme le prouvent le préambule et le titre premier de la Constitution sur la souveraineté, qui ne diffèrent guère dans les principes qu'ils expriment de la Constitution de la IVe République. Mais si la forme du régime et les principes sur lesquels elle s'appuie demeurent inchangés, son contenu diffère profondément.

— En effet, pour le général de Gaulle, la République n'implique pas le contenu culturel qui prévalait jusqu'alors, mais s'identifie à la *res publica* romaine, c'est-à-dire à l'État dont il s'agit de restaurer et d'imposer l'autorité. Il est clair que, dans cette volonté, on peut retrouver l'indignation éprouvée par le militaire qu'il est devant la faiblesse des gouvernements de la IIIe et de la IVe République et le souvenir cuisant de la liquéfaction de l'État et de l'inconsistance

1. On trouvera un développement plus large de ces thèmes dans notre ouvrage, *Histoire du gaullisme,* Paris, Perrin, 2002, p. 9-33.

du président de la République aux jours sombres de la défaite de 1940. Il est clair qu'à cet égard Charles de Gaulle est proche des partisans de la réforme de l'État qui, de Charles Benoist au XIXe siècle à André Tardieu dans les années 1930, plaidaient pour un rééquilibrage des pouvoirs au profit de l'exécutif.

— Enfin, un troisième élément d'explication, lié aux deux premiers, révèle chez le général de Gaulle une conception de la pratique d'un pouvoir politique efficace calqué sur la chaîne de commandement militaire avec un commandant en chef qui décide de la stratégie (le chef de l'État), un chef d'état-major ayant pour mission de coordonner la mise en œuvre (le Premier ministre), des généraux chargés de l'exécution chacun en ce qui concerne son secteur d'opération (les ministres).

Ce sont ces conceptions qui rendent compte du choix opéré par Charles de Gaulle entre les deux lectures possibles des institutions au profit d'une République présidentielle à forme de monarchie élective et temporaire.

L'AFFERMISSEMENT DE LA MONARCHIE RÉPUBLICAINE

Il est évident que la fonction présidentielle telle qu'elle apparaît sous la Ve République doit tout au précédent établi par Charles de Gaulle entre 1958 et 1962. Or de Gaulle ne professe-t-il pas qu'« une Constitution, ce sont des institutions, un esprit et une pratique » ? Et c'est bien la pratique institutionnelle telle qu'il la conçoit qu'il entend imposer. Évoquant son installation à l'Élysée, il écrit dans ses *Mémoires d'espoir* : « Les institutions nouvelles sont en place. Du sommet de l'État comment vais-je les façonner ? » [1] Dans cette tâche qu'il s'assigne ainsi et qu'il voit comme la poursuite d'une mission transcendante entreprise en 1940, le général de Gaulle va être servi

1. Charles de Gaulle, *Mémoires d'espoir*, tome 1, *Le renouveau 1958-1962*, Paris, Plon, 1970 (éd. Le Livre de poche), p. 341.

par le caractère dramatique d'une conjoncture marquée par la poursuite de la guerre d'Algérie et la conviction profondément ancrée dans l'opinion comme chez les hommes politiques que lui seul est en mesure de la résoudre, ce qui interdit à ses opposants, non de le critiquer, mais de passer à l'acte en le chassant du pouvoir, au risque d'avoir eux-mêmes à résoudre le problème apparemment insoluble de la paix en Algérie. Muni de ce blanc-seing, de Gaulle peut se présenter en seul mandataire autorisé du peuple français, développant une conception quasi monarchique d'un pouvoir qui va bien au-delà des dispositions constitutionnelles : « Quelle que puisse être l'interprétation que l'on veut donner à tel ou tel article, c'est vers de Gaulle en tout cas que se tournent les Français. C'est de lui qu'ils attendent les solutions de leurs problèmes. C'est à lui que va leur confiance ou que s'adressent leurs reproches. »[1]

Plus que le texte constitutionnel, c'est cette pratique des institutions qui fonde la monarchie républicaine de la Ve République.

Une pratique monarchiste des institutions

Comment faire coïncider cette toute-puissance d'un chef d'État qui se réclame d'un pouvoir charismatique avec une Constitution qui dispose, en son article 20, que « le gouvernement détermine et conduit la politique de la Nation » ? Le parti gouvernemental, l'Union pour la nouvelle République (UNR), s'y essaiera en s'efforçant de distinguer un « domaine réservé » du chef de l'État comprenant l'Algérie, la Communauté, les Affaires étrangères et la Défense, d'un « domaine ouvert » où le gouvernement et l'UNR auraient les coudées plus franches[2]. Assertion que balaie de Gaulle dans ses *Mémoires d'espoir* : « Dans le champ des affaires, il n'y a pas pour moi de

1. *Ibid.*, p. 342.
2. Jean Charlot, *L'UNR, étude du pouvoir au sein d'un parti politique*, Paris, Armand Colin, 1967, p. 87-88.

domaine qui soit ou négligé ou réservé »[1], tout en admettant cependant qu'il se concentre sur l'essentiel.

En fait, le Président se considère comme le véritable chef du gouvernement. Lorsque Michel Debré accède à la fonction de Premier ministre, il donne de son domaine d'attribution une acception extensive puisqu'il se définit comme chef du gouvernement et de l'administration, chef de la majorité parlementaire et chef du parti gaulliste, l'UNR. Or si le Général ne voit pas d'objection à ces deux derniers titres, il n'admet guère l'idée que le Premier ministre se considère comme le chef du gouvernement. Le 9 janvier 1962, Michel Debré suggère au Général de changer de gouvernement après la signature de la paix en Algérie. De Gaulle lui rétorque qu'il n'aime pas l'expression « changer de gouvernement » qui signifie que le gouvernement est indépendant du président de la République. Or il estime que le gouvernement et le président de la République ne font qu'un[2]. De fait, de Gaulle considère que le Premier ministre n'est que son plus proche collaborateur, son lieutenant qui émane du pouvoir présidentiel, même s'il doit disposer de la confiance de l'Assemblée nationale. Nommé par lui, il doit être l'homme du Président et cesse ses fonctions lorsque celui-ci, qui n'a pas le pouvoir de le révoquer, lui demande de présenter sa démission. Aussi les conseils des ministres ne sont-ils pas la réunion de responsables solidaires des délibérations gouvernementales, mais un Conseil du Président où chaque ministre expose les questions qui relèvent de sa compétence, participe aux discussions ou aux tours de table, avant que le chef de l'État formule ses conclusions, arrête les décisions et communique au ministre de l'Information ce qu'il convient de faire connaître au public[3]. Les ministres sont considérés comme les exécutants dociles des décisions arrêtées par lui. Aussi ne saurait-il tolérer la moindre réserve de leur part sur les directions qu'il entend donner à l'action gouvernemen-

1. Charles de Gaulle, *Mémoires*, Paris, Gallimard, 2000, p. 1120.
2. Michel Debré, *Gouverner. Mémoires, 1958-1962*, Paris, Albin Michel, 1988, p. 448.
3. Charles de Gaulle, *Mémoires d'espoir*, tome 1, *op. cit.*, p. 344.

tale, n'hésitant pas à les révoquer en cas de désaccord, la proposition du Premier ministre, légalement indispensable, étant de pure forme. Antoine Pinay, Jacques Soustelle, Bernard Cornut-Gentile en feront l'expérience en 1960.

Cette prééminence présidentielle qui va bien au-delà du texte constitutionnel lui-même s'étend d'ailleurs à l'interprétation de la Constitution. C'est ainsi qu'en mars 1960, le Général se refuse à convoquer le Parlement en session extraordinaire comme le lui demande, en vertu de l'article 29 de la Constitution, la majorité des députés, au motif que cette demande est le résultat de la pression des organisations agricoles. En 1962, malgré le désaveu de la plupart des juristes, il décide de soumettre à référendum en s'appuyant sur l'article 11 de la Constitution la révision constitutionnelle sur l'élection du chef de l'État, alors que les spécialistes du droit constitutionnel jugent qu'une telle révision relève de l'article 89 qui aurait exigé un vote du texte dans des termes identiques par les deux assemblées. Et le commentaire dont le Général assortit son attitude en cette circonstance est significatif : « Je dois dire que l'obstination mise par les partis à interpréter la Constitution de telle sorte que soit refusé au peuple un droit qui lui appartient me paraît d'autant plus arbitraire que je suis moi-même le principal inspirateur des institutions nouvelles et que c'est vraiment un comble de prétendre me démentir sur ce qu'elles signifient. »[1]

Véritable chef du gouvernement, interprète privilégié de la Constitution, le président de la République entend communiquer sans intermédiaire avec le peuple en développant les formes de démocratie directe qui marginalisent l'institution parlementaire. Déclarations publiques radiodiffusées ou télévisées, conférences de presse, voyages en province ou à l'étranger, c'est au peuple tout entier, voire à l'opinion internationale qu'il fait connaître ses décisions au-dessus de la tête des « corps intermédiaires ». « C'est au peuple lui-même, et non seulement à ses cadres que je veux être lié par les yeux et par les

1. *Ibid.*, t. 2, *L'Effort... 1962*, Paris, Plon, 1971, éd. Le Livre de poche, p. 29.

oreilles. Il faut que les Français me voient et m'entendent. Il faut que je les entende et que je les voie. »[1]

La traduction institutionnelle de ces pratiques réside dans le référendum qui constitue à la fois une demande d'approbation par le chef de l'État de ses décisions dans le domaine de l'organisation des pouvoirs publics (encore que le sens des référendums dépasse souvent largement leur définition constitutionnelle), mais surtout un ressourcement de légitimité pour le pouvoir charismatique du président et donc un renforcement du caractère monarchique du régime.

La révision constitutionnelle de 1962

La pratique monarchiste du pouvoir va trouver son couronnement avec la révision constitutionnelle de 1962 et les événements qui l'entourent, lesquels consacrent définitivement le caractère présidentiel de la Ve République. Au moment où s'achève la guerre d'Algérie qui avait constitué le levier permettant à de Gaulle de modeler à sa guise le système politique et où il s'attend à une offensive des forces politiques contre son pouvoir, de Gaulle prend deux initiatives majeures destinées à affirmer, en forme de défi à ses adversaires, l'autorité présidentielle dans les institutions et à parachever ainsi la logique de la Ve République telle qu'il l'interprète.

— La première consiste à demander en avril 1962 sa démission au Premier ministre Michel Debré qui dispose depuis 1959 d'une nette majorité parlementaire, mais qui considère qu'une fois la guerre d'Algérie terminée, il est temps de mettre en place le parlementarisme rationalisé qui répond à ses yeux à la véritable interprétation de la Constitution alors que, pour le chef de l'État, c'est au contraire dans le renforcement de l'autorité présidentielle que réside l'avenir des institutions. Et surtout de Gaulle nomme à sa place un Premier ministre dont la personne constitue un véritable défi au Parlement, puisque Georges Pompidou n'est ni un homme

1. Charles de Gaulle, *Mémoires d'espoir*, tome 1, *op. cit.*, p. 363.

politique ni un élu et que son principal titre à exercer les éminentes fonctions qui lui sont confiées est d'avoir été, à diverses reprises, un collaborateur personnel du Général. On ne saurait mieux affirmer que le Premier ministre n'est que l'homme du Président, une émanation de son pouvoir, et que c'est bien le chef de l'État qui gouverne.

— Le second défi qui va dans le même sens intervient à la rentrée de 1962, alors que le général de Gaulle vient d'échapper par miracle à un attentat qui a failli lui coûter la vie, le 22 août 1962, au Petit-Clamart. Il juge alors le moment venu de mettre en œuvre une réforme qu'il méditait de longue date et dont l'objet est de préserver l'avenir du régime qu'il a fondé en faisant en sorte que l'État fort, dirigé par un Président tout-puissant, ne soit pas seulement une formule viagère, limitée à sa propre personne, mais que la prééminence présidentielle joue également pour ses successeurs dont l'autorité ne pourra être fondée, comme cela a été le cas pour lui-même, sur son rôle historique et sa légitimité charismatique. Évoquant le futur Président dans ses *Mémoires d'espoir*, il argumente :

> « Comment lui assurer un caractère et un relief assez forts pour qu'il fût possible de les maintenir dans le droit et dans la pratique, alors qu'auraient disparu les circonstances dramatiques et le personnage d'exception qui l'avaient d'abord imposée ?
> Depuis longtemps, je crois que le seul moyen est l'élection par le peuple du président de la République. Celui-ci, s'il était désigné par l'ensemble des Français – personne d'autre n'étant dans ce cas –, pourrait être "l'homme du pays" revêtu par là, aux yeux de tous et aux siens, d'une responsabilité capitale, correspondant justement à celle que lui attribuent les textes. » [1]

Le projet gaullien de l'automne 1962 parachève donc la mise en œuvre de la monarchie républicaine en instituant un Président représentant la France rassemblée, consacré par l'onction du suffrage uni-

1. Charles de Gaulle, *Mémoires d'espoir*, t. 2, *op. cit.*, p. 13-14.

versel, et jouissant d'une autorité sans partage face à un Parlement dont chacun des membres ne peut se prévaloir que d'une fraction de la souveraineté nationale. Or, de Gaulle, malgré l'hostilité de tous les partis, sauf l'UNR, remporte un double triomphe à l'automne 1962.

— La révision constitutionnelle est adoptée par référendum le 28 octobre 1962, les Français approuvant par 61,75 % des suffrages la vision gaulliste des institutions qui consacre la prééminence du Président. On assiste ainsi à un 16 mai 1877 à rebours.

— Lors des élections législatives qui suivent les 18 et 25 novembre 1962, à la suite de la dissolution de l'Assemblée nationale qui avait voté début octobre une motion de censure contre le gouvernement Pompidou, les gaullistes de l'UNR et leurs alliés Républicains-Indépendants remportent une majorité absolue, ouvrant la voie à l'existence de majorités présidentielles qui neutralisent le pouvoir de contrôle du Parlement et interdisent désormais le vote d'une motion de censure, aucune n'étant adoptée dans la suite de l'histoire de la Ve République[1].

L'acculturation de la monarchie républicaine (1962-1986)

Si le général de Gaulle a réussi à implanter fortement les institutions de la Ve République et la pratique institutionnelle de son choix, la question demeure cependant entière de leur pérennisation une fois lui-même éloigné du pouvoir. C'est sans nul doute un des enjeux majeurs de la succession qui s'ouvre après la démission du Général en avril 1969.

Or, contre toute attente, ce basculement en faveur du pouvoir exécutif des équilibres institutionnels républicains va survivre au fondateur de la Ve République. L'un des artisans en est incontestablement Georges Pompidou qui, succédant au personnage historique hors du commun qu'était Charles de Gaulle, n'ambitionne pas d'imiter son

1. Serge Berstein et Michel Winock (dir.), *La République recommencée*, Paris, Seuil, 2008, p. 374-383.

style et se présente en homme politique traditionnel, « un homme parmi d'autres, *primus inter pares* » écrit-il dans son livre *Le nœud gordien*, conduit précisément pour cette raison à renforcer encore le pouvoir présidentiel s'il ne veut pas voir son « domaine réservé » se rétrécir progressivement au profit du Premier ministre, responsable devant l'Assemblée nationale : « Je suis convaincu, écrit-il, que les futurs présidents de la République seront amenés à intervenir dans la direction de l'État de façon constante, permanente et à maintenir par l'action quotidienne cette suprématie qu'ils ne tiendront pas automatiquement du " coefficient personnel". »[1]

Or cette propension à conserver, voire à accentuer, le caractère monarchique des institutions de la Ve République n'est pas seulement le fait de Georges Pompidou qui, après tout, se présente en héritier du gaullisme. Il sera aussi mis en œuvre par ses deux successeurs, le libéral Valéry Giscard d'Estaing qui avait cependant dénoncé en 1967 l'« exercice solitaire du pouvoir » du Général et le socialiste François Mitterrand qui avait fustigé la pratique du pouvoir du général de Gaulle dans son livre *Le coup d'État permanent* en 1964.

Parvenus au pouvoir, tous se coulent sans difficulté dans le costume institutionnel taillé à ses mesures par Charles de Gaulle, tous se saisissent avec délice des pouvoirs considérables dont dispose le président de la République française, tous s'efforcent (avec une réussite mitigée pour Valéry Giscard d'Estaing) de disposer d'un parti ou d'une coalition majoritaire pour neutraliser le contrôle parlementaire et écarter le risque d'une motion de censure. Jusqu'en 1986, la monarchie présidentielle fonctionne ainsi sans à-coups. Et surtout, au fil des années, alors que s'estompe le souvenir de la République parlementaire, les suffrages des Français témoignent de l'acculturation d'un nouveau système républicain qui maintient le principe de la souveraineté nationale et le respect des libertés fondamentales, mais en confie la protection au chef de l'État plutôt qu'au Parlement. En fait, la

1. Georges Pompidou, *Le nœud gordien*, Paris, Plon, 1974, p. 65.

monarchie républicaine paraît, jusqu'à cette date, apporter une réponse pertinente aux problèmes de la France de la seconde moitié du XXe siècle.

LA CRISE DE LA FIN DU SIÈCLE ET LE TOURNANT DU QUINQUENNAT

La logique monarchique en question : les cohabitations

Avec la fin de la croissance, la poussée du chômage, le retour massif de la pauvreté qui se manifeste à partir du début des années 1980, les circonstances économiques favorables qui avaient permis la consolidation de la monarchie républicaine disparaissent. L'impuissance des gouvernements de gauche et de droite à juguler la crise entraîne une perte de confiance de l'opinion dans l'efficacité du système institutionnel et, pratiquement à chaque consultation électorale de 1981 à 2002, le désaveu de l'équipe au pouvoir.

Sur le plan politique, cette volatilité du corps électoral a pour résultat de briser le bel ordonnancement de la monarchie républicaine, fondée sur le triptyque d'un Président incarnant la nation et dirigeant sa politique, d'un Premier ministre faisant exécuter par son gouvernement les orientations présidentielles et d'un parti ou d'une coalition majoritaire faisant adopter par le Parlement les lois et le budget voulus par le Président et interdisant toute censure[1]. À trois reprises, entre 1986 et 1997, les Français rompent l'équilibre du système politique en désignant une majorité législative opposée aux vues du président de la République élu lors d'une consultation précédente. C'est le cas en 1986 et en 1993 sous les présidences du socialiste François Mitterrand qui devra désigner respectivement les dirigeants de la droite Jacques Chirac et Édouard Balladur comme Premiers ministres ; ce sera à nouveau le cas en 1997, sous la présidence de

1. Serge Berstein et Michel Winock (dir.), *La République recommencée*, *op. cit.*, chapitre 7 « Le système politique gaullien », p. 389-443.

Jacques Chirac qui, après avoir dissout l'Assemblée nationale, devra appeler à l'Hôtel Matignon Lionel Jospin, premier secrétaire du Parti socialiste.

Dans le cas de figure de la cohabitation, si le chef de l'État conserve les pouvoirs d'incarnation de la nation qu'il tient de la Constitution en matière internationale et sur les questions de défense, pouvoirs que François Mitterrand défendra avec succès contre Jacques Chirac en 1986-1988, il ne saurait, dans ces circonstances, être qualifié de monarque républicain. En fait, il doit partager le pouvoir avec le Premier ministre, appuyé sur la majorité du Parlement et qui dirige la politique intérieure de la France. On peut d'ailleurs observer que c'est en période de cohabitation que la lettre de la Constitution de la Ve République est la mieux respectée puisque le gouvernement détermine et conduit effectivement la politique de la nation [1].

Toutefois si la cohabitation est globalement assez bien acceptée par l'opinion, force est de reconnaître qu'elle ne satisfait ni les forces politiques, ainsi privées du pouvoir total même après une victoire électorale, ni les observateurs qui éprouvent de grandes difficultés à déchiffrer les compromis nécessairement passés entre les deux têtes du pouvoir exécutif et qui sont prompts à dénoncer la confusion qui en résulterait dans la définition de la politique du pays, là où on pourrait au contraire voir l'élaboration de consensus transcendant les clivages partisans. Plus pertinentes sont sans doute les remarques sur le fait que l'association contrainte au pouvoir des grands partis de gouvernement, favorise, en période de crise, l'abstention ou le vote aux extrêmes.

Quoi qu'il en soit, à la veille des élections de 2002, à la fin de la troisième cohabitation, un accord s'opère entre le Premier ministre socialiste Lionel Jospin et le président de la République sortant, Jacques Chirac, tous deux candidats à l'élection présidentielle, pour mettre en place une révision constitutionnelle destinée à mettre fin à de nouvelles cohabitations.

1. Serge Berstein et Michel Winock (dir.), *La République recommencée*, *op. cit.*, chapitre 9 « L'évolution du système politique de la Ve République, 1976-2007 », p. 501-576.

La restauration de la monarchie républicaine : quinquennat et inversion du calendrier

Profitant d'une conjoncture exceptionnelle qui fait que l'année 2002 marque à la fois le terme du septennat de Jacques Chirac, commencé en 1995, et celui du mandat de l'Assemblée nationale élue en 1997, le président de la République et le Premier ministre s'entendent pour proposer une révision constitutionnelle ramenant à cinq ans la durée du mandat présidentiel qui coïnciderait désormais avec la durée normale du mandat des députés, l'idée sous-jacente étant que les Français, consultés à quelques semaines d'intervalle pour l'élection du Président et celle des députés, se prononceront de manière cohérente en élisant une Assemblée et un chef d'État de même sensibilité, rendant du même coup la cohabitation peu probable. À cette révision, adoptée par référendum en septembre 2000 dans l'indifférence générale (les abstentions frôlent les 70 %), s'ajoute la décision prise par le gouvernement Jospin d'inverser le calendrier électoral de 2002 en faisant précéder l'élection des députés par celle du président alors que le respect des échéances normales aurait dû provoquer l'élection de l'Assemblée avant celle du Président.

En apparence, les décisions prises en 2000 paraissent restaurer la logique de la Ve République en redonnant à l'élection présidentielle le statut majeur qu'avait souhaité Charles de Gaulle et en évitant, du fait de la cohabitation, une amputation des pouvoirs présidentiels dont on est fondé à estimer que le Général ne l'aurait pas acceptée. En fait, si elles consolident la prééminence de la monarchie présidentielle, elles en changent profondément la nature. Charles de Gaulle avait voulu faire de la présidence une magistrature éminente, représentative de la nation tout entière, soustraite au jeu des forces politiques au-dessus desquelles il entendait se situer, l'Assemblée nationale où les partis se trouvaient représentés constituant à ses yeux une chambre quasi technique chargée des votes des lois et du budget, une survivance quelque peu anachronique d'un passé en voie d'extinction.

Or le quinquennat fait du Président, non pas un arbitre et un recours, mais le chef d'une majorité, voire d'un parti dont les membres se font élire sur son nom et sur son programme. Chef de la majorité, il est en outre plus que jamais chef du gouvernement, au point que le rôle, voire l'utilité du Premier ministre font désormais question. Le quinquennat renforce donc encore la monarchie présidentielle, mais désacralise en même temps la fonction en la ramenant au niveau des luttes politiques traditionnelles.

C'est ce qu'avait bien aperçu Charles de Gaulle, répondant en 1963 à Alain Peyrefitte qui l'interrogeait sur le point de savoir s'il excluait de raccourcir le septennat en quinquennat afin de faire coïncider mandat présidentiel et mandat législatif :

> « Je l'exclus totalement ! Dans l'esprit de ceux qui la proposent cette coïncidence des deux mandats ne pourrait avoir lieu qu'à la condition qu'on supprime et la censure et la dissolution. Ou alors, si l'on voulait que les deux mandats coïncident définitivement, il faudrait soit que la dissolution entraîne le départ du président, soit que la censure entraîne non seulement le départ du gouvernement, mais celui du Président et de l'Assemblée. Tout ça ne tient pas debout ! Ceux qui avancent ça ne se sont pas donné la peine de réfléchir. Ils ressassent des slogans. Le Président est là pour assurer la continuité de l'État. C'est sa mission essentielle. Il est la clé de voûte de l'État. Si vous lui ôtez ce rôle, le peuple souverain ne pourra plus jouer le sien. Or il faut que le Président puisse lui faire jouer ce rôle chaque fois qu'il en éprouve la nécessité, soit par référendum, soit par des élections. » [1]

Il n'en reste pas moins que, depuis l'élection de 2002, la coïncidence des mandats présidentiel et législatif qu'excluait Charles de Gaulle est devenue la règle. Comme l'avait compris le Général, cette coïncidence aboutit à la suppression de la censure (déjà rendue à peu près impossible par l'existence de partis à vocation majoritaire depuis 1962), à celle de la dissolution rendue inutile par l'élection d'une

1. Alain Peyrefitte, *C'était de Gaulle*, tome 1, Paris, Fayard, 1994, p. 447.

majorité liée au Président récemment élu, et à celle de la cohabitation pour les mêmes raisons.

Le Président demeure certes un monarque républicain, nanti des pouvoirs les plus considérables dont dispose un chef d'État dans les pays de démocratie libérale, mais le quinquennat l'a réintégré dans le jeu politique quotidien, le poussant à être présent sur tous les terrains puisqu'il est clair qu'il est désormais responsable de tout, ne pouvant compter sur un Premier ministre, relégué au simple rang de collaborateur, pour lui servir de bouclier face au mécontentement de l'opinion. Au demeurant, la réforme constitutionnelle de l'été 2008 lui donnant la possibilité de s'exprimer devant les parlementaires réunis en congrès accentue encore son rôle majeur, même si, parallèlement, la révision limite à deux le nombre de ses mandats et encadre ses prérogatives en ce qui concerne son pouvoir de nomination, son droit de grâce collective et l'exercice des pleins pouvoirs.

Depuis sa création en 1958, la Constitution de la Ve République a été modifiée vingt-quatre fois, soit par le Parlement réuni en congrès, soit par le peuple à travers la pratique du référendum. Aucune de ces révisions n'a remis en cause ce qui constitue la caractéristique fondamentale du texte constitutionnel, c'est-à-dire l'existence d'une monarchie républicaine, élective et temporaire certes, émanant de l'expression directe du peuple souverain, mais qui fait du chef de l'État pendant la durée de son mandat le délégataire quasi absolu de la souveraineté nationale pratiquement sans contre-pouvoir autre que la censure éventuelle du Conseil constitutionnel. En cinquante ans, cette conception d'un pouvoir fort à la tête de l'État a profondément pénétré la culture politique française, estompant jusqu'au souvenir de la vieille méfiance des Républicains envers le pouvoir personnel. Et il est remarquable qu'en dépit des critiques périodiques adressées à la toute-puissance présidentielle, aucun projet de révision constitutionnelle n'a sérieusement envisagé le retour à la République parlementaire, les tenants éphémères d'une VIe République ayant renoncé à défendre une idée dépourvue d'écho dans l'opinion publique.

Le déclin du Parlement ?

Didier Maus

Avant d'en venir au cœur du sujet, je souhaite évoquer François Goguel[1]. Il fut mon professeur à Sciences Po et un des meilleurs analystes de la première partie de la Ve République. Il n'y a aucun doute là-dessus. Je voudrais surtout rendre hommage à celui qui a, de manière exceptionnelle, assuré la transition entre la IVe et la Ve République, mais également évoquer le professeur d'institutions politiques et l'analyste de sociologie électorale.

François Goguel, chacun le sait, a joué un rôle considérable en 1958. Lors du colloque d'Aix-en-Provence, en 1988, nous avions les uns et les autres mis en relief sa contribution discrète à l'écriture de la Constitution, en particulier pour ce qui concerne le Parlement et, plus spécifiquement, le Sénat[2]. Il a joué également un rôle important dans la mise en place du nouveau Parlement à partir de l'entrée en vigueur de la Constitution du 4 octobre 1958. Les deux premiers volumes d'*Archives constitutionnelles de la Ve République*[3], qui viennent d'être publiés, soulignent à nouveau la qualité et l'intérêt des documents préparés par François Goguel, qu'il s'agisse de ceux qu'il adresse au président Monnerville ou à d'autres interlocuteurs. Il était attaché, dans le cadre nouveau de la Ve République, à ce que

1. Le style oral a été conservé.

2. Cf. ma contribution sur le Sénat dans Louis Favoreu, Jean-Luc Parodi et Didier Maus (dir.), *L'écriture de la Constitution de 1958*, Paris, Économica, 1992.

3. *Archives constitutionnelles de la Ve République*, volume 1 (4 octobre-30 novembre 1958), volume 2 (1er décembre 1958 - 7 janvier 1959), Paris, La Documentation française, 2008.

le Sénat, dont il avait la charge en tant que secrétaire général, exerce pleinement son rôle vis-à-vis de l'Assemblée nationale et retrouve sa dignité.

Pour poursuivre avec Serge Berstein un dialogue commencé il y a déjà longtemps sur la nature de la Ve République, je voudrais lui dire que si j'avais eu à traiter son sujet, j'aurais répondu « non ». Je ne pense pas que l'on puisse encore parler de monarchie pour la Ve République, même pour sa première période. Il ne s'agit pas, il ne s'est jamais agi d'une monarchie, à mon sens, pour une raison simple : le général de Gaulle en 1969, Valéry Giscard d'Estaing en 1981 ont quitté le pouvoir simplement parce qu'ils ont été désavoués par le peuple ; c'est le contraire d'une monarchie. Ces deux éléments, de purs faits historiques et politiques, vont à l'encontre de ce que certains ont appelé, dans le prolongement de Maurice Duverger, la « monarchie républicaine » [1]. Serait-elle susceptible de revenir d'actualité ? C'est une autre question.

Revenons à mon propre sujet. Comment répondre à la question : le déclin du Parlement ? Le déclin du Parlement, quand ? Est-ce en 1958 ou est-ce aujourd'hui ? Nous sommes dans un colloque « Comprendre la Ve République », laquelle s'étale sur un demi-siècle, ce qui est déjà un miracle. Quand nous regardons ce qui a été dit en 1920 ou en 1925 sur les cinquante ans de la IIIe République, on s'aperçoit que ces cinquantenaires justifient un certain intérêt, ne serait-ce que pour voir comment l'ambiance a changé. Faut-il se référer, pour la IIIe République, au 4 septembre 1870 ou aux Lois constitutionnelles de février 1875 ? C'est une question ouverte, mais il y a un point sur lequel je suis évidemment d'accord avec Serge Berstein et Jean-Noël Jeanneney. Dans sa préface à l'excellent dictionnaire *La France de la Ve République* qui vient d'être publié, ce dernier souligne que personne, il y a cinquante ans, n'aurait pensé que nous serions là aujourd'hui pour fêter un cinquantenaire, ou une cinquantenaire, la

1. Maurice Duverger, *La monarchie républicaine*, Paris, Robert Laffont, 1974.

question étant de savoir si nous célébrons la même chose[1]. Ceci est beaucoup plus difficile et délicat.

Le Parlement est d'abord un emblème, l'emblème de la démocratie, de la République et de la souveraineté. Il n'y a pas à revenir là-dessus. Il n'y a pas, depuis la fin du XVIIIe siècle, de régime politique démocratique sans un véritable Parlement. De ce point de vue, la Ve République conserve la tradition avec deux assemblées, même si la deuxième retrouve un nom qui lui était plus familier que le simple Conseil de la République de la IVe République. C'est d'ailleurs un des points embarrassants de l'analyse. Le Parlement est un, l'article 24, alinéa 1er de la Constitution, qui n'a pas été modifié, le dit, mais en même temps il est dual. Le Parlement comprend l'Assemblée nationale et le Sénat. Lorsqu'on s'intéresse au Parlement, comment faut-il traiter chacune des deux assemblées qui, par construction, ne sont pas identiques, leurs réalités politiques encore moins ? Leurs parcours ont été extraordinairement différents. Il ne faut pas non plus juger le Sénat de 1958-1968, pour prendre cette première période, en fonction de ce qu'on connaît du Sénat d'aujourd'hui. Je rappelle souvent qu'il y a quand même le président Monnerville. Il n'est pas un homme de droite. Quand on lit aujourd'hui que le Sénat a toujours été à droite, on oublie qu'il a été présidé pendant dix ans par un membre éminent du Parti républicain radical et radical-socialiste, c'est-à-dire un homme du centre gauche. Gaston Monnerville fait partie des personnages de la Ve République après avoir fait partie des figures importantes de la IVe République. Même lorsque le président Alain Poher est élu en septembre 1968, il est un centriste d'opposition. Ce n'est que progressivement que la majorité du Sénat évoluera du centre vers la droite. En réalité, c'est grâce ou à cause de 1981 que la grande réunion des gaullistes et des centristes sera scellée au Sénat, pour des raisons d'opposition à la politique de François Mitterrand qu'il n'est point besoin de rappeler. Il faudra attendre 1998, il y a dix ans, l'élection du président Poncelet, pour que l'on puisse attacher

1. Jean Garrigues (dir.), *La France de la Ve République*, Paris, Armand Colin, 2008.

l'adjectif de « gaulliste » – à tort ou à raison, peu importe d'ailleurs – à un président du Sénat. Il y a là une difficulté d'analyse.

Deux considérations méritent des explications. D'abord, une évidence : le Parlement de la Ve République hier, avant-hier et aujourd'hui, n'est plus ce qu'il était avant 1958. Mais en même temps, et c'est le second constat, il est beaucoup plus que ce qu'il croit être lui-même et l'image qu'il en donne parfois et que nous en avons.

LE PARLEMENT N'EST PLUS CE QU'IL ÉTAIT

Il y a, à la fois, une vraie mutation du cadre constitutionnel – il n'y a aucun doute là-dessus – et les conséquences d'un phénomène politique peu habituel ou inattendu, le phénomène majoritaire.

Le nouveau cadre constitutionnel

Il suffit de renvoyer aux manuels des débuts de la Ve République avant que d'autres bons auteurs prennent la relève : on y trouve la liste de tout ce qu'étaient les prérogatives du Parlement avant 1958, les prérogatives supprimées, les prérogatives qui ont migré du règlement vers la Constitution et ainsi de suite. Il suffit d'ailleurs de se reporter au discours de Michel Debré, en août 1958, devant le Conseil d'État pour tout comprendre[1] : on a voulu que le Parlement fonctionne dans un nouveau cadre. Est-ce véritablement le régime parlementaire annoncé par Michel Debré ? Cela peut se discuter, mais le Parlement n'est plus souverain ni en termes de compétence, ni en termes politiques ou en termes d'organisation interne. Il importe de mettre immédiatement l'accent sur un des thèmes, pourtant essentiel, mais mis un peu de côté : le rôle du Conseil constitutionnel. Le Parlement ne peut plus se

1. *Documents pour servir à l'histoire de l'élaboration de la Constitution du 4 octobre 1958*, vol. III, Paris, La Documentation française, 1991, p. 255 et suiv.

comprendre sans Conseil constitutionnel. Il ne peut plus se comprendre dès 1959 et pas non plus uniquement aujourd'hui. Relisant récemment les chroniques d'un ancien sénateur de la IVe République, notre maître Léo Hamon, premier commentateur des décisions du Conseil constitutionnel, on trouve ceci en 1959, après les décisions du Conseil sur les règlements des assemblées : « Quand les assemblées parlementaires ont des juges » [1]. Depuis 1959, l'activité parlementaire a un juge. Elle a un juge pour ce qui concerne son auto-organisation, mais elle a un juge, c'est encore beaucoup plus important, surtout depuis 1971-1974, pour son activité normative. Le véritable abaissement ou le déclin en termes de compétences du Parlement n'a pas été ce que les commentateurs des années 1958-1960 évoquaient à propos de la distinction entre le domaine de la loi et le domaine du règlement. Les articles 34 et 37 de la Constitution ont été assez vite gommés [2].

En réalité, la véritable limitation à la compétence parlementaire est issue du développement du rôle du Conseil constitutionnel, avec cette merveilleuse formule due, paraît-il, si l'on ne viole pas le secret des délibérés, à la plume du doyen Vedel dans une décision de 1985 : « La loi n'exprime la volonté générale que dans le respect de la Constitution. » [3] Là, nous avons véritablement un nouveau cadre constitutionnel qui ne découle d'ailleurs pas directement du texte de 1958, mais de son évolution.

Le phénomène majoritaire

Il y a là une réalité à laquelle personne ne pensait en 1958. Ceux qui ont rédigé les textes de 1958 n'imaginaient pas qu'il pourrait y avoir à l'Assemblée nationale une majorité stable, cohérente, disciplinée et

1. *Dalloz*, 1959, chr. p. 253.

2. Louis Favoreu (dir.), *Le domaine de la loi et du règlement*, Colloque d'Aix-en-Provence, Aix, PUAM, 1978.

3. Conseil constitutionnel, décision n° 85-197 DC, évolution de la Nouvelle-Calédonie (www.conseil-constitutionnel.fr).

durable. Dans l'histoire de la IIIe République, mis à part le Bloc des gauches et ensuite le Cartel, il n'y a pas eu de grandes majorités ; aucune n'a véritablement duré un temps normal ; elles ont presque duré ce que durent les roses, comme disait le poète.

À partir de 1962, il existe à l'Assemblée nationale une majorité homogène. Aucune ne s'est effritée. C'est la raison fondamentale, beaucoup plus que les mécanismes de l'article 49, pour laquelle aucun gouvernement n'a été renversé depuis Georges Pompidou dans la nuit du 4 au 5 octobre 1962. La combinaison d'une majorité disciplinée et du droit de dissolution du président de la République suffit à ramener au bercail ceux qui auraient tendance à s'en éloigner.

C'est Raymond Aron qui a utilisé, à propos de 1962, la formule du « commencement absolu » de la Ve République – c'est à lui que Jacques Chapsal prête cette formule[1]. De 1958 à 1962, le contexte politique est encore celui d'une IVe République prolongée, modifiée certes, mais – et là je suis en désaccord avec Serge Berstein – il n'y a pas, dans les premiers mois de 1962, une majorité automatique au profit de Michel Debré. La majorité a existé parce qu'il fallait sortir de la guerre d'Algérie, mais la guerre terminée, chacun a, en réalité, envie de reprendre un peu de liberté. Voyant cette situation, de Gaulle, pour différentes raisons, se dit qu'il faut arriver à pérenniser une majorité. Le coup de poker réussi de l'automne 1962 – car c'est un coup de poker –, à travers la dissolution et le référendum, est d'avoir permis la constitution d'un bloc majoritaire qui ne s'est depuis jamais désuni, qu'il soit de gauche ou de droite.

Il faudrait aussi poser la question de savoir quelles sont les conséquences du phénomène majoritaire sur le Sénat. Est-ce que le Sénat a survécu, ou en tout cas a autrement vécu, cette évolution du phénomène majoritaire ? Oui. Pendant longtemps, le Sénat a résisté aux effets induits par le système majoritaire. Progressivement, il s'est ensuite coulé dedans. Mais là aussi, il y a eu une « majoritarisation » du Sénat, ce qui était assez inattendu.

1. Jacques Chapsal, *La vie politique sous la Ve République*, PUF, 1981, p. 260.

Alors c'est vrai – et je conclus sur ce premier aspect –, à la fois du point de vue constitutionnel et du point de vue politique. Le Parlement de la Ve République, dans sa longévité, dans sa durée, dans toute ses dimensions, n'est plus ce qu'il était avant 1958. Mais en même temps, est-ce qu'il est aussi faible qu'on le pense, qu'on l'a dit ou qu'on le croit ?

LE PARLEMENT EST BEAUCOUP PLUS QUE CE QU'IL CROIT ÊTRE

Le Parlement est beaucoup plus que ce qu'il croit être lui-même.

Quelles qu'aient été les autres conditions, on ne peut pas gouverner en France sous la Ve République sans l'existence d'un soutien politique réel et stable à l'Assemblée nationale. Il faut insister là-dessus. Il y a évidemment la remontée des pouvoirs juridiques, constitutionnels des assemblées avec le couronnement – en tout cas selon les inspirateurs de la réforme – de la révision du 23 juillet 2008.

Le soutien politique

De 1962 à 1986, on avait un peu mis de côté cette absolue nécessité du régime parlementaire qui veut que le gouvernement doit disposer d'une majorité à l'Assemblée nationale. Dans sa thèse, déjà ancienne mais toujours actuelle, sur les démocraties parlementaires européennes, notre ami Jean-Claude Colliard met bien en valeur cette unité de la majorité et du gouvernement dans les systèmes parlementaires du XXe siècle[1]. Nous en avons eu la confirmation en France à travers les trois cohabitations. Il s'agit, du point de vue des logiques institutionnelles et des évolutions politiques, de la leçon la plus intéressante des cohabitations. Du point de vue purement constitutionnel,

1. Jean-Claude Colliard, *Les régimes parlementaires contemporains*, Paris, Presses de la FNSP, 1978.

on s'est beaucoup interrogé sur l'organisation des relations entre le président de la République et le Premier ministre en période de cohabitation. Mais ce ne sont pas les seules périodes où il faut s'interroger sur cette question. Du point de vue de la lisibilité extérieure, on a constaté en 1986, en 1993 et en 1997 qu'on ne pouvait pas gouverner, quels que soient les pouvoirs, les prérogatives et l'autorité du président de la République, sans le soutien de l'Assemblée nationale. Il est quand même assez fascinant de découvrir que le plus long gouvernement de la Ve République a été celui de Lionel Jospin de 1997 à 2002. Cela n'a pas été le plus long mandat d'un Premier ministre. Georges Pompidou avait fait mieux de 1962 à 1968, mais à travers des renouvellements et des péripéties. Il y a là un élément fondamental pour le Parlement.

Vous me permettrez une anecdote ancienne, qui date de 1979 ou de 1980. À l'époque, j'étais maître de conférences d'institutions politiques à Sciences Po et un jour j'emmène mes élèves visiter l'Assemblée nationale. Laurent Fabius venait d'être élu député en 1978 et avait accepté de les recevoir. Il leur dit : « Un député de l'opposition – ce qui était son cas à l'époque –, cela ne sert pas à grand-chose ; un député de la majorité encore moins d'ailleurs, mais si nous n'étions pas là il faudrait nous inventer. »

Ce qui est demeuré fondamental dans le Parlement, ce sont les résultats des élections législatives. On n'a jamais pu gouverner depuis 1958, jamais, contre la volonté de la majorité des députés. Si les députés n'ont pas exercé leur droit de vie ou de mort sur les gouvernements, comme ils le faisaient auparavant, ce n'est pas à cause de telle ou telle disposition, ce n'est pas parfois à cause d'un manque d'envie de leur part, c'est simplement parce qu'ils savaient que leur sort était lié à celui du gouvernement ou du président de la République, selon les contextes politiques.

Il en découle le problème du Sénat. Qu'en est-il de la réalité politique du Sénat ? Elle est beaucoup plus nuancée. Le Sénat n'a pas vocation, ni en 1958, ni aujourd'hui, à être une assemblée de soutien systématique au gouvernement. Sinon, ce n'est pas la peine d'avoir une seconde assemblée. D'ailleurs, on a bien vu que le Sénat dans l'adversité pendant dix ans[1], puis le Sénat centriste antigaulliste, puis le Sénat évoluant progressivement vers la droite a adopté des comportements différents. Ce qui est intéressant, c'est la réalité constitutionnelle qui s'impose. Même dans l'opposition politique, le Sénat ne bloque pas le système de décision. À partir du moment où le Sénat n'est pas une assemblée de soutien majoritaire, il faut que la majorité puisse faire prévaloir ses vues. Ce n'est pas un hasard si, dans la révision du 23 juillet dernier sur le problème de la prolongation de l'engagement des troupes militaires françaises à l'étranger, il est bien indiqué que le vote doit émaner des deux assemblées, mais qu'en cas de désaccord c'est l'Assemblée nationale qui décide seule. On reste là dans la logique de la primauté de l'Assemblée issue de 1958.

Le Parlement existe : on ne peut pas gouverner contre lui. Il faut l'affirmer très clairement.

Les pouvoirs du Parlement

De nombreux colloques et analyses ont été consacrés à la remontée des pouvoirs du Parlement. Pierre Avril a écrit des pages définitives sur l'augmentation des pouvoirs de contrôle aussi bien de l'Assemblée nationale que du Sénat. Sur vingt ans ou vingt-cinq ans, qu'il s'agisse des commissions d'enquête, des missions de contrôle et d'évaluation en matière financière ou de sécurité sociale, des groupes de travail, des offices d'évaluation en matière de législation, des politiques de santé, de développement durable, des choix technologiques et scientifiques, des questions démographiques ou des prérogatives accordées au Parlement depuis 1992 en matière européenne, des transformations de 1995 sur la session unique et de ce qu'on a appelé à l'époque d'une expression malheureuse « la niche parlement », de l'ordre du jour, tout ceci va dans le même sens pour le Parlement en tant que tel ou pour l'une des assemblées. Il y a eu non pas, depuis cinquante ans, réduction ou abaissement mais, au contraire, renforcement des préro-

1. Jacques Georgel, *Le Sénat dans l'adversité*, Paris, Cujas, 1957.

gatives[1]. La question qui se pose est de savoir pourquoi nous ne percevons pas mieux cette réalité de la puissance parlementaire. On ne l'apercevait pas à l'époque des majorités gaullistes, on ne l'aperçoit pas beaucoup plus aujourd'hui avec des majorités qui ne sont plus gaullistes. Ceci débouche sur la révision du 23 juillet 2008, qui renforce apparemment le rôle du Parlement en diminuant, par un système de vases communicants automatiques, le rôle du gouvernement.

Est-ce un déclin véritablement voulu ou est-ce un déclin volontairement intériorisé ? Je suis toujours étonné par le fait qu'on ne peut jamais aller jusqu'au bout d'un certain nombre de réalités. Prenez les dernières missions et commissions d'enquête d'un côté ou de l'autre de l'échiquier politique[2] : on a toujours le sentiment qu'on pourrait aller un peu plus loin, mais que, pour des raisons qui ne sont pas constitutionnelles, donc politiques, on s'arrête à un moment donné.

Que nous soyons historien, politiste, constitutionnaliste, érudit ou citoyen, ce qui est quand même notre qualité commune, il faut que nous fassions attention. Le Parlement ce n'est pas une académie des sciences morales et politiques : le Parlement est d'abord un corps politique. C'est un corps politique divisé en deux. À partir du moment où il est un corps politique, c'est à lui d'exprimer par des moyens politiques son comportement et sa place dans le système institutionnel. C'est à lui de dire où est la réalité du pouvoir. Lorsque le Parlement dit « non », ni le gouvernement ni le président de la République ne peuvent surmonter le « non » parlementaire. C'est ce qui permet de conclure que la Ve République, quoi qu'elle soit et même aujourd'hui, reste parlementaire.

1. Voir un bilan intéressant et sans complaisance dans le rapport de Jean-Luc Warsmann (UMP), président de la Commission des lois de l'Assemblée nationale, à propos de la modification de l'ordonnance du 17 novembre 1958 relative au fonctionnement des assemblées parlementaires, AN, *Documents parlementaires*, XIIIe législature, n° 1602.

2. Rapport de la mission d'information sur le Rwanda présidée par Paul Quilès, Assemblée nationale, 15 décembre 1998, n° 1271.

Rapport de la Commission d'enquête sur les conditions de libération des infirmières et du médecin bulgares, présidée par Pierre Moscovici, Assemblée nationale, 22 janvier 2008, n° 622.

Alternances et cohabitations : la mutation du système partisan français à l'aube du XXIe siècle

GILLES RICHARD

À Jean-Raymond Tournoux, qui rapporta ses propos dans *Paris-Match*, Charles de Gaulle confia en février 1968 : « Si d'éventuelles élections ne se révélaient pas favorables à la majorité, je ne confierais jamais à l'opposition le soin de former le gouvernement. Je n'installerais au pouvoir ni les communistes, ni leurs amis. » À gauche, on cria au déni du suffrage universel, et Jean-Raymond Tournoux précisa la semaine suivante que le Président avait seulement voulu dire qu'il démissionnerait si une majorité de gauche était élue à l'Assemblée nationale[1]. C'était là, à un an de distance, l'écho direct du débat qui avait eu lieu à Grenoble, en février 1967, entre Pierre Mendès France, ancien président du Conseil, et Georges Pompidou, Premier ministre en exercice, cela à quelques semaines d'élections législatives que la majorité d'alors ne gagna que de justesse[2]. Dans le système politique gaullien, formé de quatre éléments parfaitement joints et réputés indissociables – Président, monarque élu ; Premier ministre exécutant fidèle de ses projets ; Parlement dominé par un parti dévoué au Président ; Conseil constitutionnel émanant directement du pouvoir –, il ne pouvait ni ne devait y avoir de place pour la cohabitation d'un chef de l'État et d'un chef de gouvernement issus de deux camps différents. C'eût été, aux yeux des gaul-

1. *L'année politique 1968*, Paris, PUF, 1969, p. 21-22.

2. À l'issue du scrutin, la majorité retrouva 242 sièges (Union des démocrates pour la Ve République : 200 ; républicains indépendants : 42) sur 487, contre 268 en novembre 1962. Le soutien de quelques députés non inscrits était indispensable.

listes, une catastrophe majeure risquant de faire retomber la nation dans l'ornière du « régime des partis ».

Pourtant, la catastrophe survint à trois reprises. Entre 1986 et 2002 cohabitèrent pendant neuf années au total des présidents de la République et des Premiers ministres qui appartenaient à des partis politiques opposés. Le régime s'en trouva-t-il ruiné, ou tout au moins bouleversé ? Non. Force est en effet de constater, au-delà des perceptions immédiates, que la Ve République sortit au contraire renforcée de ces « expériences ». La réforme de l'État, institutionnalisée entre 1958 et 1962 en rupture avec la longue tradition républicaine du Parlement délibérant[1], apparaît plus solide que jamais en ce début du XXIe siècle. Les projets, un temps échafaudés par certains, d'une VIe République sont remisés au magasin des espoirs déçus. Et depuis 2002, le temps des cohabitations est révolu. Il devient donc possible, comme toujours en histoire du temps présent, de repenser le processus historique de moyenne durée que représentèrent alternances et cohabitations à la lumière de leurs résultats, imprévisibles au départ – d'où la surabondance des interprétations contradictoires sur le moment – mais aujourd'hui assez clairement assurés.

Je développerai mon propos en trois temps. D'abord, un retour sur quelques aspects proprement institutionnels des cohabitations. Ensuite, une analyse des alternances qui en furent le contexte politique et les rendirent possibles. Enfin, une réflexion sur les conséquences qu'elles eurent sur le système partisan envisagé dans son ensemble.

LE SYSTÈME POLITIQUE GAULLIEN PARACHEVÉ

La Constitution telle qu'elle fut adoptée par référendum en 1958 fut le fruit d'un compromis qui ne convenait pas pleinement à Charles de Gaulle. Le président du Conseil, bien que doté des pleins

1. Serge Berstein et Odile Rudelle (dir.), *Le modèle républicain*, Paris, PUF, 1992.

pouvoirs pour six mois, avait en effet dû composer avec différentes forces politiques au premier rang desquelles, presque totalement oublié aujourd'hui, le Centre national des indépendants et paysans (CNIP) qui souhaitait, en accord avec nombre de dirigeants socialistes et démocrates-chrétiens, réformer l'État en imposant une lecture « britannique » des institutions de 1946. Pour cela, il fallait avant tout que le pouvoir exécutif disposât plus largement du droit de dissolution afin d'aller vers le système du « contrat de législature » cher à Paul Reynaud, et de réduire sensiblement le nombre des partis[1]. D'où les articles 20 (« Le gouvernement détermine et conduit la politique de la nation »), et 21 (« Le Premier ministre dirige l'action du gouvernement ») de la Constitution, mais aussi l'article 5 définissant le chef de l'État par son rôle d'arbitre (« Le président de la République veille au respect de la constitution. Il assure, par son arbitrage, le fonctionnement régulier des pouvoirs publics ainsi que la continuité de l'État »).

Charles de Gaulle avait une autre conception, souvent exprimée depuis la Libération et centrée sur un régime qui donnerait le poids prépondérant à un pouvoir exécutif personnifié dans le chef de l'État[2]. Ce ne fut qu'en 1962, après la signature des Accords d'Évian, deux référendums, la liquéfaction du CNIP et le triomphe électoral de l'Union pour la nouvelle République qu'il put définitivement imposer son interprétation. Mais les articles 20 et 21 demeuraient, qui permettaient la cohabitation. Cette possibilité, déjà envisagée et acceptée en 1978 par Valéry Giscard d'Estaing, issu du CNIP, devint une réalité institutionnelle à partir de 1986.

1. Une rencontre officieuse eut lieu à l'été 1957 entre le secrétaire général de la SFIO, Guy Mollet, et le secrétaire général du CNIP, Roger Duchet. Les deux hommes tombèrent d'accord sur l'objectif général d'aller vers un système politique de type britannique. Roger Duchet, *La République épinglée*, Paris, Alain Moreau (Histoire et actualité), 1975, p. 23-30. Sur le rôle du CNIP en 1958, lire Gilles Richard et Jacqueline Sainclivier (dir.), *La République et les partis. La recomposition du système partisan, 1956-1967*, Rennes, Presses universitaires de Rennes (Histoire), 2007.

2. Voir la communication de Serge Berstein. À Saint-Affrique (Aveyron) le 18 février 1967, Alain Peyrefitte, ministre de l'Information en tournée électorale, expliqua : « C'est le président de la République et non pas l'Assemblée qui est la source du pouvoir exécutif. »

Le « bicéphalisme » – pour reprendre une expression utilisée en 1958, version exécutive du bicaméralisme – fut catalogué dès les années 1960 par les adversaires du gaullisme comme le talon d'Achille du régime, certains y voyant même sa faiblesse congénitale qui empêcherait sa survie. Philippe Tesson n'écrivit-il pas dans *Combat* le 19 février 1967 : « Le général de Gaulle ne peut concevoir une majorité parlementaire qu'à l'image d'une majorité présidentielle. Dans cette confusion se trouve le vice du régime, un vice qui lui sera fatal. » Et l'on ne compte plus les commentaires qui fleurirent entre 1986 et 2002 sur la funeste paralysie de l'action gouvernementale due aux cohabitations, l'inéluctable marche à l'abîme provoquée par leur répétition. Or, l'observation des faits infirme ces pronostics. Pendant ces seize années, les gouvernements gouvernèrent, les Présidents présidèrent et les institutions firent la preuve, tout comme celles de 1875 en leur temps, de leur adaptabilité, consolidant du même coup le régime né dans des conditions difficiles.

De là à en déduire que les trois cohabitations – au demeurant fort diverses[1] – ne changèrent rien, il y a un pas qu'on ne peut bien sûr franchir.

Si pendant seize ans les sondages d'opinion laissèrent penser que les Français étaient majoritairement satisfaits, les responsables des partis politiques, à droite comme à gauche, finirent par décrier presque unanimement les cohabitations successives, activement relayés par la grande majorité des « commentateurs » médiatiques[2]. Ce fut dans ce contexte qu'un large consensus partisan se forgea peu à peu entre le Rassemblement pour la République, l'Union pour la démocratie française et le Parti socialiste pour adopter la réforme dite du « quinquennat », déjà envisagée sans succès par Georges Pompi-

1. « Conflictuelle » (1986-1988), « consensuelle » (1993-1995), « institutionnelle » (1997-2002). Lire Serge Berstein et Michel Winock (dir.), *La République recommencée. De 1914 à nos jours*, Paris, Seuil, 2004, p. 441-468.

2. Raymond Barre fut l'un des premiers à dire haut et fort que toute cohabitation entraînerait un abaissement de la fonction présidentielle. Et de recommander, en 1986, de faire pression sur François Mitterrand pour qu'il démissionnât, ce à quoi Jacques Chirac se refusa.

dou en 1973[1], calquant la durée du mandat présidentiel sur celle du mandat des députés. La réforme fut entérinée par référendum dans la plus grande indifférence des Français : le 24 septembre 2000, tous les records d'abstentionnisme furent battus (70 %)[2] ; seuls 18,5 % des électeurs inscrits votèrent « oui ». À l'initiative du Premier ministre socialiste, le quinquennat fut accompagné en décembre 2000, pour des raisons purement tactiques, de l'inversion du calendrier afin que l'élection présidentielle de 2002 eût lieu avant les élections législatives. Contre l'avis de Jacques Chirac, qui n'imaginait sa possible réélection que sur la base d'une victoire préalable aux élections législatives, Lionel Jospin avait choisi de rejouer le scénario de 1981, sûr de l'emporter face à un Président discrédité et d'obtenir dans la foulée une majorité parlementaire consolidée.

La conjugaison du quinquennat et de la réorganisation du calendrier électoral eut immédiatement la notable conséquence d'institutionnaliser davantage encore, aux dépens du Premier ministre, la prééminence du président de la République telle qu'elle avait été instaurée entre 1958 et 1962. La dernière réforme constitutionnelle votée le 23 juillet 2008 confirme cette évolution, même si elle semble accroître par ailleurs les pouvoirs du Parlement sur quelques points. Il n'en reste pas moins vrai que, cinquante ans après la fondation de la Ve République, la possibilité d'une cohabitation demeure toujours inscrite dans les textes.

Une fois évoqués les cohabitations et leurs effets sur le régime, il faut comprendre comment ce que Charles de Gaulle et Georges Pompidou refusaient d'envisager devint possible au milieu des années 1980. Cela revient à rendre compte des alternances répétées entre droites et gauches.

1. Éric Roussel, *Georges Pompidou*, Paris, Jean-Claude Lattès, 1984.
2. Il y eut de plus 5 % de bulletins blancs et nuls.

« L'ALTERNANCE » COMME CONDITION DE POSSIBILITÉ DE LA COHABITATION

Entre 1986 et 2002, chaque élection générale vit les Français donner l'avantage – souvent ténu en nombre de voix – aux adversaires du camp précédemment au pouvoir. Les droites emportèrent les élections législatives de 1986[1], les gauches gagnèrent les élections présidentielles et législatives de 1988, les droites obtinrent une majorité écrasante au Palais-Bourbon en 1993, Jacques Chirac succéda à François Mitterrand en 1995, les gauches reconquirent la majorité à l'Assemblée nationale lors des élections législatives anticipées de 1997, les droites enfin triomphèrent en 2002. Comment expliquer cette évidente instabilité, renforcée par les résultats contradictoires des élections municipales, cantonales, régionales, sénatoriales et européennes pendant la même période ?

Deux explications, bien que souvent avancées depuis vingt ans, me paraissent devoir être écartées.

L'explication par le décalage des échéances électorales nationales, largement reprise en 2000 pour justifier le projet de loi du gouvernement de Lionel Jospin, n'est bien sûr pas recevable. Il n'y eut en effet jamais, jusqu'à la fin des années 1970, concomitance des dates d'élections législatives (1958, 1962, 1967, 1968, 1973, 1978) et présidentielles au suffrage universel (1965, 1969, 1974). Cela n'empêcha nullement les droites de l'emporter à chaque fois sur les gauches. En 1981 coïncidèrent pour la première fois les deux types de scrutins, François Mitterrand ayant dissous l'Assemblée nationale en mai et le PS ayant conquis la majorité absolue des sièges en juin. Mais cette concordance des calendriers demeura longtemps isolée et elle n'empêcha pas l'entrée dans l'ère des alternances. Elle inspira beaucoup en revanche les socialistes en 2000.

1. De justesse en nombre de sièges du fait de la réforme du mode de scrutin : ce fut la seule fois depuis 1958 que les Français votèrent selon un système proportionnel, dans le cadre des départements.

On ne peut non plus, je crois, expliquer les alternances par « un choix délibéré de l'opinion »[1]. Nombreux sont certes les politistes et les historiens qui avancent cette explication. Leur argumentation repose sur l'analyse systématique des sondages d'opinion effectués pendant seize années. Il est logique que des électeurs de droite aient été satisfaits de pouvoir compter sur un Président de leur camp afin de limiter l'action d'un Premier ministre, lui-même fort du soutien des électeurs de gauche. Et réciproquement. Mais il ne faut peut-être pas déduire trop de choses de cette addition de satisfactions contradictoires. Aucune instance politique n'a jamais élaboré une stratégie pour amener les électeurs à organiser la cohabitation dans la durée. Au contraire. Quant à la « classemoyennisation » de la société française à la fin du XXe siècle, qui expliquerait des comportements « moyens » portés aux « compromis centristes », elle relève probablement davantage du projet politique – le « groupe central » cher à Valéry Giscard d'Estaing[2] – qu'aux réalités sociologiques dans toute leur complexité, les inégalités sociales se creusant assez nettement depuis les années 1980 malgré une uniformisation, toute relative, des pratiques culturelles.

Je formule donc une autre hypothèse. Les incertitudes de la période 1986-2002 furent à mon sens la manifestation institutionnelle la plus visible, qui frappa les esprits tant par sa nouveauté que par son ampleur, d'un affaiblissement de la bipolarisation politique telle qu'elle avait émergé dès avant la Grande Guerre et s'était imposée avec le Front populaire, la « question sociale » l'emportant alors sur la « question du régime » qui avait divisé la société depuis la Révolution[3].

Valéry Giscard d'Estaing fut le premier Président à accepter l'alternance et son corollaire, la cohabitation, mais il avait défini très

1. Serge Berstein et Michel Winock (dir.), *op. cit.*, p. 464.

2. Valéry Giscard d'Estaing, *Deux Français sur trois*, Paris, Flammarion, 1984.

3. Gilles Richard, « Droites et gauches dans la vie politique française. Réflexions sur un affrontement pluriel », *Vingtième siècle. Revue d'histoire*, n° 90, avril-juin 2006, p. 155-167.

clairement le cadre hors duquel elle n'était pas envisageable[1]. De ce point de vue, le 10 mai 1981 ne peut être interprété comme l'événement qui marqua l'entrée dans l'ère de l'alternance. On parlait alors, treize ans après Mai 68, du « changement », conçu dans un affrontement bipolaire entre droites et gauches sur la question sociale. Le temps du changement, toutefois, ne dura guère. Le renoncement du président de la République au programme sur lequel il avait été élu apparut au grand jour en mars 1983. Et ce renoncement, François Mitterrand le justifia précisément au nom des engagements européens du pays.

Avec ardeur et méthode, Valéry Giscard d'Estaing s'était efforcé de promouvoir l'intégration de la France dans l'Europe en question centrale de la vie politique afin de relativiser dans un premier temps, de dépasser finalement la question sociale que le mouvement ouvrier avait patiemment construite tout au long du XXe siècle[2]. Ce choix politique essentiel produisit ses premiers effets pratiques au seuil des années 1980. Autour de l'Union européenne, de ses règles, de ses échéances, de ses décisions et de ses objectifs, se révéla soudain une large zone de consensus, allant du PS au RPR qui s'était soudainement rapproché de l'UDF sur ce point crucial pour mieux la désarmer. Dès lors devint possible l'entrée dans l'ère de l'alternance telle que l'ancien Président l'avait définie dans sa préface à la nouvelle édition de *Démocratie française*, en décembre 1977 : « le temps où le débat pourra être conduit en termes non passionnés, où il portera sur des différences et non sur des oppositions ».

Une nouvelle situation politique, inimaginable dans les années 1968[3], apparut donc au début des années 1980, dans le contexte

1. Au Club de la presse d'Europe 1, le 17 octobre 1976, il déclara : « Une alternance avec une social-démocratie pourrait être envisagée [...]. À l'heure actuelle, il n'existe pas de proposition social-démocrate pour la France. »

2. Serge Berstein et Jean-François Sirinelli (dir.), *Les années Giscard. Valéry Giscard d'Estaing et l'Europe, 1974-1981*, Paris, Armand Colin, 2006.

3. Trois ouvrages collectifs parus en 2008 font le point le plus précis à ce jour sur « le moment 68 », pour reprendre l'expression de Michelle Zancarini-Fournel : Philippe Artières et Michelle Zancarini-Fournel (dir.), *68. Une histoire collective (1962-1981)*,

mondial de victoire du néolibéralisme[1]. Fréquemment décrite comme une « crise générale du politique », elle renvoie plutôt au profond remodelage du système partisan qui accompagna les alternances et les cohabitations.

UN NOUVEAU SYSTÈME PARTISAN

Si le régime instauré en 1958-1962 est toujours en place aujourd'hui, plus solide que jamais, nul ne prétend que la vie politique actuelle ressemble à celle d'il y a un demi-siècle. Les gauches comme les droites ont beaucoup changé.

La Ve République se mit en place d'abord aux dépens du Parti communiste français, seul des grands partis d'alors qui appela unanimement au « non » en 1958, et qui subit un cuisant revers électoral : 30 % d'électeurs perdus. Mais le PCF se remit assez vite et une réelle dynamique sociale et politique servit à moyen terme le renouveau général des gauches, depuis la grève des mineurs en 1963 jusqu'à la victoire de François Mitterrand en 1981, en passant par l'élection de 1965, le pacte d'unité d'action entre Confédération générale du travail et la Confédération française démocratique du travail en 1966, les impressionnants mouvements sociaux des années 68, la refondation du PS en 1971 et la signature du « Programme commun de gouvernement » en 1972. Loin de voir s'affaiblir, comme le souhaitait Charles de Gaulle, la conflictualité sociale et politique pour mieux unir la nation derrière son chef, la Ve République à ses débuts vit plutôt le renforcement des gauches unies qui finirent par l'emporter au bout de vingt-trois ans d'efforts. Mais dans un contexte caractérisé

Paris, La Découverte ; Dominique Damamme, Boris Gobille, Frédérique Matonti et Bernard Pudal (dir.), *Mai-juin 68*, Ivry-sur-Seine, Éditions de l'Atelier ; Antoine Artous, Didier Epsztajn et Patrick Silberstein (dir.), *La France des années 68*, Paris, Syllepses.

1. François Denord, *Néo-libéralisme version française : histoire d'une idéologie politique*, Paris, Demopolis, 2007.

par un nouvel équilibre interne, le PCF ayant perdu dans la seconde moitié des années 1970 la prééminence qu'il avait conquise sur les socialistes à la fin des années 1930. La cause principale de ce phénomène est à chercher du côté du PCF lui-même, incapable de comprendre les nouveautés du mouvement social après mai-juin 1968 et de se détacher radicalement du modèle soviétique, entré en crise profonde au même moment[1]. La stratégie erratique suivie de 1981 à 1984, entre participation aux gouvernements de Pierre Mauroy et contestation de ces mêmes gouvernements[2], rendit le déclin communiste irréversible. Le PCF entra dès lors dans une longue agonie, presque achevée aujourd'hui, avec des scores électoraux trois à quatre fois inférieurs aux plus mauvais enregistrés – entre 1928 et 1932 – depuis sa fondation.

La principale conséquence de l'effondrement du PCF fut d'écarter de la vie politique de larges secteurs des classes populaires. Abstentionnisme croissant, non-inscription ou non-réinscription sur les listes électorales, vote, plus ou moins massif selon les régions, en faveur d'un parti hors système, le Front national, ont entraîné un affaiblissement sensible, sinon total, du clivage droites-gauches sur la question sociale. Ce que Dominique Strauss-Kahn, dans *La flamme et la cendre* paru en 2002 chez Grasset, traduisait ainsi : « Les couches sociales regroupées dans le terme générique d'"exclus" ne votent pas pour [la gauche] pour cette raison simple que, le plus souvent, elles ne votent pas du tout. Au risque de l'impuissance, [la gauche] se voit dans l'obligation de trouver à l'intérieur d'autres catégories sociales le soutien suffisant à sa politique [...]. Le souci que nous devons avoir pour les dix ans qui viennent, c'est de nous occuper de façon très prioritaire de ce qui se passe dans les couches moyennes de notre pays. [...] Du groupe le plus défavorisé, on ne peut malheureusement pas toujours attendre une participation sereine à une démocratie par-

1. Voir la communication de Marc Lazar.

2. Charles Duportail, *Le Parti communiste français et les restructurations industrielles entre les mois de mars et de juillet 1984*, mémoire de fin d'études, IEP de Rennes, 2003.

lementaire. Non pas qu'il se désintéresse de l'Histoire mais ses irruptions s'y manifestent parfois dans la violence [...]. » Ce fut ce contexte qui rendit possible les analyses sur la fin de l'« exception française » en matière de politique, le pays rentrant dans la « normalité » des « grandes démocraties occidentales ».

Si les gauches sont aujourd'hui indéniablement en crise, les droites se portent en revanche plutôt bien, cela expliquant d'ailleurs en partie ceci. On peut dater le point de départ de leur renouveau en 1986, début de la première alternance qui les vit amorcer le processus de reconquête de leur hégémonie politique mise à mal dans les années 68. Cela se fit au prix de mutations internes de même ampleur qu'à gauche, et sur des bases assez différentes de ce que la période des gouvernements de Raymond Barre avait vu s'esquisser[1].

Le second passage de Jacques Chirac à Matignon, de 1986 à 1988, vit la conversion définitive du RPR au projet néolibéral et européiste tel que Valéry Giscard d'Estaing l'avait défini au milieu des années soixante-dix[2]. Cette conversion, si elle eut pour effet de mettre le RPR en position d'unifier les droites au détriment de l'UDF[3] et aboutit à la fondation de l'Union pour un mouvement populaire en 2001-2002[4], ne se fit pas sans drames. On ne raye pas impunément une culture politique – le gaullisme, en l'occurrence – d'un trait de plume[5]. Le parti connut une longue crise interne dont l'épisode le plus saillant

1. Gilles Richard, *Mai-68... et après ? Une nouvelle donne politique*, Bordeaux, CRDP d'Aquitaine (Histoire de notre temps), 2008.

2. Bernard Lachaise, *Du général de Gaulle à Jacques Chirac. Le gaullisme et les Français*, Bordeaux, CRDP d'Aquitaine (Histoire de notre temps), 2006.

3. Affaiblie par l'« ouverture » pratiquée par Michel Rocard en 1988, puis par la défaite d'Édouard Balladur en 1995.

4. D'abord structure électorale pour accorder les investitures (« Union en mouvement » – UEM, le 4 octobre 2001, puis « Union pour la majorité présidentielle » – UMP, le 23 avril 2002), elle se constitua en parti à part entière (« Union pour un mouvement populaire ») sous la conduite d'Alain Juppé lors de son congrès fondateur, le 7 novembre 2002.

5. Le tournant à 180 degrés entre 1979 et 1984 sur la question européenne fut le signe le plus tangible de la mutation du RPR au début des années quatre-vingt. En 1984 était aussi paru le nouveau programme du parti : *Libres et responsables. Un projet pour la France*, chez Flammarion.

fut la sécession organisée autour de Charles Pasqua dans les années 1990. Le Rassemblement subit dans le même temps une hémorragie électorale au profit du FN qui, dès 1984, précisément à l'occasion des élections européennes, s'installa pour une vingtaine d'années au premier plan de la vie politique, gênant les droites dans leur effort de reconquête tout en les incitant à dépasser leur désunion partisane[1]. Il revint à Nicolas Sarkozy, dans le contexte inédit créé par le second tour de l'élection présidentielle de 2002, d'inventer la stratégie qui permit, cinq ans plus tard, de lever l'hypothèque « frontiste » qui pesait sur l'avenir de l'UMP, désormais assuré.

La vie politique nationale s'organise aujourd'hui autour d'un nouveau système partisan, structuré par l'affrontement entre UMP et PS[2], le second étant tenu en lisière du pouvoir central par le premier : reproduction, avec d'autres acteurs et dans un autre contexte, du rapport entre gaullistes et communistes durant les années 1960. Ce nouveau système partisan n'est bien sûr pas figé pour l'éternité mais il est très probablement appelé à durer. Compte tenu de ce que l'historien du politique peut appréhender du présent, deux éléments peuvent, à terme plus ou moins éloigné, peut-être remettre en cause le rapport des forces tel qu'il existe en 2008.

À gauche, le projet de créer un nouveau parti, provisoirement nommé « Nouveau parti anticapitaliste ». La stratégie politique initiée par la Ligue communiste révolutionnaire depuis la fin des années 1990 repose avant tout sur le pari de recréer une force capable d'incarner et de coordonner les revendications des classes populaires, marginalisées depuis l'effondrement du PCF mais qui demeurent, comme

1. Édouard Balladur se fit le thuriféraire le plus actif de la fusion entre RPR et UDF en mettant en valeur le socle idéologique commun au RPR et à l'UDF : *Pour une voie nouvelle*, 1998 ; *L'avenir de la différence*, 1999 ; *Renaissance de la droite : pour une alternance décomplexée*, 2000. Ces trois ouvrages parurent chez Plon.

2. Une majorité absolue d'électeurs (57 %) se porta sur leurs candidats respectifs lors du premier tour de l'élection présidentielle de 2007, ce qui n'avait été le cas ni en 1995, ni en 2002.

l'ont prouvé les impressionnantes manifestations de novembre-décembre 1995 (la « grève par procuration ») ou le rejet du Traité constitutionnel européen en mai 2005. À droite, le combat personnel de François Bayrou, fort des 6,8 millions de voix (18,5 % des suffrages exprimés) obtenues en 2007, représente une incontestable gêne pour l'UMP dans sa prétention à rassembler l'ensemble des droites. Incontestable gêne moins due d'ailleurs à l'influence du MoDem (Mouvement démocrate) lancé en mai 2007 qu'à la forte posture morale qu'incarne, avec une détermination toute gaullienne, le député des Pyrénées-Atlantiques, qui garde ainsi ses chances pour 2012.

Mais, quoi qu'il en soit de l'influence à venir de François Bayrou ou du nouveau parti de gauche – dont la fondation officielle est prévue pour le début de l'année 2009 – sur le système partisan tel qu'il s'est recomposé au terme de seize années d'alternances et de cohabitations, on peut, sans grand risque de se tromper, assurer que les institutions de la Ve République demeureront pour longtemps encore le cadre dans lequel se dérouleront les affrontements entre droites et gauches.

Jacobinisme et décentralisation

JEAN VAVASSEUR-DESPERRIERS

L'histoire de la décentralisation sous la Ve République ne peut en aucun cas prendre la forme d'un récit linéaire qui, partant d'une situation initiale, un État centralisé à l'extrême, pour arriver à la situation actuelle, une France dans laquelle l'organisation décentralisée de la République est devenue un article de la loi fondamentale, démontrerait la défaite d'une mauvaise chose, le jacobinisme, face au bien, la décentralisation, censée représenter le triomphe de l'idée démocratique à la fin du XXe siècle.

Et ceci pour plusieurs raisons. D'abord, on trouvait déjà, mis en place dès la monarchie de Juillet – époque de la naissance – puis sous la IIIe République – époque de l'épanouissement – un système qui laissait sa place à la décentralisation. En effet, au jacobinisme primitif[1] – celui de la nation en armes, impliquant la prise en mains par le centre des décisions fondamentales, repris et rationalisé par Napoléon – s'était substitué un jacobinisme dit apprivoisé[2], forme

1. Le vocable « jacobinisme » prête naturellement à discussions, comme en témoignent les interventions parlementaires du 27 juillet 1981, un des débats majeurs sur notre sujet (*JO*, *Assemblée nationale*, *Débats*, 1981, 2e séance du 27 juillet 1981, p. 333). Michel Debré, un des adversaires de la loi, se pose la question de savoir ce qu'est un jacobin, puisqu'on le qualifie ainsi fréquemment. Il a trouvé la réponse dans le dictionnaire : « Acquis aux idées démocratiques » ; et il conclut : « Jacobin je suis, c'est-à-dire acquis aux idées démocratiques. » À quoi, le ministre Gaston Defferre répond qu'il s'agit là d'une acception ancienne. À l'époque, dit-il, un jacobin était un révolutionnaire ; aujourd'hui, c'est un centralisateur. Mais cette équation « jacobin égale centralisateur » demeure assez triviale, comme on le verra *in fine*.

2. L'expression est de Pierre Grémion, *Le pouvoir périphérique. Bureaucratie et*

atténuée du phénomène originel. Il apparaît, en effet, que la toute-puissance des fonctionnaires nommés dans les territoires par l'État central à quoi l'on réduit souvent la centralisation de type bonapartiste, relevait d'une vision largement mythique. Entre le préfet, détenteur de la puissance étatique, et les élus locaux, notamment les conseillers généraux, un compromis était inévitable : il s'agissait pour les représentants du pouvoir central de trouver des relais locaux ; inversement, pour les élus locaux, il importait de s'assurer le soutien de ces fonctionnaires susceptibles d'appuyer leurs demandes au niveau de l'échelon central. Le modèle du « jacobinisme apprivoisé » présentait d'ailleurs un grand nombre de variantes : les élus cumulant des fonctions électives locales et nationales se trouvaient parfois à même de court-circuiter le fonctionnaire, sans toutefois mettre en cause l'essence même du système puisque la clé de leur influence résidait dans leur position à l'échelon central ; dans d'autres cas, celui, notamment, des maires de petites localités sans grande influence et situées dans des régions pauvres et sans rayonnement, la marge de manœuvre du représentant de l'État était considérable ; dans d'autres cas, enfin, comme on l'a vu plus haut, un compromis s'instaurait entre le préfet (et ses agents) et les réseaux notabiliaires locaux. Tout ceci impliquait une certaine diversité dans la gestion des territoires, à l'opposé de l'uniformité censée caractériser l'administration républicaine[1].

On ne saurait par ailleurs négliger un autre fait massif : l'effort de décentralisation mené depuis les années 1950, lancé sous la IVe République et intensifié par la Ve République naissante, a résulté, au premier chef, de l'effort d'adaptation de la bureaucratie d'État à la situation nouvelle apparue à cette époque, caractérisée

notables dans le système politique français, Paris, Le Seuil, 1976, ouvrage majeur sur ce sujet.

1. Sur ce point, diverses synthèses : François Burdeau, *Histoire de l'administration française du XVIIIe au XXe siècles*, Paris, Montchrestien, 1994 ; Yves Mény, *Centralisation et décentralisation dans le débat politique français (1945-1969)*, Paris, LGDJ, 1974 ; Pierre Deyon, *Paris et ses provinces. Le défi de la décentralisation, 1770-1792*, Paris, Armand Colin, 1992.

par de vastes bouleversements dans la répartition des populations et des richesses sur l'ensemble du territoire.

LE JACOBINISME RÉNOVÉ ET LA NAISSANCE DE LA RÉGION (ANNÉES 1960)

Car, et ce sera le premier point de cette communication, la décentralisation trouve son point de départ dans la tentative de jacobinisme dit « rénové » des années 1950 et 1960. À l'origine, on trouve deux phénomènes. Le premier, ce fut la constatation devenue aiguë au lendemain de la guerre du déséquilibre Paris-province, dénoncé notamment par le géographe (et surtout publiciste) Jean-François Gravier dans *Paris et le désert français*, publié en 1947, réédité à deux reprises par la suite[1]. L'ouvrage comprend un bilan des déséquilibres territoriaux, à divers points de vue économiques, démographiques, culturels, mettant l'accent sur la centralisation parisienne, tout à la fois administrative, industrielle, universitaire. Le monstrueux organisme central, démesurément coûteux, développé au détriment du reste du pays, était rendu responsable de l'affaiblissement et de l'appauvrissement des territoires. Gravier proposait un redécoupage du pays, organisé autour des principales villes de province et de leurs aires d'attraction[2]. Nulle nostalgie des anciennes provinces dans cette démarche ; l'auteur rejette d'ailleurs « les préjugés

1. Jean-François Gravier, *Paris et le désert français. Décentralisation. Équipement. Population*, Paris, Éditions du Portulan, 1947, 424 p. Cette édition comporte une préface de Raoul Dautry, ancien ministre de l'Armement avant la guerre, puis ministre de la Reconstruction et de l'Urbanisme de 1944 à 1946, et dont Gravier avait été un collaborateur. Raoul Dautry indique les raisons pour lesquelles, à ce dernier ministère, il a choisi parmi ses conseillers un géographe : la « reconstruction » ne pouvait se faire à l'identique ; il s'agissait donc de réfléchir à l'« aménagement » du territoire, donnée qu'il met en valeur avec insistance. L'ouvrage fut réédité en 1958 et 1972.

2. Il indiquait, « à titre indicatif », Paris, Lille, Châlons, Nancy, Strasbourg, Dijon, l'« Orléanais », Clermont-Ferrand, Lyon, Aix-Marseille, Montpellier, Toulouse, Bordeaux, Angers, Rennes, Rouen, soit seize régions.

régionalistes désuets »[1]. Il concentrait son attention sur les réalités démographiques et économiques. L'affirmation de la nécessité d'un échelon régional, indispensable contrepoids à la puissance parisienne, découlait de réalités économiques qui avaient rendu caducs les départements, et non d'une quelconque démarche idéologique[2]. Mais il n'envisageait qu'avec prudence des transformations de type politico-administratif : un « gouverneur » agissant en étroite liaison avec les préfets serait placé à la tête de la région, mais l'institution jugée « la plus utile, la plus significative » serait un conseil régional représentatif des activités et des branches professionnelles, dont le rôle serait de constituer un « syndicat » des intérêts des divers départements composant la région[3]. On le voit : la réflexion s'organise autour de la question de l'aménagement, de l'équilibre démographique, de la distribution spatiale des activités, de la diminution de coûts collectifs dans la mesure où ils seraient plus judicieusement répartis. Elle reste, dans le domaine de l'organisation administrative, d'un très grand pragmatisme. L'œuvre de Gravier n'est pas exempte de thèmes de réflexion que l'on pourrait qualifier de « passéistes », comme une conception plutôt « corporatiste » des institutions, ou la mise en cause de la Révolution française qui, assurant le triomphe de l'individualisme, aurait provoqué la crise démographique, la diminution du nombre d'enfants ayant été perçue comme le seul moyen d'éviter le morcellement des patrimoines[4]. Mais les données positives l'emportent nettement sur la composante idéologique. Les dirigeants de la Ve République, qu'il s'agisse du général de Gaulle ou de Jacques Chaban-Delmas, devaient s'en inspirer largement.

Le deuxième phénomène expliquant l'origine du « jacobinisme

1. J.-F. Gravier, *op. cit.*, p. 256.
2. Bien que l'auteur ait été antérieurement très proche de l'Action française.
3. J.-F. Gravier, *op. cit.*, p. 250.
4. Comme le soulignent les commentaires de Christel Alvergne et Pierre Musso, *Les grands textes de l'aménagement du territoire et de la décentralisation* (Paris, La Documentation française, 2003), l'ouvrage de Gravier était dirigé contre la planification que mettait alors en place Jean Monnet, dans la crainte que celle-ci n'aggrave encore les déséquilibres existants.

rénové », ce fut la prise de conscience chez certains dirigeants de la nation des responsabilités nouvelles qui incombaient à l'État. Il s'agissait non plus seulement de « gérer », mais aussi d'animer, d'inciter, d'orienter les efforts du pays vers une meilleure répartition des hommes et des ressources : des tâches de « mission » donc et non plus seulement de simple « gestion »[1]. Les tenants de ce jacobinisme dit « rénové » tentèrent donc de mettre sur pied des structures de type nouveau destinées à mettre en œuvre cet interventionnisme moderne. Cet effort néo-jacobin transcendait le clivage entre la droite et la gauche, comme le montrent les noms des responsables politiques qui ont mis en œuvre, au tournant de la IVe et de la Ve République, les mesures les plus significatives prises en ce domaine[2], Pierre Mendès France et Michel Debré. Le premier décida, par un décret de décembre 1954, que les « comités d'expansion » constitués antérieurement sur une base privée pourraient devenir des organismes consultatifs officiels. Le second prépara les réformes administratives édictées en 1964 sous son successeur Georges Pompidou, qui mettaient en place un préfet de région et une commission de développement économique régional. À ces deux chefs du gouvernement, Pierre Grémion associe, dans la promotion du « jacobinisme rénové », deux autres personnalités : Edgard Pisani, haut fonctionnaire issu de la Résistance, chargé par la suite de fonctions politiques – il est, sous la Ve République, ministre à plusieurs reprises (Agriculture, 1961-1966 ; Équipement, 1966-1967) ; le deuxième, François Bloch-Lainé, sans être investi quant à lui de fonctions directement politiques, exerça une influence considérable à la tête de la Caisse des dépôts et consignations (1952-1967) et

1. Pierre Grémion, *op. cit.*, p. 353. La distinction entre administration de gestion et administration de mission est posée par Edgar Pisani dans un article publié en 1956. La première est formaliste, routinière, pléthorique ; la deuxième est dynamique, pleine d'initiative, elle n'hésite pas à déléguer. La première contrôle ; la deuxième agit. La première est « neutre » ; la deuxième est « politique ».

2. Pierre Grémion remarque toutefois le rôle d'une tradition d'un radicalisme réformiste dans ce mouvement du « jacobinisme rénové » qui fit, en quelque sorte, office de tronc commun idéologique, *op. cit.*, p. 355.

de son émanation, la Société centrale pour l'équipement du territoire (SCET), dont les fonds irriguèrent le développement régional.

Dans ce contexte, deux séries de mesures furent, au cours de la présidence du général de Gaulle, mises en œuvre : d'une part, le redécoupage du territoire en unités nouvelles qui coexistèrent avec les anciennes circonscriptions ; d'autre part, des modifications institutionnelles, lentement réalisées, accompagnèrent l'apparition de ces nouveaux territoires. C'est ainsi que naquirent au milieu des années 1950 – donc avant la Ve République – des « circonscriptions d'action régionale », qui étaient elles-mêmes les héritières d'expériences antérieures. En 1919, le ministre du Commerce, Étienne Clémentel, avait décidé la création de « groupements économiques régionaux » organisés sur la base de regroupements des Chambres de commerce[1], et transformés, en juin 1938, en établissements publics. Par ailleurs, durant la période de la guerre et de l'immédiat après-guerre, des super-préfets régionaux, auxquels avaient succédé à la Libération des commissaires de la République, avaient été investis des tâches de ravitaillement et de maintien de l'ordre sur plusieurs départements. Le principe avait été repris en 1948 avec la création des inspecteurs généraux de l'administration en mission extraordinaire (IGAME). La IVe République franchit un grand pas en reconnaissant officiellement les comités d'expansion, comme on l'a vu plus haut, et en créant des « circonscriptions d'action régionale », dont le nombre est fixé par un décret de 1956 à vingt-trois. Des textes de 1955 introduisent la notion de « programmes d'action régionale », suivant laquelle chaque région devait élaborer un programme conforme à sa spécificité, susceptible de contribuer à l'atténuation des disparités entre les diverses parties du territoire national.

Les réformes du début de la Ve République se situent dans le pro-

1. Circulaire du 25 août 1917 ; arrêté du 5 avril 1916, qui définit 17 groupements : Lille, Amiens, Rouen, Caen, Nantes, Rennes, Limoges, Bordeaux, Toulouse, Montpellier, Marseille, Grenoble, Lyon, Nancy, Paris, région parisienne, Clermont-Ferrand ; arrêté du 12 avril 1919, qui précise les compétences des « comités consultatifs d'action économique ». Il est à remarquer que les propositions de Gravier étaient légèrement différentes.

longement de ces transformations. En 1960, les circonscriptions sont re-découpées et passent à vingt-et-un[1], dont les limites sont celles des régions actuelles. Par ailleurs, en 1964, a lieu la première mise en place d'une organisation administrative régionale, avec la création d'un préfet de région. Celui-ci exerce toutes les attributions d'un préfet ordinaire dans sa circonscription, le département chef-lieu. Mais il dispose en outre d'un pouvoir de coordination en ce qui concerne les actions de l'État : il peut, dans le domaine des investissements publics, émettre des propositions et les ventiler dans les départements qui composent sa circonscription régionale. À cette fin, il préside la conférence administrative régionale, où siègent les préfets de sa circonscription et les chefs des services extérieurs de l'État. Un second décret, daté du même jour (14 mars 1964), institue une Commission de développement économique régional (CODER), organisme composé de personnalités désignées au suffrage indirect et de responsables économiques ou sociaux (les « forces vives », comme on disait alors). D'autre part, les changements dans la répartition de la population tout autant que la nécessité de réaliser des économies d'échelle par la mise en commun de certains activités, imposèrent deux créations fondamentales des années 1960 : les communautés urbaines et les syndicats intercommunaux à vocation multiple (SIVOM). Une loi du 31 décembre 1966 imposa la formation des premières à Lyon, Lille, Bordeaux et Strasbourg. Suivirent Dunkerque (1968), Le Creusot-Montceau-les-Mines (1970), Le Mans (1971), Brest (1973), créées, cette fois, sur l'initiative des communes intéressées. La formule des syndicats intercommunaux à vocation multiple, concernant la mise en commun de certains services, avait été organisée en 1964, à charge pour les collectivités intéressées d'user des facilités réglementaires décrétées par l'État. Il est à remarquer qu'un organisme comme la communauté d'agglomération se trouve aux mains de représentants des conseils municipaux des communes membres : la gestion se trouve ainsi « déconnectée » du

1. En 1975, la Corse sera séparée de la région Provence-Côte d'Azur-Corse. Et il y aura vingt-deux régions.

suffrage direct, en contradiction avec un principe de base de l'organisation administrative locale républicaine[1].

Toutes ces transformations se produisaient, en effet, dans le cadre du « jacobinisme rénové ». Le fait dominant consistait dans le renforcement du représentant de l'autorité centrale, comme en témoignaient de façon patente deux faits caractéristiques, l'économie des nouvelles instances représentatives et la création au niveau central d'un organe d'aménagement du territoire. Les CODER étaient, de fait, composées de membres désignés selon des modalités différentes : un quart par les conseillers généraux des départements formant la région (élus donc au suffrage universel indirect)[2] ; la moitié par les organismes socio-professionnels (les Chambres de commerce, d'agriculture, ou des métiers, et les syndicats d'employeurs ou de salariés) ; un quart par le Premier ministre, parmi des personnalités qualifiées en raison de leurs compétences dans les domaines économique, social, familial, scientifique et culturel. Le système faisait donc la part belle aux organisations corporatives. Toutefois, la place des conseillers généraux indiquait bien la volonté de poursuivre la collaboration séculaire entre le préfet et les réseaux départementaux. Les commissions de développement, par ailleurs, ne disposaient que d'un pouvoir consultatif restreint : elles émettaient des avis sur les questions soulevées par le préfet, maître de l'ordre du jour, sans disposer d'un droit d'initiative en ce domaine.

La Délégation à l'aménagement du territoire et à l'action régionale (DATAR), créée par un décret du 14 février 1963, renforçait de son côté le pouvoir central. Le délégué, nommé en Conseil des ministres, participe à l'élaboration du Plan, coordonne les différents programmes ministériels d'équipement ayant un lien avec l'aménagement du territoire, harmonise les aides à l'expansion industrielle et rurale, propose

1. Cf. Pierre Grémion, *op. cit.*, p. 351. « Les problèmes de service se détachent de la sorte des problèmes politiques. Et il s'ensuit que la rencontre entre l'appareil administratif territorial de l'État et les élus s'organise au second degré. »

2. Mais désignés soit, pour certains d'entre eux, parmi les conseillers généraux, pour les autres, parmi les maires de communes de la région, pourvu qu'ils ne fussent pas conseillers généraux.

les dépenses du Fonds d'intervention pour l'aménagement du territoire (FIAT), créé auprès du Premier ministre[1]. La délégation avait ainsi la haute main sur les instruments concrets de l'action régionale, les primes à la décentralisation et les dépenses d'investissement du FIAT. De son côté, la Société centrale pour l'équipement du territoire (SCET), émanation de la Caisse des dépôts, contribuait à la réalisation des investissements liés à l'action régionale.

Si la nouvelle organisation n'a pas été sans résultats effectifs sur le plan concret, elle n'a nullement bouleversé l'organisation des territoires. La nouvelle structure régionale ne s'est guère affirmée et cela, semble-t-il, pour trois raisons. Tout d'abord, les freins mis d'avance par le pouvoir central, car les tenants du « jacobinisme rénové » n'envisageaient pas une seconde un dessaisissement de l'État central. Ensuite, l'opposition des groupes en place, à savoir la fraction non réformiste de la bureaucratie territoriale (opposée aux novations) : ainsi, une rivalité sourde ne cessa d'opposer les fonctionnaires des missions régionales nommés par la DATAR aux préfets ou aux sous-préfets. Enfin, la faiblesse des moyens financiers affectés aux régions, qui aboutissait à laisser entre les mains des organes d'État les sources de financement nécessaires au développement. On s'explique aisément que les réseaux notabiliaires traditionnels, organisés dans le cadre du département, aient privilégié l'accès au préfet, souvent arbitre sur le terrain de l'affectation des ressources financières. Ainsi l'échelon régional se trouva-t-il court-circuité au profit de l'échelon départemental. Toutefois, le bilan des réformes des années 1960 en matière de décentralisation n'est pas totalement inexistant. Le préfet de région put affirmer sa prééminence dans la répartition des investissements publics entre les départements de son ressort. D'autre part, le mode de concertation pratiquée dans les CODER put parfois aboutir à une prise de conscience d'intérêts régionaux.

La décentralisation sembla connaître un regain à la fin des

1. Selon l'article 8 du décret, les dépenses du FIAT sont décidées par le comité interministériel pour les problèmes d'action régionale et d'aménagement du territoire, mais *sur proposition* du délégué.

années 1960, quand le général de Gaulle, qui considérait que la régionalisation représenterait dans le domaine territorial la « participation » – qu'il présentait comme la réponse à la crise morale et sociale de 1968 –, proposa un projet soumis à référendum le 27 avril 1969. Ce texte, tout en préservant le rôle du préfet de région qui prépare, présente et exécute le budget régional, introduisait deux changements importants. Le premier consistait à transférer les dépenses d'équipement et les ressources fiscales correspondantes à la région [1]. Le second introduisait un nouveau mode de désignation des conseillers régionaux, nommés, pour partie, par des collèges formés d'élus municipaux et, pour partie, par des organes corporatifs [2]. Ce dernier point rappelle les propositions élaborées dans le cadre, notamment, de l'Action libérale populaire du comte Albert de Mun à l'aube du XXᵉ siècle. Le projet de 1969 restait donc ambigu : s'il conservait certaines visées novatrices, il était aisé de repérer dans ce texte la lointaine influence des thèses sociales chrétiennes conservatrices. L'échec du projet, pour des raisons tout autres que le texte lui-même, entraîna pour de longues années une grande prudence en matière de décentralisation.

1. À l'exception, toutefois, disait le texte, de certains équipements qui, « par leur caractère ou leur implantation, présentent un intérêt national ». Ceux-ci restent de la compétence de l'État.

2. Le texte précisait que les députés élus dans la région seraient de droit membres du conseil régional. Les « conseillers régionaux territoriaux » seraient désignés par les conseils généraux (qui les choisiraient en leur sein) et les conseils municipaux ou les délégués des conseils municipaux. Les « conseillers régionaux socio-professionnels » représenteraient les catégories suivantes : 1) salariés ; 2) agriculteurs ; 3) entreprises industrielles, commerciales, maritimes ou artisanales ; 4) professions libérales ; 5) familles ; 6) enseignement supérieur et recherche ; 7) activités sociales et activités culturelles. Chaque catégorie serait désignée par un collège spécifique : organes consulaires, associatifs, mutualistes, syndicaux, « ordres » professionnels, etc.

UNE RÉVOLUTION RÉGIONALISTE ?

L'affirmation de la décentralisation – c'est le deuxième point – allait se faire lentement au long de la décennie 1970, précédée par un mûrissement intellectuel à la fin des années 1960. La revendication régionaliste s'affirme alors de façon nette. Elle procède d'origines fort variées. Il y a, d'une part, une critique de la centralisation qui, abandonnant les conceptions traditionalistes, applique un schéma marxisant aux déséquilibres français : ce sont les thèses développées par Robert Lafont dans *La révolution régionaliste*, publiée en 1967[1]. Décrivant la situation de dépendance des territoires à l'égard de Paris, Lafont, établissant une analogie avec les pays du Tiers Monde, dénonçait un processus de colonisation classique qui avait abouti à faire « disparaître la bourgeoisie locale, par la défaite des structures capitalistes régionales, par l'altération ou par l'absorption ». Il préconisait l'appropriation régionale des biens de production, mais refusait les thèmes identitaires de type culturel, développés au même moment par certains groupes régionalistes[2].

Mais la revendication décentralisatrice provenait d'autres secteurs de l'opinion politique, plus influents et bien établis. Ainsi, les grands élus de province représentaient-ils une tendance importante dans ce paysage revendicatif des années 1960. Au premier rang d'entre eux figuraient les maires des grandes villes dont le rôle s'était accru dans les années 1960. La politique d'aménagement du territoire avait en effet amené les responsables nationaux à définir des « métropoles d'équilibre » destinées à contrebalancer le poids de la capitale. Ces organismes avaient été directement dotés par Paris des ressources nécessaires à leur aménagement, ce qui permettait au

1. Chez Gallimard, dans la collection « Idées ».

2. Robert Lafont voyait très classiquement dans le pacte des citoyens la base de l'entité régionale, contrairement à certains groupes comme l'Union démocratique bretonne qui se réclamait aussi du socialisme. Plus tard, apparurent en « Occitanie » Lutte occitane ou *Volem viure al païs*.

maire d'échapper aux logiques locales, ancienne (départementale) ou nouvelle (régionale) ; du coup, il se voyait investi par la négociation directe avec le centre d'une responsabilité accrue, échappant à la médiation normalement incontournable du préfet. D'un autre côté, il revendiquait auprès de l'État une plus grande autonomie dans la disposition des fonds qu'il avait obtenus, en vertu de la compétence que lui donnait sa connaissance du terrain. Gaston Defferre, maire de Marseille, dans *Un nouvel horizon* – manifeste publié en 1965[1] –, rassemble et exprime les revendications décentralisatrices du moment. Il aborde le double problème de la gouvernance des grandes villes et de celle de la région. Pour les premières, il réclame un degré très poussé d'autonomie, « c'est-à-dire une extension audacieuse des compétences et des moyens financiers accordés aux municipalités »[2]. Pour les secondes, il envisage des assemblées élues à un scrutin « équitable » et disposant de pouvoirs réels par transfert de ressources et de compétences. On pourrait même envisager, dit-il, « au bout du processus », un exécutif régional élu, « si l'expérience s'avère positive ».

Énoncées au milieu des années 1960, ces revendications se trouvaient, dans l'après-Mai 68 et dans la première partie des années 1970, en harmonie avec l'air du temps, porté vers l'exaltation des groupes de petite taille opposés aux unités géantes urbaines ou usinières, considérées comme un facteur de déshumanisation. Tout cela s'accompagnait du thème bien connu du renouveau du ruralisme : on part à la recherche d'une vie plus proche de la nature, plus libre, dégagée du monde industriel et de ses contraintes. Cette thématique, longtemps restée l'apanage des traditionalistes, était désormais mise en avant par la fraction de l'opinion qui devait, plus tard, donner naissance à l'écologie politique. Ce mûrissement trouva en grande partie un débouché

1. *Un nouvel horizon*, Paris, Gallimard, 1965. L'ouvrage, lancé pour la campagne présidentielle, fut imprimé en mai 1965 ; un mois plus tard, le 17 juin, le rapprochement entre socialistes et centristes envisagé par le maire de Marseille échouait, le contraignant à retirer sa candidature.

2. *Un nouvel horizon*, p. 130.

politique dans le nouveau parti socialiste, où des courants représentant une nouvelle gauche – d'inspirations diverses, chrétienne ou libertaire – se firent les critiques du « jacobinisme » et les défenseurs des petites communautés, lieu le plus favorable à l'épanouissement des aspirations démocratiques fortement exprimées en 1968[1]. La victoire des gauches aux élections municipales de 1977 (la « vague rose ») ne fit que renforcer cet intérêt pour les réalités locales de la politique. Au lendemain des municipales de mars 1977, en effet, 71 % des villes de plus de 30 000 habitants étaient dotées de municipalités de gauche – (sur 156 communes, 81 étaient dirigées par le parti socialiste (PS), 72 par le Parti communiste français (PCF) –, contre 44 % avant les élections. La prise de conscience des réalités du contrôle administratif et l'étroitesse des marges de manœuvre accélèrent alors l'évolution des esprits. Hostile en 1965 – donc à la date de la publication du livre de Gaston Defferre – à la décentralisation, François Mitterrand s'y rallia en 1971 à la veille d'Épinay, et se déclara, en 1974, favorable à un projet de réforme régionale, incluant une assemblée régionale élue au suffrage universel, avec un exécutif élu et un budget propre. À la veille de l'élection présidentielle de 1981, Mitterrand confirmait ce projet dans son manifeste *Ici et maintenant*. Le candidat socialiste maintenait son orientation décentralisatrice, ajoutant qu'il souhaitait vivement que les élus du suffrage universel appelés à diriger les collectivités locales fassent entrer « la vie associative dans le jeu des institutions »[2]. La réforme régionale fait partie des 110 propositions du candidat Mitterrand.

1. L'apport du Parti socialiste unifié (PSU), dont un certain nombre de militants – parmi lesquels Michel Rocard en 1974 – rejoignirent le parti socialiste, a joué un rôle important, sinon exclusif. Dans les années 1960, le PSU avait tenu des colloques régionaux sur le thème « Décoloniser la province » – selon l'expression de Rocard – qui avaient abouti, eux aussi, à des revendications portant sur des assemblées élues avec un exécutif régional.

2. François Mitterrand, *Ici et maintenant*, Paris, Le Livre de poche, 1981, p. 178. Cette mention des associations était faite en réponse à la question (posée en fonction des prises de positions passées du candidat) : êtes-vous jacobin ? Dans la suite de sa réponse, interrogé sur les revendications autonomistes (basques, bretonnes, etc.), il déclare s'en

Pendant ce temps, la droite au pouvoir observait de son côté une grande prudence, tant l'échec de 1969 avait été retentissant. La loi du 5 juillet 1972, présentée par Jacques Chaban-Delmas, alors Premier ministre, n'institua pas la région comme une collectivité territoriale, mais comme simple établissement public, ce qui impliquait une définition législative de ses fonctions. Les « conseils régionaux » – le nom apparaît – qu'elle créait étaient formés seulement d'élus ou de personnes désignées par les élus : les députés, les sénateurs, des membres nommés par les conseils généraux et les agglomérations, enfin des représentants des communes. Les personnalités du monde économique et social étaient regroupées dans le comité économique et social. Le processus décisionnel connaissait désormais quatre phases : l'instruction de l'affaire par le préfet, l'avis du comité économique et social, la délibération par le conseil régional, l'exécution par le préfet. Au total, cette nouvelle institution souffrait de beaucoup d'insuffisances[1]. Ses membres – élus au suffrage indirect – se considéraient davantage comme une émanation de leur conseil d'origine que comme membre du conseil régional, à la composition instable et soumise à un incessant renouvellement. Sa compétence restait strictement réglementée : elle concernait essentiellement la réalisation d'équipements collectifs d'intérêt régional. La région de 1972, enfin, ne disposait pas de services propres, et le plafond de ses ressources restait particulièrement faible. Par la suite, la majorité de droite montra, dans les années 1970, assez peu d'intérêt pour la région. L'insistance mise sur le respect des compétences des collectivités existantes, les communes et les départements, révélait bien que les résistances provenaient toujours des réseaux traditionnels. Le rapport d'Olivier Guichard, présenté en 1976, concernait surtout les communes et les départements. S'il comportait une proposition de première importance, consistant à remplacer la tutelle administrative sur les collectivités par un contrôle de légalité, ses vues sur d'éven-

tenir à l'unité de la nation comme « priorité absolue » – « Ce n'est pas là, dit-il, être jacobin » –, tout en reconnaissant le droit à la différence, linguistique notamment.

1. Cf. l'ouvrage de Bruno Rémond, *La région*, Paris, Montchrestien, 1993.

tuels regroupements obligatoires de communes en communautés de ville ou d'agglomération, versant cette fois dans le sens autoritaire, provoquèrent de vives protestations de la part des élus communaux. En 1980, toutefois, une prudente mesure amorça la décentralisation financière : les collectivités bénéficient alors d'une relative liberté de fixation du taux des impôts.

Après la victoire électorale de la gauche en 1981, Gaston Defferre est nommé ministre de l'Intérieur et de la Décentralisation[1]. Il est soutenu ardemment par le Premier ministre Pierre Mauroy, lui-même un grand élu provincial, et aussi par le président de la République, plus en retrait sur ce sujet[2]. Les lois de 1982 (2 mars) sur l'organisation des institutions locales et celle de 1983 (7 janvier) sur les compétences qui leur étaient attribuées accordaient d'un seul coup ce que les « jacobins » (apprivoisés ou rénovés) avaient si longtemps refusé. En premier lieu, était décidée la suppression de la tutelle, remplacée par un contrôle *a posteriori* de légalité, exercé par le préfet et les tribunaux administratifs, accompagné d'un contrôle financier confié à une Chambre régionale des Comptes, dotée d'un pouvoir juridictionnel sur la régularité des comptes de l'ordonnateur et du comptable. Ensuite, l'élévation de la région en collectivité territoriale : les régions de 1972 ne possédaient que la qualité d'« établissement public », au contraire des départements, des communes, et des territoires d'outre-mer, définis par le texte constitutionnel de 1958 (article 72) comme « collectivités territoriales ». Dès lors, s'appliquait à la région le principe général régissant l'organisation des collectivités territoriales : celles-ci s'administrent librement par des conseils élus, ce qui impli-

1. Gaston Defferre avait été ministre de l'Outre-mer dans le gouvernement de Guy Mollet en 1956-1957 et avait mis en œuvre la loi-cadre de 1956, qui avait abouti à l'émancipation politique de nombreux territoire africains.

2. Les débats du conseil des ministres (15 juillet 1981) [relaté par Pierre Favier et Michel Martin-Roland, *La décennie Mitterrand – Les ruptures (1981-1984)*, Paris, Seuil, tome 1, 1990, p. 269 et suiv.] révèlent deux décentralisateurs marqués, le ministre de la Décentralisation et le Premier ministre, face aux réticences du président, qui défend le rôle des préfets que Defferre veut supprimer. Ce sont des agents « qui doivent répondre de l'unité de l'État », déclare Mitterrand. Jack Lang, d'autre part, se montra réticent à propos du transfert de crédits du ministère de la Culture vers les collectivités locales.

quait l'élection des membres du conseil régional au suffrage universel direct. Cette disposition devait aboutir à atténuer le poids du comité économique et social, les élus du suffrage prenant naturellement le pas sur les représentants des « forces vives ». Un exécutif régional était institué, confié aux présidents des assemblées régionales et départementales, dont les fonctions changeaient de nature. Les préfets (devenus des « commissaires de la République ») étaient cantonnés dans le rôle de représentants de l'État. Enfin, des ressources fiscales propres étaient dégagées. Indéniablement, ces textes correspondaient à une révolution administrative.

LA DIFFICILE APPLICATION DE LA RÉFORME ADMINISTRATIVE ET LE REFUS DU FÉDÉRALISME

Le quart de siècle qui nous sépare de ces lois vit les prolongements de cette révolution, en apparence, tranquille. On peut les synthétiser en trois points.

1 – Tout d'abord, l'apparition d'un véritable système politico-administratif propre aux collectivités locales. Une bureaucratie apparaît, regroupée dans les cadres de la fonction publique territoriale, organisée par la loi du 26 janvier 1984. Les collectivités territoriales disposent désormais d'un personnel plus stable et souvent très qualifié. À partir de 1986, les élections régionales, tenues tous les six ans, vont rythmer la vie des territoires au même titre que les cantonales. Le scrutin proportionnel de liste à la plus forte moyenne favorise l'émiettement de la représentation régionale et se trouve à l'origine d'une des difficultés majeures soulevées par la gouvernance des régions, certains présidents de régions se trouvant parfois sans majorité, ou contraints d'en former une dans des conditions particulièrement « difficiles ». Mais la question majeure reste bien celle du poids respectif des notables départementaux (élus dans les circonscriptions cantonales, qui tiennent leur pouvoir de leur influence auprès des

autorités supérieures et sont susceptibles de jouer, dans les deux sens, montant et descendant, un rôle médiateur) et celui des élus régionaux (désignés par les appareils partisans et liés à ces derniers).

Indéniablement, le mode de scrutin choisi aboutit à une politisation des élections régionales, où s'affrontent les partis nationaux. Peut-on parler toutefois d'une « classe politique régionale » au sens plein du terme ? Il faut ici remarquer que ce système politique n'est pas déconnecté du système national, puisque subsiste la possibilité de cumuler les mandats. Les élections régionales, de ce fait, se font sur des enjeux nationaux et apparaissent souvent dans leurs résultats comme l'envers des élections nationales, les électeurs saisissant surtout l'occasion de manifester leur mécontentement à l'égard du gouvernement. Le pouvoir régional apparaît dès lors comme une sorte de contre-pouvoir vis-à-vis de la majorité nationale. On s'explique aisément l'attitude de la droite. Elle avait montré son opposition aux lois Defferre de 1982-1983, comme on l'a vu plus haut. Revenue au pouvoir en 1986, elle manifeste encore peu d'enthousiasme[1]. Mais après avoir pu compenser à plusieurs reprises la perte du pouvoir national par la conquête régionale, elle se rallie totalement à la réforme, au point que c'est un Premier ministre de droite, Jean-Pierre Raffarin, qui fait entrer dans la Constitution ce principe d'organisation, par la loi de mars 2003[2]. Il faut le souligner : une grande porosité existe entre la classe politique nationale et les dirigeants régionaux, même si certains grands élus choisissent prioritairement une carrière régionale plus fréquemment qu'autrefois. Cela fait-il disparaître les phénomènes traditionnels de la notabilité départementale ? Il ne le semble pas. Certes, les vieux circuits reliant les conseillers généraux et le préfet paraissent dépassés par le nouveau système institutionnel, le préfet n'étant plus la source de pouvoir qu'il était auparavant. Mais, à l'évidence, de

1. Le ministre de l'Intérieur, Charles Pasqua, annonce en avril 1986 une pause dans la décentralisation, tandis que le Premier ministre, Jacques Chirac, insiste sur le rôle prédominant du département dans la mise en œuvre de la politique gouvernementale.

2. La réforme constitutionnelle, qui évoque l'« organisation décentralisée » de la République, est adoptée par le Parlement réuni en congrès le 17 mars 2003, par 584 voix contre 278.

nouveaux notables et de nouveaux réseaux, liés au pouvoir régional, ont fait leur apparition, en se superposant aux anciens réseaux sans les faire disparaître.

2 – L'effort de rationalisation, qui avait été à l'origine de l'action du jacobinisme rénové, se poursuit à l'intérieur de ce système décentralisé. Il concerne deux domaines : le découpage territorial et la question de la répartition des compétences dévolues à chaque niveau.

Sur le premier point, une double approche a été menée de front. D'une part, la remise en question des unités devenues trop étroites pour assurer convenablement certaines tâches d'utilité publique ; d'autre part, une recherche de reconstruction d'unités territoriales enracinées dans des réalités sociales et culturelles[1]. La première préoccupation a mené au développement de l'intercommunalité. Amorcé de longue date par le développement dans les années 1960 des syndicats intercommunaux, puis poursuivi par la multiplication des « établissements publics de coopération intercommunale », le processus de rapprochement des communes en vue d'assurer en commun certaines prestations ou de réaliser certains projets de développement a été favorisé par la loi du 12 juillet 1999, qui distingue trois types de regroupements de communes : les communautés de communes, les communautés d'agglomération et les communautés urbaines[2]. Aujourd'hui, peu de communes ne font pas partie d'une intercommunalité. Ces ensembles posent la question de la démocratie : leur conseil est formé de membres désignés par les composantes et le problème de l'introduction du suffrage universel est périodiquement soulevé à propos de ces structures souvent présentées comme se trouvant aux mains de la nouvelle bureaucratie territoriale. Un problème majeur se trouve soulevé : que devient alors la commune, unité par

1. Jean-François Chanet, « Mort et transfiguration des terroirs », dans *Vingtième siècle. Revue d'histoire*, janvier-mars 2001, p. 61-81.

2. Les premières se trouvent surtout en milieu rural ; les deuxièmes concernent les aires urbaines de plus de 50 000 habitants, les troisièmes les aires de plus de 500 000 habitants.

excellence de proximité et lieu majeur de l'identification du citoyen ? La seconde préoccupation a poussé à l'expérience des « pays » qui a commencé en 1995. Il s'agissait de favoriser « le lieu où s'organise, à partir des habitudes concrètes des gens et de leurs activités, le dynamisme d'un territoire et son développement économique », selon Charles Pasqua[1]. Il ne s'agit pas d'une nouvelle collectivité territoriale, mais d'une association de communes, pourvue d'un conseil où coexistent (comme autrefois dans les CODER) élus et « forces vives », réunis autour d'un projet de développement (qui est sa raison d'être). La formule s'est développée jusqu'en 2002, mais semble s'être essoufflée devant l'hostilité des départements[2].

La question des compétences est évidemment cruciale. L'organisation des collectivités territoriales a longtemps reposé sur le vieux principe de la « compétence générale », selon lequel une collectivité a vocation à intervenir dans toutes les affaires d'intérêt local[3]. Les textes de 1983 ont tenté d'introduire une spécialisation des collectivités par domaine, les « blocs de compétence » : aux communes, l'urbanisme, les plans d'occupation des sols, les permis de construire, etc. ; aux départements, les dépenses de solidarité (aides sociales, santé) ; aux régions, le développement économique. Mais ce système se heurte à deux obstacles : tout d'abord, le principe d'autonomie de chaque collectivité, selon lequel un quelconque transfert de compétence ne peut autoriser une collectivité à exercer une tutelle sur une autre[4] ; ensuite, l'existence d'« enchevêtrements de compétences »[5], certains domaines relevant à la fois de l'État et de plusieurs collectivi-

1. Cité par J.-F. Chanet, *op. cit.*, p. 74. La déclaration de Pasqua date de 1998.

2. Dominique Voynet, ministre de l'Environnement et de l'Aménagement du territoire dans le gouvernement de Lionel Jospin, a fortement encouragé les « pays ». Ils ont été par la suite critiqués. Un arrêt de la création de nouveaux « pays » a même été récemment proposé.

3. Comme l'affirme l'al. 1er de l'art. 1er de la loi du 7 janvier 1983 : « Les communes, les départements et les régions règlent par leurs délibérations les affaires de leur compétence. »

4. Loi du 7 janvier 1983. « Aucune collectivité territoriale ne peut exercer une tutelle sur une autre » (art. 72 de la Constitution).

5. Jacques Baguenard, *La décentralisation*, Paris, PUF, 7e éd., 2006.

tés[1]. L'affirmation par la réforme constitutionnelle de 2003 du principe de subsidiarité (les collectivités assumeront les compétences « qui peuvent le mieux être mises en œuvre à leur échelon ») et de la notion de « collectivité chef de file » (c'est-à-dire chargée d'organiser l'exercice d'une compétence nécessitant le concours de plusieurs collectivités) est révélatrice des difficultés qui naissent de ce système institutionnel. Pourtant, celui-ci résiste : les propositions visant à la suppression de l'échelon départemental suscitent aussitôt de vives protestations. On mesure bien que l'affaire ne relève pas de la simple technique juridico-administrative : réseaux d'élus, syndicats d'intérêts, attachements identitaires se conjuguent pour repousser toute réforme considérée comme « technocratique »[2]. La contradiction entre les visées rationalisatrices et les aspirations locales, celles des élus, celles des intérêts du monde économique, celles des populations attachées à une certaine proximité, parfois à une identité, n'a pas été résolue par la décentralisation, bien au contraire.

3 – Les rapports entre l'État et les collectivités territoriales constituent bien un des problèmes majeurs de ces années. Il se pose d'un triple point de vue : le transfert des compétences, la possibilité de doter les collectivités d'un pouvoir réglementaire (dans l'exercice des compétences qui leur ont été dévolues), la mise en place de statuts territoriaux dérogatoires. Le premier problème ne se pose plus dans les mêmes termes que dans les années 1960. Il s'agissait alors de rationaliser l'administration d'État ; il s'agit aujourd'hui, dans un contexte de recul de l'État et de rétraction de la fonction publique en général, de transférer de nouveaux domaines aux collectivités locales, avec les

1. L'exemple le plus connu est le domaine de l'éducation : l'État conserve de larges prérogatives (notamment les programmes, le recrutement des enseignants, les diplômes, les horaires, etc.) ; les collectivités territoriales financent les locaux et gèrent certains personnels, des lycées pour la région, des collèges pour le département, des écoles pour les communes.

2. Une récente proposition visant à supprimer le numéro départemental des plaques d'immatriculation automobile, devenu parfois un signe identitaire (le « 93 », par exemple), a suscité un concert de protestations.

ressources et les agents chargés d'exécuter ces tâches. Là encore, le ralliement de la droite s'explique aisément : la large autonomie de gestion accordée aux régions s'accorde bien avec l'air du temps néolibéral. Ce transfert des compétences pose, on vient de le voir, le problème de leur accompagnement en ressources et en personnel. Ce dernier point soulève maintes difficultés, lors du passage d'agents publics de la fonction publique d'État à la fonction publique territoriale par crainte du déclassement ou peur de la « délocalisation ». Le transfert de ressources fiscales, par ailleurs, peut accentuer les écarts entre régions riches et régions pauvres. Il est donc prévu un dispositif de péréquation, assuré par l'État, destiné à remédier aux inégalités fiscales (en matière d'assiette comme en matière de charges) entre les territoires riches et les territoires pauvres.

Le second point, doter les régions d'un pouvoir réglementaire propre, a soulevé beaucoup de remous. Michel Debré, un des plus illustres représentants du jacobinisme rénové, avait déjà dénoncé en 1982 le péril que faisait courir à l'unité nationale l'apparition d'assemblées élues, susceptibles de légiférer. Et, de manière générale, l'attachement à l'unité législative de la nation (qui la fonde et qui participe de son essence même) est proclamé de façon unanime et correspond au sentiment profond de l'opinion publique. Si la loi constitutionnelle de 2003 introduit un « droit à l'expérimentation », qui permettrait aux collectivités territoriales de déroger aux dispositions légales ou réglementaires régissant l'exercice de leurs compétences, le texte prévoit que le recours à cette pratique serait assorti de multiples précautions : l'encadrement de ce droit par une loi organique ; l'habilitation législative préalable, qui préciserait l'objet et la durée de l'expérience ; la généralisation ultérieure à l'ensemble du territoire national, si l'expérience se révélait concluante[1].

La même prudence transparaît dans les mesures concernant les statuts dérogatoires accordés à certains territoires, la Corse et les

1. La loi constitutionnelle de 2003 exclut les cas où seraient mises « en cause les conditions essentielles d'exercice d'une liberté publique ou d'un droit constitutionnellement garanti ».

régions situées outre-mer (notamment la Guadeloupe, la Guyane, la Martinique, la Réunion). La première a connu une histoire agitée depuis une trentaine d'années. Les difficultés propres à un territoire insulaire, comme le particularisme culturel, ont favorisé la percée de mouvements indépendantistes qui ne reculaient pas devant l'action violente. La structure des institutions régionales est spécifique : la collectivité territoriale de Corse est administrée par une assemblée territoriale et par un conseil exécutif élu par l'assemblée, les deux fonctions de président de l'assemblée et de président du conseil exécutif étant dissociées. Les compétences sont plus larges que celles des autres régions. Les élus corses sont consultés sur toute mesure envisagée par le pouvoir national concernant la collectivité de Corse[1]. Dans les territoires d'outre-mer, les compétences sont également plus larges et les ressources fiscales plus spécifiques.

Considérons les deux points de vue envisagés au départ. La Ve République hérita du régime précédent la nécessité de procéder à une meilleure répartition des hommes et des richesses. Les technocrates gaullistes s'y employèrent et l'on a vu que cette politique ne fut pas sans résultats : le surgissement de métropoles régionales a modifié le rapport entre Paris et la capitale. Il était dès lors naturel que ces nouveaux centres dotés d'une vie économique et culturelle vivante deviennent des centres politiques. Les hommes qui ont réalisé la révolution décentralisatrice des années 1980 étaient avant tout de grands maires, même s'ils appartenaient à une formation passée du « jacobinisme » à une vision plus girondine. Dans la phase suivante, la plus grande autonomie de gestion accordée aux territoires a coïncidé avec la mise en place du nouvel ordre libéral, avec son efficacité, mais aussi ses périls. Sans doute, le bilan de l'action décentralisatrice donne-t-il

1. Les débats sur la Corse ont été intenses dans les années 1995-2003. Lionel Jospin, à l'issue de négociations menées en 1999-2000 (dites du « processus de Matignon »), avait envisagé de larges délégations de compétences réglementaires, voire législatives, ainsi que des dispositions rendant *de facto* l'apprentissage de la langue corse obligatoire dès l'école primaire. Le statut de 2002 n'est pas allé si loin. En 2003, par référendum, les habitants de l'île, en refusant la fusion des collectivités territoriales de l'île (par disparition des deux départements de la Corse), ont mis un coup d'arrêt aux réformes décentralisatrices.

parfois une impression d'« empilement ». Mais il serait erroné d'interpréter l'attachement à certaines structures comme un conservatisme endurci, rétif à tout changement. On a évoqué les multiples intérêts, parfaitement respectables, qui aspirent à leur maintien. L'amélioration démocratique était le deuxième objectif visé, grâce, disait-on, à la « proximité » des élus locaux, plus sensibles aux réalités du terrain. Sans doute, dans l'histoire de la décentralisation, voit-on apparaître, à côté des acteurs traditionnels, la bureaucratie d'État et les réseaux notabiliaires, de nouveaux venus, les « forces vives », émanation de la société civile, les acteurs associatifs, sociaux, économiques. Mais la mise en place du système électif régional et l'accroissement des compétences territoriales ont renforcé d'autres partenaires, les appareils partisans, confortés par la proportionnelle, et les bureaucraties nouvelles (territoriales) : un nouveau système politico-administratif s'est substitué à celui de l'État, sans le faire totalement disparaître. Il faut signaler toutefois les efforts entrepris pour susciter une démocratie locale plus vivante, comme la représentation des minorités dans les conseils municipaux ou le référendum local.

Reprenons les termes du problème posé au départ : jacobinisme et décentralisation. Il y a bien eu une révolution administrative. En ce domaine, la France de 2008 a vu ses structures profondément modifiées depuis cinquante ans. Mais il ne s'est pas produit la révolution politique qu'aurait représenté l'introduction du fédéralisme : on a évoqué les limites du droit d'expérimentation ; on a remarqué au passage la péréquation financière entre les territoires. Et c'est ici qu'il faut revenir au sens profond du mot jacobinisme : l'attachement à l'égalité devant la loi et la chose publique, sentiment que ressent l'immense majorité des citoyens de notre nation.

L'Europe ? L'Europe !

Christine Manigand

Après le « non » irlandais du 12 juin 2008 au traité de Lisbonne, qui a reposé le problème des rapports entre les citoyens et l'Europe, et à la suite de la présidence française de l'Union européenne, qui s'est achevée à la fin de l'année 2008, s'interroger sur les rapports entre la France de la Ve République et l'Europe, permet de cerner une partie des ambitions et des désillusions françaises depuis 1958.

Si l'on envisage un voyage dans cette France, afin de cerner les comportements face à l'Europe et à la construction européenne, force est de constater les à-coups de l'aventure européenne pour la France, les lignes de rupture traduisant successivement l'amour, puis le désamour. Tous les observateurs ont, à juste titre, souligné un comportement français à l'égard de l'Europe caractérisé par une forte dose d'hypocrisie, voire, à bien des égards, schizophrène ou cyclothymique[1]. Depuis toujours, les rapports entretenus entre la France et l'Europe ont été empreints d'ambiguïtés et d'ambivalence ; dans ce registre, la Ve République s'est inscrite dans le droit fil de la IVe République. Cette dernière avait été, en effet, ponctuée d'alternances de « oui » à la Communauté européenne du charbon et de l'acier (CECA) et au Marché commun en 1950 et en 1957, et de

1. Sur tous ces points, nous nous permettons de renvoyer à Anne Dulphy, Christine Manigand, *La France au risque de l'Europe*, Paris, Armand Colin, 2006 ; Thierry Chopin, *France-Europe. Le bal des hypocrites*, Paris, Fondation Saint-Simon, 2008 ; et l'article « France », dans Yves Bertoncini, Thierry Chopin, Anne Dulphy, Sylvain Kahn, Christine Manigand (dir.), *Dictionnaire critique de l'Union européenne*, Paris, Armand Colin, 2008.

« non » à la Communauté européenne de la défense (CED) en 1954, qui se sont répétés sous la Ve République. Pendant cette période, la France est passée du rôle de moteur et d'aiguillon de la construction européenne à celui de nation-frein. En 1958, elle a contre toute attente mis en place les traités de Rome, dans les années 1970 instauré le système monétaire européen (SME), puis le marché unique (en 1986) et même la monnaie unique en 2002 ; en revanche, si la France a été à l'origine de grandes avancées dans l'aventure européenne, elle s'est également signalée par des coups d'arrêt importants, comme les deux veto du général de Gaulle à l'entrée de la Grande-Bretagne dans la Communauté économique européenne (CEE), en 1963 et en 1967, le refus du vote majoritaire au Conseil des ministres qui entraîna la crise de la « chaise vide » en 1965, ou encore le rejet, le 29 mai 2005, du Traité constitutionnel européen. Ce « non » de 2005 a représenté probablement un tournant majeur dans ces rapports paradoxaux, mais, pour autant, et au-delà de ces secousses, un certain nombre d'invariants, tant dans la politique européenne que dans les finalités recherchées, ont parcouru l'ensemble de la période. De la fameuse réplique du général de Gaulle à Michel Droit, le 14 décembre 1965, sur « l'Europe, l'Europe, l'Europe », à l'affirmation par le président Sarkozy, au soir de son élection, que « la France est de retour en Europe », on saisit bien le rôle prééminent joué par les présidents de la République dans la politique européenne. Depuis 1958, comme l'écrit Thierry Chopin, « pas moins de cinq révisions constitutionnelles ont été directement liées à la construction européenne. Pourtant, les institutions françaises n'ont opéré qu'une adaptation de façade à l'intégration européenne : deux éléments, au moins, en témoignent : l'hypertrophie constante du pouvoir exécutif dans la gestion des "affaires européennes" en France, et d'une manière corrélative, la faiblesse du contrôle parlementaire sur ces questions » [1]. S'il ne s'agit plus d'un « domaine réservé » en raison de l'interpénétration de

1. Thierry Chopin, « La modernisation de la Ve République et les "Affaires européennes" : le parlementarisme rationalisé est-il eurocompatible ? », *Questions d'Europe*, nº 74, Fondation Robert Schuman, 8 octobre 2007.

la politique intérieure et de la politique extérieure, force est de constater que le domaine européen tarde à échapper à celui des affaires étrangères – le secrétaire d'État aux Affaires européennes n'est-il pas toujours rattaché au ministre des Affaires étrangères et européennes ? –, et que l'hypertrophie du pouvoir exécutif, en dépit d'inflexions très récentes, trouve là un terrain d'élection. Pendant toute la période, les chefs de l'État successifs ont tenu à imprimer leur marque dans le processus décisionnel en matière européenne et à garder la mainmise sur les rapports entre la France et les autres pays de l'Union européenne, s'inscrivant ainsi dans la lignée du général de Gaulle. Cette situation contraste bien évidemment avec celle de nombre de pays européens où le contrôle parlementaire dans les affaires européennes joue un rôle beaucoup plus important.

L'ambivalence du choix européen de la France tient au projet d'unification perçu, à la fois, comme un moyen de conserver ou de retrouver un rang, une grandeur passée, mais aussi comme une menace de voir se diluer l'identité française, en un mot dans le dilemme « comment faire l'Europe sans défaire la France » [1] ? Les présidents de la République ont, dans cette perspective, assigné à la construction européenne des objectifs de paix, de sécurité, mais aussi de rang à conserver ou à retrouver. La conviction a donc été forte chez eux, et au sein des élites diplomatiques et économiques[2], de se servir de la construction européenne comme d'un multiplicateur de puissance, d'un levier d'Archimède et de l'instrumentaliser, dans un discours aux tonalités universalistes, pour permettre à la France de garder une puissance à laquelle elle ne pouvait plus prétendre, en Europe ou dans le monde, afin de conjurer ainsi sa « hantise du déclin » [3]. Cette France vise alors à ce que Zbigniew

1. Tel est le titre de l'ouvrage de Gérard Bossuat (reprenant une formule de Georges Bidault), *Faire l'Europe sans défaire la France. 60 ans de politique d'unité européenne des gouvernements et des présidents de la République française (1943-2003)*, Bruxelles, Peter Lang, 2005.

2. Maurice Vaïsse, *La puissance ou l'influence ? La France dans le monde depuis 1958*, Paris, Fayard, p. 94-98.

3. Robert Frank, *La hantise du déclin. Le rang de la France en Europe 1920-1960*, Paris, Belin, 1994.

Brzezinski a qualifié de « réincarnation » française par l'Europe : « À travers la construction européenne, la France vise la réincarnation, l'Allemagne la rédemption [...]. L'Europe fournit à la France le moyen de renouer avec sa grandeur passée [...]. Et ce projet, puisqu'il doit être conduit depuis Paris, rendra à la France la grandeur qui selon ses citoyens, correspond à la destinée élective de la nation. »[1] À cette logique de projection nationale, il convient d'en ajouter une autre, pour expliquer les rapports tumultueux entre la France et l'Europe, celle d'une nouvelle manifestation de l'« exception française »[2], particulièrement visible dans les débats lors du dernier référendum de 2005.

En France, comme ailleurs, la confirmation de ce choix européen des élites n'a été confrontée que tardivement à la sanction du suffrage universel : en 1979, lors de la première élection du Parlement européen au suffrage universel – scrutin qui n'est pas parvenu jusqu'à aujourd'hui à se hisser au rang des élections de première importance, ni surtout à passionner les Français –, et lors de trois référendums, en avril 1972, septembre 1992 et mai 2005. Depuis une quinzaine d'années, l'heure est plutôt au désenchantement des Français : selon des données récentes d'*Eurobaromètre*[3], ils ne sont plus que 49 % à penser que l'appartenance de la France à l'Union européenne est « une bonne chose » et 51 % à estimer que leur pays en a retiré des bénéfices, ce qui place la France en dessous de la moyenne de l'UE – 27, située respectivement à 53 et 56 % !

1. Zbigniew Brzezinski, *Le grand échiquier*, Paris, Bayard Éditions, 1997, p. 91-92.
2. Thierry Chopin, *Le bal des hypocrites...*, *op. cit.*, p. 14.
3. *Eurobaromètre* 70, décembre 2008. Il faut souligner que ces résultats corroborent, tout en freinant la baisse, ceux du printemps 2008, *Eurobaromètre* 69, selon lesquels l'appartenance de la France à l'Union européenne n'était une « bonne chose » que pour 48 % des Français (soit une chute de 12 points après les hausses records de 2007) et révélant que pour 49 % des Français (soit une chute de 9 points) leur pays en avait retiré des bénéfices.

LA FRANCE *LEADER* « NATUREL » DE L'EUROPE ?

Dans les années 1950, la France occupait une position de choix parmi les 6 membres fondateurs de l'Europe communautaire et n'a cessé depuis de revendiquer pour elle une place de *primus inter pares*. La situation allait alors presque de soi, puisque seule la France, à la fin des années 1950, pouvait revendiquer un statut de *leader* par rapport à ses autres partenaires : les trois pays du Benelux ne pouvaient y prétendre en raison de leur poids démographique ou économique et l'Allemagne ou l'Italie étaient encore trop marquées par la Seconde Guerre mondiale. À partir de 1958 et du retour au pouvoir du général de Gaulle, si des concessions ont dû être consenties – le partage de certains pouvoirs au sein de la Communauté –, il n'en demeura pas moins que la France, selon des nuances, tenta toujours, sinon de dominer l'Europe communautaire, du moins d'y jouer un rôle prépondérant.

C'est bien dans cette perspective, inscrite dans sa politique de grandeur[1], et contre toute attente, que le général de Gaulle, à la suite de la IVe République, décida d'ancrer la France dans la construction européenne. Non seulement il ne revint pas sur les engagements pris antérieurement, mais il se rallia à un projet qu'il avait fortement combattu. Il s'agissait de réaliser deux ambitions : la première était d'adapter et de moderniser l'économie française afin de la rendre la plus compétitive possible par rapport à ses partenaires ; la seconde était de faire de cette petite Europe à 6 le cadre de son ambition politique continentale. Pendant cette période, la France, comme l'écrit Frédéric Charillon, « au moins autant par la personnalité de son chef d'État que par son statut de "puissance moyenne", s'affirma, ou plutôt se comporta comme le *leader* naturel de l'Europe communautaire, proposant de grandes initiatives lui étant favorables – l'établissement d'une politique agricole commune – ou bloquant celles ne lui conve-

1. Maurice Vaïsse, *La grandeur : la politique étrangère du général de Gaulle (1958-1969)*, Paris, Fayard, 1998.

nant pas – politique dite de la "chaise vide" »[1]. Il fallut donc toute la persuasion du général de Gaulle, notamment auprès du chancelier Adenauer, pour le convaincre du bien-fondé de l'établissement de la politique agricole commune (PAC), devant permettre à la France de moderniser son agriculture. Pour parvenir à une « Europe européenne » susceptible d'équilibrer les deux superpuissances, le chef de l'État tenta de convaincre ses partenaires de réaliser une organisation politique confédérant les États-nations et dégageant une entité intergouvernementale capable de définir sa propre politique militaire et diplomatique, ce qui fut l'objet des deux versions du plan Fouchet (octobre 1961, janvier 1962). Contraint d'y renoncer par certains de ses partenaires, qui repoussaient son opposition farouche à « une Europe sous domination américaine » et son refus de référence à l'Alliance atlantique, il envisagea très vite une réduction de cette politique. Le général de Gaulle se tourna alors vers un accord limité à deux, l'axe Paris-Bonn, à condition toutefois que la France restât le partenaire principal... Ce lien spécial entre la France et l'Allemagne, incarné par le général de Gaulle et le chancelier Adenauer agenouillés côte à côte dans la cathédrale de Reims en 1962, trouva son aboutissement dans la signature, en janvier 1963, du traité de l'Élysée. Consécutif au rejet du plan Fouchet, au refus unilatéral par la France de la candidature britannique au Marché commun, le traité scellait la réconciliation franco-allemande, mais laissait de nombreuses questions pendantes, notamment dans le domaine de la défense, qui isolaient en fait la France.

Georges Pompidou, Valéry Giscard d'Estaing et François Mitterrand ont continué de préconiser un confédéralisme européen, avec des nuances, toujours guidé par la France, mais le dosage entre stratégies de coopération et d'intégration a été différent et parsemé de temps d'arrêt et d'accélération. En dépit de ces variables, des fils rouges ont parcouru toutes ces années et même au-delà. Il s'agit tout d'abord de la préférence française pour l'approfondissement préa-

1. Frédéric Charillon, « La France dans l'Union européenne : une stratégie à redéfinir », *Questions internationales*, nº 7, mai-juin 2004.

lable à tout élargissement. Les débats liés à l'élargissement rendent bien compte des hésitations européennes de la France, tout comme, plus tard et dans cette lignée, sera réitéré le dessein d'Europe puissance qui se heurte à celui d'Europe espace. Des veto du général de Gaulle à l'adhésion du Royaume-Uni, puis aux réticences de François Mitterrand et de Jacques Chirac à l'arrivée des pays de l'Est, on perçoit bien que l'élargissement a été synonyme pour les intérêts français de risques. Ces risques ont été calculés à l'aune de la puissance française qui tendait évidemment, au fil des élargissements successifs, à se relativiser alors que géographiquement avec l'entrée des pays nordiques et des pays de l'Est, la France ne représentait plus le centre géographique et politique de cette Europe. Dès 1969, Georges Pompidou, plus pragmatique que son prédécesseur, pratiquant l'« ouverture dans la continuité » et dédramatisant les enjeux, accepta l'entrée dans la Communauté économique européenne de trois nouveaux pays (Danemark, Irlande, Royaume-Uni), alors que la candidature britannique avait été rejetée à deux reprises par le général de Gaulle. Ce dernier voyait bien sûr dans cette candidature l'arrivée d'un cheval de Troie américain, mais craignait aussi que Londres puisse devenir un contrepoids à l'influence de Paris. Le président Pompidou mit fin *de facto* avec cette adhésion à l'« Europe européenne », mais le Royaume-Uni, pendant de longues années, resta confiné à un rôle de marchandage sur les conditions financières de l'entrée du pays dans la Communauté économique européenne. Lors de la conférence de La Haye (décembre 1969), le président français afficha son attachement au triptyque suivant : « achèvement, approfondissement, élargissement » [1], même si, contrairement à ses intentions, l'élargissement progressa plus vite que l'extension des politiques communes, « au total, l'accord s'était réalisé sur le triptyque proposé par le gouvernement français, mais en modifiant l'ordre de ses termes : d'abord l'achèvement, ensuite parallèlement, l'approfondissement et l'élargis-

1. L'achèvement consistait dans le règlement définitif du Marché commun agricole, dans l'approfondissement par la relance de la construction communautaire et dans l'élargissement par l'ouverture aux pays candidats.

sement »[1]. À partir du septennat de Valéry Giscard d'Estaing, « centriste, libéral et européen », membre du Comité d'action pour les États-Unis d'Europe (CAEUE) de Jean Monnet, l'Europe devint une « priorité essentielle ». « Ce fil conducteur indispensable de son septennat » poursuivit ou plutôt renoua avec la voie du bilatéralisme franco-allemand, favorisé par des liens étroits entre le président Giscard d'Estaing et le chancelier Schmidt[2], puis entre le président Mitterrand et le chancelier Kohl, qui contrastaient fort avec la méfiance du président Pompidou face à l'*Ostpolitik* conduite par le chancelier Willy Brandt. De nombreuses initiatives politiques prises par le président Giscard d'Estaing et son ami Helmut Schmidt permirent un renforcement du rôle de Paris : on peut souligner tout d'abord, à partir du sommet de Paris, en décembre 1974, la tenue régulière et l'institutionnalisation des Conseils européens. Valéry Giscard d'Estaing rappelle[3] à ce propos que c'est lors de la dernière visite que lui a faite Jean Monnet à l'Élysée, que ce dernier affirma : « Le Conseil européen que vous avez institué, c'est la mesure la plus importante qui ait été prise pour l'Europe depuis la signature du traité de Rome. » La France accepta en contrepartie l'élection du Parlement européen au suffrage universel ; puis il convient de souligner, en 1979, la mise en vigueur du SME, mis au point en secret par Paris et Bonn, inquiets des réactions possibles, et présenté, ensuite, aux autres partenaires au Conseil européen de Brême, en juillet 1978. L'élargissement aux pays méditerranéens qui intervint pendant le premier mandat de François Mitterrand ne remit pas les équilibres en cause : si le président Giscard d'Estaing pesa de tout son poids pour l'entrée de la Grèce, c'est le président Mitterrand qui agit pour celles de l'Espagne et du Portugal en dépit des craintes affichées, notamment pour l'Espagne, par le parti – Rassemblement pour la République

1. Pierre Gerbet, *La construction de L'Europe*, Paris, Armand Colin, 2007, p. 254.
2. Il convient de consulter à cet égard Serge Berstein et Jean-François Sirinelli (dir.), *Valéry Giscard d'Estaing et l'Europe, 1974-1981*, Paris, Armand Colin, 2005.
3. Intervention de Valéry Giscard d'Estaing, dans S. Berstein et J.-F. Sirinelli, *Valéry Giscard d'Estaing...*, *op. cit.*, p. 141.

(RPR) – de Jacques Chirac. En 1983 et en 1984, le président Mitterrand, dont les convictions européennes étaient solidement ancrées, prit plusieurs décisions importantes ; outre l'encouragement à l'installation de missiles américains sur le sol allemand, il dut choisir entre des politiques économiques et financières de gauche et le maintien des engagements de la France envers la CEE. Il choisit la seconde voie, en mars 1983, sur les conseils de son Premier ministre Pierre Mauroy et de son ministre des Finances, Jacques Delors, comprenant qu'il fallait renoncer à une politique keynésienne incompatible avec celle de ses partenaires ; c'est donc à une politique de rigueur qu'il fut obligé de se résoudre afin de ne pas compromettre les politiques communautaires et pour demeurer ainsi dans la construction européenne. Ce tournant de 1983 eut des conséquences à terme puisqu'il a entraîné la mise en place de la monnaie unique et le régime de discipline budgétaire qui allait avec. Enfin, par le sommet de Fontainebleau de 1984, François Mitterrand « désembourba » l'Europe en trouvant une solution au lancinant conflit financier entre Margaret Thatcher et la CEE. Comme l'explique Stanley Hoffmann, celui qui se proclamait l'« Européen de France », ainsi que l'administration française, « étaient arrivés à la conclusion que l'Europe était l'avenir de la France et qu'il était moins intéressant, ou moins possible, d'avoir de la puissance dans le monde entier que d'exercer une influence sur une Communauté européenne dans laquelle la France disposait d'atouts majeurs et dont sa prospérité dépendait largement [...]. La lutte contre le déclin devint aussi importante que la construction d'une Europe dans laquelle les nations la composant devaient mettre en commun des parties de plus en plus larges de leur souveraineté » [1]. Sous l'impulsion du trio François Mitterrand, Helmut Kohl et Jacques Delors, nommé à la tête de la Commission en janvier 1985, de réelles avancées furent réalisées dont la plus notable fut la signature de l'Acte unique, mis en vigueur en janvier 1987 qui comportait, outre l'objectif d'un marché unifié, de vraies avancées institutionnelles.

1. Stanley Hoffmann, « Deux obsessions pour un siècle » (II), *Commentaire*, n° 106, été 2004, p. 365.

LE TEMPS DES INQUIÉTUDES : L'INÉVITABLE PARTAGE DU POUVOIR AVEC LES PARTENAIRES

Le second septennat mitterrandien fut marqué par des changements décisifs : les années 1989-1992 constituèrent des tournants fondamentaux où tous les équilibres semblaient remis en cause. L'effondrement de l'ordre de Yalta, la fin de la guerre froide et de la division de l'Europe représentaient pour la France des défis formidables. Avec la réunification de l'Allemagne et la candidature des pays de l'Est à entrer dans le club européen, la France avait soudain à traiter avec une Allemagne réunifiée pourvue d'une population et d'un appareil industriel beaucoup plus importants et avec une Europe dont le centre de gravité se déplaçait vers Berlin. En fait, l'après 1989 déstabilisa les certitudes des Français et ranima leurs inquiétudes, ce qui est aussi vrai au sein des élites inquiètes devant les changements de politique, que dans la population au sein de laquelle se lézarda le consensus permissif. Christian Lequesne analyse les difficultés devant ce changement d'échelle : « Dans cette Communauté à douze, nécessairement bornée par la division Est-Ouest, les gouvernements français trouvent un intérêt commun à construire un "bien commun" européen qui leur permet de maximiser assez bien leur intérêt national en imposant leurs vues à Bruxelles. La fin de la guerre froide marque une ère nouvelle de la construction européenne dans laquelle cette méthode ne pourra plus jamais être déployée de la même manière. C'est la raison pour laquelle 1989 représente pour les élites politiques et administratives, mais, plus généralement, pour les citoyens français, le début de doutes sérieux, pour ne pas dire de désillusions, sur ce qu'est devenue la construction européenne et sur l'influence que peut encore exercer leur pays sur sa formulation. » [1] Toutefois, face à toutes ces inquiétudes qui se ravivaient, le président Mitterrand choi-

1. Christian Lequesne, *La France dans la nouvelle Europe*, Paris, Les Presses de Sciences Po, 2008, p. 36-37.

sit finalement la continuité, c'est-à-dire un cadre européen renforcé. Si, pour lui, la priorité consistait à l'ancrage de l'Allemagne dans l'Europe grâce à la mise en place de l'Union économique et monétaire (UEM), on sait qu'il n'en allait pas de même pour le chancelier allemand ; finalement, le moteur franco-allemand fonctionna à nouveau puisque, dans une lettre commune, le 6 décembre 1990, adressée au président en exercice du Conseil européen, les deux hommes ont proposé d'accompagner le projet d'union économique et monétaire d'un projet parallèle d'union politique. Ce compromis déboucha sur une nouvelle Union européenne (UE) issue du traité de Maastricht, signé le 7 février 1992. Cette nouvelle phase fit surgir la douloureuse question chez les Français du déclin de leur pays en tant qu'acteur autonome et de l'inévitable partage du pouvoir avec ses partenaires. L'idée largement utilisée par les dirigeants français que l'Europe permettait à la France de renforcer ses positions et de servir son intérêt national commençait à perdre du terrain devant les réalités européennes et les restrictions budgétaires qu'elles imposaient.

Avec l'arrivée au pouvoir de Jacques Chirac, dont les convictions européennes étaient beaucoup plus contournées, force est de constater que la France n'avait plus les moyens d'imposer sa vision européenne à ses partenaires ; des débuts assez distendus avec le nouveau chancelier allemand Gerhard Schröder, l'arrivée au pouvoir de Tony Blair qui ne se contenta plus d'un rôle d'obstruction systématique, une longue période de cohabitation rendirent de plus en plus difficile la posture dominante de la France. Les données de cette nouvelle Europe alimentèrent les regrets de l'époque où la France était encore une grande puissance et la nostalgie de la « petite Europe ». Face à l'ouverture à l'Est de l'Union européenne, la politique française[1] a été marquée, dès 1990, par des réticences – plus vives sous le septennat de François Mitterrand –, qui ont forgé une image d'un pays sceptique face à l'élargissement, même si la tonalité changea à partir de 1993 et du retour de la droite au pouvoir. Avec Jacques Chirac,

1. Florence Deloche-Gaudez, « Les réactions de la France à l'élargissement à l'Est de l'Union européenne », *Notes et études documentaires*, mars 2000, n° 5108-5109.

un soutien plus explicite est apporté par la France à l'élargissement de l'Union européenne. La France resta toutefois déterminée à faire précéder l'élargissement de réformes institutionnelles nécessaires à la poursuite de l'intégration européenne, or la conférence intergouvernementale qui négocia le traité de Nice, en décembre 2000, ne répondit que très partiellement à cette ambition. Si les débats au Parlement français sur l'entrée des pays de l'Est en 2003, puis, en 2006, sur l'entrée de la Roumanie et de la Bulgarie ont été relativement pauvres sur les vrais enjeux de l'entrée des pays de l'Europe centrale et orientale, en revanche, la continuité d'une opinion française très réticente apparaît comme une constante : les attitudes françaises ont tranché par leur hostilité patente à l'élargissement aux pays de l'Est[1]. Euro-réaliste, le président Chirac permit à son pays de se qualifier pour la monnaie unique, mais cette européanisation de la politique française trouva vite ses limites. L'intervention militaire américaine en Irak, en avril 2003, dessina des lignes de fracture anciennes avec la Grande-Bretagne et provoqua de nouvelles tensions avec les pays de l'Est : le président Chirac les a vertement tancés, alimentant le reproche d'arrogance française, en déclarant, le 17 février 2003, « que ces pays ont été, je dirais à la fois, disons le mot, pas très bien élevés et un peu inconscients des dangers que comportait un trop rapide alignement sur la position américaine ». Dans ce contexte, comment ne pas analyser aussi le rejet du référendum du 29 mai 2005 sur le traité constitutionnel européen comme un révélateur des craintes économiques et sociales engendrées par le passage d'une Europe à 25 puis à 27 ? Comme l'écrit Thierry Chopin, ces attitudes montrent, entre autres, le « sentiment d'un affaiblissement du rôle que joue la France sur la scène européenne à mesure que l'Union s'élargit et d'une dilution progressive de l'influence française en Europe ; il est notable que ce facteur s'accompagne du développement d'interrogations identi-

1. Anne Dulphy, Christine Manigand, « L'opinion française face aux élargissements », dans Marie-Thérèse Bitsch, Wilfried Loth et Charles Barthel (dir.), *Cultures politiques, opinions publiques et intégration européenne*, Bruxelles, Bruylant, 2006, p. 126-145.

taires à l'égard du processus d'élargissement et de ses conséquences tant économiques, institutionnelles que stratégiques, interrogations qui mettent en jeu la question des frontières de l'Union et la possibilité même de futurs élargissements »[1].

C'est pourtant en partie la France qui débloqua l'Europe par le biais institutionnel puisque le président Nicolas Sarkozy, en compagnie de la chancelière Angela Merkel, œuvra pour un accord au Conseil européen de Lisbonne qui déboucha sur la signature du traité de Lisbonne, le 13 décembre 2007. Permettant de sortir de l'impasse institutionnelle, cet accord sera suffisant ou non pour offrir à la France des possibilités d'adaptation nécessaire pour combler le fossé existant entre certains traits de la culture politique française[2] et de la gouvernance européenne, et donner ainsi un poids plus important aux citoyens.

DU CONSENSUS PERMISSIF AU DÉSENCHANTEMENT

Jusqu'à la fin des années 1980, toutes les enquêtes d'opinion ont montré qu'une fraction de plus en plus importante de l'opinion française se signalait par son acquiescement face à l'unification européenne : si ce soutien rassemblait, en moyenne, dans les années 1950, 6 Français sur 10, il grimpait à près des trois quarts des personnes interrogées à la fin de la décennie 1970[3], pour atteindre plus de 8 Français sur 10, en 1989, sommet de cette courbe. Cette période dite du consensus permissif laissait *de facto* une large marge de manœuvre aux décideurs : elle était caractérisée par une approbation

1. Thierry Chopin, *Le bal des hypocrites...*, *op cit.*, p. 97.
2. Thierry Chopin, « La culture politique française face à l'Europe », *Les Policys Papers de la Fondation*, Fondation Robert Schuman, 17 octobre 2005, n° 6.
3. C'est à partir de 1973 que l'on peut disposer de la consultation des Eurobaromètres dont la création a correspondu à la volonté de la Commission de se doter d'un instrument de recherche continue sur les attitudes, opinions et comportements des populations de l'ensemble des pays membres.

forte mais divisée en deux courants (l'un activiste, l'autre suiviste), une faible opposition déclarée et un haut niveau d'indécision. Ce modèle correspondait-il à une véritable adhésion, à une indétermination ou encore à une totale indifférence ? Les différentes études[1] réalisées, notamment par des politistes, ont en réalité bien mis en valeur un soutien effectif qui relevait plus d'une adhésion formelle que d'un engagement sans réserve : ainsi au cours des années 1960[2], si l'on sait que 7 Français sur 10 se déclaraient partisans de l'unification européenne, il faut y ajouter que 2/3 d'entre eux disaient n'y penser jamais ou rarement, ce qui ne contredit pas l'adhésion assez générale, mais montre bien que l'Europe est une œuvre de raison, qui ne participe pas directement de l'univers mental des Français. Or, ce soutien s'est mué, à partir du début des années 1990, en un euroscepticisme croissant à la faveur d'une conjoncture économique défavorable qui a renforcé les peurs et les inquiétudes des Français à l'égard de l'Europe.

De ce fait, les différents référendums ont bien illustré ces sentiments fort ambivalents des Français. La première consultation eut lieu à l'initiative du président Georges Pompidou, pour faire admettre, en 1972, l'entrée de la Grande-Bretagne, de l'Irlande, du Danemark et de la Norvège dans la Communauté européenne. La consultation du 23 avril 1972 frappa les observateurs en raison du nombre important d'abstentions, de bulletins blancs ou nuls – sachant que le parti socialiste avait préconisé l'abstention, ce qui fut dénoncé par le président de la République comme « une mauvaise action » –, de la morosité de la campagne et de l'indifférence dont firent montre les Français. Le résultat fut analysé comme très décevant pour le pouvoir en place, sous forme d'un demi-échec (60 % de participants, le « oui » représentant 68 % des suffrages exprimés, mais seulement 36 % des électeurs inscrits) et influença, dans une proportion qui reste à déterminer, le

1. Signalons le modèle élaboré par Annick Percheron à partir d'enquêtes effectuées en 1989-1990, en fait applicable depuis les années 1950 : Annick Percheron, « Les Français et l'Europe, acquiescement de façade ou adhésion véritable » ?, *RFSP*, vol. 41, n° 3, juin 1991, p. 382-406.

2. *L'opinion des Français sur le Marché commun et l'unification européenne*, IFOP, 1968, p. 4.

changement de la donne gouvernementale et contribua, de près ou de loin, à la disgrâce du Premier ministre, Jacques Chaban-Delmas. Vingt ans après, lorsque le président François Mitterrand décida de soumettre à référendum le traité de Maastricht, les choses avaient bien changé : il s'en fallut de peu pour que le « non » l'emportât ! Cette fois, le taux de participation fut important (69,68 %), l'Europe avait investi le débat politique français, les enjeux s'étaient européanisés, mais les difficultés furent tout aussi grandes. Les attitudes se sont alors polarisées opposant les « pro » et les « anti-Maastricht » et mêlant des Français de droite et de gauche : ainsi se sont élevés, au nom de la défense de l'identité nationale, du refus de « détruire l'âme française », des souverainistes de gauche, comme Jean-Pierre Chevènement, ou de droite, comme Charles Pasqua et Philippe Seguin. Ces oppositions ont bien failli l'emporter (51,04 % de « oui ») et ont dessiné les logiques socioprofessionnelles à l'œuvre lorsqu'on analyse les attitudes face à l'Europe : l'europhilie est d'autant plus affirmée que l'on se trouve en présence de catégories sociales élevées et fortement éduquées. Le « non » à Maastricht a bien regroupé ces catégories populaires, ces catégories ne possédant pas ou peu de diplôme et de formation, des chômeurs, enfin tous ceux qui redoutaient les conséquences de la crise économique et disposaient de moins de capacité d'adaptation que d'autres. L'Union européenne est ainsi devenue le catalyseur de ces inquiétudes face à l'avenir, confortées en cela par les dirigeants français prompts à rejeter sur Bruxelles toutes les fautes et à en faire un bouc émissaire commode. Cette conjonction de mécontentements pouvait à la faveur d'un autre enjeu réapparaître : le « non » des Français (54,68 %) au référendum sur le Traité constitutionnel européen, le 29 mai 2005, est bien venu de loin. La mobilisation a été importante (69,34 % de participation), les débats passionnés et les questions économiques et sociales ont revêtu une vraie importance comme facteur du « non » [1]. Tous les sondages post-référendaires ont

1. Nous nous permettons de renvoyer à Anne Dulphy, Christine Manigand, « Le référendum du 29 mai 2005 », *Rivista di Studi politici Internazionali*, n° 289, année 2006, p. 22-41.

mis en valeur dans les raisons qui ont joué en faveur du « non », les craintes engendrées par les effets possibles sur l'emploi, la peur des délocalisations d'entreprises et, de façon plus générale, la peur de l'économie de marché : « La campagne référendaire permet de mettre ainsi le doigt sur un trait caractéristique de la France qui n'est pas tant la peur de la globalisation (beaucoup de sociétés, et l'américaine en premier lieu, ont peur des conséquences de la globalisation) que la présence d'un scepticisme beaucoup plus général à l'égard de l'économie de marché comme mode d'organisation de l'économie. »[1] Le camp des « nonistes » a amalgamé toutes ces inquiétudes que les partisans du « oui » n'ont guère combattues : progressivement, la campagne a mis en sourdine le « oui » libéral au profit de la glorification et de la défense du modèle social français ; Jacques Chirac lui-même n'hésita pas à défendre une Europe sociale se démarquant du modèle anglo-saxon et à dénoncer « un libéralisme aussi désastreux que le communisme »[2]. Une des originalités par rapport à Maastricht fut également que ce camp des « non » ne se présenta pas comme anti-européen, mais comme prétendant détenir des solutions pour une autre Europe, d'autres politiques communautaires, ce qui a durablement marqué les esprits des Français. Enfin, certains commentateurs[3] ont, à juste titre, souligné que toutes ces incriminations contre le libéralisme ont trouvé un terrain de choix en s'adossant à la peur des Français face aux risques d'une dilution géographique et politique. Il est évident qu'à ce moment-là les effets redoutés de la mondialisation et d'un élargissement infini ont pu se rejoindre...

Une fois encore, et de manière spectaculaire, le « non » au Traité constitutionnel européen du 29 mai 2005 en France avait révélé les contradictions identitaires entre le rapport français à l'État et à l'Union européenne et son incapacité à envisager l'Europe autrement

1. Christian Lequesne, *La France dans la nouvelle Europe...*, *op. cit.*, p. 103.

2. *Le Figaro*, 16 mars 2005.

3. Marcel Gauchet, René Rémond, « Comment l'Europe divise la France », *Le Débat*, n° 135, septembre-octobre 2005, p. 5.

que comme « une France en grand » sur laquelle on a souvent tenté de plaquer la réalité hexagonale. L'ambivalence demeure d'autant plus forte que, d'un côté, les Français ont fait de l'Europe leur horizon d'attente et que, de l'autre, cette Europe est aussi un vecteur d'inquiétudes tant les mutations ont secrété d'angoisses.

Bipolarisation

GILLES LE BÉGUEC

Les différentes transformations du système politique auxquelles on accole généralement l'étiquette de « bipolarisation » touchent, en réalité, à l'ensemble des bouleversements introduits par la Ve République des périodes gaullienne et pompidolienne. Il est donc hors de question de traiter ici de la totalité de ces phénomènes. On se contentera donc de présenter quelques éléments de réflexion portant, à la fois, sur l'identification de l'objet et sur les logiques à l'œuvre dans le développement du processus.

POUR UNE APPROCHE DE NATURE PROPREMENT HISTORIQUE ; PROBLÈMES D'IDENTIFICATION ET D'INTERPRÉTATION

Pour qui se propose de traiter des processus complexes d'émergence d'un système de partis structuré sur le mode bipolaire avec un regard d'historien, un certain nombre de problèmes d'interprétation se présentent immédiatement[1]. On en retiendra trois.

1. Il ne saurait être question de présenter ici un recensement, même sélectif, des travaux sur le sujet, tant la bibliographie est immense. On se reportera à un ouvrage très récent et traitant de nombreux points abordés ici : Gilles Richard et Jacqueline Sainclivier (dir.), *Les partis et la République : la recomposition du système partisan (1956-1967)*, Rennes, PUR, 2008.

Voir aussi la bibliographie établie par Éric Duhamel dans le n° 71 (juin 1998) du *Bulletin de l'Institut d'histoire du temps présent*, consacré aux « Français et la politique dans les années soixante ».

La première question, d'un ordre très général, est celle de l'appréciation de l'influence propre des changements survenus en 1958-1962, c'est-à-dire de l'instauration de nouvelles règles du jeu institutionnel et de l'irruption, totalement inattendue, d'une formation à vocation dominante (le mouvement gaulliste) sur la scène électorale et parlementaire. En d'autres termes, ces ruptures ont-elles plutôt joué comme des accélérateurs, au demeurant très puissants, ou plutôt comme des facteurs de déclenchement même du processus ? L'opinion commune penche généralement pour la seconde des deux interprétations. Mais il nous semble qu'un certain nombre de travaux récents portant sur les partis et les configurations politiques de la IVe République finissante oblige à porter davantage d'attention qu'on ne l'a fait, jusqu'ici, à l'autre aspect des choses. Les années 1954-1958 ont été marquées, en effet, dans un climat souvent de grande confusion, par au moins deux évolutions convergentes : la réactivation du vieux clivage droite-gauche, nettement perceptible, notamment, lors des élections législatives de janvier 1956 et du tout début de la législature 1956-1958, et la crise des formations de gouvernement placées au cœur du système. Dans le cas du Mouvement républicain populaire (MRP), il serait plus juste de parler d'un phénomène de rétrécissement continu des sphères d'influence et de l'installation d'un malaise aux deux ailes extrêmes du mouvement (pour faire vite, l'aile proche de Georges Bidault, sur la droite, et l'aile se reconnaissant plus ou moins dans la ligne incarnée par Robert Buron, sur la gauche)[1]. Dans le cas du parti radical, les dégâts provoqués par ce qu'on peut qualifier de véritable typhon sont aisément constatables dès la seconde moitié de l'année 1957[2].

1. Le mouvement « Rénovation démocratique » était un club de réflexion et d'action politique animé par de jeunes militants du MRP plutôt marqués à gauche et proches de Robert Buron. À la veille des événements de 1958, la direction du MRP envisageait de prendre des mesures disciplinaires à leur encontre. La crise terminale de la IVe République a relégué cette affaire au second plan et deux des dirigeants de Rénovation démocratique – André Davoust et le turbulent Bernard Lambert – sont entrés au Palais-Bourbon.

2. Sur les hésitations stratégiques du vieux parti de la place de Valois, on se reportera au travail de Frédéric Fogacci, « Le malheur des temps : la mouvance radicale de la

La deuxième question délicate est celle des datations. En clair, l'historien ne peut pas faire entièrement l'économie du choix entre deux chronologies.

1/ Une chronologie privilégiant la courte durée. Une telle option revient à considérer que tout s'est joué en dernière analyse à la fin de l'année 1962. Autrement dit, le pas décisif menant à la bipolarisation aurait été franchi, à l'insu souvent des acteurs eux-mêmes, du fait de la combinaison de deux événements : la décision prise par le général de Gaulle de recourir à la procédure prévue par l'article 11 de la Constitution (la procédure référendaire) pour obtenir l'approbation du projet visant à faire élire désormais le président de la République au suffrage universel direct et les propos tenus par Guy Mollet, secrétaire général de la Section française de l'Internationale ouvrière (SFIO), les 9 et 13 novembre de la même année, propos ayant valeur d'« appel à voter communiste au second tour en cas de duel entre un candidat communiste et un candidat gaulliste »[1].

2/ Une chronologie mettant davantage l'accent sur la moyenne durée, en repérant à la fois les temps forts (1962, mais également 1965-1967, 1972-1974, sans oublier la clarification qui s'est produite à l'occasion de la consultation municipale de 1977 et la liquidation, à de rares exceptions près, de la formule du « social centrisme » pratiqué à l'échelon local) et des périodes où l'histoire a semblé hésiter (l'année 1964-1965, avec les ambiguïtés de la candidature de Gaston Defferre et le tournant des années 1968-1969, au lendemain des « chocs » de mai et juin 1968).

Restent enfin les diverses interrogations touchant au problème de l'interprétation par excellence. Quelle part respective faut-il réserver,

Libération à la fin des années 1960 », doctorat en histoire, Paris IV, sous la direction de Jean-Pierre Chaline, novembre 2008. Nombreuses références bibliographiques.

1. Cf. la biographie de Guy Mollet publiée par François Lafon aux éditions Fayard en 2006, en particulier les p. 693-705. Pour le tournant des années 1960, voir le mémoire d'habilitation à diriger des recherches de Laurent Jalabert, « La restructuration de la gauche socialiste en France des lendemains de Mai 1968 au Congrès de Pau du parti socialiste de janvier 1975 », IEP-Paris, sous la direction de Jean-François Sirinelli, 2008. Bibliographie très complète.

notamment, d'une part aux explications de nature institutionnelle (les contraintes découlant du nouvel équilibre des pouvoirs, l'élection du chef de l'État au suffrage universel direct, le retour au scrutin uninominal majoritaire à deux tours pour l'élection des députés) et aux explications de nature plus proprement politique, c'est-à-dire à un ensemble de faits – la montée en puissance du mouvement gaulliste, la marche vers l'Union de la gauche, l'affaiblissement des formations centristes – qui sont à la fois causes et conséquences de la bipolarisation ? On se gardera bien de trancher ici d'une question aussi complexe. Mais on commettrait sans doute une erreur en sous-estimant l'importance de ces logiques d'essence politique. Après tout, le rapprochement entre le parti socialiste et le parti communiste ne s'inscrit-il pas dans une histoire de longue durée, qui n'est d'ailleurs pas propre au cas français ? Quant aux centres, il serait imprudent d'attribuer leur déclin aux seuls effets de l'adoption de règles du jeu censées les défavoriser. Ce « centrisme à géométrie variable » ne s'est-il pas plutôt bien tiré d'affaire de l'épreuve des élections municipales de 1965, en dépit de l'introduction du système majoritaire pour la désignation des conseillers municipaux dans les grandes villes[1] ? De même, le succès relatif de la candidature d'Alain Poher lors de la compétition présidentielle de 1969 n'a-t-il pas montré que la réforme de 1962 ne condamnait pas nécessairement le centre à l'impuissance ? En fin de compte, et au-delà des handicaps tout à fait réels représentés par les mécanismes institutionnels de la Ve République, la marginalisation progressive des formations d'inspiration centriste est liée à un phénomène d'usure profonde pour ne pas dire d'épuisement.

1. Sur ce point, on peut consulter le numéro du *Bulletin de l'Institut du temps présent* (numéro du premier semestre 2002) consacré à la seconde partie du dossier sur « Les Français et la politique dans les années soixante », numéro « à la mémoire d'Éric Duhamel ». Voir, en particulier, les communications de Gilles Le Béguec, « Le centrisme des notables » et de Gilles Richard, « Multipartisme et bipolarisation ».

FREINS ET CORRECTIFS

La marche vers la bipolarisation n'a pas été un long fleuve tranquille. En fait, le processus n'a jamais cessé d'être contesté et contrarié, c'est-à-dire à la fois freiné et corrigé, de manière spontanée ou de manière franchement délibérée. Et contrairement à ce que l'on croit trop souvent, les premières années de la Ve République n'ont pas eu le monopole ni des freins, ni des correctifs.

Dans l'idéal, il est légitime d'opérer une distinction entre ce qui relève plutôt d'une logique des freins et des obstacles, et ce qui relève davantage d'une logique des correctifs. Mais il saute aux yeux qu'une telle distinction ne saurait rendre compte des différents aspects d'une réalité essentiellement mouvante, les deux logiques n'étant ni totalement similaires, ni totalement dissemblables. Un excellent exemple est fourni, de ce point de vue, par l'histoire pleine de rebondissements des centrismes dits d'« opposition », le pluriel étant préférable ici au singulier[1]. Durant la période couvrant les années 1962-1974 – c'est-à-dire, en gros et en tout cas à partir de 1964-1965, la période Lecanuet –, l'obstacle majeur a été constitué par la persistance d'un

1. Sur ce qu'on propose d'appeler le centrisme « d'appellation contrôlée » – le MRP et le Centre démocrate essentiellement – on se reportera à la thèse de doctorat en histoire de Muriel Montero, « Le centrisme sous la Ve République, de 1962 à 1976. L'affirmation d'une force politique et la conquête du pouvoir : deux défis impossibles ? », université de Paris IV, sous la direction de Jean-Paul Brunet, 2003.

D'une façon générale, la grande difficulté rencontrée par les historiens qui ont travaillé sur la « famille » centriste sous la Ve République tient au fait qu'il y a deux approches possibles, potentiellement contradictoires : celle qui consiste à considérer comme « centristes » les groupements et les réseaux qui se définissent comme tels (ce qui revient à attribuer l'étiquette à de très larges secteurs de la droite non gaulliste, en particulier pour la période 1962-1969) et celle qui réserve l'appellation aux forces préoccupées d'échapper de façon durable à la logique d'opposition droite-gauche (le MRP et ses prolongements, une partie des radicaux). Pour ce qui nous concerne, il nous paraît très discutable de classer parmi les centristes des personnalités comme Édouard Frédéric-Dupont (tête de liste « centriste » dans les VIIe et VIIIe arrondissements de Paris aux élections municipales de 1965) ou Bertrand Motte (en dépit de son passage à la vice-présidence du Centre démocrate).

centrisme, très politique, disposant de puissants points d'appui dans les formations de gouvernement de la défunte IVe République et de leurs puissants relais dans le monde des élus locaux. À compter de l'élection présidentielle du printemps 1974 et de l'intégration du Centre démocrate de Jean Lecanuet et de la plupart de ses alliés dans la « nouvelle majorité » bâtie à l'occasion de la campagne victorieuse de Valéry Giscard d'Estaing, ce centrisme qualifié, à tort ou à raison, de résiduel a revêtu un caractère beaucoup plus ambigu. D'un côté, il est resté l'expression d'une nostalgie, en particulier dans une part non négligeable de l'ancien électorat démocrate-chrétien[1]. De l'autre, il a pris des formes nouvelles, et parfois des formes tout à fait inattendues. On se rappelle ainsi que certains politistes ont pu parler de « centrisme de substitution » à propos du vote écologiste de la seconde moitié des années 1970. De même, on ne sait pas encore aujourd'hui dans quelle catégorie ranger le courant d'opinion qui s'est cherché, davantage sans doute d'ailleurs qu'il ne s'est réellement trouvé, dans les discours tenus et la posture adoptée par Michel Jobert au cours des années 1974-1981. Enfin, la question se pose aujourd'hui avec une acuité évidente dans le cas du parcours de François Bayrou et de son MoDem. Formé dans le cadre idéologique et culturel de la famille démocrate-chrétienne, admirateur de Jean Lecanuet, François Bayrou peut être considéré comme un héritier en ligne directe de feu le Centre démocrate. Mais on aurait certainement tort de réduire cet objet encore mal identifié qu'est le MoDem à un simple avatar du centrisme nostalgique des années 1960, les sympathies dont il a bénéficié et dont il continue de bénéficier dans des milieux très divers témoignant, en effet, d'un sentiment plus diffus de lassitude à l'égard du schéma bipolaire et d'un désir de s'engager sur des chemins inexplorés. En d'autres termes, un correctif plutôt qu'un frein.

1. À de rares exceptions près – celle du département des Hautes-Pyrénées, par exemple, qui jouxte sa circonscription béarnaise – les meilleurs scores de François Bayrou lors des élections présidentielles de 2007 ont été obtenus dans des zones de forte influence du MRP. Mais la donne risque d'être changée par le nouveau style, sinon le nouveau positionnement, adopté par le MoDem.

Tout en faisant la part de l'arbitraire, on organisera néanmoins l'exposé autour de la distinction entre les freins et les correctifs.

Du côté des freins : la force du tropisme centriste

On tombera aisément d'accord sur le fait que la persistance d'un tropisme centriste a longtemps été le frein principal à la recomposition du système des forces politiques selon un schéma de type bipolaire. Jusqu'au reclassement des partis provoqué par la campagne présidentielle de Valéry Giscard d'Estaing, ce tropisme a pris le visage du centrisme d'opposition. La caractéristique essentielle de ce centrisme autoproclamé est qu'il a constamment débordé les frontières du centre *stricto sensu*, tel que pouvaient l'incarner, par exemple, la démocratie chrétienne ou la nébuleuse radicale. L'expression parfois utilisée de « centrisme à géométrie variable » rend assez bien compte de cette plasticité et des ambiguïtés qui ont été de pair. À côté des configurations purement centristes, il est facile de repérer, en effet, au moins deux autres configurations, d'une rentabilité électorale d'ailleurs très supérieure à la première :

— La configuration correspondant à ce que de nombreux politistes ont alors baptisé du terme de « socialo-centrisme », autrement dit, le maintien des anciennes formules d'alliance à l'échelon des municipalités entre les « centres » et les socialistes les plus réticents à l'égard de l'union de la gauche. On sait que ce socialo-centrisme a peu à peu cédé du terrain face aux progrès de ladite union de la gauche. Mais il faudra attendre la seconde moitié des années 1970 – avec, en particulier, l'échéance décisive des élections municipales de 1977 – pour que la page soit tournée, du moins pour l'essentiel ;

— La configuration à laquelle on peut accoler l'étiquette de « droite centriste », la formule reposant sur l'établissement de systèmes complexes de connivences politiques et de solidarités électorales entre les « centres » et la droite antigaulliste, y compris, dans le Midi méditerranéen, par exemple, avec une droite encore très marquée par l'opposition à la politique algérienne du général de Gaulle et les combats perdus des années 1960-1962.

Si l'on essaie de prendre la mesure du phénomène sur un plus long terme, le point important est que les deux grandes opérations d'élargissement de la majorité Ve République réalisées en 1969 et en 1974 n'ont pas mis un point final, contrairement à ce que les acteurs et les observateurs ont pu croire à un moment, à cette histoire pleine de surprises. De l'opération « Faure-Faure » (Edgar et Maurice) lancée dans l'improvisation à la veille des élections européennes de 1979, à la candidature de François Bayrou aux présidentielles de 2007 et à l'aventure du MoDem, en passant par les tentatives infructueuses d'Olivier Stirn et de son Union centriste et radicale de 1979-1981, il y a bien une trace, qu'il serait imprudent d'assimiler à la simple expression d'une nostalgie. Quelque puisse être l'avenir du MoDem, la dimension soudaine prise par l'entreprise de François Bayrou interdit de s'en tenir à cette unique grille d'analyse.

Du côté des correctifs : stratégies d'ouverture et montée des extrêmes

Indépendamment de ces résurgences d'un projet de type centriste, la dynamique de la bipolarisation a été accompagnée d'un certain nombre de correctifs. On se bornera à faire état des deux plus importants, qui sont d'ailleurs de nature totalement différente.

Le correctif répondant pleinement à la définition, autrement dit, le correctif apporté de façon consciente et délibérée est celui de la mise en œuvre des stratégies d'« ouverture ». Au-delà des aspects anecdotiques de l'affaire, il convient de souligner à ce propos : 1/ que tous les présidents de la République – à la quasi-exception de Jacques Chirac – ont pratiqué l'ouverture, à des degrés divers, sous des formes diverses et avec, selon toute vraisemblance, des intentions différentes [1] ; 2/ que cette

1. La principale exception étant ici celle des deux mandats de Jacques Chirac. Exception surprenante, dans la mesure où le chef de l'État élu en 1995 avait largement

pratique était dans les « gènes » de la Ve République, en raison à la fois des idéaux de rassemblement laissés en legs par le général de Gaulle et des logiques en action au sein d'un système largement organisé autour de la personne et des desseins du chef de l'État[1] ; 3/ que les modifications politiques induites par la mise en œuvre de ces stratégies ont été très loin de revêtir toujours la même ampleur. Schématiquement, on pourrait ainsi distinguer : la « grande » ouverture, façon 1969 ou 1974, qui débouche sur un élargissement effectif et durable de la majorité en place ; la « petite » ouverture, façon 1988, qui se réduit à des opérations « à la marge », consistant, pour l'essentiel, à rallier, à titre éventuellement provisoire, une poignée de personnalités appartenant au camp d'en face ; l'ouverture « virtuelle », restée, indépendamment des motivations de ses promoteurs, davantage dans le domaine des projets que dans celui des faits proprement dits. Mais il est clair que cette esquisse de typologie ne saurait rendre compte de la variété des situations, d'autant plus que, en matière d'ouverture, les conceptions du chef du gouvernement n'ont pas correspondu nécessairement à celles du chef de l'État.

Le second correctif a été celui de la montée du vote en faveur des formations extrêmes et, d'une façon plus générale, des forces d'inspiration contestataire. L'abondance de la littérature consacrée à ce vaste sujet nous dispense de procéder à de plus longs développements. On se bornera donc à rappeler qu'il a fallu attendre la décennie 1980-1990 pour que le vote en faveur des extrêmes devienne un réel élément de perturbation du système bipolaire, et que l'extrême droite en a été la première bénéficiaire, la montée du vote d'extrême gauche étant un phénomène beaucoup plus récent.

pratiqué l'ouverture dans son « fief » corrézien. À y regarder de plus près, on s'aperçoit que Jacques Chirac a tenté, comme ses prédécesseurs, de tendre la main à des personnalités de l'autre camp. Mais ces opérations, plus ou moins couronnées de succès, ont été plutôt menées en dehors de la sphère gouvernementale proprement dite.

1. On se contentera de rappeler à ce sujet que le premier gouvernement constitué par Michel Debré, au début de l'année 1959, comptait dans ses rangs un haut fonctionnaire, André Boulloche, très proche des milieux socialistes. On se souviendra également que Georges Pompidou tenta de convaincre Edgar Faure, revenu peu de temps auparavant au parti radical, de prendre en 1962 la tête d'un grand ministère de l'Éducation nationale.

DES PARALLÉLISMES IMPARFAITS : BIPOLARISATION, FAIT MAJORITAIRE ET ÉMERGENCE DE FORMATIONS POLITIQUES À VOCATION MAJORITAIRE

La recomposition du système des forces politiques en fonction d'un schéma de type bipolaire s'inscrit dans un ensemble de transformations plus ou moins parallèles, au premier rang desquelles l'installation de majorités parlementaires à peu près viables et cohérentes – le « fait majoritaire » cher aux politistes – et l'émergence de partis à vocation majoritaire, le mouvement gaulliste dans un premier temps, le parti socialiste dans un second temps. Ces transformations sont à la fois cause et conséquence de la bipolarisation. En saine logique, on serait toutefois en droit d'émettre l'hypothèse d'un déroulement du processus global allant du général au particulier, c'est-à-dire de considérer la bipolarisation – cause donc, plutôt que conséquence – comme porteuse d'une dynamique générant les autres transformations. Cette hypothèse d'une mutation première est loin d'être entièrement démentie par les faits, à la condition expresse, cependant, de privilégier le long terme sur le court terme et de regarder les choses d'un peu haut. Mais force est quand même de constater que la réalité concrète ne s'est pas toujours coulée dans le moule d'une telle logique abstraite.

Un examen un peu attentif de la chronologie fait en effet apparaître deux choses : 1/ la marche vers la bipolarisation et la réactivation du clivage droite-gauche ont plutôt suivi que précédé les autres transformations, en particulier, celle qui a conduit à l'émergence du premier parti à vocation majoritaire – l'Union pour la nouvelle République (UNR) – ; 2/ les différents processus à l'œuvre dans la genèse d'un nouveau système des forces politiques ont obéi à des logiques incontestablement convergentes, mais néanmoins différentes, la différence pouvant même aller parfois jusqu'à la contradiction.

On développera rapidement ces deux points, en essayant de s'en tenir au plus près de la chronologie. Ces précisions et les réflexions qu'elles inspirent feront office de conclusion à l'ensemble de la présente communication.

À la grande surprise des acteurs et des observateurs, et en dépit du niveau assez moyen du score obtenu en termes de suffrages, les élections législatives de l'automne 1958 ont installé au cœur du paysage politique une formation – l'UNR, fondée quelques semaines plus tôt – jouissant d'emblée d'une position dominante dans son propre camp[1]. Dans la perspective proprement historique choisie ici, le spectacle de ce bouleversement – car l'avenir devait bien montrer qu'il s'agissait d'un bouleversement majeur – appelle deux remarques. En premier lieu, il n'a pas été alors réellement question d'une quelconque réactivation du clivage droite-gauche, l'issue de la crise de mai-juin 1958 et le rôle joué par les dirigeants socialistes dans l'établissement de la Ve République ayant eu plutôt pour effet d'annuler les timides évolutions observées depuis 1954-1956. En second lieu, l'émergence d'un parti destiné à devenir très vite un parti à vocation majoritaire n'est pas liée, à ce stade du processus, à l'apparition de ce qu'on désignera un peu plus tard du nom de « fait majoritaire ». Il y a bien eu, au moins jusqu'au tournant du printemps et de l'été 1962, une majorité servant de point d'appui parlementaire aux gouvernements dirigés par Michel Debré et Georges Pompidou. Mais cette majorité a souvent été une majorité réticente, contrainte en raison des mécanismes introduits par la nouvelle règle constitutionnelle et finalement aléatoire, les trois caractères allant en s'accentuant au fil des années. Au terme de la première législature de la Ve république, il n'y a d'ailleurs plus eu de majorité du tout.

Les élections de l'automne 1962 ont été placées en revanche sous le signe de la clarification. Contrairement à ce qui s'était passé en 1958, les trois processus évoqués plus haut – en l'occurrence, l'affirmation d'un parti à vocation majoritaire (l'UNR-l'Union démocratique

1. La question a été entièrement renouvelée par le gros travail de thèse de Jérôme Pozzi, « Les mouvements gaullistes de 1958 à 1976 : la diversité d'une famille politique, réseaux, cultures et conflits », université de Nancy II, sous la direction de Jean El Gammal, décembre 2008.

du travail [UDT]) –, la constitution d'une majorité solide organisée autour de ce pôle dominant et les premières manifestations tangibles d'un rapprochement électoral entre les grandes formations de gauche – ont marqué des points de façon parallèle. Mais il faut quand même prendre acte de l'existence d'un fort contraste entre des évolutions relevant désormais du domaine des acquis (les évolutions numéro 1 et numéro 2) et une évolution demeurée encore en pointillé. En dépit des pertes subies et de l'effondrement du Centre national des indépendants et paysans, les centres conservaient une marge de manœuvre non négligeable, ce dont témoigneront, trois ans plus tard, les différentes victoires remportées à l'occasion des élections municipales. Surtout, les partis de gauche avaient adopté, chacun à leur manière, des lignes de conduite inspirées davantage par des considérations d'ordre tactique que par une vision stratégique digne de ce nom. Les radicaux avaient joué à peu près sur tous les tableaux, parvenant ainsi à compenser leur nouveau recul en matière de suffrages recueillis par un gain appréciable en matière de sièges. La direction de la SFIO avait changé de pied entre les deux tours de scrutin, acceptant, non sans réticences, d'être partie prenante de la coalition dite du « cartel des non », tardive résurgence de la « Troisième Force » des années 1947-1951, au premier tour de scrutin avant de faire le choix, avec beaucoup de réserves et de façon un peu oblique, d'une solution de rechange débouchant sur les accords de désistement SFIO-Parti communiste français (PCF). Quant au PCF lui-même, son attitude n'avait pas toujours été exempte d'ambiguïté. Tout en posant un certain nombre de jalons sur le chemin qui devait conduire à l'union de la gauche, le parti de Maurice Thorez n'avait-il pas, en effet, au nom de la lutte contre le « pouvoir personnel », facilité l'élection au scrutin de ballottage des candidats radicaux ou radicalisants de tendance nettement centriste, et même de quelques personnalités portant les couleurs du Centre national des indépendants[1] ! On sait enfin qu'il

1. Franck Cazenave et Aymar Achille-Fould en Gironde, par exemple. Le cas du chanoine Kir, chaud partisan de la politique de bonne entente avec l'Union soviétique, est un peu particulier.

faudra attendre les échéances électorales de 1965 (la consultation présidentielle) et de 1967 (les élections législatives) pour que la dynamique de l'Union de la gauche, et par voie de conséquence celle de la bipolarisation, soit définitivement enclenchée.

Ces clarifications successives n'ont pas empêché que la contradiction soit éventuellement au rendez-vous. Au lendemain des élections législatives de l'automne 1962, Georges Pompidou avait déjà estimé que son autorité de Premier ministre n'avait rien à gagner à la constitution d'un groupe unique de la majorité (groupe unique qui aurait pu ouvrir la voie à un parti unique) et que mieux valait donc laisser subsister un groupe d'inspiration modérée – les Républicains indépendants de Valéry Giscard d'Estaing et Raymond Mondon – aux côtés du mastodonte UNR-UDT. Durant la période 1977-1981, le refus opposé par le Rassemblement pour la République (RPR) de Jacques Chirac à toute tentative, réelle ou supposée, de remettre en cause son statut de parti dominant au sein de la majorité a fini par miner ladite majorité de l'intérieur, contribuant ainsi, pour une large part, aux défaites électorales du printemps 1981. Plus récemment, l'unification à marche forcée des droites de gouvernement au sein de l'Union pour un mouvement populaire (UMP) a provoqué le raidissement de l'Union pour la démocratie française (UDF) « maintenue » de François Bayrou et encouragé celui-ci à rompre progressivement avec ses anciens partenaires. Quant au parti socialiste, on sait à quel point l'hégémonie qu'il exerce sur l'ensemble de la gauche entraîne irritations et frustrations, fragilisant du même coup, notamment au niveau électoral, les majorités de gauche.

Troisième partie

Des lignes qui bougent

Le lent déclin du communisme

MARC LAZAR

Signe des temps : le sujet du lent déclin du communisme, que les organisateurs du colloque m'ont proposé de traiter, semble s'imposer désormais comme une évidence, pire, un lieu commun, à l'occasion du Cinquantième anniversaire de la fondation de la Ve République. Pour le Parti communiste français (PCF), l'un des plus vieux partis politiques désormais en France, les Républiques se succèdent mais ne se ressemblent pas. La IIIe fut à la fois heureuse et infortunée. Elle vit sa naissance, ses premiers pas incertains, hésitants, risqués, réprimés aussi, mais aussi sa subite croissance à partir du milieu des années 1930 : si, jusqu'à ce moment-là, le PCF s'en méfiait en permanence et la combattait fermement, il s'y love soudainement mais pour un court moment puisque, le 26 septembre 1939, le gouvernement d'Édouard Daladier le dissout et le condamne à la clandestinité suite à son approbation du pacte germano-soviétique. La IVe fut celle de sa grande prospérité dans la lignée de la Résistance et de la Libération, le PCF étant alors le premier parti en France. À partir de l'été 1947, il critiqua fréquemment ses dysfonctionnements et son éloignement, à son avis du moins, de ses grandes valeurs fondatrices. Mais cela ne l'empêcha pas, à diverses reprises, de voler à son secours pour la défendre contre des menaces supposées ou réelles : car, à tout prendre, cette République mal aimée lui assurait une sorte de rente de situation parce qu'elle était un régime d'Assemblée parlementaire et que le mode de scrutin en vigueur était la proportionnelle. 1958 représente donc pour lui un sévère revers. Et, en effet, la Ve fut et est malheureuse, synonyme justement d'un net déclin. Qui d'ailleurs aurait pu imaginer au moment de son instauration, lorsque le PCF était le premier parti politique, le principal opposant au retour au pouvoir du général de Gaulle et à son projet de Constitution, qu'un demi-siècle plus tard, en 2007, il n'aurait obtenu que 1,9 % à l'élection présidentielle (sa candidate, Marie-George Buffet étant dépassée, humiliation suprême, par un candidat trotskiste) et 4,4 % aux législatives ?

Le dévissement du PCF a quelque chose de spectaculaire et de vertigineux qui suscite d'emblée une réflexion plus large mais requiert aussi une grande prudence analytique. Il nous rappelle que les partis politiques sont des organismes vivants et donc mortels. Faute de pouvoir reprendre ici la longue discussion sur leur définition, contentons-nous de rappeler qu'ils sont le plus fréquemment, surtout en France, des constructions assez fragiles, constituées de plusieurs éléments : un ensemble de références idéologiques ou de valeurs plus ou moins nettement définies ; une organisation aux structures permanentes dont la solidité et la rigidité sont très variables ; une stratégie adaptée aux institutions en place et aux modes de scrutin en vigueur ; un projet en syntonie avec les aspirations et les intérêts de groupes sociaux bien délimités ou, à l'inverse, de vastes segments de la population ; enfin, un dirigeant apte à rassembler les membres du parti, à incarner l'organisation et à s'adresser aux électeurs. Si toutes ces données sont en phase, le parti prospère ; si elles viennent à se dissocier, se profile le spectre de la déchéance, voire de la mort. Mais un parti ne s'appréhende jamais isolément : il n'est qu'un élément d'un contexte politique, social, voire culturel plus large.

À cet égard, il faut prendre la mesure de ce qui se joue en politique avec la Ve République. La personnalité de De Gaulle, l'originalité du gaullisme, les nouvelles institutions approuvées par référendum en septembre 1958, le scrutin majoritaire uninominal à deux tours et l'élection du président de la République instaurée en 1962 ont complètement changé la donne politique[1]. Quant à la

1. Dans une vaste littérature, voir les deux ouvrages récents des historiens Mathias Bernard, *Histoire politique de la Ve République. De 1958 à nos jours*, Paris, Armand

société française, on y reviendra, elle s'est profondément transformée durant la même période tant dans ses réalités sociologiques que dans ses valeurs, sa façon de se représenter, de s'organiser ou de s'instituer. Un pareil changement d'environnement a favorisé l'apparition de nouveaux courants de force inégale : le gaullisme – on l'a mentionné – qui, certes, existait depuis les années 1940 mais qui se structure véritablement et durablement à partir de 1958 tout en prenant par la suite divers aspects jusqu'à l'actuelle Union pour un mouvement populaire (UMP), ou encore, à partir des années 1970, les Verts. Il a permis aussi la résurgence de familles politiques qui semblaient parfois en voie de disparition mais ont su se rénover : les socialistes, épuisés du temps de la Section française de l'Internationale ouvrière (SFIO) de Guy Mollet et donnés pour quasi morts par nombre de commentateurs aux lendemains du cinglant échec de la candidature Defferre en 1969, se relancent avec Alain Savary puis, à partir de 1971, avec François Mitterrand ; l'extrême droite qui, aux débuts de la Ve République, semblait marginalisée et avait en outre subi un sévère échec consécutif à la fin de la guerre d'Algérie, revient en force avec le Front national de Jean-Marie Le Pen à partir de 1984 et perturbe le jeu politique durant presque vingt ans ; aujourd'hui, l'extrême gauche qui connaît un retour de flamme après sa traversée du désert de la fin des années 1970 jusqu'à la fin des années 1990 et bénéficie de l'effet entraînant de son animateur, Olivier Besancenot. Mais la Ve République est aussi un cimetière de partis et de familles politiques. Certains d'entre eux se sont révélés incapables de s'adapter. Ainsi, les modérés ont eu le plus grand mal à se situer dans la progressive bipolarisation induite par le nouveau mode de scrutin, leur projet a semblé dépassé et ils se sont abîmés dans des rivalités de personnes. Le parti radical, qui avait dominé la IIIe République, a

Colin, 2008 et Jean-François Sirinelli, *La Ve République*, Paris, PUF, coll. « Que sais-je ? », 2008. Voir aussi, dans deux perspectives différentes, Jean-Marie Donegani et Marc Sadoun, *La Ve République. Naissance et mort*, Paris, Calmann-Lévy, 1998 et Dominique Chagnollaud, Jean-Louis Quermonne, *La Ve République*, Paris, Flammarion Champs, 2000, 4 volumes.

poursuivi sa longue agonie commencée aux lendemains de la Seconde Guerre mondiale. Les démocrates-chrétiens du Mouvement républicain populaire (MRP) ne se sont pas relevés de leur crise amorcée sous la IVe République et, à l'instar du reste des centristes, ont été contraints de résoudre le dilemme stratégique de leurs alliances qui se pose encore aujourd'hui au MoDem de François Bayrou. Cependant, la régression sans doute la plus décisive est, à l'évidence, celle du PCF car elle frappe, répétons-le, celui qui, en 1958, était le plus important des partis politiques, qui disposait de la plus solide des organisations et qui apparaissait comme le plus profondément installé au cœur de la réalité sociale. Par conséquent, cette dégénérescence doit être analysée en tenant compte du bouleversement de l'ensemble des partis politiques tout en saisissant sa spécificité.

Par ailleurs, et c'est l'un des éléments cruciaux de cette courte contribution, il faut se garder de céder à la tentation d'une reconstitution rétrospective, rapide et linéaire, de ce qui serait la parabole irrésistiblement déclinante du PCF sous la Ve République, évoquant la chronique annoncée de l'agonie communiste en France ou encore suggérant un destin inéluctable pour ce parti. Or, il n'y avait absolument rien d'écrit à l'avance. Il faut donc reconstituer, aussi précisément que possible, les étapes de cette histoire qui lie la Ve République et le sort du PCF. Pour ce faire, pour cet ouvrage intitulé *Comprendre la Ve République 1958-2008*, il s'avère nécessaire de distinguer trois niveaux d'analyse. D'une part, le rapport du PCF avec les institutions de la Ve République ; de l'autre, la place, le rôle et les fonctions de ce parti par rapport au système partisan ; enfin, la culture politique communiste et ses rapports avec une société française en mutations. Ainsi que les maîtres d'ouvrage nous l'ont demandé, ces trois niveaux d'analyse seront appréhendés d'une manière générale et problématique.

LE PCF ET LES INSTITUTIONS : OPPOSITION, ADAPTATION PUIS RETOUR À L'OPPOSITION

L'opposition intransigeante (1958)

Durant la crise du mois de mai 1958, le PCF cherche à tout faire pour empêcher le retour du général de Gaulle au pouvoir qu'il condamne avec la plus grande fermeté. Il retrouve ainsi sur son chemin l'homme avec lequel il forme, depuis son fameux appel du 18 juin, un couple d'« ennemis complémentaires » et de « partenaires antagonistes », selon la formule de René Rémond, qui dialoguent et s'affrontent continûment[1]. Au cours de ces journées de printemps, le PCF, comme d'autres forces de gauche, croit voir se concrétiser les risques de dictature, de fascisme et de guerre civile dont il s'alarmait depuis de long mois. Il stigmatise donc le gaullisme en l'associant au fascisme. Mais le recours à pareil argumentaire sert davantage à mobiliser les « masses » en jouant de la corde sensible de l'antifascisme que d'une caractérisation définitive du nouveau régime à propos de laquelle la direction du PCF hésite et même se divise[2]. Le PCF se lance dans la bataille du référendum et croit même, vers le mois d'août et jusqu'en septembre, réussir, si ce n'est à faire vaincre le « non », en tout cas, à limiter la casse. En atteste, par exemple, le relevé de décision du Bureau politique du 21 août 1958 qui énonce l'instruction suivante : « Expliquer que si les républicains l'emporte [*sic*] lors du référendum, on ne reviendra pas à la politique du passé, mais que cela créera des conditions favorables pour aller de l'avant, et compte tenu que l'Assemblée nationale actuelle s'est disqualifiée en abdiquant ses pouvoirs, il y aura lieu de procéder à l'élection d'une Assemblée

1. René Rémond, « Préface », dans Stéphane Courtois, Marc Lazar (dir.), *50 ans d'une passion française. De Gaulle et les communistes*, Paris, Balland, 1991, p. 17.

2. Voir, entre autres, sur ce sujet : Olivier Duhamel, *La gauche et la Ve République*, Paris, PUF, 1980, p. 85-90 ; S. Courtois, M. Lazar (dir.), *op. cit.* et Stéphane Courtois, Marc Lazar, *Histoire du Parti communiste français*, Paris, PUF, 2000, p. 319-324.

constituante. »[1] Après le référendum sur la Constitution du 28 septembre 1958, dont l'ampleur du résultat favorable étonne la direction du PCF[2], et les législatives de novembre où il perd plus de 1 600 000 voix, le Parti communiste fustige la politique intérieure de De Gaulle tout en s'inquiétant de la séduction qu'il exerce sur les milieux populaires.

L'adaptation

Une opposition raisonnée à de Gaulle, président de la République (1958-1969)

Dans le même temps, le PCF s'adapte et vite, ce qui montre sa capacité de manœuvre. Car ce parti, et c'est l'une de ses particularités essentielles, n'appartient pas qu'à la vie politique nationale mais également au Mouvement communiste international. Sa direction est donc, en permanence, obligée de tenir compte de cette double insertion dans deux grandes réalités qui peuvent s'agencer harmonieusement, diverger complètement (et, en ce cas, le choix de la direction a presque toujours été l'alignement sur les intérêts soviétiques) ou entrer en contradiction jetant le parti dans une zone de turbulences. La direction communiste, parfaitement consciente des enjeux, ménage le général de Gaulle pour son action internationale très appréciée par les Soviétiques et les pays de l'Est européen, ce qui instaure du coup un triangle de forces très complexes et tendues avec trois sommets : l'URSS, le PCF et de Gaulle. En revanche, en politique intérieure, elle combat le général de Gaulle résolument, tout en faisant attention à ne pas se lancer à l'aveugle dans le renversement des équilibres stratégiques fondamentaux. La voie est étroite et place fréquemment le PCF dans une situation inconfortable.

1. Relevé de décision du Bureau politique, 21 août 1968. *Archives du PCF.*
2. Cela apparaît bien dans les discussions du Comité central des 3 et 4 octobre 1958, cf. *Archives du PCF.*

En France, où à partir des années 1960, il sera accusé dans ses rangs, notamment dans son organisation de jeunesse, et sur son flanc gauche par des petits groupes de l'extrême gauche, de ne pas faire une opposition assez résolue. Mais il se heurte aussi aux partis frères qui, dans les rencontres au sommet, vantent les mérites de De Gaulle, obligeant les dirigeants français à rappeler leurs vives critiques contre la politique à leurs yeux « antipopulaire » que mène celui-ci et les incitant à maintenir une analyse marxiste de la situation de la France[1]. Le secrétariat de Waldeck Rochet, de 1964 à 1969, introduit toutefois une rupture, puisqu'il cherche à construire une véritable alternative politique avec la gauche, ce qui, précisément, suscite certaines tensions avec Moscou puisqu'une éventuelle victoire de ce camp aurait sans doute eu de fortes conséquences politiques nationales et internationales[2]. Au total, entre 1958 et 1969, date où le général de Gaulle quitte le pouvoir, s'est instauré « un système d'agression réciproque contrôlée », selon l'expression d'Annie Kriegel, entre le chef de l'État et le PCF, alors principal parti d'opposition, que n'entament que superficiellement la guerre d'Algérie et même, de ce point de vue, la crise de Mai 1968[3].

L'adaptation aux institutions de la Ve République (1958-2000)

Toutefois, la Ve République ne se limite pas à la personnalité de son fondateur. Le PCF doit se situer par rapport aux institutions que celui-ci a mises en place et qui survivent à sa démission tout en se modifiant. En mai 1958, le PCF, on l'a dit, appelle à la mobilisation contre la « dictature militaire et fasciste ». Il nuance un peu son argumentaire dès le mois de juin mais condamne en septembre la nouvelle

1. Ainsi en va-t-il lors des rencontres régulières entre les dirigeants du PCF et du Parti hongrois. Je remercie Sarolta Klenjansky qui prépare une thèse sur « La Hongrie communiste et la gauche française de 1945 à 1981 » d'avoir attiré mon attention sur ce point qu'elle a repéré dans les archives hongroises.

2. Jean Vigreux, *Waldeck Rochet. Une biographie politique*, Paris, La Dispute, 2000.

3. Annie Kriegel, « Le Parti communiste français et la Ve République », dans Annie Kriegel, *Communismes au miroir français. Temps, cultures et sociétés en France devant le communisme*, Paris, Gallimard, 1974, p. 235.

Constitution qui crée, selon lui, un régime présidentiel « orienté vers la dictature personnelle et ouvrant la voie au fascisme ». Il parle aussi de régime « plébiscitaire » et « bonapartiste », adjectifs qui suscitent des discussions dans ses rangs. Par la suite, bien qu'à plusieurs reprises il évoque les risques de dictature ou de pouvoir absolu, le PCF est plutôt enclin à parler d'un « pouvoir personnel ». Ses hésitations reflètent son dilemme fondamental lié à sa double appartenance systémique, le système communiste mondial et le système politique français. D'un côté, il approuve, au final, le règlement de la question algérienne par le général de Gaulle et sa diplomatie ouverte à l'URSS et critique des États-Unis. De l'autre, il s'oppose aux nouvelles institutions comme à l'élection au suffrage universel du président de la République établie en 1962. Cela l'amène à rejeter, en théorie, les institutions en exigeant la convocation d'une Assemblée constituante qui serait appelée à rédiger un nouveau texte ; en pratique, de manière très pragmatique, il s'adapte à elles. La preuve en est administrée par son soutien à la candidature unique de François Mitterrand à la présidentielle de 1965. En 1969, il présente à cette élection Jacques Duclos qui, au terme d'une excellente campagne, obtient 21,3 % des suffrages exprimés. En 1974, il se rallie à la candidature de François Mitterrand. Or la campagne de celui-ci aurait pu être victorieuse et le PCF y a d'ailleurs jeté toutes ses forces, déclarant au passage « inopportune » et « regrettable » la visite que rendit l'ambassadeur soviétique entre les deux tours à Valéry Giscard d'Estaing… À cette occasion, le PCF délivre un message clair : il cherche à gagner les élections dans le cadre des institutions, y compris au terme d'une présidentielle qui serait remportée par le candidat de la gauche, quitte à étaler au grand jour sa divergence avec Moscou. Pourtant, la direction du PCF ne s'est pas totalement ralliée à la Ve République. Elle demande des réformes assez substantielles, en particulier, une limitation des pouvoirs du président de la République, sans remettre en cause son élection par le peuple, un accroissement du pouvoir du Parlement et une modification du mode de scrutin avec un retour à la proportionnelle.

Retour à l'opposition depuis le début des années 2000

Les désastres enregistrés par le PCF aux élections présidentielles à partir de 1981 (il passe de 15,3 % pour Georges Marchais au premier tour à 1,9 % pour Marie-George Buffet en 2007), le bilan critique qu'il dresse de sa participation à des gouvernements de gauche entre 1981 et 1984 puis surtout entre 1997 et 2002 (jamais le PCF n'était resté aussi longtemps dans un gouvernement), l'amènent à plaider de nouveau pour une profonde réforme des institutions. Il s'oppose à l'instauration du quinquennat et à l'inversion du calendrier qui met l'élection présidentielle avant les législatives. Davantage, le PCF en vient à se prononcer pour une « VIe République solidaire et démocratique » qui serait adoptée par une Assemblée constituante et ratifiée par référendum. Il a condamné également les réformes du président Sarkozy en 2008. Ainsi, une boucle se referme. Le PCF renoue avec son attitude initiale d'hostilité à la Ve République. Néanmoins, à la différence de l'année 1958, il entame ce nouveau combat alors qu'il est exsangue.

LE PCF ET LE SYSTÈME DES PARTIS

Sous la IVe République, le PCF était le premier parti politique français emmené par un *leader* qui jouissait d'un prestige certain, Maurice Thorez disparu en 1964. Sous la Ve République, le système des partis a évolué et donc la place du PCF dans celui-ci.

Les métamorphoses du système des partis

Aux débuts de la Ve République, le PCF est devenu le premier parti de la gauche face aux gaullistes, ce qui, en apparence, semble donner raison à la fameuse formule d'André Malraux « entre nous et les communistes, il n'y a rien ». Une appréciation, certes, suggestive mais excessive et fausse. Les élections législatives de novembre 1958 organisées avec le nouveau mode de scrutin ont commencé à faire apparaître une logique majoritaire puisque les gaullistes ont obtenu, à eux seuls, 188 députés sur 577 soit près d'un tiers de la représentation nationale. Toutefois, les autres partis – SFIO, MRP, indépendants et modérés – restent bien représentés à l'Assemblée. Le PCF a perdu ce scrutin – on y reviendra – mais semble incarner la principale opposition. La logique majoritaire s'impose véritablement en 1962 après l'échec du « cartel des non » au référendum sur l'élection au suffrage universel du président de la République et les élections législatives de novembre 1962 qui voient émerger une large majorité composée des gaullistes et de leurs alliés indépendants. Face à celle-ci, le PCF domine la gauche. S'instaure de la sorte un bipolarisme imparfait qui évolue à son tour vers un « quadrille bipolaire », selon la formule de Maurice Duverger, qui connaîtra son apogée en 1978[1] : la compétition politique s'organise avec deux pôles constitués de deux partis à gauche, le PCF et le parti socialiste (PS), et deux à droite, le Rassemblement pour la République (RPR) et l'Union pour la démocratie française (UDF). Mais, à gauche, le PCF subit la concurrence du PS qui le dépasse à partir des législatives de 1978. Après une phase d'instabilité et d'incertitude du système, émerge un bipartisme imparfait, dont le PCF, plus que n'importe quel parti, fait les frais[2]. En effet, à partir de la fin des années 80, il est relégué au rang de cinquième formation du fait de la spectaculaire progression du Front national au moment où le système des partis se structure autour de deux grands partis, un à droite et un à gauche. Au début du XXIe siècle, les élections tendant à se réduire à une concurrence entre deux partis, l'UMP et le PS ; le PCF est marginalisé et concurrencé par les groupuscules trotskistes qui lui disputent la

1. Maurice Duverger, *La République des citoyens*, Paris, Ramsay, 1982, p. 165-190 et, du même auteur, *Le système politique français*, Paris, PUF, 1985.

2. Gérard Grunberg, Florence Haegel, *La France, vers le bipartisme ? La présidentialisation du PS et de l'UMP*, Paris, Les presses de Sciences Po, 2007. Voir aussi Éric Perraudeau, « Le système des partis sous la Ve République », *Pouvoirs*, n° 99, 2001, p. 101-115.

représentation de la gauche non socialiste et veulent se partager ses dépouilles. Le résultat est net : alors qu'il y avait un électeur communiste sur quatre avant 1958, il y en a maintenant entre deux et cinq sur cent. Ou encore, alors que le PCF comptait plus de 5 500 000 électeurs en janvier 1956, il n'en rassemble à peine plus de 707 000 pour Marie-George Buffet au premier tour de la présidentielle de 2007 et guère plus de 1 100 000 aux législatives de juin de la même année.

Un positionnement en évolution

L'échec de 1958, rétablissement et adaptation

Aux débuts de la Ve République, en s'arc-boutant sur la défense des institutions de la IVe République dont il avait pourtant fréquemment fait le procès après son éviction du gouvernement en mai 1947, il est apparu, à l'instar de presque toute la gauche, comme un parti conservateur, déphasé par rapport à l'aspiration au renouveau politique des Français que cherche à satisfaire le général de Gaulle. Puis, avec pragmatisme et opportunité, il sut se rétablir quelque peu. Alors qu'à l'automne 1958, il avait chuté à 18,6 % des suffrages, il se stabilise ensuite, pour quinze ans, au-dessus des 20 %. Le PCF, en effet, s'est acclimaté afin de satisfaire les Soviétiques, qui jouent un rôle déterminant dans l'élaboration de sa stratégie, et ses propres intérêts d'organisation. Il est devenu un rouage de la nouvelle République remplissant « une fonction tribunitienne » selon l'expression forgée par le politologue Georges Lavau[1]. Il représente les intérêts d'une fraction de la classe ouvrière au sein des institutions, faisant mine de les remettre en cause et obtenant, en contrepartie, des avantages pour ses clientèles. Le PCF en tire ainsi profit dans les années 1960 et jusqu'au début des années 1970, notamment dans les premières années du règne de son secrétaire général Georges Marchais : il incarne alors une force

1. Voir Georges Lavau, *À quoi sert le Parti communiste français ?*, Paris, Fayard, 1981.

d'opposition réelle qui connaît une embellie – militante, organisationnelle, intellectuelle – dans l'immédiat après-1968 et qui domine toutes les autres composantes de la gauche française.

La déstabilisation

Dans le même temps, cet avantage comporte son revers : celui d'apparaître comme un parti intégré au jeu politique français, presque traditionnel, s'isolant de certains courants anticolonialistes durant la guerre d'Algérie (ce qui ne doit pas occulter qu'au même moment ses campagnes en faveur de la « paix en Algérie » lui permettent de tisser de forts liens avec le monde chrétien), prêtant le flanc à la critique gauchiste autour des années 1960 qui lui fera très mal ou encore, incapable de comprendre les nouvelles attentes de la société que sut mieux capter le parti socialiste refondé par François Mitterrand en 1971. En outre, il commence à pâtir de ses liens de dépendance envers l'URSS, même s'il s'en distancie de façon timide, prudente et mal pensée, à l'heure de l'eurocommunisme. Enfin, à partir des années 1980, le PCF subit de plein fouet l'accentuation de quatre des grandes tendances qui caractérisent la vie politique sous la Ve République et qu'il a d'ailleurs bien perçues et dénoncées vigoureusement : l'amoindrissement du rôle des partis dans la société, la présidentialisation, la personnalisation et la médiatisation.

Ainsi, le PCF a souffert des transformations du jeu politique dont il n'était pas responsable mais, également, de ses propres erreurs d'appréciation qui font qu'aujourd'hui sa tentative de se présenter comme un artisan du renouveau des institutions ne semble guère crédible. Devenu progressivement républicain, le Parti communiste a été, en quelque sorte, acculturé par la République puis marginalisé sous la Ve République. Celle-ci a contribué à émousser sa charge révolutionnaire et, d'une certaine façon, à dissoudre le communisme en son sein : dissolution qui a peut-être, on le verra, signifié une dissémination assez fructueuse.

LA CULTURE POLITIQUE DU PCF ET LA SOCIÉTÉ

Comme il le proclamait, le PCF n'était pas un parti comme les autres. En particulier, parce qu'il avait forgé une culture partisane spécifique. En effet, le PCF avait construit un édifice qui reposait sur quatre éléments. Un projet révolutionnaire clairement revendiqué et structurant une large part de son identité. De solides liens avec l'URSS (qui le mettent en situation de dépendance par rapport à elle, en dépit des critiques que le PCF, à partir des années 1960, et, surtout, durant la phase de l'eurocommunisme, lui adresse) qu'il s'efforce de concilier avec le rapport fort qu'à partir du milieu des années 1930 il noue avec la France : il en résulte des tensions permanentes entre internationalisme et défense de la nation, pro-soviétisme et républicanisme. Le troisième élément est constitué par son organisation, rigide, forte et centralisée. Enfin, reste la relation privilégiée avec le monde ouvrier aboutissant à une sur-valorisation de la classe ouvrière qui bascule le plus souvent dans l'ouvriérisme. Or cette construction politique, sociale et culturelle réalisée par le PCF s'est profondément enracinée au cœur des réalités françaises.

Un PCF en phase avec la société

La restitution de ce processus d'enracinement déborde largement les strictes limites de la Ve République[1]. Des années 1930 jusqu'au début des années 1970, la culture communiste répondait aux attentes de certaines composantes de la société française. L'inclinaison au changement radical relève d'une tradition nationale solidement enracinée depuis la Révolution française à gauche, qui explique, pour une

1. Je me permets sur ces thèmes de renvoyer à S. Courtois et M. Lazar, *Histoire du Parti communiste français*, *op. cit.* et à Marc Lazar, *Le communisme, une passion française*, Paris, Tempus, 2005. Ces livres contiennent une bibliographie abondante.

part, la difficulté de celle-ci à théoriser et à mettre en pratique le réformisme. L'URSS a longtemps joui d'une image positive en France et pas seulement à gauche, cependant que la conversion du PCF à la nation et à la République, à partir du milieu des années 1930 et plus encore durant la Seconde Guerre mondiale avec son engagement plein et entier à partir de 1941 dans la Résistance, contribua à son ascendant. Le mode d'organisation du PCF pouvait s'inscrire dans une tradition jacobine et blanquiste que le PCF poussait à l'acmé. Enfin, le PCF, sans être le parti de la classe ouvrière comme il l'affirmait péremptoirement, a sans conteste été un véritable parti ouvrier qui a longtemps utilisé la Confédération générale du travail (CGT), la confédération syndicale la plus puissante, comme une efficace courroie de transmission. Les ouvriers, en nombre, votaient pour lui sans pour autant que jamais tous les ouvriers l'aient massivement choisi. Ainsi, pour se limiter à un seul exemple, aux législatives de 1978, le PCF qui venait donc d'être dépassé par le PS, tout en rassemblant près de 5 800 000 suffrages, attirait à lui 39 % du vote des ouvriers. Par ailleurs, ceux-ci représentaient, dans les années 1960, plus de 40 % de ses adhérents et même 46,5 % en 1979 ; surtout, ils dominaient largement l'appareil du parti[1]. Les communistes s'étaient aussi implantés, notamment grâce à une multitude d'organisations de masse qu'il contrôlait, dans d'autres milieux sociaux, par exemple, chez les paysans, les fonctionnaires et les enseignants.

Divergences et convergences entre culture communiste et culture gaulliste

Durant les onze années où le général de Gaulle était au pouvoir, la culture communiste se frotta directement à celle des gaullistes. Avec de fortes conséquences. Car certains de leurs sujets de friction et, plus encore, leurs points de convergences, ont contribué à provoquer des

1. Données tirées de Marie-Claire Lavabre, François Platone, *Que reste-t-il du PCF ?*, Paris, Cevipof-Autrement, 2003.

consensus largement partagés par de nombreux Français. Ainsi, la rivalité pour incarner la nation entre le général et le PCF (qui tourna à l'avantage du premier) confortait la vigueur du sentiment national et effaçait le traumatisme de 1940 ; la mémoire idéalisée et mythique d'une France unie dans la Résistance aux Allemands durant la Seconde Guerre mondiale s'imposa, occultant la réalité du régime de Vichy ; le culte de la puissance de l'État fut célébré sans relâche ; l'hostilité aux États-Unis se renforça. Le PCF en tira un grand bénéfice politique et se barda de certitudes sur sa longévité.

Le divorce entre la culture communiste et la société

1968 représente une deuxième césure entre le PCF et une partie de la société après celle ouverte en 1958. Le PCF, soumis à une critique incessante, est déstabilisé à la fois sur le coup et surtout de manière différée auprès de catégories précises : jeunes, classes moyennes urbaines et diplômées, fractions ouvrières[1]. Certes, on l'a dit, dans les années qui suivent 1968, il connaît une embellie politique et organisationnelle. Mais sa direction ne comprend pas, sur l'instant en tout cas, certaines aspirations nouvelles peu orthodoxes au regard du marxisme – libertaires, féministes, écologiques –, plus ouvertes sur la société et les mœurs, que le PS a su, à l'inverse, capter bien davantage. Elle continue, pour la majorité d'entre elle du moins, à se référer à son marxisme traditionnel et à ses réflexes politiques habituels.

En outre, à partir des années 1960-70, la France bascule dans une nouvelle ère que le PCF ne comprit pas ou ne voulut pas prendre en compte[2]. Les grandes restructurations industrielles provoquent

1. Sur ce dernier sujet, voir Xavier Vigna, *L'insubordination ouvrière dans les années 68. Essai d'histoire politique des usines*, Rennes, Presses universitaires de Rennes, 2007. Sur 1968 en général, voir, notamment, Philippe Artières, Michelle Zancarini-Fournel (dir.), *68. Une histoire collective 1962-1981*, Paris, La Découverte, 2008 et Jean-François Sirinelli, *Mai 68 : l'événement Janus*, Paris, Fayard, 2008.

2. Voir Jean-François Sirinelli, *Les Vingt Décisives. Le passé proche de notre avenir 1965-1985*, Paris, Fayard, 2007.

l'effondrement des pans entiers du monde ouvrier qui formaient les bases du communisme (mines, métallurgie, sidérurgie). Le chômage, l'exclusion sociale et les nouvelles vagues d'immigration érodent également ses assises. L'amoindrissement du rôle de l'État, le redimensionnement de la nation du fait de la mondialisation et de la construction européenne l'ébranlent fortement, tout comme les nouvelles revendications qui, surgies pendant et après 1968, s'affirment avec vigueur (individualisme, féminisme, écologie, droits des minorités, contestation de l'autorité, etc.).

Il y a donc eu un effet cumulatif de deux processus. L'un lié à Mai 68 qui touche plutôt les classes moyennes, les intellectuels et les jeunes étudiants et diplômés. L'autre qui concerne la base par excellence du PCF, « sa classe gardée », le monde ouvrier.

Refusant d'écouter les voix qui s'élèvent dans ses rangs pour modifier complètement son offre politique, la direction du PCF se retrouve sur la corde raide. Elle tente progressivement de modifier certaines de ses propositions et, durant les premières années 1970, innove quant à la démocratie, l'URSS, mais aussi par rapport à la société en cherchant à s'adresser à d'autres catégories sociales, en intégrant, par exemple, certaines aspirations des femmes ou des écologistes. Mais cette orientation suscite de fortes résistances internes et l'amène donc, dans le même temps, à ne pas répudier son modèle culturel coutumier qui s'avère pourtant en déphasage. En conséquence, le message du PCF est fortement brouillé et la direction semble tanguer en permanence. La rivalité avec le PS tournant au profit de ce dernier, le PCF, à partir de la fin des années 1970, en revient à une attitude encore plus traditionnelle et orthodoxe, les éléments d'innovation introduits semblant désormais marginalisés, voire totalement occultés. De ce fait, le PCF divorce de la société[1]. La perspective révolutionnaire s'éloigne : ses élus, de moins en moins nombreux au fil des années, se contentent, plus que jamais, d'être de simples gestionnaires du social tandis que ce qui reste d'aspiration à la radicalité en France se détourne des com-

1. Voir Henri Rey, *La Gauche et les classes populaires. Histoire et actualité d'une mésentente*, Paris, La Découverte, 2004.

munistes pour aller vers d'autres mouvements (altermondialistes, par exemple) ou partis (tels les trotskistes). Son organisation paraît vieillie, sclérosée, dogmatique et autoritaire, et ses *leaders* semblent ternes. Des conflits entre différentes fractions du parti se multiplient comme en attestent les études locales, contribuant à l'affaiblissement communiste[1]. Son système d'action se fissure, les syndicats, comme nombre d'organisations de masse, à l'instar du Secours populaire, accentuant leurs processus d'autonomisation engagé souvent bien auparavant[2]. L'image de l'URSS se dégrade fortement dans les années 1970 dans l'opinion française, y compris à gauche, et, alors qu'elle retrouve une certaine aura sous Gorbatchev, le PCF, à contre-courant, ne cache pas ses critiques envers la *perestroïka* ; enfin, l'écroulement du communisme international après 1989 atteint aussi le PCF[3]. Les invocations communistes de la nation semblent désuètes et éclipsées par la concurrence en la matière venue d'autres formations, tel le Front national. Son ouvriérisme perd son pouvoir de fasci-

1. Voir Julian Mischi, « La recomposition identitaire du PCF : modernisation du parti et dépolitisation du lien partisan », *Communisme*, n° 72-73, p. 71-99, « Pour une histoire sociale du déclin du Parti communiste », dans Florence Haegel (sdir.), *Partis politiques et système partisan en France*, Paris, Les Presses de Sciences Po, 2007, p. 69-101 et *Servir la classe ouvrière. Sociabilités militantes du PCF*, Rennes, Presses Universitaires de Rennes, 2010. Voir aussi Olivier Masclet, *La Gauche et les Cités. Enquête sur un rendez-vous manqué*, Paris, La Dispute, 2003.

2. Voir, par exemple, Dominique Andolfatto et Dominique Labbé, *La CGT : organisation et audience depuis 1945*, Paris, La Découverte, 1997 ; des mêmes auteurs, *Histoire des syndicats 1906-2006*, Paris, Seuil, 2006 ; Dominique Andolfatto et Dominique Labbé (dir.), *Les syndiqués en France*, Rueil-Malmaison, Éditions Liaisons, 2007 ; Marianne Borrel, « Sociologie d'une métamorphose : la FSGT entre société communiste et mouvement sportif (1946-1992) », thèse, Institut d'études politiques de Paris, 1999 ; Axelle Brodiez, *Le Secours populaire français 1945-2000. Du communisme à l'humanitaire*, Paris, Les presses de Sciences Po, 2006 ; Michel Dreyfus, *Histoire de la CGT. Cent ans de syndicalisme en* France, Bruxelles, Complexe, 1995 ; Jean-Luc Martin, « Communisme et syndicalisme enseignant. Le cas du Syndicat national de l'Éducation physique », *Communisme*, n° 76-77, 2003-2004, p. 105-135 ; René Mouriaux, *Le syndicalisme en France*, Paris, La découverte, rééd. 2008.

3. Je me permets de renvoyer de nouveau à M. Lazar, *Le communisme, une passion française*, *op. cit.*, p. 27-64. Voir aussi Marie-Pierre Rey, « La Gauche française face à la *perestroïka* », *Communisme*, n° 76-77, 2003-2004, p. 141-167.

nation qui, par le passé, avait ébloui tant d'intellectuels et même séduit une partie de l'opinion. Emblématique est à cet égard la trajectoire de Georges Marchais : dans un premier temps, il s'affirme comme un dirigeant percutant, notamment dans les médias et, plus spécialement, à la télévision, où ce qu'il dit et la manière dont il l'énonce tranche avec le reste des responsables politiques ; cependant que, dans un second temps, sa popularité s'émousse et que sa personne devient même l'objet d'un rejet assez généralisé et profond[1].

Au total, le PCF perd ses électeurs, ses militants, son implantation et son influence[2]. Le désengagement devient massif et particulièrement traumatisant, notamment, pour les catégories populaires et ouvrières, même si de nombreux ex-communistes proclament leur fidélité à leur idéal et réinvestissent leurs ressources accumulées au sein du PCF dans d'autres formes d'engagement et d'activités politiques ou associatives[3]. Le PCF se rétracte telle une peau de chagrin sur ses rares derniers bastions très lézardés, par exemple, en région parisienne, dans le nord et le centre du pays, et autour de dynasties familiales qui perpétuent la flamme vacillante du communisme. Sa tentative, au milieu des années 1990, d'engager, sous la houlette de son secrétaire national, Robert Hue, une mutation de son identité arrive trop tard pour lui permettre de redresser la barre[4].

1. Quelques observations ont été livrées sur ce point dans le livre du journaliste Thomas Hofnung, *Georges Marchais. L'inconnu du Parti communiste français*, Paris, L'Archipel, 2001.

2. Voir, par exemple, Roger Martelli, *L'archipel communiste. Une histoire électorale du PCF*, Paris, Éditions sociales, 2008 ; Simon Ronai, « Essai d'analyse de l'évolution de l'implantation des municipalités communistes 1977-2001 », *Communisme*, n° 67-68, 2001, p. 181-205.

3. Catherine Leclercq, « "Raisons de sortir". Le désengagement des militants communistes », dans Olivier Fillieule (dir.), *Le désengagement militant*, Paris, Belin, 2005, p. 131-154 et sa thèse « Histoires d'ex. Une approche socio-biographique du désengagement des militants du PCF », Paris, Institut d'études politiques, 2008.

4. Dominique Andolfatto, *PCF : de la mutation à la liquidation*, Monaco, Le Rocher, 2005 ; Fabienne Greffet, « L'évolution électorale du PCF de Robert Hue 1994-2001 », *Communisme*, n° 67-68, 2001, p. 157-179 et, de la même auteure, « L'inexorable déclin », dans Pierre Bréchon (dir.), *Les partis politiques français*, Paris, La documentation française, 2005, p. 125-151.

CHUTE DU PCF ET HÉRITAGE DE LA CULTURE COMMUNISTE

La France de la Ve République a donc entraîné la chute du PCF. Celui-ci n'a pas simplement éprouvé les effets de transformations venues de l'extérieur. Il a aussi été son propre fossoyeur par son incapacité chronique à renouveler ses analyses et à innover. Faut-il également incriminer la responsabilité des commentateurs, des journalistes, des chercheurs qui, expliquant qu'il y avait déclin et que celui-ci pouvait apparaître inexorable, se seraient comportés en « entrepreneurs du déclin », en prophètes de mauvais augure, motivés par un « ethnocentrisme » de classe assimilé à une forme de « racisme » et à une prétendue détestation du communisme et des ouvriers[1] ? L'analyse est outrancière mais, surtout, erronée. Alors qu'elle vise à dévoiler les supposés vrais enjeux qui se cacheraient derrière des analyses stigmatisées, en l'occurrence toutes celles qui n'appartiennent pas à la même sensibilité scientifique de l'auteur, elle relativise la propre responsabilité du groupe dirigeant du PCF dans son échec : elle donne aussi, implicitement, une caution scientifique à la mythologie construite par le PCF selon laquelle il était l'expression de la classe ouvrière. En outre, on se demande comment faudrait-il qualifier les études qui, dans le passé, avaient diagnostiqué la fin du Parti radical : seraient-elles l'expression, elles aussi, de l'« ethnocentrisme de classe » à l'encontre des classes moyennes ?

Quoi qu'il en soit, même les auteurs qui hésitent à parler de déclin ou de la crise du PCF ne peuvent, au final, que constater que tous les indicateurs du PCF sont en berne. Le PCF est donc bien marginalisé,

1. Bernard Pudal, *Prendre parti. Pour une sociologie historique du PCF*, Paris, Les Presses de Sciences Po, 1989, p. 275-280 et, du même auteur, « La beauté de la mort communiste », *Revue française de science politique*, n° 5-6, novembre-décembre 2002, p. 545-559. Voir aussi, du même auteur, *Un monde défait. Les communistes français de 1956 à nos jours*, Bellecombes-en-Bauge, Éditions du Croquant, 2010. Cette analyse a eu un certain succès chez des politistes et sociologues, tel Julian Mischi, « Pour une histoire sociale du déclin du PCF », art. cit., qui la reprend à son compte.

affaibli, épuisé. De nos jours, il a toutefois deux grands motifs de satisfaction. Ses thèmes de prédilection les plus classiques – la révolution, l'anticapitalisme, l'anti-impérialisme, la dénonciation de la social-démocratie et du réformisme – sont reconvertis sous d'autres appellations dans des préceptes actuellement en vogue à gauche – l'utopie, le rejet de l'économie de marché, de la mondialisation et du réformisme. Tandis que la mémoire enjolivée du communisme, en général, et de sa propre histoire, en particulier, qu'il a pris soin de façonner, demeure vivante. La culture communiste n'est plus cohérente ni rayonnante mais dégradée. Il en reste des résidus qui forment un magma informe et contradictoire que l'on peut appeler le néo-communisme qui continue de scintiller et d'orienter les comportements, notamment à gauche jusque dans les rangs du PS, voire qui fournit encore des schèmes cognitifs d'envergure pour les mobilisations collectives.

Alors s'impose la question politique essentielle. Cette permanence d'une culture communisante tient-elle à ce que le déclin du PCF est récent et toujours en cours puisqu'il continue de disposer de nombreux élus, de municipalités, de militants, de quelques intellectuels, de syndicalistes, de membres de la vie associative qui lui sont proches, de maisons d'édition, de publications, de sites Internet qui, tous, constituent autant de relais d'influence plus ou moins actifs ? On le sait, les cultures politiques s'effacent plus lentement que les institutions qui les ont créées. Dans cette perspective, nous aurions à l'œuvre des temporalités différenciées. Le parti serait déjà un pied dans la tombe mais sa culture continuerait d'irradier tel un astre mort. Ou, à l'inverse, l'existence de la nébuleuse néo-communiste serait-elle l'indice de l'existence quasi structurelle, en France, d'une culture de la radicalité inscrite dans une longue durée ? En ce cas, celle-ci aurait alors à un moment donné – des années 1930 à la fin des années 1970 –, cristallisé dans le PCF cependant qu'elle serait aujourd'hui en train, peut-être, de chercher son débouché et pourrait donc se reconstituer dans une autre forme politique ? Tel est le pari de ceux qui restent dans les rangs du PCF, mais aussi d'autres acteurs, tels le Nouveau parti anticapitaliste (NPA), le Parti de gauche (PG) de Jean-Luc Mélenchon et de multiples autres mouvances, qui pensent pouvoir déterminer le cours de ce processus encore très incertain et édifier un nouveau pôle politique. Le lent déclin du communisme est donc une expression à prendre encore avec précaution. Il y a, sans conteste, décadence du PCF mais sans doute, également, métamorphose de la culture communiste sans que l'on sache à ce jour ce qu'elle engendrera [1].

1. Sur ce sujet, voir Stéphane Courtois (dir.), *Communisme en France. De la révolution documentaire au renouveau historiographique*, Paris, Éditions Cujas, 2007 ; M. Lazar, *Le communisme, une passion française, op. cit.* ; « La fin du PCF. Vers un néo-communisme ? », *Communisme*, n° 72-73, 2002-2003.

La tentation des extrêmes

MATHIAS BERNARD

La Ve République est généralement présentée comme un régime qui a permis une stabilisation politique autour d'un relatif consensus institutionnel. Au terme de deux siècles de véritables « guerres franco-françaises », dont la question algérienne constitue le dernier épisode, la France serait entrée dans l'ère de la démocratie apaisée. L'évolution politique jusqu'au milieu des années 1980 ne dément pas cette évolution : 90 % de l'électorat se polarise alors sur des forces politiques qui ont vocation à gouverner ; et si la crise de Mai 68 elle-même exprime une contestation de l'ordre politique et social, cette contestation reste finalement contenue dans le temps et au sein de l'opinion. Le réveil électoral de l'extrême droite, au début des années 1980, puis de l'extrême gauche, au milieu des années 1990, semble interrompre cette normalisation démocratique : traduit-il une défiance à l'égard de l'offre politique existante, voire une crise de régime – comme cela a été parfois avancé ?

L'étude des extrêmes est un bon observatoire de l'évolution de l'opinion publique française à l'égard du système politique de la Ve République. Elle mérite toutefois deux clarifications préalables. La première concerne le vocabulaire et l'usage, généralement dépréciatif et parfois infamant, du mot « extrême » dans la vie politique française contemporaine : de fait, peu de forces politiques s'en réclament, à l'instar de Jean-Marie Le Pen qui récuse le terme d'extrême droite et lui préfère l'expression « droite nationale ». On peut s'entendre sur les deux principaux critères de l'extrémisme politique : radicalité idéologique et stratégie de rupture par rapport au fonctionnement normal de la démocratie. Mais leur application à des forces politiques précises est plus délicate : le Parti communiste (PC), au temps de la guerre froide, doit-il être classé à l'extrême gauche ? Le Front national (FN), lorsqu'il s'engage clairement – à partir de 1984 – dans une stratégie électoraliste, se situe-t-il toujours à l'extrême droite ? L'étude comparée des deux extrêmes appelle une seconde clarification préalable. Comparer deux forces politiques ne signifie pas qu'elles sont similaires. Il est bien évident que l'ancrage idéologique et les objectifs politiques de l'extrême droite et de l'extrême gauche sous la Ve République sont radicalement différents. Mais ces deux forces politiques participent, sur certains points, d'un même phénomène – la crise de la représentation et du système politique – et, pour cette raison, leur mise en relation nous semble légitime.

FLUX ET REFLUX

Au-delà de l'histoire particulière des différents courants extrémistes, qui reste encore largement à faire[1] mais sur laquelle nous ne pouvons pas revenir ici, l'évolution des extrêmes sous la Ve République laisse apparaître quatre périodes bien différenciées.

1. Pour l'extrême droite, les ouvrages de synthèse sont maintenant un peu anciens. Voir, par exemple, Ariane Chebel d'Appolonia, *L'extrême droite en France, de Maurras à Le Pen*, Bruxelles, Complexe, 1996 ; Pierre Milza, *L'Europe en chemise noire. Les extrêmes droites européennes de 1945 à aujourd'hui*, Paris, Fayard, 2002 ; Michel Winock (dir.), *Histoire de l'extrême droite en France*, Paris, Seuil, 1994. Il n'existe pas de synthèse comparable sur l'extrême gauche, même si l'on peut glaner de nombreux renseignements dans Jean-Jacques Becker et Gilles Candar (dir.), *Histoire des gauches en France*, Paris, La Découverte, 2004. Renvoyons aussi à deux ouvrages utiles : Serge Cosseron, *Dictionnaire de l'extrême gauche*, Paris, Larousse, 2007 ; Erwan Lecœur (dir.), *Dictionnaire de l'extrême droite*, Paris, Larousse, 2007.

1958-1967 : la réduction des extrêmes

De 1958 à 1967, les extrêmes se marginalisent au fur et à mesure que la Vᵉ République s'affirme. La faiblesse de l'assise politique de la IVᵉ République, accentuée par l'impuissance des gouvernements successifs face à la guerre d'Algérie, avait ouvert un large espace à la contestation radicale du système politique : le succès du poujadisme aux élections législatives de 1956 (près de 11 % des voix), l'attitude intransigeante à l'égard du régime et des autres forces de gauche d'un PC qui reste à un niveau électoral élevé (entre 20 et 25 % des voix...), la multiplication des réseaux activistes en Algérie, le réveil d'un gaullisme de combat à l'automne 1957 expriment, de diverses manières, une protestation vigoureuse émanant de larges fractions de la population. C'est d'ailleurs dans ce climat troublé que s'effectue le retour au pouvoir de De Gaulle. L'instauration de la Vᵉ République lance un processus de normalisation. De Gaulle capte à son profit une grande partie de cette dynamique contestataire : les mouvements gaullistes, à commencer par l'Union pour la nouvelle République (UNR), acceptent bon gré mal gré les évolutions de la politique gouvernementale (notamment sur la question algérienne) et soutiennent clairement les nouvelles institutions ; le poujadisme devient rapidement groupusculaire, les groupes politiques favorables à l'Algérie française sont progressivement rejetés dans un activisme extrémiste incarné, notamment, par l'Organisation armée secrète (OAS) dont les méthodes sont rejetées par l'opinion métropolitaine[1]. Quant au Parti communiste, le retour au scrutin d'arrondissement pour les élections législatives lui montre les dangers d'une stratégie d'isolement : aux élections de novembre 1958, il n'obtient que dix députés... alors qu'il a recueilli au premier tour près de 4 millions de suffrages et 20 % des voix ! Dès les législatives de 1962, le PC s'inscrit dans une logique d'alliance électorale avec la Section française de l'Internationale ouvrière (SFIO). Cette évolution stratégique est favorisée par le

1. Voir, notamment, Olivier Dard, *Voyage au cœur de l'OAS*, Paris, Perrin, 2005.

contexte international de « détente », par le renouvellement des dirigeants de l'appareil (Maurice Thorez meurt en 1964) et par une certaine inflexion dans le discours communiste : le XVIe Congrès, en 1961, consacre l'abandon de la thèse du parti unique, tandis que, trois ans plus tard, le XVIIe Congrès met l'accent sur le caractère pacifique du passage au socialisme. La culture de guerre froide se dilue autant que l'intransigeance révolutionnaire. Le PC a définitivement quitté l'extrême gauche de l'échiquier politique.

Les élections présidentielles de 1965 confirment cette rétraction des extrêmes. Aucun candidat ne se réclame de l'extrême gauche. Le Parti communiste français (PCF) se rallie à la candidature de François Mitterrand, alors qu'une partie de ses électeurs (près du tiers, selon les sondages) vote pour le président de Gaulle. L'extrême droite est représentée par l'ancien avocat de l'OAS, Jean-Louis Tixier-Vignancour, qui, en dépit d'une campagne dynamique animée par Jean-Marie Le Pen et d'un recentrage sur une thématique libérale et européenne, obtient 5 % des suffrages exprimés et ne parvient pas à élargir son assise au-delà des milieux nostalgiques du vichysme et de l'Algérie française. Elle paie ainsi sa collusion avec l'OAS, que Tixier-Vignancour ne peut pas faire oublier ! Certains militants de l'Algérie française préfèrent d'ailleurs voter pour Jean Lecanuet qui, par sa modération, est davantage appelé à jouer un rôle central dans la vie politique et, de ce fait, à satisfaire les revendications de ce camp (à commencer par l'amnistie des personnes condamnées au cours de la guerre d'Algérie). La logique des institutions, le vote stratégique, le début de la bipolarisation de la vie politique rejettent clairement les extrêmes sur les marges.

1967-1983 : entre effervescence militante et marginalité électorale

De la réélection de De Gaulle à l'alternance de 1981, la logique bipolaire marque la vie politique française. Les extrêmes ne font pas recette dans les urnes, alors même qu'ils opèrent une restructuration censée leur donner plus de visibilité et d'influence. À l'extrême droite, les initiatives de Tixier-Vignancour – création de l'Alliance républicaine pour les libertés et le progrès (ARLP) en 1966 – et, surtout, la création du FN, en 1972, témoignent d'un souci réel de dépasser les cloisonnements groupusculaires inhérents à cette famille politique et de mordre sur un électorat plus traditionnel. À court terme, c'est un échec. L'extrême droite recueille moins de 1 % aux législatives de 1967 et ne présente pas de candidat aux présidentielles de 1969. Avec 0,75 % des voix aux présidentielles de 1974, Jean-Marie Le Pen, président fondateur du FN, apparaît comme un candidat de témoignage. Sept ans plus tard, ni lui ni Pascal Gauchon, principal dirigeant du Parti des forces nouvelles, un parti fondé un an après le FN, ne parvient à recueillir les 500 signatures nécessaires à une candidature à ce type de scrutin. Ce sont donc les partis de la droite traditionnelle – et particulièrement le Rassemblement pour la République (RPR), machine militante créée par Jacques Chirac en décembre 1976 – qui cherchent à recueillir l'électorat d'une droite populaire et protestataire.

L'extrême gauche rencontre les mêmes difficultés, alors même que le contexte politique et idéologique semble plus favorable. L'ère de la contestation, enclenchée en Mai 68, et le recentrage du PC ne lui ouvrent-ils pas un nouvel espace politique ? Répugnant jusqu'alors à se compromettre avec la démocratie, dénonçant encore en juin 1968 les élections comme une « trahison », les trotskistes eux-mêmes acceptent le jeu électoral : Alain Krivine est candidat à l'élection présidentielle de 1969, rejoint, en 1974, par Arlette Laguiller. Les partis se multiplient, cherchant à drainer à la fois des militants et des électeurs : Lutte ouvrière est fondée en 1968, la Ligue communiste révolutionnaire (LCR) en 1973 – tandis que le Parti socialiste unifié (PSU) s'oriente de plus en plus nettement vers la gauche révolutionnaire. Mais comme à l'extrême droite, les résultats électoraux sont relativement décevants : lors des scrutins nationaux, le total des voix d'extrême gauche ne dépasse jamais 3,5 %. Et parmi les forces politiques qui s'inscrivent dans la dynamique post-soixante-huitarde, ce sont finalement les écologistes qui rassemblent l'électorat le plus large : lors des présidentielles de 1981, Brice Lalonde (3,9 %)

l'emporte nettement sur Arlette Laguiller (2,3 %) et la PSU Huguette Bouchardeau (1,1 %).

Cette stagnation électorale ne doit toutefois pas masquer les dynamiques – en termes de mobilisation militante d'une part, de refondation idéologique d'autre part[1]. Après avoir connu une phase de repli avec la fin de la guerre d'Algérie, le militantisme d'extrême gauche bénéficie à la fois d'un rajeunissement de ses troupes (jeunes étudiants, mais aussi jeunes ouvriers contestant la domination syndicale de la CGT), de la flambée contestataire qui embrase pour une dizaine d'années le monde occidental et de différents mouvements qui, sur des thématiques sociopolitiques, permettent d'atteindre une certaine audience : conflits dans le monde du travail, comme en témoigne la lutte jugée exemplaire des salariés de Lip en 1973 ; mobilisations en faveur des prisonniers, des immigrés, des femmes, de l'avortement – ou contre les centrales nucléaires ou l'extension du camp du Larzac, etc. Au-delà de ces campagnes qui, tout au long des années 1970, maintiennent une communauté de militants et sympathisants, se pose la question de l'activisme et du terrorisme[2]. Le discours d'extrême gauche témoigne d'une certaine fascination pour la violence politique, et la tentation terroriste a pu exister, notamment au lendemain de la mort du jeune militant mao de Boulogne-Billancourt, Pierre Overney (1972). Mais le passage à l'acte demeure très marginal et, surtout, tardif, comme l'atteste la date de fondation du groupe Action directe (1979), nettement postérieure à la grande période de contestation politique en France. Cette menace de la violence d'extrême gauche, dans la rue, les entreprises et les universités, contribue par ricochet à la

1. Voir de nombreuses contributions dans deux ouvrages collectifs publiés à l'occasion du 40ᵉ anniversaire de Mai 68 : Dominique Damamme, Boris Gobille, Frédérique Matonti, Bernard Pudal (dir.), *Mai-juin 68*, Paris, Éditions de l'Atelier, 2008 ; Philippe Artières et Michelle Zancarini-Fournel (dir.), *68. Une histoire collective (1962-1981)*, Paris, La Découverte, 2008. Sur le cas plus spécifique de la LCR, voir Jean-Paul Salles, *La Ligue communiste révolutionnaire (1968-1981). Instrument du Grand Soir ou lieu d'apprentissage ?*, Rennes, Presses universitaires de Rennes, 2005.

2. Isabelle Sommier, *La violence politique et son deuil. L'après 68 en France et en Italie*, Rennes, Presses universitaires de Rennes, 1998.

mobilisation d'une extrême droite activiste, structurée autour d'organisations multiples : Occident, créé en 1964 pour lutter contre l'influence marxiste à l'université et relayé, après sa dissolution en 1968, par le Groupe union défense (GUD) ; ou encore Ordre nouveau qui, créé en 1969, se situe à mi-chemin entre le groupe activiste et le parti politique. Ces organisations radicales favorisent le renouvellement des militants et, à plus long terme, des dirigeants des différentes familles de droite – comme le suggère le parcours de certains animateurs d'Occident (Alain Madelin, Gérard Longuet, Patrick Devedjian)[1].

Les extrêmes investissent également le champ intellectuel. C'est au cours des « années 68 » que la figure de l'intellectuel communiste, symbole de la guerre froide, est supplantée par une nouvelle *intelligentsia* proche de l'extrême gauche, qui prend ses quartiers dans la nouvelle université de Vincennes, contrôle de nombreuses publications influentes (*Tel quel*, *Les Cahiers du cinéma*...) et multiplie manifestes, pétitions, engagements publics, brochures et organes de presse[2]. Jean-Paul Sartre apporte sa caution aux groupes maoïstes les plus virulents et parraine le lancement du quotidien *Libération* en 1973. Michel Foucault et Gilles Deleuze rejoignent cette mouvance, animée par une jeune génération d'intellectuels qui, incarnée notamment par Serge July, Henri Weber ou Benny Lévy, ne répugne pas au combat politique quotidien. La vigueur des débats théoriques s'explique aussi par la multiplicité des tendances qui se font jour au sein de l'extrême gauche : si cette famille politique condamne avec une égale vigueur le capitalisme occidental et la bureaucratie soviétique, elle abrite aussi bien les tenants de la spontanéité révolutionnaire des masses que les chantres de la révolution prolétarienne préparée par les avant-gardes. L'emprise de l'extrême gauche sur une fraction du milieu intellectuel français ne dure pas longtemps ; les révélations sur le système concentrationnaire soviétique (l'« effet

1. Frédéric Charpier, *Génération Occident. De l'extrême droite à la droite*, Paris, Seuil, 2005.

2. Bernard Brillant, *Les clercs de 68*, Paris, PUF, 2005.

Soljenitsyne ») et sur la Chine maoïste suscitent un certain « *désenchantement* » qui donne une place nouvelle, dans le monde des idées, à la thématique anti-totalitaire puis à un certain scepticisme face aux idéologies[1]. L'*aggiornamento* intellectuel de l'extrême droite est plus durable, car il est moins lié à la conjoncture politique. La création du Groupement de recherche et d'études pour la civilisation européenne (GRECE), en 1968, marque la naissance d'une « nouvelle droite » qui cherche à se démarquer de ses références les plus récentes (le pétainisme, le combat pour la guerre d'Algérie) pour exalter les racines culturelles et politiques du modèle occidental[2]. Si cet important effort doctrinal, qui remet à l'honneur les notions d'enracinement et d'identité, ne concerne pas toute l'extrême droite, il exerce une certaine influence dans le monde politique et intellectuel. Au même titre que les mobilisations militantes, ces dynamiques intellectuelles nuancent l'idée d'un déclin des extrêmes et préparent les conditions d'un possible renouveau.

1983-2002 : l'« âge des extrêmes » ?

Ce renouveau a lieu au cours des deux dernières décennies du XXe siècle, sur fond de dérèglement du système bipolaire mis en place à la fin des années 1960 et de crise de la représentation politique. C'est d'abord l'extrême droite qui connaît l'essor le plus spectaculaire. À partir de l'élection municipale partielle de Dreux de septembre 1983, marquée par le résultat considérable de la liste conduite par Jean-Pierre Stirbois (plus de 16 % au premier tour) et par une exceptionnelle médiatisation, le FN accumule les succès[3] : plus de 10 % des voix

1. François Hourmant, *Le désenchantement des clercs. Figures de l'intellectuel dans l'après-Mai 68*, Rennes, PUR, 1997.

2. Voir, notamment, Pierre-André Taguieff, *Sur la Nouvelle Droite*, Paris, Descartes et Cie, 1994 ; Stéphane François, *Les néo-paganismes et la Nouvelle Droite (1980-2006). Pour une autre approche*, Milan, Archè, 2008.

3. Sur le FN, existent de nombreux ouvrages rédigés par des journalistes ou des spécialistes de sciences politiques – mais pas par des historiens. Au sein d'une bibliogra-

aux européennes de juin 1984, 35 députés au lendemain des législatives de 1986 grâce à l'adoption du scrutin proportionnel, 14,5 % pour Jean-Marie Le Pen au premier tour des présidentielles de 1988... Les observateurs évoquent alors un « effet Le Pen », comme il y avait eu, trente ans plus tôt, un « mouvement Poujade » – c'est-à-dire, une cristallisation protestataire et momentanée autour d'un tribun populiste. Cette analyse est démentie par l'enracinement du Front national, particulièrement sensible entre les législatives de 1988 et celles de 1997 : en dix ans, le FN passe de 9 à 15 % des voix ; au terme de cette évolution, les candidats du parti recueillent le même nombre de voix que le *leader*. L'« effet FN » a remplacé l'« effet Le Pen ». Il exprime à la fois une forte angoisse de certaines catégories fragilisées par les difficultés économiques et sociales et une crise de la représentation, qui affecte les partis traditionnels (notamment ceux de la droite). Les affrontements internes de décembre 1998, marqués par la scission de Bruno Mégret qui emmène avec lui une majorité de cadres du parti pour créer le Mouvement national républicain (MNR), interrompt cette progression.

L'extrême gauche ne connaît pas une croissance comparable et son embellie est plus tardive. Sans doute a-t-elle été gênée par la présence de la gauche au pouvoir, par un contexte marqué, au plan idéologique, par la crise du marxisme et, au plan géopolitique, par l'effondrement du monde communiste. La protestation à gauche prend d'autres formes que le vote d'extrême gauche : abstention, vote écologiste et même vote « gaucho-lepéniste [1] », en progression dans la première moitié des années 1990. Même s'il continue son déclin électoral (15 % des voix aux présidentielles de 1981, moins de 7 % en 1988), le PCF peut également capter un électorat de mécontents dans la mesure où, depuis son départ du gouvernement en juillet 1984, il

phie pléthorique, extrayons : Jean-Yves Camus, *Le Front national. Histoire et analyse*, Paris, Olivier Laurens, 1997 ; Nonna Mayer et Pascal Perrineau (dir.), *Le Front national à découvert*, Paris, Les Presses de Sciences Po, 1996.

1. Cette expression controversée a été définie par Pascal Perrineau, *Le symptôme Le Pen*, Paris, Fayard, 1997.

campe sur une ligne assez intransigeante. Au cours des années 1980, l'extrême gauche ne dépasse pas 1,5 % aux élections législatives et dans les scrutins locaux, 4 % des voix dans les scrutins nationaux (présidentielles et européennes) où elle servie par la popularité et la notoriété de la candidate de Lutte ouvrière, Arlette Laguiller. C'est en 1995 qu'elle connaît un véritable regain, à la fois dans les urnes (Arlette Laguiller recueille alors plus de 5 % des voix) et dans la rue : le mouvement social de novembre-décembre 1995, majoritairement soutenu par l'opinion publique, marque le réveil d'une certaine radicalité dans le monde syndical, politique et intellectuel. La critique de la globalisation libérale suscite un mouvement anti puis altermondialisation, structuré autour de journaux (*Le Monde diplomatique*), d'associations – l'Association pour la taxation des transactions pour l'aide aux citoyens (ATTAC), fondée en 1998 – et d'organisations politiques qui séduisent des jeunes militants[1]. Plongée depuis la fin des années 1970 dans une certaine léthargie, la LCR parvient à capter une grande partie de cette dynamique, grâce à ses relais traditionnels au sein de la moyenne *intelligentsia* et à la popularité de son nouveau et jeune porte-parole, Olivier Besancenot.

Le premier tour de l'élection présidentielle de 2002 marque l'apogée électoral de cet « âge des extrêmes » : les deux candidats de l'extrême droite (Jean-Marie Le Pen et Bruno Mégret) rassemblent plus de 19 % des voix, les trois candidats trotskistes (Arlette Laguiller, Olivier Besancenot et Daniel Gluckstein) plus de 10 % des voix. Cette double dynamique marque l'entre-deux-tours : la présence de Jean-Marie Le Pen au second tour de l'élection, qui constitue un événement politique et médiatique à dimension internationale, suscite une mobilisation sans précédent de la rue, dans laquelle l'extrême gauche – et, notamment, la LCR – joue un rôle prépondérant. Les manifestations hostiles au FN marquent particulièrement la première étape de la politisation d'une nouvelle génération de militants d'extrême gauche. Cette élection cumule en fait les marqueurs de la

1. Isabelle Sommier, *Les nouveaux mouvements contestataires à l'heure de la mondialisation*, Paris, Flammarion, 2001.

crise politique[1] : forte abstention pour ce type d'élection (plus de 28 %), dispersion des candidatures, faible polarisation des voix autour des grands partis de gouvernement. Cet apogée semble confirmé par le second tour, puisque Jean-Marie Le Pen obtient alors plus de 5,5 millions de voix – un record absolu. Mais il est curieusement démenti par le résultat des élections législatives qui suivent : en un mois, le FN perd 40 % de ses voix et plafonne à 12,5 % des suffrages exprimés.

Depuis 2002 : un réversible déclin ?

Ce paradoxe se poursuit au-delà de juin 2002. Le « coup de tonnerre » du 21 avril 2002 marque bien un coup d'arrêt à l'essor des extrêmes, de façon plus nette à droite qu'à gauche. Le FN s'enlise dans des querelles intestines, avivées par la perspective de la succession de Jean-Marie Le Pen : la promotion médiatique de la fille de ce dernier, Marine, suscite de vives résistances au sein d'un parti qui perd quelques-uns de ses principaux cadres, au profit de la droite traditionnelle – le Mouvement pour la France (MPF) de Philippe de Villiers, l'Union pour une mouvement populaire (UMP). Incapable de dépasser ces divergences entre traditionalistes, populistes et « modernistes », l'extrême droite subit également la concurrence d'une droite que Nicolas Sarkozy s'attache à « décomplexer » par rapport aux thématiques qui avaient fait le lit du FN : sécurité et immigration. Dès l'automne 2002, le ministre de l'Intérieur de Jacques Chirac ne cache pas sa volonté de combattre l'extrême droite sur son propre terrain, en s'adressant non pas à ses dirigeants mais à ses électeurs : son discours sécuritaire s'accompagne d'une condamnation du FN. Lors de l'élection présidentielle de 2007, cette rhétorique porte d'autant plus ses fruits que Jean-Marie Le Pen mène une campagne moins dynamique qu'à l'accoutumée et que le débat politique se polarise autour

1. Pascal Perrineau, Colette Ysmal (dir.), *Le vote de tous les refus. Les élections présidentielles et législatives de 2002*, Paris, Les Presses de Sciences Po, 2003.

d'un duel entre Nicolas Sarkozy et Ségolène Royal. Les résultats du premier tour constituent un revers cinglant pour le FN qui, avec 10,5 % des suffrages, enregistre son plus mauvais score à ce type de scrutin depuis 1974. En cinq ans, Jean-Marie Le Pen a perdu un million d'électeurs dont la plupart se sont tournés vers Nicolas Sarkozy, ce qui explique le large succès de celui-ci. Cet échec aggrave les divisions doctrinales et stratégiques d'un parti qui souffre également d'importantes difficultés financières et d'une vraie crise militante.

La situation de l'extrême gauche est plus contrastée. Comme le FN, elle enregistre entre 2002 et 2007 un reflux électoral : le 22 avril 2007, les quatre candidats de cette mouvance (Olivier Besancenot, Arlette Laguiller, José Bové et Gérard Schivardi) ne rassemblent que 7,1 % des suffrages et ne profitent pas du recul du PC et des Verts. Mais ce reflux semble conjoncturel, dans la mesure où il s'explique par la dispersion des candidatures situées « à gauche de la gauche » et, surtout, par le mécanisme du vote utile des électeurs de gauche en faveur de la seule candidate susceptible de rivaliser avec Nicolas Sarkozy : Ségolène Royal. En effet, la dynamique intellectuelle et militante que rencontre depuis la fin du XXe siècle une gauche radicalement hostile à la mondialisation libérale et au capitalisme est maintenue par une série de mouvements sociaux et d'échéances politiques : mobilisation contre la réforme des retraites au printemps 2003, campagne pour le « non » au référendum sur la Constitution européenne en mai 2005, mouvement des étudiants et des salariés contre le contrat première embauche (CPE) en mars-avril 2006… Et, depuis 2007, l'extrême gauche apparaît souvent comme une force d'opposition plus efficace et résolue qu'un PS en proie à de grandes difficultés internes : les élections municipales de mars 2008 ont d'ailleurs marqué une progression sensible de cette force politique dans plusieurs villes moyennes. Cette dynamique n'a pas mis un terme aux divisions de l'extrême gauche. Elle a profité principalement à la LCR qui, grâce à l'image assez nettement positive dans l'opinion de son nouveau porte-parole (Olivier Besancenot) et à son implantation dans les organisations lycéennes et étudiantes, réussit à renouveler ses militants et à rajeunir son électorat. En février 2009, la transformation de la LCR en Nouveau parti anticapitaliste (NPA) s'inscrit dans cette volonté de renouveler l'image d'une famille politique qui bénéficie d'un contexte favorable (crise sociale et incapacité de la gauche traditionnelle à tirer parti des difficultés de la droite au pouvoir).

DES SIGNIFICATIONS MULTIPLES

Si la tentation extrémiste s'inscrit dans une conjoncture politique qui lui est plus ou moins favorable, elle répond aussi à des tendances plus profondes et structurelles qu'il convient d'évoquer à présent.

La permanence d'une culture protestataire

Sous la Ve République, les extrêmes réussissent à s'imposer sur le terrain électoral lorsque leur discours dépasse les cercles relativement marginaux de l'extrémisme pour gagner un électorat protestataire qui, dans la France contemporaine, correspond à une fraction non négligeable des citoyens. Depuis la Révolution française, l'utopie révolutionnaire et la croyance en une transformation radicale de la société restent influentes dans le discours politique, tout en s'adaptant à l'évolution de la conjoncture. L'enracinement de la République parlementaire à la fin du XIXe siècle puis la Révolution russe de 1917 ont ainsi modifié les références du discours révolutionnaire, centré sur la critique du libéralisme et de la démocratie bourgeoise et la primauté accordée aux luttes sociales : la force du communisme français qui, à quelques exceptions près (le Front populaire, la Résistance et la Libération), s'est constamment situé dans l'opposition aux gouvernements successifs témoigne de l'attraction exercée par cette protestation révolutionnaire jusqu'aux premières années de la Ve République. De façon moins nette, depuis la fin du XIXe siècle, des forces politiques successives ont rencontré une audience significative autour d'une thématique mêlant la critique du libéralisme et de la démocratie parlementaire, l'appel au peuple et le culte de l'autorité politique : le boulangisme, le nationalisme anti-dreyfusard, les ligues de l'entre-deux-guerres, le Parti social français (PSF) de La Rocque et le Rassemblement du peuple français (RPF) de De Gaulle, le poujadisme constituent les principales figures d'une famille politique qui, au même titre que la gauche révolutionnaire, parvient à capter les courants protestataires. L'influence de cette protestation, qui traduit une insatisfaction chronique d'une fraction de la société française à l'égard de l'offre politique, n'est pas étrangère à l'instabilité relative des régimes qui se sont succédé en France depuis la fin du XVIIIe siècle.

Si l'importance des attitudes protestataires est une caractéristique structurelle de la vie politique française, leur vigueur et leur expression électorale dépend, pour une large part, de la conjoncture. Sous la Ve République, c'est dans un contexte particulier que les extrêmes parviennent à capter cette protestation. Ce contexte est marqué par une crise économique qui, en s'inscrivant dans une longue durée et en touchant les masses (par le chômage notamment), alimente à la fois des réflexes nationalistes (tentation protectionniste, stigmatisation des immigrés qui voleraient le travail et la protection sociale des Français, etc.), un discours antilibéral et une critique des gouvernements successifs qui, de droite ou de gauche, semblent impuissants à résoudre les difficultés qui frappent les Français. Économique dans un premier temps (au milieu des années 1970), la crise devient sociale (à la fin de cette décennie) et enfin politique (au milieu des années 1980) : elle contribue à la remise en cause des mécanismes habituels de la représentation (parlementaires, hommes et partis politiques traditionnels) et favorise un « vote défouloir », dont profitent le FN d'abord, l'extrême gauche ensuite. L'essor électoral des partis extrémistes s'accompagne symétriquement d'un reflux des forces gouvernementales : l'enracinement de l'extrême droite s'inscrit dans un contexte où la droite, désemparée par ses échecs successifs aux élections de 1981 et 1988, ne parvient pas à définir une stratégie cohérente pour revenir au pouvoir ; et, à partir des années 1990, le vote d'extrême gauche a pu apparaître comme un refuge pour les électeurs de gauche déçus par les expériences gouvernementales socialistes (notamment, sous le second septennat de François Mitterrand) et orphelins du communisme, après la chute du mur de Berlin en 1989. Inversement, lorsque les forces gouvernementales parviennent à incarner une alternative crédible (François Mitterrand en 1981, Nicolas Sarkozy en 2007), elles réussissent à priver les extrêmes d'une partie des électeurs qui souhaitent une rupture.

L'atténuation des marqueurs identitaires de l'extrémisme

La captation d'un électorat protestataire, dont les références doctrinales sont souvent floues, suppose une certaine atténuation de la radicalité idéologique des forces extrémistes – atténuation qui va parfois jusqu'à la mise en veilleuse de certains marqueurs identitaires. Le Parti communiste a, le premier, appliqué cette logique de façon délibérée, au nom de l'antifascisme, dès le milieu des années 1930. Aux références internationalistes et bolcheviques s'est substitué un communisme inscrit dans l'histoire nationale de la France, acceptant – au moins provisoirement – la logique des institutions : cette conversion, qui a permis au PCF de conquérir un électorat de masse, n'a jamais été réellement remise en cause, même au moment de la guerre froide.

À partir du moment où l'extrême droite s'engage sur le terrain électoral, ses dirigeants adoptent deux discours : le premier, adressé aux militants et censé rester dans le cercle étroit d'organisations minoritaires, ne craint pas la radicalité idéologique et la violence rhétorique ; le second, destiné à être public et visant l'électorat de masse, emprunte volontiers ses thèmes à la droite plus intégrée dans le système politique. Lui-même issu de la droite traditionnelle, Jean-Louis Tixier-Vignancour a, dans la seconde moitié des années 1960, opéré une normalisation de son propre discours : les références au nationalisme et à l'Algérie française s'effacent derrière des accents libéraux et européens, au grand dam de certains de ses partisans, dont Jean-Marie Le Pen. Celui-ci se montre plus ambigu lorsque le FN s'enracine dans la vie politique française. D'une part, il réfute l'épithète d'extrémiste et revendique des références acceptables par la droite traditionnelle – l'héritage de Churchill et l'hommage à la révolution néolibérale de Reagan et Thatcher en 1984, le patronage de Pinay sous l'autorité duquel il aurait commencé sa carrière politique affirme-t-il, non sans quelques approximations au début de la campagne présidentielle de 2002. Mais, d'autre part, il assume, au moins partiellement, le *corpus* doctrinal et rhétorique de la droite radicale française : populisme tribunicien rejetant l'« établissement », nationalisme cristallisé autour des différentes menaces qui planent sur l'identité nationale (immigration notamment), résurgences antisémites à l'occasion d'évocations historiques récurrentes à la Seconde Guerre mondiale. Différents dérapages verbaux s'apparentent à des provocations qui démentent le discours apparemment modéré tenu par ailleurs, sans forcément en limiter l'efficacité : ils sont autant de clins d'œil adressés aux partisans les plus ancrés à l'extrême droite pour les convaincre que le FN et son chef n'ont pas véritablement changé. Et si, au milieu des années 1980, ces propos scandaleux ont sans doute été involontaires, Jean-Marie Le Pen en a ensuite fait une arme à usage interne, afin de souder les militants contre un système politique et médiatique qui ostracise son organisation[1].

L'extrême gauche modère son discours plus tardivement et de façon moins nette. Elle a toujours affirmé sa différence à l'égard de la gauche gouvernementale, qu'elle accuse d'être gestionnaire – et c'est justement ce qui la distingue des communistes, dont l'attitude au moment de Mai 68 a révélé la complicité avec la démocratie libérale et parlementaire. Elle affiche plus volontiers des symboles révolutionnaires (la référence au drapeau rouge, les figures de Trotski ou de Che Guevara, la rhétorique de la lutte des classes), dans la mesure où ces derniers ne suscitent pas le même désaveu, quasi unanime, que les références les plus controversées de l'extrême droite. Toutefois, en s'inscrivant à partir de la fin des années 1990 dans un mouvement plus large de contestation de la mondialisation libérale, l'extrême

1. Mathias Bernard, « Le Pen, un provocateur en politique », *Vingtième siècle. Revue d'histoire*, n° 93, janvier-mars 2007, p. 37-45.

gauche met en veilleuse ses références doctrinales les plus spécifiques au profit d'un discours radical certes, mais idéologiquement plus flou. Le discours du candidat Olivier Besancenot, qui fait une place à des revendications sociétales (légalisation du cannabis, défense de l'écologie et du développement durable, etc.), se démarque de la tonalité des débats internes d'une LCR qui, dans sa presse militante ou ses congrès, reste majoritairement attachée aux enseignements de Trotski. La nébuleuse altermondialiste cherche à cristalliser différentes sources de mécontentement et de frustrations qui se situent parfois en contradiction avec les éléments identitaires de l'extrême gauche : l'opposition de gauche lors du référendum du 29 mai 2005 sur la Constitution européenne, dans laquelle l'extrême gauche a pris une place importante, s'est en partie appuyée sur un réflexe protectionniste, alimenté, notamment, par la polémique sur le « plombier polonais » censé faire concurrence aux travailleurs français.

Le renouvellement partiel de l'ancrage sociologique

En investissant le champ électoral et en modifiant leur discours, les extrêmes parviennent parfois à gagner des fractions de la population qui, traditionnellement, ne constituent pas leur socle sociologique privilégié. Cette évolution frappe particulièrement l'électorat du FN au cours des dernières décennies du XXe siècle. Lors de ses premiers succès, dans les années 1980, ce parti bénéficie des suffrages des catégories sociales les plus enclines à porter leurs voix sur la droite populiste : son électorat est aux deux tiers masculin, peu diplômé et reste dominé par les classes moyennes indépendantes, comme l'était naguère le poujadisme. Lors des présidentielles de 1988, 24 % des personnes travaillant à leur compte ont voté pour Jean-Marie Le Pen (soit 10 points de plus que la moyenne des électeurs), de même que 31 % des petits commerçants et artisans, 21 % des professions libérales, 18 % des agriculteurs… et, déjà, 21 % des employés de bureau et 19 % des chômeurs. Cette première percée dans l'électorat populaire s'accentue au début des années 1990 : des catégories sociales qui, en d'autres temps, auraient voté PC s'orientent désormais vers le FN. En 1995 et 1997, le FN est le premier parti ouvrier de France. Ce « gaucho-lepénisme » s'atténue au tournant du siècle, au moment des premières crises du parti et de l'essor de l'extrême gauche altermondialiste : lors des présidentielles de 2002, c'est dans les campagnes et au sein des électeurs les plus âgés que Jean-Marie Le Pen enregistre sa progression la plus notable[1].

Les évolutions sont moins nettes pour l'extrême gauche qui, depuis le milieu des années 1960, s'appuie sur deux piliers : les ouvriers, très présents à Lutte ouvrière et dans l'électorat d'Arlette Laguiller, et les enseignants qui, à côté d'une forte composante ouvrière, caractérisent la sociologie militante et électorale de la LCR. L'essor électoral du début du XXIe siècle ne modifie pas fondamentalement cette implantation, mais il traduit un double élargissement. Élargissement sociologique d'une part, avec une percée au sein des classes moyennes salariées qui expriment, à la fois, la crainte d'être précarisées par la crise économique et leur déception face aux politiques conduites par la gauche gouvernementale, dont elles étaient jusqu'alors la clientèle principale. Élargissement générationnel d'autre part, sensible aussi bien dans le vote en faveur d'Olivier Besancenot que dans l'influence croissante de la LCR puis du syndicalisme Solidaires unitaires démocratiques (SUD) dans les mouvements lycéens et étudiants de la première décennie du XXIe siècle.

Des familles politiques à part

Les mutations idéologiques et sociologiques de ces deux forces politiques renvoient à une évolution de la stratégie des principales organisations que l'on situe aux extrêmes de la vie politique. Le refus de la marginalisation extrémiste, le rejet de la violence activiste, la conversion à la démocratie électorale ou, à défaut, son utilisation,

1. Nonna Mayer, « Les hauts et les bas du vote Le Pen », *Revue française de science politique*, vol. 52, octobre-décembre 2002, p. 505-520.

l'acceptation du système médiatique, la recherche d'un élargissement d'une base électorale et même la tentation d'un rapprochement avec des forces plus intégrées au jeu politique... Tous ces éléments expliquent une atténuation de la spécificité des deux extrêmes qui ne se sont toutefois pas engagés de la même manière dans ce processus.

Si une fraction de l'extrême droite conserve une posture intransigeante et reste attachée soit à un mode d'action violent, soit à une radicalité idéologique, les organisations et les dirigeants les plus connus ont souhaité occuper une position politique et médiatique plus centrale et, de ce fait, intégrer, au moins partiellement, le système institutionnel : c'est le cas de Jean-Louis Tixier-Vignancour et de l'ARLP dans la seconde moitié des années 1960, de Jean-Marie Le Pen et du FN dans les années 1980. C'est au cours de cette décennie que le FN donne des gages de respectabilité [1], en proclamant son attachement à la « vraie démocratie » et en puisant nombre de ses références idéologiques et de ses dirigeants dans des structures situées à la charnière de la droite traditionnelle et de la droite radicale : créé en 1974, le Club de l'Horloge a d'abord été une pépinière de cadres au service de la droite modérée et de ses gouvernements avant de servir de passerelle entre les deux droites au nom de la synthèse libérale-nationale ; ses principaux animateurs – Bruno Mégret, Jean-Yves Le Gallou ou Yvon Blot – sont ainsi passés du RPR ou de l'Union pour la démocratie française (UDF) au FN, au cours des années 1980. Lors des européennes de 1984 et des législatives de 1986, le FN présente, à côté de vieux routiers de l'extrême droite, des personnalités plus modérées, souvent placées en position éligible. Et, après s'être imposé comme une force politique importante, il entretient des contacts plus ou moins ouverts avec les autres formations de la droite modérée : en témoignent les ententes nouées au sein de plusieurs Conseils régionaux entre 1986 et 1992 ou les désistements réciproques lors de certains scrutins (législatives de 1988 notamment). Cette normalisation de l'extrême droite suscite des résistances, à l'intérieur du parti tout d'abord : le désaccord

1. Cette stratégie est analysée par Guy Birenbaum, *Le Front national en politique*, Paris, Balland, 1992.

croissant entre Jean-Marie Le Pen et Bruno Mégret, qui aboutit à la scission de 1998, repose en grande partie sur des visions divergentes de la stratégie du FN, le premier s'en tenant à une posture protestataire, le second envisageant une évolution « à l'italienne » de la droite française qui pourrait intégrer le FN au nom de valeurs communes. Ces perspectives sont également contestées par les autres forces politiques : la gauche considère que, en dépit de ses évolutions, le FN continue de s'apparenter à un néo-fascisme ; quant à la droite, elle se divise sur l'attitude à adopter face à une famille politique que les provocations de Jean-Marie Le Pen tendent à rendre infréquentable. En dépit du rejet par les instances dirigeantes de l'UDF et du RPR de toute entente, locale ou nationale, avec le FN en 1988, la question n'est pas réglée, comme le montre la tempête politique et médiatique suscitée par l'élection en 1998 de cinq présidents de Conseil régional de droite avec les voix d'élus du FN[1].

Les organisations d'extrême gauche connaissent moins la tentation du ralliement que leurs homologues d'extrême droite. Alors même qu'elle draine, à partir de la fin du XXe siècle, un électorat de masse qui dépasse le cadre étroit des militants radicaux, la LCR conserve une stratégie contestataire et n'envisage pas, à court et moyen terme, d'alliance électorale et, *a fortiori*, d'accord programmatique avec la gauche gouvernementale. Mais en dépit de cette intransigeance, les formations d'extrême gauche ne souffrent pas d'une image aussi négative que celle du FN : contrairement à celui-ci, elles acceptent d'ailleurs le qualificatif « extrême ». Sans doute faut-il voir là la marque de l'influence de la culture marxiste et révolutionnaire au sein de la gauche et, au-delà, de certains pans de la société française (intellectuels notamment). De fait, sous la Ve République, la frontière entre gauche et extrême gauche est plus poreuse que celle qui existe entre droite et extrême droite. Nombreux sont les cadres de la gauche gouvernementale qui ont commencé leur engagement mili-

1. Qu'il nous soit permis de renvoyer, sur ces questions, à Mathias Bernard, *La guerre des droites. Droite et extrême droite, de l'affaire Dreyfus à nos jours*, Paris, Odile Jacob, 2007.

tant à l'extrême gauche ou aux côtés de l'extrême gauche, le syndicalisme étudiant – Union nationale des étudiants de France (UNEF)-Unité syndicale puis UNEF-Indépendante et démocratique (ID), à partir de 1980 – jouant un important rôle de passerelle politique. La polémique lancée à la veille de la campagne présidentielle de 2002 à propos du passé trotskiste de Lionel Jospin a révélé ces liens, parfois occultes et occultés, entre ces deux familles politiques.

La tentation des extrêmes a pris différentes formes sous la Ve République : engagements activistes, au temps de la guerre d'Algérie, autour de Mai 68 ou lors des grandes mobilisations sociales ; réflexions doctrinales et intellectuelles, à l'extrême droite d'abord – dans les années 1970 –, à l'extrême gauche ensuite – à la fin du XXe siècle – ; succès électoraux, rencontrés par les organisations politiques qui acceptent le jeu électoral. La fortune électorale des extrêmes renvoie donc autant à des causes conjoncturelles – la crise de la représentation, le rejet des grands partis, les difficultés de la gestion gouvernementale, l'angoisse suscitée par la mondialisation libérale – qu'à des facteurs structurels, au premier rang desquels figure la force des cultures contestataires et protestataires dans la vie politique française.

Une social-démocratie à la française ?

NOËLLINE CASTAGNEZ

Depuis la fin du XIXe siècle, en Europe du Nord, la social-démocratie s'est forgée empiriquement au croisement de deux dynamiques politiques : la lutte pour le suffrage universel et la lutte des classes. Mais c'est dans les années 1950 que la social-démocratie européenne aboutit au modèle en comparaison duquel la France de la Ve République constitue une exception. En 1959, le congrès du *Sozialdemokratische Partei Deutschlands* – Parti social-démocrate d'Allemagne (SPD) – à Bad-Godesberg cristallise l'évolution amorcée par la rupture avec le communisme dans les années 1920 et accélérée par la crise des années 1930. Au cœur de l'idéologie et des pratiques social-démocrates, se trouve un double compromis entre le capital et le travail et entre l'État et le marché, lequel doit à tout prix éviter le déchaînement de la violence. La social-démocratie revendique ainsi son ralliement à la démocratie et à ses règles, une orientation réformiste afin de transformer graduellement la société, son abandon de la socialisation obligatoire des moyens de production et son acceptation frontale du conflit. Or, depuis leur congrès constitutif en 1905, les socialistes français ont toujours éprouvé des difficultés à articuler révolution et réforme[1]. Sous la Ve République, ils ne concilient guère mieux révisionnisme et orthodoxie, pas plus que compromis et rupture. Alors que le parti socialiste (PS) vient d'adopter, en 2008, une déclaration de principes résolument réformiste, il serait tentant

1. Marc Lazar, « La social-démocratie européenne à l'épreuve de la réforme », *Esprit*, mars-avril 1999, p. 124.

d'adopter une conception évolutionniste et de ne penser le cas français qu'en termes de retard sur un inévitable modèle de développement. Mais, outre que le devenir de la social-démocratie européenne ne va pas de soi, il est plus stimulant d'explorer les mues successives du socialisme français sous la Ve République dans ce qu'elles ont de spécifique et dans leur interaction avec ce régime. Par conséquent, après avoir expliqué pourquoi l'exception française perdure au-delà de la refondation d'Épinay, nous verrons si, à l'épreuve du pouvoir, la modernisation implique la révision, avant de mesurer si nous assistons à une réelle transmutation réformiste depuis ces dernières années.

L'EXCEPTION FRANÇAISE PERDURE AU-DELÀ D'ÉPINAY

En 1979, alors que les premières élections européennes font espérer une homogénéisation des partis socialistes, Alain Bergounioux et Bernard Manin brossent le tableau de la social-démocratie en Europe pour conclure que le socialisme français présente une évolution spécifique[1]. La même année, au sein ou en marge du PS, des voix réclament l'avènement d'une social-démocratie en France avec Michel Rocard et Éric Hintermann[2]. Nous ne reviendrons pas sur les caractéristiques congénitales du socialisme français qui le distinguent, depuis 1905, des partis sociaux-démocrates et magistralement définies par Alain Bergounioux et Gérard Grunberg[3] : le PS n'est pas un parti de masse et n'a jamais réussi à encadrer réellement la classe ouvrière ; il n'est pas doté d'une grande puissance militante et financière ; il n'entretient

1. Alain Bergounioux et Bernard Manin, *La social-démocratie ou le compromis*, Paris, PUF, 1979.

2. Michel Rocard (*et al.*), *Qu'est-ce que la social-démocratie ?*, Paris, Le Seuil, coll. « Faire », 1979 et Éric Hintermann, *Manifeste pour une social-démocratie française*, Paris, Albin Michel, 1979. De 1975 à 1982, Hintermann préside le petit Parti socialiste démocratique.

3. Alain Bergounioux et Gérard Grunberg, *L'ambition et le remords. Les socialistes français et le pouvoir (1905-2005)*, Paris, Fayard, 2005, version remaniée de 1992.

pas de lien privilégié avec une centrale syndicale depuis la Charte d'Amiens en 1906 ; et, enfin, il est concurrencé sur sa gauche, depuis le congrès de Tours en décembre 1920, par son frère ennemi, le Parti communiste français (PCF). En revanche, nous chercherons pourquoi, dans cette première période de la Ve République où le PS demeure dans l'opposition, il reste une exception.

La SFIO demeure un parti révolutionnaire

Lors de la crise du 13 mai 1958, les socialistes se déchirent sur le ralliement au général de Gaulle et, à l'automne 1958, la scission est entérinée avec la création du Parti socialiste autonome (PSA). Affaiblie, la Section française de l'Internationale ouvrière (SFIO) retourne dans l'opposition dès janvier 1959. Cependant, une révision est tentée autour de Jules Moch, Roger Quilliot, Pierre Bonnel et Jacques Germain. Ils fondent un Groupe d'études doctrinales afin d'établir une nouvelle charte socialiste et publient leurs travaux dans *La Revue socialiste*. Privilégier la planification et faire de la nationalisation un simple moyen d'appropriation collective des moyens de production n'est pas réellement original, mais cette charte définit pour la première fois l'identité socialiste par le réformisme. Aussi Guy Mollet empêche-t-il cette mue identitaire en conservant la déclaration de principes de 1946, et ce jusqu'en 1969. Au congrès d'août 1946, la SFIO a, en effet, écarté la tentative de révision blumiste vers un socialisme humaniste. En refusant de substituer à « la lutte des classes » le concept d'« action de classe », le parti est revenu à une eschatologie révolutionnaire comme l'atteste cet extrait : « *Le parti socialiste est un parti essentiellement révolutionnaire : il a pour but de réaliser la substitution au régime de propriété capitaliste d'un régime où les richesses naturelles comme les moyens de production et d'échange deviendront la propriété de la collectivité et où, par conséquent, les classes seront abolies.* » [1]

1. Alain Bergounioux, *Déclarations de principes socialistes 1905-1990*, Paris, L'Encyclopédie du socialisme, 2004.

L'influence de la Nouvelle gauche

C'est donc dans les clubs politiques tels que le Club Jean-Moulin, moderniste et chrétien, le Club des Jacobins ou Citoyens 60, et au Parti socialiste unifié (PSU), en un mot dans « la Nouvelle gauche », que s'amorce la rénovation idéologique.

Ainsi, la candidature de Gaston Defferre aux présidentielles de 1965 exprime-t-elle les perspectives esquissées par les clubs de la « gauche moderne », en particulier « Horizon 80 ». Il réclame « une gauche de gestion » qui prendrait en charge les intérêts de toute la collectivité et abandonnerait enfin le « verbalisme révolutionnaire ». Les nationalisations sont peu évoquées, si ce n'est à travers le « contrôle du crédit et des banques d'affaires », et la planification doit rester souple afin de ne pas entraver l'« accélération de la croissance » sans laquelle aucune justice sociale n'est concevable[1]. Mais Gaston Defferre ne réussit pas à créer une Fédération démocrate socialiste, et l'échec de son investiture, en juin 1965, met fin à toute tentative de réformisme avoué. Lorsque François Mitterrand reprend le flambeau, c'est au nom de l'union de la gauche et avec l'appui du Parti communiste français (PCF).

Parallèlement, dans les années 1960, l'autogestion alimente la réflexion de groupes divers, anarchistes, marxistes anti-staliniens, trotskistes et socialistes. En 1966, le sociologue Georges Gurvitch crée la revue *Autogestion* avec Yvon Bourdet, Henri Desroche et Henri Lefebvre et en propose cette définition : « Le concept d'autogestion, aujourd'hui, c'est l'ouverture sur le possible. Elle montre le chemin pratique pour changer la vie, ce qui reste le mot d'ordre et le but et le sens d'une révolution. »[2] À la faveur de Mai 1968 et des revendications de la Confédération française des travailleurs chrétiens (CFTC), le terme s'impose. Forgé à l'origine pour qualifier le système yougoslave de gestion des entreprises, il exprime alors en France le double refus de

1. Gaston Defferre, *Un nouvel horizon*, Paris, Gallimard, 1965.
2. *Autogestion*, n° 1, 1966.

la social-démocratie et du socialisme bureaucratique d'État ou, en d'autres termes, le refus de l'aménagement du capitalisme et de la démocratie populaire. Il est au cœur des débats de revues telles que *Frontière* (1967-1975) ou *Faire* (1975-1982).

Le PSU lui donne alors un écho certain. En 1960, il a rassemblé le PSA, l'Union de la Gauche Socialiste de Gilles Martinet où dominaient les catholiques de gauche, et quelques militants de la Tribune communiste de Jean Poperen. Son objectif demeure alors assez orthodoxe : une transition au socialisme définie par un seuil de réformes structurelles et irréversibles. Mais il l'enrichit en s'inspirant du planisme, grâce à André Philip, qui a été l'un de ses promoteurs en France dans les années 1930, et Pierre Mendès France[1]. Avec la formule « Décoloniser la province », lancée en 1967, son nouveau secrétaire national, Michel Rocard, associe étroitement autogestion et décentralisation. Il veut ébranler, à la fois, l'ordre économique par la majoration du pouvoir des travailleurs dans l'entreprise et l'ordre politique par la décentralisation ou la régionalisation. L'enjeu est de concilier socialisme et liberté et d'éviter la dégénérescence bureaucratique du pouvoir collectif[2]. « Mot phare » des années 1970, le vocable « autogestion » finit par être assimilé par tous les courants de gauche, y compris le Centre d'études, de recherches et d'éducation socialiste (CERES).

Sous le pseudonyme collectif de Jacques Mandrin, en 1969, Jean-Pierre Chevènement, Didier Motchane et Pierre Guidoni écrivent un pamphlet au titre évocateur, *Socialisme ou social-médiocratie*. En réaction à cette dernière, « dont la pensée flotte comme un fantôme dans un musée désaffecté » écrit Didier Motchane[3], ils ont créé le CERES en 1965, seul susceptible, selon eux, d'éviter la « dérive social-démocrate ». Le Centre espère mener une rénovation idéologique et

1. Cf. André Philip, *Henri de Man et la crise doctrinale du socialisme*, Paris, Librairie universitaire J. Gamber, 1928 et Pierre Mendès France, *La République moderne*, Paris, Gallimard, 1962.

2. Michel Rocard (*et al.*), *Le PSU et l'avenir socialiste de la France*, Paris, Le Seuil, 1969.

3. Didier Motchane, *Clefs pour le socialisme*, Paris, Seghers, 1973, p. 43.

militante de l'intérieur du PS et promouvoir le rassemblement d'une gauche unie sur un programme de gouvernement[1]. Alors que les rocardiens se donnent la rupture pour objectif, le CERES préconise de la poser comme préalable. Ils la conçoivent comme la conquête du pouvoir d'État et l'expropriation du capital, c'est-à-dire une étape nécessaire mais non suffisante, à laquelle doit succéder une période de transition prenant en compte l'intensification de la lutte des classes. Les mesures envisagées ne doivent pas être assimilables par le capitalisme et lui permettre de survivre comme aux lendemains du Front populaire ; elles doivent être irréversibles, préparer la socialisation des moyens de production et assurer définitivement la légitimité des nouveaux droits. L'éternelle question des libertés est résolue par le soutien des masses ralliées à un programme le plus clair possible. Et dès lors, le projet autogestionnaire pourrait s'épanouir.

La refondation d'Épinay ou « la rupture »

Or la refondation qui se réalise en deux étapes, à Issy-les-Moulineaux en juillet 1969, puis à Épinay en juin 1971, maintient en fait le credo révolutionnaire. Certes, le premier secrétaire du Nouveau parti socialiste, Alain Savary, est porteur d'un projet moderniste qui combine planification, marché et extension progressive du secteur socialisé. Mais officiellement, le parti s'est doté d'une nouvelle déclaration de principes – rédigée en grande partie par la SFIO avant sa fusion avec l'UCRG[2] en mai 1969 – où il s'affirme toujours comme « un Parti révolutionnaire ». S'il propose de « substituer *progressivement*[3] à la propriété capitaliste une propriété sociale », il met ainsi en garde les travailleurs : « La transformation socialiste ne peut être le produit naturel et la somme de réformes corrigeant le système capita-

1. Jean-Pierre Chevènement (*et al.*), *Le CERES par lui-même. Un dessein socialiste pour la France*, Paris, Bourgois, 1978, p. 7.
2. Union des clubs pour le renouveau de la gauche d'Alain Savary.
3. Souligné par nous.

liste. Il ne s'agit pas d'aménager le système mais de lui en substituer un autre. »

À Épinay, pour l'emporter sur Jean Poperen et les molletistes, François Mitterrand rassemble, outre les anciens de la CIR [1] et la droite du parti avec Gaston Defferre et Pierre Mauroy, le CERES de Jean-Pierre Chevènement. Comme en 1920 avec les guesdistes, ou en 1946 avec Guy Mollet, l'aile gauche constituée du CERES et de marxistes proches de Mitterrand, tel Pierre Joxe, se pose comme la gardienne de l'orthodoxie. Par conséquent, afin non seulement d'effacer les erreurs de la période molletiste, mais aussi d'écarter toute tentative d'un Bad-Godesberg à la française, les « refondateurs » d'Épinay réaffirment leur ancrage à gauche en revendiquant la « rupture avec le capitalisme » et en prônant une alliance avec les communistes. Considérant qu'aucune véritable démocratie ne peut exister en régime capitaliste, ils optent pour la socialisation progressive des moyens d'investissement, de production et d'échange, en utilisant, au mieux, les réformes tout en condamnant le réformisme. La déclaration de principes d'Alfortville est donc reprise sans modification à Épinay : le socialisme français prend dès lors le contre-pied de la social-démocratie européenne pour plusieurs années.

Mais dans le même temps, en renforçant le pouvoir charismatique de son *leader* et en ralliant le parti à la logique présidentielle du régime gaullien, François Mitterrand lui donne les moyens de réaliser cette « rupture ». Depuis 1924, les socialistes ne s'étaient jamais libérés des débats sur la participation à l'exercice du pouvoir. S'ils remportent les présidentielles, il ne sera plus besoin d'attendre une révolution spontanée, à laquelle ils ne croient plus guère en réalité. Le programme de mars 1972, « Changer la vie », est donc fondé sur une analyse économique et sociale qui se veut inspirée du marxisme et donnant à l'État les moyens d'orienter l'économie et de combattre les monopoles en nationalisant le crédit et les secteurs vitaux, en relançant la consommation populaire et en garantissant de nouveaux droits sociaux. Les nationalisations en sont la pierre angulaire et permettent d'articuler la

1. Convention des Institutions républicaines de François Mitterrand.

pratique à la doctrine. Cette politique s'appuie sur un « front de classes », défini en ces termes par Jean Poperen : « À partir du noyau central de la "classe ouvrière" traditionnelle, le front des exploités s'est étendu et a gagné en cohésion au fur et à mesure que s'élargissait le champ de l'exploitation capitaliste et se diversifiaient les formes de cette exploitation. »[1] Pour « Changer la vie », la majorité d'Épinay veut aussi intégrer l'autogestion en réclamant une profonde démocratisation de la société et une réelle décentralisation. Le programme commun de juin 1972 n'amende guère cette orientation. En 1974, les assises du socialisme complètent l'unification avec le ralliement de Michel Rocard et de militants du PSU et de la Confédération française démocratique du travail (CFDT). De 80 000 adhérents, le PS passe à 180 000 en 1978 et le succès électoral semble désormais possible.

Cependant, avec la crise consécutive aux chocs pétroliers de 1973 et 1979, l'intégration de la France dans le capitalisme mondial devient patente. De sorte que la voie d'un socialisme à la française semble de plus en plus étroite à certains. Le congrès de Metz, en avril 1979, oppose à nouveau les partisans d'une rupture radicale derrière Jean-Pierre Chevènement, à ceux qui prennent en compte la croissance de la production pour définir une meilleure répartition des richesses. Or, selon Michel Rocard, il est temps pour les socialistes de comprendre que le problème de la croissance ne se résout pas automatiquement par un « plus d'administration ». L'État doit être conçu comme un régulateur et non comme un producteur[2]. Jean-Pierre Chevènement y voit là une pensée « néo-libérale » qui choisirait « une gestion sociale du marché capitaliste » sur le modèle honni des sociaux-démocrates allemands. Il lui oppose « une stratégie autonome de développement » par la nationalisation du crédit et des grands groupes industriels[3]. Finalement, à Metz, avec l'appoint du CERES, François Mitterrand

1. Jean Poperen, *Nous sommes tous des archaïques*, Paris, Guy Roblot, 1978.

2. Car « il ne peut faire bien que ce qu'il sait faire : c'est-à-dire gérer, administrer, répartir. L'État en revanche n'est pas fait pour produire », écrit Michel Rocard, dans *À l'épreuve des faits. Textes politiques (1979-1985)*, Paris, Le Seuil, 1979, p. 139.

3. Cf. *Repères*, n° 61, février et n° 63, avril-mai 1979.

maintient l'orthodoxie doctrinale : l'objectif n'est ni de moderniser ni de tempérer le capitalisme, mais bien de lui substituer le socialisme.

La victoire de François Mitterrand aux présidentielles de mai 1981 constitue donc l'épreuve décisive pour un socialisme à la française qui entend se démarquer de la social-démocratie européenne.

À L'ÉPREUVE DU POUVOIR, MODERNISATION N'EST PAS RÉVISION

Dans l'élan de la victoire de mai 1981, les réformes du gouvernement Mauroy s'inscrivent dans la ligne promise : relance sociale, nationalisations de grands groupes industriels et financiers, décentralisation, démocratisation de la culture... Le PS est alors le seul, en Europe occidentale, à proclamer sa volonté de rompre avec le capitalisme. Un socialisme à la française semble s'ébaucher et joue sa réussite sur le terrain économique et social. Or ce « keynésianisme de gauche » bute sur la contrainte extérieure[1]. En moins de deux ans, le gouvernement Mauroy doit s'aligner sur l'austérité de la majorité des pays occidentaux et accorder à Jacques Delors la « pause dans l'annonce des réformes » qu'il réclame depuis l'automne 1981. Assiste-t-on pour autant à une social-démocratisation du socialisme français ?

La portée du tournant de 1983

De l'été 1982 au printemps 1983, un débat interne au gouvernement oppose les partisans – représentés par Pierre Mauroy et Jacques Delors – d'une politique destinée à mettre la France en phase avec les

1. Cela, non en raison des pertes de compétitivité que la relance entraîne, mais du fait de la forte sensibilité du commerce extérieur aux variations de revenus, comme l'ont montré Alain Fonteneau et Pierre-Alain Muet, *La gauche face à la crise*, Paris, Presses de la FNSP, 1985.

autres pays industriels, aux tenants – autour de Jean-Pierre Chevènement, Pierre Bérégovoy et, un temps, Laurent Fabius – d'une politique plus volontariste de relance au prix d'une dévaluation compétitive, quitte à sortir du système monétaire européen. En mars 1983, François Mitterrand arbitre finalement en faveur d'une politique de rigueur qui maintient l'engagement européen de la France.

La cohérence idéologique des années 1970, fondée sur la croyance en la capacité d'intervention de l'État, vole en éclats. Héritiers, bon an mal an, du planisme et du mendésisme, les socialistes ont cru que la fermeture de l'économie française permettait de conduire une politique économique nationale à l'abri de nos frontières, ce qui s'avère une chimère. Et les nationalisations n'ont pas l'effet magique escompté. Michel Rocard conclut : « Sans doute est-ce l'enseignement principal, définitif, de 1981. C'est pour la gauche au moins, la prise de conscience de l'irréalisme d'un projet global, total, que la maîtrise de l'appareil d'État suffirait à mettre en œuvre. Le thème de la rupture a vécu. L'enjeu du combat est de substituer une politique à une autre, et non une société à une autre. C'est la victoire de l'alternance sur l'alternative. »[1] Aussi le terme, à consonance jusque-là technocratique, de « modernisation » devient-il le concept clé du discours socialiste.

L'« occupation » du terme « modernisation[2] *»*

La modernisation permet au nouveau gouvernement de se redonner une image de marque. Déjà en 1969, le SPD, accompagné du *Freie Demokratische Partei* – Parti libéral démocratique (FDP) –, a gagné les élections législatives en promettant de créer une « Allemagne moderne ». Mais après dix ans d'exercice du pouvoir, la social-démocratie allemande a quelque peu perdu ses illusions modernistes.

1. M. Rocard, *op. cit.*, p. 9-10.

2. Cf. Patrick Brauns, « Modernisation, l'"occupation" d'un mot-clé par le parti socialiste », dans *Mots*, n° 22, mars 1990.

À partir de juillet 1984, cependant, le gouvernement Fabius se donne pour mot d'ordre de « moderniser et rassembler ». Il instaure une politique de restructuration industrielle qui donne la priorité aux profits. Au pied du mur, les socialistes reconnaissent donc les contraintes économiques et les avantages de l'économie mixte. « C'est l'entreprise qui crée la richesse, c'est l'entreprise qui crée l'emploi, c'est l'entreprise qui détermine notre niveau de vie et notre place dans la hiérarchie mondiale », déclarait déjà le président de la République aux Français en janvier 1984[1]. À la fin de l'année, pour convaincre sa base que non seulement le socialisme est une idée moderne, mais aussi que la politique de modernisation du gouvernement Fabius est toujours socialiste, la direction organise une Convention nationale sur le thème « Modernisation et progrès social ». Les socialistes tentent d'y théoriser une voie moyenne entre le libéralisme et l'ancien étatisme. Au congrès de Toulouse, en octobre 1985, l'impératif de la rupture est abandonné et, en 1987, une proposition de déclaration de principes propose même de reconnaître la« complexité croissante des sociétés capitalistes ». Pour autant, comme le constatent à nouveau Alain Bergounioux et Bernard Manin dans leur tableau de la social-démocratie européenne en 1989[2], la mutation française n'est pas décisive. Certes, le profit n'est plus considéré comme indigne par les socialistes français, mais ils n'adhèrent toujours pas aux principes du compromis frontal et de la modération volontaire.

Cette évolution vers le libéralisme économique a, en outre, tendu les relations des gouvernements socialistes avec les syndicats. La France n'a pas de culture du compromis entre patronat et syndicats comme en Europe du Nord, et ces derniers sont très hostiles à la dérégulation du marché du travail. En témoignent les grèves répétées sous le gouvernement Rocard de 1988-1990, lequel ne peut conclure que des accords sectoriels. Le PS est moins que jamais lié à un grand mouvement syndical. Le gouvernement Mauroy a tenté un rappro-

1. Déclaration télévisée du 15 janvier 1984.

2. Alain Bergounioux et Bernard Manin, *Le régime social-démocrate*, Paris, PUF, 1989.

chement avec les grandes centrales de gauche grâce aux lois Auroux[1] mais la rigueur a entraîné la rupture, y compris avec la Fédération de l'Éducation nationale (FEN) en 1984. Parallèlement, les ouvriers, qui ne constituaient déjà plus que 19 % des militants en 1973, tombent à 12 % en 1990, pendant que les classes moyennes investissent les cadres du parti. Aussi, faute de pouvoir s'appuyer sur la classe ouvrière, dont il n'est pas le représentant générique, le PS adopte une stratégie d'opinion. Revendiquant de grands principes universalistes, tels que l'égalité, il met en scène les contraintes de la mondialisation. À la fin des années 1980, la logique de marché l'a emporté et le rôle économique de l'État a décru d'autant.

Déclaration de principes de 1990 et congrès de l'Arche : la fin du « réformisme honteux » ?

Au congrès de Rennes de mars 1990 – célèbre pour ses affrontements mais dont nous ne ferons pas ici l'histoire – une nouvelle déclaration de principes remplace celle héritée en 1969 de Guy Mollet. Elle est le fruit d'un compromis entre huit des neuf contributions, Socialisme et République de Jean-Pierre Chevènement faisant cavalier seul. Après avoir rappelé son attachement à ses valeurs de toujours – « la liberté, l'égalité, la dignité des hommes et des femmes, le bien-être, la responsabilité et la solidarité » –, le parti opère sa mue : « Parti de rassemblement, il met le réformisme au service des espérances révolutionnaires », la dernière formule traduisant cependant la nostalgie persistante du mythe révolutionnaire. « Il s'inscrit ainsi dans la démarche historique du socialisme démocratique », ajoute-t-il. Plusieurs contributions reprennent cette dernière expression, vieil héritage blumiste, qui remplace désormais l'« autogestion ». Le parti se définit désormais comme « un parti de transformation sociale » et

1. Cf. Matthieu Tracol, *Changer le travail pour changer la vie ? Genèse des lois Auroux (1981-1982)*, master 2 Paris I, 2008, *Des poings et des roses*, L'Harmattan, 2009.

revendique une « société d'économie mixte qui, sans méconnaître les règles du marché, fournisse à la puissance publique et aux acteurs sociaux les moyens de réaliser des objectifs conformes à l'intérêt général ». Il exprime l'idée d'un « dépassement de la propriété capitaliste » mais grâce à « une véritable citoyenneté de l'entreprise ». Débarrassé du PCF, il ne se définit donc plus comme un parti de « lutte de classes » mais comme le parti « des salariés ». Enfin, l'engagement européen fait son entrée dans sa déclaration.

Mais, au milieu de la tempête médiatique engendrée par les déchirements de la majorité mitterrandiste au congrès, le texte passe inaperçu. C'est pourquoi, à l'issue de dix-huit mois de travail sous la direction de Pierre Mauroy, un congrès extraordinaire est convoqué à l'Arche de la Défense en décembre 1991. Son programme intitulé « Un nouvel horizon » veut, non seulement « définir un rapport critique avec le capitalisme » mais aussi reformuler les fonctions de l'État qui n'a plus vocation à produire. Il semble donc mettre fin au « réformisme honteux », selon l'expression de Marc Lazar[1]. Certes, de 1994 à 1995, le parti semble faire machine arrière sous l'impulsion d'Henri Emmanuelli, lequel propose un « tournant à gauche » et une ferme opposition au libéralisme. Mais en choisissant Lionel Jospin lors de primaires pour les présidentielles à venir, puis en le confirmant comme le *leader* du PS en octobre 1995, les socialistes français ouvrent la voie à une rénovation idéologique.

« DISCOURS DE LA RÉFORME »[2] OU TRANSMUTATION RÉFORMISTE ?

En cette fin de XXe siècle, la chute du mur de Berlin et l'accélération du processus de mondialisation conduisent le *New Labour* bri-

1. Marc Lazar, « La République à l'épreuve du social », dans Marc Sadoun, *La démocratie en France*, t. 2, Paris, Gallimard, 2000.
2. Cf. Lionel Jospin, « Le socialisme moderne », *Note de la Fondation Jean Jaurès*, n° 15, 2000, partie 3, « Le discours de la réforme ».

tannique à s'interroger sur la crise de la social-démocratie et sur la pertinence d'une « troisième voie »[1]. Le socialisme français est ainsi amené à légitimer le débat doctrinal sur le renouveau d'une social-démocratie étrangère à sa tradition mais qu'il revendique désormais par opposition au « social-libéralisme » de cette « troisième voie ». De là à opérer sa mue idéologique, il y a plusieurs étapes, rendues possibles par différents acteurs.

Face à la « troisième voie », le « socialisme moderne » de Lionel Jospin

Après des années d'occultation, la référence à la social-démocratie devient lisible chez les socialistes français. D'une part, la reconstruction d'une généalogie social-démocrate en France est favorisée par l'homogénéisation, en cette fin de siècle, des partis sociaux-démocrates qui souffrent de « désocial-démocratisation », selon Gerassimos Moschonas qui la diagnostique à partir de la disparition du conflit de classes, de la crise syndicale et de la diversification de l'offre à gauche[2]. D'autre part, La réflexion sur la social-démocratie est impulsée par des dirigeants socialistes européens tels que Tony Blair avec le New Labour ou Gerhard Schröder avec « le nouveau centre »[3].

Ainsi, Tony Blair et Anthony Giddens se demandent si la régulation politique est encore possible dans un cadre national en dépit de la « globalisation ». Leur « troisième voie » insiste sur le rôle de l'État-investisseur mais refuse d'accorder des droits sans responsabili-

1. Anthony Giddens, *The Third Way. The Renewal of Social Democraty*, Londres, Polity, 1998.

2. Gerassimos Moschonas, *La social-démocratie de 1945 à nos jours*, Paris, Montchrestien, 1994, p. 119 et suiv.

3. Cf. le manifeste Blair-Schrœder de juin 1999, publié dans Laurent Bouvet, Jacques-Pierre Gougeon, Jean Pisani-Ferry, Marisol Touraine et Henri Weber, « Blair-Schroeder. Le texte du manifeste. Les analyses critiques », *Note de la Fondation Jean Jaurès*, n° 13, 1999.

tés. Le débat est relayé en France par des dirigeants et des intellectuels du parti. Pendant la première année de son gouvernement, Lionel Jospin, à la tête d'une majorité plurielle qui comprend des ministres communistes, a le souci d'agir à gauche tout en restant le plus discret possible sur la notion de réforme. L'échec du passage en force sur les retraites du gouvernement Juppé l'a convaincu qu'il fallait renoncer à la réforme comme finalité en soi.

Cependant, l'université d'été de La Rochelle, le 30 août 1998, marque un « renversement de la réforme marginalisée à la réforme revendiquée », selon l'expression de Michel Marian[1]. Jospin y présente la réforme comme l'axe majeur de sa politique « entre l'immobilisme et le passage en force » et résume sa pensée d'une formule qui a fait long feu depuis : « Oui à l'économie de marché, non à la société de marché. »[2] Au printemps 1999, *La Revue socialiste* est ressuscitée, sous la direction d'Henri Weber, avec un numéro intitulé « Socialisme européen. Vers une nouvelle voie » et se fait l'écho de cette mutation. En guise d'introduction, Alain Bergounioux, historien et secrétaire national du PS, interroge la crise de la social-démocratie, considérant qu'il s'agit d'une crise de croissance et non de la fin du cycle ouvert par l'avènement de l'État providence après 1945. Suit un long entretien avec Lionel Jospin sous le titre « Rénovation de la social-démocratie : l'expérience française », où il cherche à s'émanciper du sinistrisme tout en condamnant la célèbre formule de Bernstein : « La fin n'est rien, le mouvement est tout. »[3] Selon lui, il convient de mieux articuler les fins aux moyens pour fonder un « vrai réformisme moderne ». Ses arguments trouvent alors un écho certain : en novembre 1999, la vénérable Fabian Society[4] publie sa brochure *Modern Socialism*

1. Michel Marian, « Lionel Jospin, le socialisme et la réforme », *Esprit*, *op. cit.*, p. 116.

2. Elle est notamment reprise par le manifeste Blair-Schröder en juin 1999.

3. Il l'a déjà fait à l'université d'été de La Rochelle le 30 août 1998.

4. Fondée en 1884, la Fabian Society est un mouvement socialiste et réformiste, qui a participé à la création du parti travailliste en 1900 et du New Labour, et qui est toujours actif (cf. son site au 25 mars 2009 : http://fabians.org.uk/).

(Fabian Pamphlet)[1] de préférence au manifeste Blair-Schrœder à la tonalité social-libérale ; il est l'invité d'honneur du congrès de l'Internationale socialiste[2] ; et la Fondation Jean Jaurès édite un recueil de ses discours, *Le socialisme moderne*[3]. À terme, cependant, les frustrations engendrées par les réformes inachevées de son gouvernement, et surtout, le traumatisme du 21 avril 2002 vont en affaiblir la portée.

Un parti bloqué ?

Qu'en est-il alors du parti lui-même ? En juillet 1999, une synthèse de la problématique social-démocrate est présentée aux militants par Henri Weber dans une brochure : *Qu'est-ce qu'être socialiste au XXIe siècle ?* Après avoir reconnu que les socialistes français ont tardé à renoncer, non seulement à la conquête du pouvoir par la violence, mais à la collectivisation des moyens de production, Henri Weber fait le constat d'une « crise du compromis social-démocrate » qui contraint le PS à « rechercher une réponse mieux adaptée ». Mais l'auteur peine à définir une identité social-démocrate à la française en termes positifs : il ne propose « ni l'abolition de la propriété privée, ni la gestion planifiée, ni le modèle scandinave ou allemand de l'État providence, ni le collectivisme bureaucratique »[4]. L'enjeu est de promouvoir un renouveau doctrinal sans adhérer pour autant à une conception évolutionniste qui suggérerait que le PS ne fait que combler enfin son retard après une longue période d'archaïsme. C'est donc au nom de la modernité que les socialistes français revendiquent le modèle social-démocrate qu'ils disent rénover. Ils valorisent « la démocratie sociale » en préco-

1. *Modern Socialism (Fabian Pamphlet)*, by Lionel Jospin, Chris Evans, Michael Jacobs, Lanna Castellano, Published in November 24, 1999, Fabian Society.
2. Congrès de l'Internationale socialiste des 8 au 10 novembre 1999.
3. Lionel Jospin, « Le socialisme moderne », *Note de la Fondation Jean Jaurès*, n° 15, 2000, 61 p.
4. Henri Weber, *Qu'est-ce qu'être socialiste au XXIe siècle ?*, Parti socialiste, p. 6.

nisant la négociation collective et tentent de relancer les groupes socialistes d'entreprise et un conseil économique, social et culturel du Parti, mais sans grand succès auprès des syndicats, il faut le reconnaître[1].

Au congrès de Grenoble, en novembre 2000, ils entendent conjurer la « troisième voie », qu'ils transforment, au mieux, en une pratique conjoncturelle et propre au milieu britannique, au pire, en marqueur identitaire d'une déviance. En réaction, la Gauche socialiste force le trait en préconisant un renforcement du contrôle étatique, et tente d'exercer une sorte de fonction tribunicienne en incarnant les valeurs originelles du parti. Dans leur ensemble, les délégués refusent de voir dans le libéralisme une valeur de gauche comme le font les Anglo-Saxons. La motion majoritaire déclare ainsi : « Nous ne pouvons pas accepter plus qu'hier le libéralisme. » Cet anti-libéralisme devient ainsi un argument rhétorique pour justifier un positionnement de l'entre-deux. Le parti continue de se référer à la « gauche critique », constituée d'ailleurs plus par l'altermondialisme que l'extrême gauche, sur un mode attraction-répulsion hérité de sa relation avec les communistes – la campagne pour le « non » au référendum européen en mai 2005 confortant cette attitude. De sorte que, lors de l'ouverture du colloque du Centenaire, Alain Bergounioux peut regretter que le socialisme français se distingue encore par l'inachèvement de sa synthèse idéologique et une base sociale trop étroite[2].

Les injonctions incantatoires à augmenter les effectifs, en effet, restent vaines. Les socialistes eux-mêmes s'interrogent régulièrement sur les blocages d'un parti trop professionnalisé, fermé à son environnement social et culturel et qui, en dépit de ses efforts, peine à s'ouvrir aux femmes et aux minorités. En 2006-2007, la campagne participative de Ségolène Royal se veut une solution, de même que la campagne d'adhésions à 20 euros, lancée par le PS sur Internet, au printemps

1. Il a été créé dans le prolongement du congrès national de Brest de novembre 1997.

2. *1905-2005 : cent ans de socialisme. Les socialistes et la France*, Actes du colloque organisé par le PS, la Fondation Jean Jaurès et l'OURS à la B.n.F., les 22 et 23 avril 2005, *L'OURS*, HS n° 31-32, juin-septembre 2005, p. 16.

2006, en vue des primaires de novembre. En trois mois, 75 000 nouveaux adhérents, essentiellement de jeunes actifs, urbains et diplômés, rejoignent les 130 000 anciens. Mais cette embellie ne résiste pas aux défaites électorales de 2007. Pour compenser cette faiblesse congénitale, la direction valorise la présidentialisation du parti amorcée à Épinay, et présente comme le sacre des militants l'élection directe du secrétaire général à partir de 1995 et les primaires organisées pour les présidentielles de 2007. Critiqué de l'intérieur pour sa faible féminisation, il vient également d'élever la parité au rang de ses principes fondamentaux dans sa déclaration de 2008 (art. 21).

À défaut de pouvoir renouveler son personnel et ses militants, le socialisme français tente désormais une rénovation idéologique.

Vers la déclaration de principes de 2008

D'une part, en marge du PS, s'activent plusieurs *think tanks* constitués d'intellectuels et de jeunes dirigeants socialistes. Deux d'entre eux sont proches de l'ancien ministre de l'Économie, Dominique Strauss-Kahn, qui en appelle à une social-démocratie à la française dans *La flamme et la cendre* en 2002. Ainsi, la Fondation Jean Jaurès, présidée par Pierre Mauroy et dont le secrétaire général est le strauss-kahnien Gilbert Finchelstein, a entamé à l'été 2008 ce qu'elle appelle sa « [Re] Fondation »[1]. La moitié de son comité scientifique a été renouvelée avec, à sa tête, l'économiste Daniel Cohen, et planche sur la réforme de l'État providence et du temps de travail. Terra Nova, financée quant à elle par le secteur privé, est présidée par un autre strauss-kahnien, le haut fonctionnaire Olivier Ferrand, et se donne pour objectif de « favoriser la rénovation intellectuelle de la social-démocratie »[2]. Elle compte en ses rangs Thierry Pech, lequel a fait émerger la thématique de l'« État préventif ». Ces deux *think*

1. Cf. la page d'accueil de son site au 25 mars 2009 : http://www.fondatn7.alias.domicile.fr/

2. Cf. la page d'accueil de son site au 25 mars 2009 : http://www.tnova.fr/

tanks proposent leurs services aux *leaders* politiques et aux parlementaires en organisant des groupes de réflexion et en publiant notes et essais.

D'autre part, un manifeste du courant « Socialisme et Démocratie » est rédigé par Laurent Baumel et Alain Bergounioux en janvier 2007. Il se veut une première contribution à la rédaction du manifeste social-démocrate souhaité par Dominique Strauss-Kahn et une tentative de synthèse entre la pratique jospinienne et le courant rocardien des années 1990. Son objectif est de rendre le « réformisme assumé » majoritaire dans le parti socialiste. Leurs auteurs condamnent à la fois le « néo-libéralisme » comme une révision à la baisse du compromis social et la « crispation gauchiste » qui conduit à l'immobilisme. Ils proposent donc une évolution du modèle français qui assume clairement l'ajustement nécessaire de l'État social à la nouvelle donne. Charte de l'environnement oblige, ils insistent sur la prise en compte nécessaire du « défi idéologique » et, se réclamant de Jürgen Habermas, veulent élargir l'horizon de l'État providence en visant la « domestication sociale et écologique du capitalisme ». Tirant les leçons du XXe siècle et de l'échec patent du « socialisme réel », ils assument la nécessité d'un compromis avec l'économie de marché capitaliste, ainsi qu'un « rapport décomplexé à l'exercice du pouvoir ». Cette double volonté – transformer le capitalisme sans l'abolir et exercer des responsabilités politico-institutionnelles pour mettre en œuvre cette transformation – définit l'espace idéologique du réformisme dans lequel ils souhaitent voir le socialisme français s'inscrire.

Or Alain Bergounioux préside la Commission qui élabore la nouvelle déclaration de principes, adoptée à la Convention nationale du 14 juin 2008 et entérinée par le congrès de Reims en novembre. À la différence de la déclaration de 1990, elle assume cette fois-ci le renoncement à toute référence révolutionnaire. En revendiquant les valeurs de 1789, l'héritage de la Commune, la « République et son œuvre démocratique » et les « grandes conquêtes sociales du Front populaire, de la Libération, de mai 1981 et des gouvernements de gauche », elle inscrit le socialisme dans une vision progressiste de la République et met l'accent sur l'« égalité au cœur de notre idéal » (art. 2). « Parti de la transformation sociale » en 1990, le « Parti socialiste est un parti réformiste » (art. 13) qui s'assume, selon les vœux du courant strauss-kahnien, en 2008. Cependant, le texte porte la trace de compromis avec les fabusiens en critiquant une « mondialisation dominée par le capitalisme financier » (art. 6) et en soulignant le rôle de l'« État social ». En écho à Lionel Jospin, la démocratie y est définie comme « à la fois, une fin et un moyen » (art. 5). Citoyenneté et démocratie de proximité sont aussi à l'honneur : « Notre socialisme est une conception et une pratique de la citoyenneté dans tous les domaines et sous toutes ses formes. Démocratie politique et démocratie sociale, démocratie représentative et démocratie participative forment un tout pour permettre la délibération et la décision collectives » (art. 5). Sans surprise, la déclaration définit par conséquent le socialisme démocratique en reprenant la formule de Jaurès : « Aller à l'idéal et comprendre le réel », mais en y intégrant l'incontournable dimension écologique, absente en 1990. L'article 1 déclare ainsi : « Le but de l'action socialiste est l'émancipation complète de la personne humaine et la sauvegarde de la planète. » Cette insertion de l'écologie au cœur de l'émancipation de l'homme est omniprésente dans le texte, y compris le préambule, et plusieurs articles lui sont consacrés. Désormais, les socialistes associent étroitement progrès et développement durable : « Conscients de l'étroite interaction des activités humaines et des écosystèmes, les socialistes inscrivent la prise en compte de la planète au même rang de leurs finalités fondamentales que la promotion du progrès des sociétés humaines et la satisfaction équitable de leurs besoins », déclare l'article 3.

S'agit-il alors d'un Bad-Godesberg à la française ? La question des alliances demeure, le texte s'achevant sur un appel à ne pas se « résigner » « aux divisions de l'histoire » et à « rassembler toutes les cultures de la gauche ». Or, à la veille des élections européennes du printemps 2009, le parti socialiste semble menacé, sur sa gauche, par le Nouveau parti anticapitaliste (NPA) d'Olivier Besancenot et surtout les Verts d'Europe écologie et, sur sa droite, par le Mouvement démocrate (MoDem) de François Bayrou.

Une social-démocratie à la française ?

En cinquante ans de Ve République, le socialisme français a connu une indéniable évolution voire une acculturation. Les aspérités de sa doctrine qui fondait l'« exception française » ont été érodées pour des raisons à la fois exogènes et endogènes. D'une part, l'écart avec la social-démocratie européenne s'est, en partie, résorbé grâce à l'homogénéisation, au tournant du siècle, des partis sociaux-démocrates qui souffrent de « désocial-démocratisation » avec la disparition du conflit de classes et la crise syndicale. D'autre part, l'adaptation du parti d'Épinay à la présidentialisation du régime et aux diverses cohabitations l'a conduit à exercer à son tour le pouvoir sans complexe. Cependant, en ce début de XXIe siècle, des traits distinctifs du socialisme français résistent. Moins marqué que les partis sociaux-démocrates par une sociologie classiste, il assume mieux les valeurs post-matérialistes de développement durable, de citoyenneté ou de démocratie de proximité. Et malgré le dépérissement du communisme, il est encore et toujours confronté à une offre concurrentielle sur sa gauche. Récemment, les conditions de sa transmutation réformiste ont changé. Alors que la droite au pouvoir s'est emparée du discours de la réforme et que le régime de la Ve République semble plus présidentialiste que jamais, le parti socialiste français semble incapable de mettre fin au combat des chefs en son sein et de proposer un discours alternatif audible. Or, c'est dans ces conditions délicates qu'il doit aujourd'hui répondre au séisme idéologique majeur que constitue la crise du système capitaliste mondial en trouvant la force, non seulement de se rénover, mais d'innover.

Le centre introuvable ?

Jean Garrigues

Dans son ouvrage pionnier sur *Les partis politiques* (1951), Maurice Duverger affirmait : « Toute politique implique un choix entre deux types de solutions : les solutions dites intermédiaires se rattachent à l'une ou à l'autre. Cela revient à dire que le centre n'existe pas en politique. »

Ce faisant, il était l'interprète d'un préjugé tenace, remontant à la Révolution française, et qui consiste à considérer le centre comme une « plaine », un « marais », voire un « ventre », connoté à l'inorganisation, à l'atonie et au manque de dynamisme, par opposition aux deux extrêmes de la vie politique. Preuve du discrédit du centre, ses excroissances lexicales – *centriste* et *centrisme* – n'ont été respectivement admises dans le dictionnaire de la langue française qu'en 1921 et en 1936, bien après le libéralisme, l'orléanisme, le légitimisme, le radicalisme ou le socialisme.

Et pourtant, toute l'histoire politique de la France contemporaine est dominée par le tropisme du centre, comme l'ont notamment souligné deux colloques récents, adossés à un ouvrage plus circonstanciel[1]. Mais il est vrai que ce tropisme du centre, récurrent dans notre histoire contemporaine, a rarement coïncidé avec un « moment » poli-

1. François Furet, Jacques Julliard, Pierre Rosanvallon, *La République du centre*, Paris, Hachette, 1988 ; Sylvie Guillaume (dir.), *Le centrisme en France aux* XIXe *et* XXe *siècles : un échec ?*, Bordeaux, MSHA, 2005 ; Sylvie Guillaume, Jean Garrigues (dir.), *Centre et centrisme en Europe aux* XIXe *et* XXe *siècles. Regards croisés*, Bruxelles, Peter Lang, 2006.

tique du centre, permettant à une famille centriste d'exercer le pouvoir à partir d'un programme ou d'une doctrine originale et explicite. La bipolarisation idéologique et politique induite par les pratiques institutionnelles de la Ve République n'a évidemment pas facilité cette autonomisation d'une culture centriste depuis un demi-siècle.

Faut-il pour autant renoncer à la rechercher dans notre histoire récente ? Le dynamisme des travaux universitaires qui lui sont consacrés depuis le colloque pionnier de Nancy sur l'histoire des modérés nous prouve que c'est, au contraire, un champ d'études passionnant qui reste à défricher. Si l'histoire du tropisme centriste est désormais défrichée, notamment sous l'impulsion de Sylvie Guillaume, restent encore de nombreux territoires scientifiques à explorer pour mieux connaître les familles, les courants, les sensibilités, les organisations, les moments ou encore les valeurs du centre.

Notre communication se propose, par conséquent, de partir à la recherche d'un centre considéré, à tort comme « introuvable », d'abord en inventoriant les grandes familles politiques qui l'ont structuré sous la Ve République, puis en réfléchissant aux facteurs qui expliquent leur marginalisation récurrente. Ce seront les deux temps de notre étude, qui se présente comme l'esquisse d'une réflexion collective à mener.

LES CENTRES RETROUVÉS

En reprenant une démarche similaire à celle que René Rémond a inventée, il y a plus d'un demi-siècle, à propos des droites, il nous paraît indispensable de commencer notre enquête sur le centre politique en distinguant les trois grandes traditions historiques qui l'ont nourri depuis le XIXe siècle. Certes, elles partagent un socle commun : l'attachement à la République et aux grands principes républicains, les libertés en matière politique comme sur le terrain économique, le parlementarisme, l'attention aux territoires, au régionalisme et l'européisme, sans doute leur combat le plus important à l'échelle du temps long de l'histoire[1]. Mais elles constituent, par ailleurs, trois courants politiques distincts, leurs différences contribuant, à la fois, à la richesse et à la spécificité d'un véritable espace politique centriste mais aussi à la difficulté de donner à cet espace une cohérence visible aux yeux de l'opinion et du marché électoral.

La démocratie chrétienne au cœur du centre

Au cœur de la vie politique du centre, le plus déterminant est le courant démocrate-chrétien, étudié, notamment, par Jean-Marie Mayeur[2], Jean-Dominique Durand[3], Jean-Claude Delbreil[4] ou, plus récemment, par Muriel Montero[5]. Il s'enracine bien sûr dans l'héritage du christianisme social du XIXe siècle, du Sillon de Marc Sangnier, du Parti démocrate populaire (PDP), fondé en 1924 sur ce que Jean-Claude Delbreil dénomme un « idéal centriste » et, enfin, du Mouvement Républicain Populaire (MRP) fondé en novembre 1944 autour des jeunes *leaders* issus de la Résistance, tels Georges Bidault, Maurice Schumann et Pierre-Henri Teitgen.

Ce courant central du centre nous apparaît lié à deux marqueurs identitaires. Le premier, qui relève de l'humanisme social-chrétien, fait émerger une philosophie sociale oscillant entre l'interventionnisme égalitariste et l'économie libérée, intégrant participation et cogestion à l'allemande, et insistant à la fois sur la finalité sociale de

1. Danielle Dray-Zéraffa, « Centre et centrisme », dans Jean-François Sirinelli (dir.), *Dictionnaire historique de la vie politique française au XXe siècle*, Paris, PUF, 1995, p. 149.

2. Jean-Marie Mayeur, *Des partis catholiques à la démocratie chrétienne*, Paris, Armand Colin, 1980.

3. Jean-Dominique Durand, *L'Europe de la démocratie chrétienne*, Bruxelles, Complexe, 1995.

4. Jean-Claude Delbreil, *Centrisme et Démocratie chrétienne en France. Le Parti démocratique populaire des origines au MRP, 1919-1944*, Paris, Publications de la Sorbonne, 1990.

5. Muriel Montero, « Le centrisme sous la Ve République, de 1962 à 1976. L'affirmation d'une force politique et la conquête du pouvoir : deux défis impossibles ? », Thèse de Doctorat, Université de Paris IV-Sorbonne, 2003.

l'organisation économique et sur la qualité de vie et de l'environnement. Le second marqueur, qui a très largement contribué à construire son identité sous la Ve République, est celui d'un européisme militant en faveur d'une intégration fédérale. Ce n'est pas un hasard si trois représentants de ce courant chrétien-démocrate, Alain Poher en 1966, Simone Veil en 1979 puis Nicole Fontaine en 1999, ont été élus à la présidence du Parlement européen, dans la continuité de l'héritage laissé par Robert Schuman, pionnier de la construction européenne.

Fort de ces deux traditions identitaires, le courant démocrate-chrétien a connu trois moments forts sous la Ve République. Le premier est celui de l'élection présidentielle de décembre 1965, qui voit Jean Lecanuet, député-maire de Rouen et président du MRP en 1963, se porter candidat au nom du centrisme, avec le soutien du Centre national des indépendants et paysans (CNIP) et de quelques figures du Rassemblement démocratique, tel Maurice Faure, et de l'Union démocratique et socialiste de la Résistance (UDSR), tel René Pleven. La campagne du « Kennedy français », surnommé « Monsieur dents blanches », est un succès puisqu'il rassemble 15,8 % des suffrages au soir du premier tour (5 décembre 1965), alors que les sondages lui en accordaient moins de 5 % un mois plus tôt. C'est une véritable renaissance du centrisme qui justifie la création d'un nouveau parti présidé par Lecanuet, et qui prend le nom de Centre démocrate (2 février 1966)[1].

Malgré le reflux enregistré lors des élections législatives de mars 1967 (13,4 % des suffrages au premier tour et seulement 37 élus à l'issue du second), la famille démocrate-chrétienne connaît une deuxième embellie avec la candidature d'Alain Poher, président du Sénat, à l'élection présidentielle de juin 1969[2]. La désorganisation de la gauche socialiste, en pleine reconstruction, lui offre un espace poli-

1. Nadine Chaline, *Jean Lecanuet*, Paris, Beauchesne, 2000 ; Philippe Priol, *Jean Lecanuet, le vol de l'albatros*, Paris, Maître Jacques, 2001.

2. Euloge Boissonnade, *Jamais deux sans trois ? Ou l'étonnant destin d'Alain Poher*, Paris, France-Empire, 1986.

tique qui lui permet de recueillir 17,85 % des suffrages au premier tour, dépassant le score de Lecanuet en 1965 et, surtout, d'apparaître comme le candidat de l'opposition au second tour, face à Georges Pompidou. Mais la large défaite de Poher au second tour (41,78 %) montre bien les limites de cette alternative centriste.

Il faut attendre l'élection de François Bayrou à la présidence du Centre des démocrates sociaux (CDS), en décembre 1994, puis la naissance d'une nouvelle formation, Force démocrate, en novembre 1995, pour voir la tentative de redonner une véritable identité au courant démocrate-chrétien[1]. Il en fait le cheval de bataille d'une reconquête de l'espace politique du centre, qui le mène, en septembre 1998, à la présidence de l'Union pour la démocratie française (UDF) et au bon résultat de la liste centriste lors des élections européennes de juin 1999, avec 9,28 % des voix. Cette reconquête lui permet de se présenter comme le candidat du courant centriste à l'élection présidentielle de 2002 et à celle de 2007, où il talonne au premier tour la candidate de la gauche socialiste Ségolène Royal. C'est donc autour de son pôle original, la démocratie chrétienne, que le centrisme semble alors retrouver sa dynamique. Mais il faut très sérieusement nuancer cette lecture optimiste d'un renouveau démocrate-chrétien. D'abord, parce que la dimension spirituelle, qui est le fondement historique de ce pôle, a laissé place, chez François Bayrou, à un discours de rassemblement protestataire de nature gaullienne. D'autre part, parce que la plupart des élus centristes, abandonnant le Mouvement démocrate (MoDem), sont entrés dans une coalition présidentielle dominée par la droite. C'est d'ailleurs un phénomène récurrent de la Ve République, que l'on retrouve avec une autre composante du centre, issue de la famille radicale.

1. Antoine Michelland, Philippe Séguy, *François Bayrou : quand la providence veut*, Paris, Éditions du Rocher, 2007.

Les marges radicales ou la complexité du centre

Les marges radicales, étudiées, notamment, par Serge Berstein[1], Gilles Le Béguec[2], Éric Duhamel[3] ou François Dubasque[4], constituent une composante incontournable de l'histoire des centres, bien qu'elle soit la plus complexe à identifier.

Libéral, parlementariste et européiste comme les deux autres courants centristes, le courant radical pourrait s'en distinguer par sa dimension laïque et par sa propension au progressisme social. Il s'est construit aux marges du parti radical dès sa naissance en 1901, autour du Comité républicain du commerce et de l'industrie, dit Comité Mascuraud, et de l'Alliance démocratique, puis à travers une nébuleuse de formations partisanes et de groupes parlementaires, dont le Parti républicain démocratique et social créé par Charles Jonnart, s'identifiant, sous la IIIe République, à des personnalités comme Joseph Caillaux et Georges Bonnet, puis, sous la IVe République, au trop-plein de *leaders* potentiels appartenant à l'UDSR et au Rassemblement des gauches républicaines (RGR), de Henri Queuille à Edgar Faure.

La force d'inertie de ce courant centriste radical explique l'échec de la rénovation vers la gauche du parti radical entreprise par Pierre Mendès France en 1955-1956. En revanche, et de façon paradoxale, c'est vers le centre que se fait, sous la Ve République, la deuxième grande tentative de modernisation de la famille radicale, sous l'impulsion de l'ancien mendésiste Jean-Jacques Servan-Schreiber – surnommé JJSS –, devenu secrétaire général en octobre 1969. Son manifeste du parti radical, publié en 1970, engage clairement le parti dans une dynamique centriste, qui le conduit à l'alliance avec le cou-

1. Serge Berstein, *Histoire du parti radical*, Paris, FNSP, 1980.

2. Gilles Le Béguec, Éric Duhamel (dir.), *La reconstruction du parti radical 1944-1946*, Paris, L'Harmattan, 1993.

3. Éric Duhamel, « L'Union démocratique et socialiste de la Résistance 1945-1965 », Thèse de doctorat, Paris-IV, sd J-M. Mayeur, Sorbonne, 1993.

4. François Dubasque, *Jean Hennessy (1874-1944). Argent et réseaux au service d'une nouvelle république*, Rennes, Presses universitaires de Rennes, 2008.

rant démocrate-chrétien de Jean Lecanuet au sein du Mouvement des réformateurs en 1973, puis au ralliement au candidat du centrisme libéral Valéry Giscard d'Estaing. Comme pour les autres courants de la tradition centriste, le courant radical a été aspiré par la bipolarisation de la Ve République, qui l'a conduit à la division, aux rénovations et aux alliances de circonstance, comme une fatalité qui plane sur le centrisme français. En réalité, un troisième courant de cette tradition centriste en a tiré les bénéfices politiques : c'est le courant libéral.

Le courant libéral ou l'instrumentalisation du centre

Le courant libéral, étudié, notamment, par des historiens comme Sylvie Guillaume[1], Rosemonde Sanson[2], Mathias Bernard[3], Gilles Richard, particulièrement dans les colloques sur l'époque giscardienne[4], nous apparaît comme une composante incontournable de l'histoire du centre en France, même s'il s'apparente, voire se confond, avec la sensibilité de la droite « orléaniste » repérée par René Rémond.

Héritier des valeurs et des expériences libérales du XIXe siècle, notamment celle de la présidence Thiers de 1871-1873 appuyée sur le groupe parlementaire du Centre gauche, puis de la Fédération républicaine de Louis Marin pendant l'entre-deux-guerres et, enfin, des Indépendants (puis du Centre national des indépendants et paysans)[5] de la IVe République, ce courant partage avec la démocratie chrétienne et avec le radicalisme modéré un attachement fort à la liberté du marché et à l'anti-socialisme, ainsi qu'une fibre républicaine et

1. Sylvie Guillaume, *Antoine Pinay ou la confiance en politique*, Paris, FNSP, 1984.

2. Rosemonde Sanson, *L'Alliance républicaine démocratique : une formation de centre 1901-1920*, Rennes, Presses universitaires de Rennes, 2003.

3. Mathias Bernard, *La dérive des modérés : la Fédération républicaine du Rhône sous la Troisième République*, Paris, L'Harmattan, 1998.

4. Serge Berstein, René Rémond, Jean-François Sirinelli (dir.), *Les années Giscard. Institutions et pratiques politiques, 1974-1978*, Paris, Fayard, 2003.

5. Gilles Richard, « Le Centre national des indépendants de 1948 à 1962, ou l'échec de l'union des droites françaises dans le parti des modérés », Thèse de Doctorat, IEP Paris, 1998.

parlementaire revendiquée et un engagement européiste, voire fédéraliste, incontesté.

Après l'éclipse des premières années gaulliennes, le grand retour du centrisme libéral s'opère sous la Ve République avec le projet giscardien, appuyé sur la création de la Fédération des républicains indépendants (1966), et qui prend, dès 1967, ses distances avec le gaullisme. Il s'agit bien d'un projet centriste de « démocratie libérale avancée », prônant ouvertement la rupture avec la droite traditionnelle et l'ouverture vers les autres courants du centre, se voulant appuyé sur une majorité sociologique et sur un consensus idéologique rassembleur.

« La France souhaite être gouvernée au centre », affirme Valéry Giscard d'Estaing, le 8 octobre 1972. Le descendant d'Agénor Bardoux, ministre Centre gauche des débuts de la IIIe République, se présente à cette époque comme l'architecte d'un projet politique qui se veut alternatif et médian, entre, d'un côté, la tradition gaullienne dépassée par les évolutions de la société française et, de l'autre, les utopies révolutionnaires du programme commun de la gauche. Dans toute notre histoire républicaine, c'est le seul moment où un projet se réclamant ouvertement du centrisme est en passe d'être appliqué, Giscard d'Estaing étant élu à la présidence de la République le 19 mai 1974.

La réponse que le nouveau chef d'État veut donner aux revendications formulées par la société française depuis 1968 se veut « libérale, centriste et européenne », comme il l'exprime dans son ouvrage programmatique, *Démocratie française*, en 1976. Elle s'adresse à la majorité des Français, c'est-à-dire à la France des classes moyennes – « Deux Français sur trois », comme il le souligne dans un autre ouvrage paru en 1984. Elle s'exprime sur plusieurs plans : par une « décrispation » de la vie politique, marquée par l'ouverture aux formations centristes, Jean Lecanuet devenant garde des Sceaux en 1974 et président de l'UDF, le parti du président, en 1978 ; par une modernisation de la vie parlementaire, notamment par le renforcement du rôle de l'opposition ; par d'importantes réformes sociétales qui s'inscrivent dans la tradition de l'humanisme centriste (secrétariat d'État à la condition féminine, autorisation de l'IVG...) ; enfin, par une nouvelle impulsion donnée à la construction européenne, notamment autour de l'axe franco-allemand, là encore dans la tradition historique du centrisme.

Mais la bipolarisation présidentialiste conduit inexorablement Valéry Giscard d'Estaing à apparaître, même s'il s'en défend, comme le candidat des droites à l'élection présidentielle de 1974. Malgré la création de l'Union pour la démocratie française, présentée en 1978 comme un espace central de la vie politique, rejetant dos à dos le gaullisme et le socialo-communisme, la dynamique électorale de la Ve République conduit la famille libérale à s'inscrire, de plus en plus clairement, dans le champ des droites, au point d'y supplanter l'héritage gaulliste au sein même de la famille gaullienne dans les années 1980. Le discours prononcé par le président Giscard d'Estaing à Verdun-sur-le-Doubs, le 27 janvier 1978, dans la perspective des élections législatives, apparaît comme un discours classique de bipolarisation, désignant aux Français « deux chemins » possibles, l'un présidentiel, l'autre avec les candidats du programme commun de la gauche.

La dérive droitière de la présidence giscardienne, inhérente aux institutions de la Ve République et accentuée par la surenchère gaulliste, nous renvoie au second point de cette analyse, à savoir, la fatalité de l'échec qui pèse sur les expériences gouvernementales des centristes.

RÉFLEXIONS SUR L'ÉCHEC DES CENTRES

La dynamique d'échec centriste n'est pas née avec la Ve République, loin s'en faut. Il suffit de se référer à l'expérience des débuts de la IIIe République pour constater à quel point la bipolarité partisane de notre histoire politique contemporaine, l'indiscipline chronique et le flou des structures d'encadrement centristes, l'absence d'un véritable chef charismatique, le brouillage d'une perception politique identitaire et le manque d'électeurs captifs ont pesé depuis cette époque sur les tentatives de gouvernance centriste, que ce soit pour le « tiers parti » lancé par Émile Roche en juillet 1934 ou pour la Troisième Force des années 1950[1]. Néanmoins, il semble que les structures politiques héritées du gaullisme aient contribué à rendre la situation encore plus difficile, à commencer par le carcan de la bipolarisation.

Le carcan de la bipolarisation

Il est évident que la bipolarisation induite par le retour du général de Gaulle en 1958 et renforcée à partir de la révision de 1962 par l'élection du président de la République au suffrage universel n'ont fait qu'accentuer la difficulté d'autonomisation des centres.

Depuis le début de la Vᵉ République, toutes les stratégies mises en œuvre par les centres pour contourner ces obstacles ont été infructueuses. C'est d'abord l'échec de la stratégie du ralliement à de Gaulle en 1958 : bien qu'ouvertement favorable au référendum du 28 septembre, le MRP perd 30 sièges (dont celui de son *leader* Pierre-Henri Teitgen), tandis que les radicaux sont littéralement laminés avec 7,3 % et 23 sièges (Edgar Faure lui-même étant battu) lors des élections législatives de novembre. C'est ensuite l'échec de la stratégie du refus en 1962 : associés aux socialistes au sein du « cartel des non », le MRP, le CNIP et les radicaux paient très cher cette opposition aux législatives des 18-25 novembre, les débris du MRP ne rassemblant pas (8,9 %) et les Indépendants étant contraints à se rassembler dans un groupe du Centre démocratique réduit à 55 membres, tandis que les radicaux et l'UDSR se regroupent dans un Rassemblement démocratique de 39 députés.

La stratégie de troisième force, expérimentée en 1965, 1969, 1988 et 2002, n'est pas plus efficace après le succès des coalitions centristes

1. Voir Jean Garrigues, « Échec des centres, victoire du centrisme ? Les débuts de la Troisième République 1871-1879 » et Sylvie Guillaume, « Le centrisme dans la Troisième Force », dans S. Guillaume (dir.), *Le centrisme en France…*, *op. cit.*, p. 51-68 et p. 121-131.

ayant remporté plus de 35 % des voix lors des élections municipales de mars 1965 (notamment à Marseille où Defferre conduisait une liste soutenue par le MRP, les radicaux et le CNIP) et de l'« intergroupe centriste » du Sénat, présidé par Camille Laurens, la « grande fédération » proposée au MRP et aux radicaux par le socialiste Gaston Defferre, député-maire de Marseille, dans la perspective de l'élection présidentielle se heurte au refus conjoint de Jean Lecanuet, au nom du MRP, et de Guy Mollet, secrétaire général de la SFIO ; la percée d'Alain Poher au premier tour de l'élection présidentielle de 1969 (17,85 %) est contredite par sa large défaite au second tour (41,78 %) ; la candidature du populaire Raymond Barre, présenté comme le candidat du centre à l'élection présidentielle de 1988, se heurte, une nouvelle fois, à la logique bipolaire, qui l'écarte du second tour, avec 16,54 % des suffrages au premier contre 19,96 % à Jacques Chirac, candidat proclamé de la droite néo-libérale ; enfin, la candidature de François Bayrou lors de l'élection présidentielle de 2002, pâtit de son hésitation entre une stratégie de rassemblement centriste, présentant sa candidature au nom de l'UDF, sur un programme renouant avec les fondements de la tradition démocrate-chrétienne, européenne, sociale et décentralisatrice, et une logique nouvelle de troisième force, s'incarnant dans une figure d'homme providentiel, ce qui explique les résultats médiocres de sa campagne (6,84 % au premier tour du 21 avril 2002).

Reste une quatrième stratégie, qui est celle de la coalition au centre droit, et qui permet aux centres d'accéder au pouvoir en 1974. Renonçant à la troisième force, Jean-Jacques Servan-Schreiber et Jean Lecanuet ont en effet décidé de rejoindre la majorité présidentielle de Valéry Giscard d'Estaing, ce qui leur permet d'exercer des responsabilités gouvernementales, le premier, comme éphémère ministre des Réformes dans le gouvernement de Jacques Chirac, et le second, comme ministre de la Justice jusqu'en août 1976, puis au Plan, dans le premier gouvernement de Raymond Barre, jusqu'en mars 1977. Mais il est évident que l'électorat et les alliances giscardiennes le situent clairement à droite, dans une logique classique de bipolarisation. C'est donc à l'intérieur d'une majorité de droite que Lecanuet et

Servan-Schreiber constituent la Fédération des réformateurs rassemblant le Centre démocrate, les radicaux et d'autres partis centristes (janvier 1975), puis que s'opère la réconciliation entre le Centre démocrate et le Centre Démocratie et Progrès, d'où la création du Centre des démocrates sociaux (CDS) au congrès de Rennes de mai 1976. Présidé par Jean Lecanuet, entouré par la vieille garde du MRP (Pierre Pflimlin, Pierre-Henri Teitgen), le CDS incarne l'héritage de la démocratie chrétienne, européenne et sociale, mais dans le cadre du projet giscardien, exposé en octobre 1976 dans son ouvrage *Démocratie française*. Partie prenante de l'UDF, créée le 1er février 1978 pour soutenir l'action du chef de l'État et présidée par Jean Lecanuet, le CDS passe de 28 à 31 députés lors des élections législatives de mars 1978, tandis que le Parti républicain, créé en mai 1977 par les giscardiens, progresse de quinze sièges. Prisonniers d'une coalition dont ils ne sont pas les maîtres, irrémédiablement aspirés par la bipolarisation, les centristes ont perdu leur identité pendant le septennat giscardien. La constitution d'une liste centriste autonome, conduite par Simone Veil, à l'occasion des élections européennes de juin 1989, n'est qu'un épiphénomène, puisque les centristes reviennent à une stratégie d'alliance avec la droite lors des législatives de mars 1993. Quant au ralliement des centristes à la politique d'ouverture menée en juin 1988 par le nouveau Premier ministre socialiste Michel Rocard, elle se limite à la dissidence de quelques personnalités comme Michel Durafour ou Jean-Marie Rausch. C'est d'ailleurs le reflet d'une indiscipline chronique et d'un manque de cohérence partisane qui se présentent comme les autres facteurs d'explication de la dynamique d'échec.

Divisions et incohérences

Reconnaissons-le d'emblée : hormis quelques études pionnières comme celle de Muriel Montero, l'historien manque singulièrement de références et de travaux pour réfléchir aux déficits organisationnels de la famille centriste.

On peut néanmoins constater que la division est historique dans cette famille aux origines disparates, et dont les structures d'encadrement semblent particulièrement souples, donc propices aux dissidences et aux rébellions. Dès la naissance du Centre démocrate en février 1966, cette division est perceptible entre les différents courants issus des différentes générations du MRP, de la mouvance libérale ou de la nébuleuse des formations périphériques au parti radical. Ce morcellement idéologique et culturel est facilité par la faiblesse des moyens matériels et des structures d'encadrement partisan, qui renvoient aux plus belles années des comités de notables de la IIIe République : pas de véritable démocratie interne, des dirigeants qui se cooptent dans la sphère des responsabilités électives, et une absence criante de débats de fond sur la ligne du parti[1]. La dissidence de Jacques Duhamel et de Joseph Fontanet, qui créent, entre les deux tours de l'élection présidentielle de 1969, le Centre Démocratie et Progrès rallié à Pompidou contre le candidat de leur famille Alain Poher, est symptomatique de ces carences. En témoigne aussi l'échec rapide de l'Association pour une Alternative de Progrès (1969-1970), puis du Mouvement réformateur (novembre 1971), qui entendait regrouper le Centre démocrate et le parti radical-socialiste de Jean-Jacques Servan-Schreiber. De même a-t-on pu observer l'éclatement de l'UDF après l'échec de François Bayrou au premier tour de l'élection présidentielle de 2002, son rival Philippe Douste-Blazy ayant profité de l'aubaine pour rejoindre l'Union pour la majorité présidentielle (UMP) entre les deux tours.

Cette indiscipline chronique, et récurrente depuis le XIXe siècle, est en outre favorisée par l'absence d'un *leader* susceptible de donner, par la seule force de son charisme et de son message, une cohérence à ce conglomérat de sensibilités et d'ambitions désunies. Jean Lecanuet, surnommé le « Kennedy français », a paru incarner le renouveau du centre lors de sa campagne de 1965. Cette dernière, jeuniste et européiste, a été un véritable succès, puisqu'il a réuni sur son nom et sur

1. Muriel Montero, « Le centre démocrate de 1962 à 1974 : l'impossible défi de la conquête du pouvoir ? » dans S. Guillaume (dir.), *Le centrisme en France*.., *op. cit.*, p. 136.

son image plus de 15 % des suffrages, alors que les sondages lui en accordaient moins de 5 % un mois plus tôt. Mais cette capacité d'incarnation n'a pas été suffisante pour lui permettre de s'imposer comme une figure de premier plan de la vie politique. Si Alain Poher a fait encore mieux lors de la présidentielle de 1969, il le doit à la désorganisation de la gauche non communiste et non à son charisme, dont chacun s'accorde à dire que ce n'était pas le point fort du sénateur-maire d'Ablon-sur-Seine. Quant à Raymond Barre, sa réputation de « meilleur économiste de France » et le respect quasi unanime qu'il inspirait à ses adversaires politiques n'ont pas été suffisants pour l'imposer comme un politique de premier plan. *A contrario*, il est frappant de constater à quel point les différents prétendants centristes ont été la cible des chansonniers et de représentations plus ou moins satiriques, souvent focalisées sur leur manque de volonté, de dynamisme ou de charisme. C'est ainsi que François Bayrou a été beaucoup caricaturé par les Guignols et autres humoristes dans le champ de l'indécision, de l'hésitation chronique, voire de l'immaturité. Il y a dans cette récurrence thématique le symptôme d'un ressenti d'impuissance, qui renvoie moins, nous semble-t-il, à la personnalité intrinsèque des *leaders* centristes qu'à l'image négative renvoyée par leur positionnement. Seul Valéry Giscard d'Estaing a réussi à surmonter ce déficit d'image lors de sa campagne de mai 1974, en occupant le champ communicationnel de la modernité, laissé vacant par Jean Lecanuet, tout en bénéficiant de sa notoriété d'ancien ministre du général de Gaulle. Mais son identification au centrisme nous apparaît instrumentale, dans la mesure où il est apparu très rapidement aux Français, dès les élections législatives de 1978, comme le chef de la droite. Bien que le projet giscardien et sa campagne présidentielle s'inscrivent clairement dans une démarche centriste, on peut considérer que la seconde partie de son septennat, comme d'ailleurs la suite de sa carrière, l'ont définitivement agrégé à l'iconographie des droites. De ce fait, on peut se demander si le déficit charismatique du centre n'est pas une conséquence plutôt qu'une cause de la bipolarisation.

La même question se pose en ce qui concerne la capacité des centres à conquérir les électorats traditionnels des autres familles politiques, ce qui est indispensable pour s'imposer au pouvoir. Tout au long de la Ve République, on constate en effet une relative incapacité centriste à séduire au-delà des bases sociologiques historiques de la tradition démocrate-chrétienne et radicale, qui se cantonnent au monde des petits propriétaires, des professions libérales ou indépendantes, et des cadres moyens et supérieurs[1]. On n'observe aucune percée significative dans le monde ouvrier ou dans celui des employés, qui représentent un électorat privilégié de la gauche, mais que la droite gaulliste et même l'extrême droite ont su, à maintes reprises, attirer. De ce fait, il n'est pas étonnant que le seuil des 15 % de suffrages n'ait été franchi que très rarement, et seulement à l'occasion des élections présidentielles qui permettaient de cristalliser l'engouement électoral sur telle ou telle personnalité centriste. C'est ainsi que les élections législatives de mars 1967 se sont soldées par un repli du Centre démocrate à 8,8 % des voix, bien loin du score flatteur réalisé par Jean Lecanuet en 1965. Sur le long terme, on peut même parler d'un déclin inexorable, qui voit l'électorat centriste refluer de 15 % en 1965 à 6,8 % au premier tour de l'élection présidentielle d'avril 2002, et à 4,8 % pour l'UDF de François Bayrou lors des élections législatives organisées un mois plus tard. Si l'on rappelle que le MRP avait recueilli plus de 25 % des voix en 1946, on pourrait même avoir l'impression d'une débâcle. La réalité est en fait plus nuancée, puisque le MRP était tombé à 11 % dès les élections de 1951, puis à 9,11 % lors des élections de novembre 1958, et que l'étiage centriste est resté à peu près inchangé depuis cette époque. On pourrait d'ailleurs en tirer un constat positif qui mettrait en valeur la capacité d'attraction des candidats centristes à l'élection présidentielle, de Jean Lecanuet en 1965 à François Bayrou en 2007, sans parler de Valéry Giscard d'Estaing qui, au premier tour de 1974, avait rassemblé sur son nom plus de 32 % des suffrages, soit trois fois le volume traditionnel de l'électorat centriste. Il y a donc une réelle capacité d'attraction du centrisme, qui peut s'incarner en un homme, mais que les formations centristes n'ont jamais réussi à capitaliser sous la Ve République.

1. M. Montero, *op. cit.*, p. 139.

C'est ce qui explique le choix stratégique totalement nouveau qui a été fait par François Bayrou lors de l'élection présidentielle de 2007, et que nous souhaiterions analyser en guise d'épilogue.

Épilogue : la stratégie du troisième homme

La démarche politique initiée par François Bayrou pour l'élection de 2007 est nouvelle dans l'histoire du centrisme démocrate-chrétien, dans la mesure où elle assimile, pour la première fois, la logique présidentialiste de la Ve République.

Elle se concrétise d'abord par la rupture de 2006, qui voit François Bayrou et ses fidèles voter une motion de censure contre le gouvernement UMP de Dominique de Villepin et refuser de voter le budget gouvernemental. Cette émancipation nouvelle des centristes donne un relief tout à fait nouveau à la deuxième candidature de Bayrou, annoncée le 2 décembre 2006. Se présentant comme le candidat antisystème, il en appelle à un gouvernement d'union nationale, rompant de façon appuyée avec la « guerre civile » droite/gauche, à ses yeux inadaptée aux enjeux du moment. Ce nouveau ton gaullien et rassembleur, ainsi que la tonalité éthique et sociale d'une campagne habilement menée lui permettent d'arriver en troisième position lors du premier tour du 22 avril 2007, avec 18,54 % des suffrages exprimés, score sans précédent pour un candidat du centre à l'élection présidentielle. En situation d'arbitrer le second tour, il décide de ne donner aucune consigne de vote et annonce la création d'un nouveau parti du centre à l'issue du second tour. Fort des 76 000 adhérents du MoDem, il prend date pour 2012, avec la perspective de rassembler autour de lui les déçus de la droite et de la gauche.

Mais c'est ici qu'interviennent les facteurs d'échec inhérents à l'histoire des centres et, en premier lieu, le poids de la bipolarisation. Elle conduit la majorité des députés centristes, y compris ses lieutenants de la campagne présidentielle Hervé Morin et Maurice Leroy, à abandonner François Bayrou pour créer le « Nouveau centre » et rejoindre la majorité présidentielle de Nicolas Sarkozy lors de la campagne pour les élections législatives de juin 2007. Avec seulement cinq députés, dont lui-même, le MoDem de François Bayrou apparaît en position de faiblesse face à ces nouveaux ralliés du sarkozysme, qui conservent 19 circonscriptions et en conquièrent une nouvelle. Une nouvelle fois, le ralliement à la droite, symbolisé par la nomination d'Hervé Morin comme ministre de la Défense dans le gouvernement Fillon, semble avoir réduit à néant le rêve d'un grand pôle centriste. Le défi de la force orange (couleur emblématique du MoDem) se heurte une fois encore à la dissidence et à la dispersion des centristes, répartis dans l'UMP, au Nouveau centre, au MoDem, ou même dans le parti radical de Jean-Louis Borloo.

Bipolarisation, dissidence, dispersion, manque de *leadership* : tels sont les facteurs récurrents de l'échec centriste, tels qu'ils se présentent à nouveau dans le paysage politique du début du XXIe siècle. Cette récurrence nous incite à rechercher dans l'histoire des centres depuis 1958 les clés d'interprétation des enjeux les plus actuels[1]. Cette histoire, qui reste à faire, est liée à des valeurs fortes comme la défense de l'idée républicaine, le parlementarisme, l'attachement à la culture libérale, la prise en compte des intérêts des classes moyennes, l'humanisme social, le régionalisme, le fédéralisme européen. Nous avons vu qu'elle était confrontée à plusieurs handicaps majeurs : la bipolarité politique héritée de la Révolution française, et renforcée par la logique de la Ve République ; l'amalgame entre les trois traditions différentes du centre, celle de la démocratie chrétienne, celle du libéralisme et celle du radicalisme, qui se retrouvent bien souvent en porte-à-faux ; la fragilité de la modération et du consensus face aux engagements plus tranchés et aux cultures politiques établies, qui sont des refuges identitaires pour le citoyen ; enfin, et ce n'est pas le moindre des obstacles, la prise en compte de la nuance et de la complexité des enjeux, face aux solutions démagogiques et simplistes adaptées à la société de l'hyper-communication.

En dépit de ces obstacles, l'expérience Bayrou de 2007 prouve que

1. Jean Garrigues, « Centristes » dans Jean Garrigues (dir.), *La France de la Ve République. 1958-2008*, Paris, Armand Colin, 2008, p. 284-288.

la famille centriste est une donnée incontournable de notre histoire politique récente, et sans doute la plus mal connue. Il reste donc un champ immense à défricher pour les historiens comme pour les politistes, nous espérons l'avoir montré dans cette communication.

Vie et mort du gaullisme ?

BERNARD LACHAISE

Cinquante ans après le retour du général de Gaulle au pouvoir et la création de la Ve République, nul ne peut douter de la place fondamentale – au sens premier du mot, « qui sert de fondement à une construction » – que le gaullisme occupe dans l'histoire de la Ve République.

Les institutions de 1958-1962, la fin de la guerre d'Algérie, une « défense aux mains libres » (Bernard Tricot), l'entente franco-allemande, une politique d'indépendance, la modernisation de l'économie... Ne sont-elles pas autant de « pierres » posées et durables au-delà des années de Gaulle[1] ?

Le gaullisme ne saurait être réduit à un mouvement politique mais, en considérant les partis qui se sont successivement revendiqués « gaullistes », de l'Union pour la nouvelle République (UNR) au Rassemblement pour la République (RPR), force est de souligner qu'au cours du demi-siècle, ils ont participé au pouvoir durant trois décennies et que quatre des six présidents de la Ve République, du général de Gaulle à Nicolas Sarkozy, en passant par Georges Pompidou et Jacques Chirac, sont issus de cette famille politique.

La vie du gaullisme semble alors réussie et le gaullisme toujours vivant. C'est ainsi que l'historien Gaetano Quagliariello peut écrire en 2007 : « Presque cinquante ans après la sortie de scène du général,

1. Bernard Tricot, « Conclusions », dans Institut Charles de Gaulle, *De Gaulle en son siècle*, tome 1, *Dans la mémoire des hommes et des peuples*, Paris, Plon-La Documentation française, 1991, p. 647.

c'est de nouveau l'un de ses héritiers qui conquiert le trône de monarque républicain. Une fois encore, les Cassandre ont été démenties. Et pas uniquement celles qui pronostiquaient, du vivant du général, l'impossibilité d'un gaullisme sans de Gaulle… » Et souligner « la capacité d'adaptation de la droite gaulliste qui lui a permis de survivre à son fondateur jusqu'à s'incarner dans le sixième président de la République fraîchement élu » [1].

Pourtant, depuis longtemps – au moins depuis 1969 et le départ du général de Gaulle –, est régulièrement posée la question de la mort du gaullisme, non seulement du côté des observateurs politiques et des historiens mais aussi chez certains gaullistes. S'il n'y a aucun doute quant à la date de naissance du gaullisme – le 18 juin 1940 –, le débat est ancien et souvent houleux quand il s'agit de se prononcer sur une éventuelle date de décès tant les passions ont été vives. Parmi les premiers, l'historien René Rémond a posé la question pour le gaullisme de l'après de Gaulle : « Mais est-ce encore le gaullisme ? Si longtemps après la disparition du fondateur, après tant de générations successives de gaullistes, peut-on parler encore de gaullisme ? » [2]

Deux exemples, à la fin du XXe siècle, illustrent l'antagonisme des positions : quand Jean-Louis Debré refuse le mot « fin » dans son livre *Le gaullisme n'est pas une nostalgie* (1999), le journaliste Christophe Barbier écrit (en 2000) : « Le gaullisme est mort et enterré (…). Si le gaullisme est vivant dans les siècles et les siècles, dans le nôtre, il est mort. » [3]

Qu'en est-il aujourd'hui ? Deux récentes positions sur le gaullisme nous serviront de point de départ pour fournir, non pas une réponse définitive, mais une réflexion sur sa difficile définition […] qui conditionne toute tentative d'appréhension de ce qu'il est sous la Ve République.

1. Gaetano Quagliariello, *La religion gaulliste*, Paris, Perrin, 2007, p. 1.
2. René Rémond, *Les droites aujourd'hui*, Paris, Éditions Louis Audibert, 2005, p. 206.
3. Jean-Louis Debré, *Le gaullisme n'est pas une nostalgie*, Paris, Robert Laffont, 1999, p. 12 ; Christophe Barbier, *La comédie des Orphelins. Les vrais fossoyeurs du gaullisme*, Paris, Grasset, 2000, p. 344.

« En politique, rien n'est jamais irrévocable. Pourtant, il semble bien qu'on puisse dire aujourd'hui que, non comme inspiration ou référence, mais comme expression organisée et composante active du jeu politique, le gaullisme, qui a tenu une telle place dans l'histoire des cinquante dernières années, a fait son temps : il s'efface, sinon de la mémoire, du moins de la politique active. » Ainsi René Rémond conclut-il, en 2005, les pages consacrées au gaullisme dans son essai *Les droites aujourd'hui*[1]. Après avoir souligné l'immense place occupée par le gaullisme dans l'histoire de la Ve République – illustration d'une « vie réussie » pourrait-on dire –, l'historien considère que le gaullisme appartient au passé et, sans le dire, qu'il est moribond voire mort en tant que force politique.

« Les Français sont nostalgiques de l'époque gaullienne [...]. Le monde a beaucoup changé depuis l'époque du général de Gaulle. [...] Pour autant, je crois que le gaullisme reste sur bien des points une pensée et une méthode pertinentes pour notre temps. Je dirais même qu'il y a une actualité du gaullisme pour notre pays, dont la situation actuelle ressemble à bien des égards à celle de 1958. » Ces propos sont extraits des deux pages que Nicolas Sarkozy consacre au « gaullisme aujourd'hui », à l'extrême fin de son livre *Témoignage*, publié en juillet 2006[2]. Ils fournissent une réponse à la question de la vie et de la mort du gaullisme, la réponse d'un homme politique qui n'abuse pas des références gaullistes et appartient à une génération qui a accédé à l'âge adulte à la fin des années de Gaulle-Pompidou et a fait sa carrière dans un parti, le RPR, qui s'est considéré comme gaulliste.

Or la durée de la Ve République – exceptionnelle dans l'histoire contemporaine française, faut-il le rappeler ? – doit être un élément majeur dans la réflexion sur un demi-siècle de gaullisme au cours duquel la France et le monde ont beaucoup changé et ce qui est vrai ici pour le gaullisme l'est pour le radicalisme ou le socialisme. Si l'historien du gaullisme doit s'interroger sur les continuités entre le gaullisme des années de Gaulle et celui de Nicolas Sarkozy en 2007, il peut, tout

1. R. Rémond, *op. cit.*, p. 207.
2. Nicolas Sarkozy, *Témoignage*, Paris, XO Éditions, 2006, p. 270.

aussi légitimement, mesurer l'évolution entre le radicalisme du début de la IIIe République, avec Clemenceau, et celui du temps du Bloc national, avec Édouard Herriot, ou sur les points communs entre la Section française de l'Internationale socialiste (SFIO) de Jean Jaurès en 1905 et celle de Guy Mollet en 1956... Et cela l'amènera sans doute à relativiser une analyse qui mettrait excessivement en lumière les ruptures.

Cette indispensable prise en considération du temps – cinquante ans, ce n'est pas rien – conduit, d'une part, à accorder une place à ce que le gaulliste Robert Grossmann considère avoir inventé, à savoir « la théorie des générations gaullistes » et, d'autre part, à s'interroger sur l'adaptation du message gaulliste aux évolutions de la France et du monde[1]. Mais à ces deux clés s'en ajoute une troisième liée à la place occupée dans le gaullisme par son identification à l'« élan », par sa dimension non conformiste voire révolutionnaire.

LA CLÉ GÉNÉRATIONNELLE : UN OU DES GAULLISMES AU FIL DU TEMPS ?

Le gaullisme ne peut pas signifier la même chose pour les diverses générations qui se succèdent : celle des gaullistes de guerre, celle des gaullistes du Rassemblement du peuple français (RPF), celle des gaullistes de 1958, celle des gaullistes de l'Union des jeunes pour le progrès (UJP), celle des gaullistes du RPR ou génération Chirac. Telles sont les principales. Comme l'écrit Robert Grossmann : « Les anciens et les nouveaux gaullistes ressemblaient à tous les anciens et les modernes à travers l'histoire. »[2]

Les gaullistes de guerre et du RPF constituent le socle de base des « gaullistes historiques », ceux qui fournissent une grande partie des

1. Robert Grossmann, *L'appel du gaullisme. De Charles de Gaulle à Nicolas Sarkozy 1958-2007*, Monaco, Éditions du rocher, 2008, p. 38.

2. R. Grossmann, *op. cit.*, p. 45.

troupes et, en tout cas, des cadres du gaullisme au début de la Ve République. Au-delà de leur foi en le message gaullien, ils sont gaullistes par fidélité à la personne du général. Et nécessairement, si ce lien avec de Gaulle constitue une force pour le gaullisme, il suscite un clivage avec les plus jeunes comme l'explique Robert Grossmann dans son discours aux assises de Lille en 1967 : « Notre adhésion à de Gaulle, aujourd'hui, n'est pas l'adhésion à un homme auquel nous serions liés par une mystique faite de souvenirs et de sentiments profonds. Nous sommes pour de Gaulle parce qu'il a instauré la Ve République et qu'il est le promoteur d'une pensée et d'une action que nous estimons adaptées à notre siècle et à son mouvement [...]. Il y a que l'homme du 18 juin et le gaullisme résistant ont tracé l'une des plus grandes pages de notre histoire. Mais cette page est tournée. Notre gaullisme aujourd'hui est donc avant tout un engagement de la raison et de la réflexion. Il est une philosophie de la pensée et de l'action qui, sans cesse, épouse l'évolution du siècle. »[1]

Cette différence se retrouve tout au long de l'histoire du gaullisme sous la Ve République. Elle est une des clés du déclin et de la remise en cause du rôle des « barons » à compter du début des années 1970 et, plus tard, du « sarkozysme » à en croire Christophe Barbier décrivant ainsi le jeune Nicolas Sarkozy quand il entre au RPR : « À la tête des jeunes RPR, il s'inscrit déjà dans un post-gaullisme qui n'a que faire, ou presque, de la quincaillerie des anciens de l'UDR et des idolâtres de la Croix de Lorraine. La “rupture” dont il fera sa marque lors de la conquête présidentielle baigne déjà sa jeunesse politique. »[2] Selon les générations aussi, le positionnement du gaullisme sur l'échiquier politique est perçu différemment : là où les « anciens » rejettent la classification à droite et refusent la bipolarisation, les « néo-gaullistes » s'affirment volontiers de droite.

1. *Idem*, p. 134.

2. Christophe Barbier, « Sarkozy », dans Jean Garrigues (dir.), *La France de la Ve République 1958-2008*, Paris, 2008, p. 253.

UN PRAGMATISME QUI DIVISE PLUS QU'IL NE RASSEMBLE : LE GAULLISME ENTRE MESSAGE ÉTERNEL ET ADAPTATION AUX TEMPS NOUVEAUX

Les gaullistes historiques accordent une place majeure aux principes énoncés par de Gaulle. Bien que divisés sur la question de savoir s'il est légitime ou non de parler de doctrine gaulliste, ils mettent plus en avant un certain nombre de points : la fidélité à l'État fort établi par la Constitution ; le rôle de l'État dans l'économie ; l'indépendance nationale et ses conditions dans le cadre des relations atlantiques, d'une part, et de la construction européenne, d'autre part ; l'objectif de la « transformation sociale » promise depuis l'époque du RPF par l'association capital-travail puis la participation. Cela conduit, à compter de 1969, à des dénonciations régulières de trahisons quand Georges Pompidou fait entrer le Royaume-Uni dans la Communauté économique européenne (CEE) ou propose le quinquennat, quand Jacques Chirac accepte la cohabitation en 1986 – et plus encore en 1997 –, quand il approuve le traité de Maastricht – et, plus tard, la Constitution européenne – et davantage encore quand il déclare, le 16 juillet 1995, à l'occasion des cérémonies commémorant la grande rafle des 16 et 17 juillet 1942 que « la France, ce jour-là, accomplissait l'irréparable », ce qui est dénoncé comme le « crime absolu de lèse-gaullisme » (Yves Lancien) ou, plus récemment, quand Nicolas Sarkozy réintègre la France dans l'OTAN[1].

D'autres gaullistes – notamment les pompidoliens et les chiraquiens – mettent davantage l'accent sur le pragmatisme fondamental du gaullisme et leur point de vue pourrait être résumé par la formule d'Édouard Balladur en 2006 : « La plus grande fidélité au message de De Gaulle n'est pas de se figer dans un culte passéiste, mais d'être en tous domaines aussi peu conformiste qu'il le fut, de cultiver sa

1. Yves Lancien, « À la recherche du gaullisme perdu », *La Lettre d'A.R.G.O.S. Action pour le Renouveau du Gaullisme et ses objectifs sociaux*, n° 4, octobre 1998, p. 1.

liberté d'esprit. Ayons du respect pour sa mémoire, sans le mêler à nos débats d'aujourd'hui. Laissons de Gaulle en paix ! » Et le même Édouard Balladur d'énoncer des « principes intangibles » : « La recherche de la paix dans le monde par l'équilibre des puissances, le respect de la liberté des peuples, la force intérieure du pays grâce au progrès stimulé, le règne de la justice au sein de la société, l'amour de la France. » [1]

Ces « principes » suffisent-ils à identifier un message gaulliste ? On peut en douter. Et là se pose une question essentielle pour le gaullisme sous la Ve République : a-t-il un discours et des objectifs clairs, facilement identifiables pour satisfaire aux attentes des Français ? La réponse des historiens (Serge Berstein et Jean-François Sirinelli que nous résumons ici) distingue deux temps. Avec les années de Gaulle-Pompidou, la réponse est positive : « La Ve République apparaissait comme la transcription politique d'un équilibre entre des institutions, une société en mutation et une vision du monde partagée » (Jean-François Sirinelli), puis négative : « Le gaullisme comme formule politique paraît avoir épuisé ses vertus pour répondre aux problèmes de la France du XXe siècle » et la « culture politique du gaullisme, adaptée à la France des années soixante, est en discordance avec les réalités de la fin du XXe siècle » [2] (Serge Berstein).

LE GAULLISME PEUT-IL SE RÉSUMER À UN « ÉLAN » ?

Pour sortir d'un déclin, d'un crépuscule, voire d'une disparition, le gaullisme a-t-il les moyens de mettre fin à la chronique d'une mort annoncée ? Dépourvu d'un message lisible et original, disparu de la vie politique en tant que parti avec la mort du RPR et sa fusion dans

1. Édouard Balladur, *Laissons de Gaulle en paix !*, Paris, Fayard, 2006, p. 10 et 152.
2. Jean-François Sirinelli, *La Ve République*, Paris, PUF, coll. « Que sais-je ? », 2008, p. 117 et Serge Berstein, *Histoire du gaullisme*, Paris, Perrin, 2001, p. 519.

l'UMP avec d'autres partis de droite et du centre, le gaullisme peut-il continuer à vivre et à compter dans la vie politique du début du XXIe siècle ? Les politologues et historiens qui l'ont étudié étaient globalement très sceptiques, à l'image de René Rémond – déjà cité – et seul Jean Charlot se montrait plus optimiste mettant en avant la dernière définition du gaullisme fournie par de Gaulle le 9 septembre 1968 : « Entreprise de rénovation de la France qui a le service pour raison d'être, pour loi et pour ressort... Cette entreprise, si on l'appelle "gaullisme" depuis 1940, n'est que la forme contemporaine de l'élan de notre pays, une fois de plus ranimé, vers un degré de rayonnement, de puissance et d'influence répondant à sa vocation humaine au milieu de l'humanité. » [1]

Or, depuis quelques années, c'est cet « élan » et cette aptitude du gaullisme à la rupture qui sont mis en avant pour l'identifier, rassemblant des hommes de générations et de sensibilités différentes au sein de la famille.

C'est déjà ce qu'écrivait Jean-Louis Debré en 1999 : « Le gaullisme ne peut pas s'identifier à une nostalgie, à un immobilisme ou au conservatisme. Il doit être un aiguillon, incarner une volonté de renaissance, un choix et non un abandon, une vision de l'avenir et non une histoire passée. Le rôle des héritiers politiques du Général est de sonner le réveil des politiques. C'est précisément parce que le gaullisme est une éthique pour les époques difficiles et un recours dans les instants de découragement qu'ils doivent se mobiliser et ne pas se réfugier dans la seule commémoration. » [2]

C'est ce qu'écrit Jean Charbonnel en conclusion de son livre *Le gaullisme en questions* (2002) : « Une leçon de l'aventure gaulliste me paraît d'ores et déjà acquise pour tous : c'est qu'il ne faut jamais se laisser entraîner dans la logique infernale de l'abandon... Ne nous y trompons pas : c'est la résistance à l'oppression qui a créé le gaul-

1. Jean Charlot, « Le gaullisme », dans Jean-François Sirinelli (dir.), *Histoire des droites en France*, Paris, Gallimard, 1992, p. 655.

2. J.-L. Debré, *op. cit.*, p. 25.

lisme ; né de l'histoire, c'est dans l'histoire qu'il se prolongera comme une revendication permanente de liberté... »[1]

Enfin, c'est aussi ce qu'affirme Édouard Balladur (2006) : « L'obsession de De Gaulle était d'être de son époque, de ne pas mener la politique justifiée hier, mais celle nécessaire aujourd'hui, de savoir s'adapter, inventer pour répondre aux nouveaux défis. » et « Être fidèle à de Gaulle n'est pas de penser et agir comme si le monde était encore celui qu'il a connu, mais, au contraire, chasser les idées toutes faites. Le gaullisme n'est pas une sclérose mais le constant renouvellement des idées au service de quelques principes ».[2]

Mais c'est surtout ce que ne cesse de dire – si on y prête attention – Nicolas Sarkozy pour expliquer son engagement : « J'ai été fasciné par cette capacité à transgresser les habitudes, les conformismes, les traditions pour pousser tout un pays vers l'excellence » et dans sa définition du gaullisme (2006) : « Le gaullisme, c'est d'abord une liberté intellectuelle qui permit à un homme que tout avait programmé pour sauver l'Algérie française de sauver la France du piège dans lequel elle s'enfermait en ne voulant pas mettre fin à la colonisation. Le gaullisme, c'est ensuite le choix de préserver la France éternelle par le mouvement et la réforme plutôt que par l'immobilisme. Le gaullisme, c'est un rassemblement populaire de Français de toutes conditions autour de l'amour de notre pays et de la fierté d'être Français. Le gaullisme, c'est enfin, une certaine conception de l'homme. C'est la conviction qu'en tout être humain, une étoile intérieure brille, un rêve secret attend, un idéal espère. » D'où son objectif : « Ce qui est le plus triste dans notre pays, c'est le sentiment éprouvé par tant et tant de Français que leur espoir ne se réalisera pas. La dernière rupture, la rupture la plus forte, [...] c'est bien de rompre avec cette désespérance. »[3]

Alors, est-ce la continuité entre le : « Au commencement était le Verbe ! Non ! au commencement était l'action » de Faust, mis en

1. Jean Charbonnel, *Le gaullisme en questions*, Paris, PUF, 2002, p. 220.
2. E. Balladur, *op. cit.*, p. 152.
3. N. Sarkozy, *op. cit.*, p. 9 et 271.

exergue par de Gaulle dans *Le Fil de l'épée* (1932) et la conclusion du candidat Sarkozy en 2006 : « Il faut une vision claire de ce que l'on veut pour la France et de ce que l'on souhaite pour les Français. François Mitterrand et Jacques Chirac sont des hommes d'État davantage portés par l'histoire et la tradition de la France que par sa réforme. [...] Mon énergie et mon enthousiasme, je les sens davantage capables de se mobiliser pour le renouveau » [1] ; entre *Mémoires d'espoir* de Charles de Gaulle et « rompre avec cette désespérance » de Nicolas Sarkozy ?

En tout cas, certains gaullistes en sont convaincus, comme en témoigne le soutien de Jean Charbonnel ou de Robert Grossmann à l'actuel président de la République, le premier expliquant en 2008 : « Aux yeux de ceux qui avaient soutenu la candidature de Nicolas Sarkozy, cette élection a manifesté à la fois la nécessité de tourner la page des principats de Jacques Chirac, l'urgence d'imprimer à la France un nouvel élan pour faire face aux défis du monde en se gardant de la tentation récurrente de l'immobilisme, et une volonté affirmée de situer les réformes nécessaires dans le cadre de la Ve » ; et le second, dithyrambique : « Et pourtant, il existe entre le général de Gaulle et Nicolas Sarkozy un lien de continuité frappant. À l'inverse de bon nombre de ceux qui se prétendent gaullistes, Nicolas Sarkozy ne se contente pas de déclarations de pure forme mais agit en conséquence [...]. C'est cette audace typiquement gaulliste que Nicolas Sarkozy incarne aujourd'hui. C'est dans cette volonté de rupture que se profile sa continuité politique avec le héros de la Libération. En redonnant à la France un projet collectif qui s'appuie sur des idées neuves et rejette les anciens préjugés, Nicolas Sarkozy redonne peut-être aussi une nouvelle chance d'exister, après avoir été longtemps considéré comme un simple élément du folklore national. » [2]

Quant aux historiens, ils se montrent plus prudents mais certains

1. Charles de Gaulle, *Le Fil de l'épée*, Paris, Edito-Service S.A., Genève, 1972, p. 9 et N. Sarkozy, *op. cit.*, p. 277.

2. Jean Charbonnel, « Le verdict du peuple », *La Lettre d'A.R.G.O.S. Action pour le Renouveau du Gaullisme. La voix du gaullisme social,* n° 48, juin-juillet 2007, p. 1.

s'interrogent comme Serge Berstein : « L'accession de Nicolas Sarkozy à la présidence de la République et son style de gouvernement marqueront-ils la renaissance au sommet de l'État d'un gaullisme qui semblait désormais appartenir à l'histoire ? »[1] Une grande prudence doit cependant s'imposer et la formule interrogative demeurer car il est trop tôt pour évoquer une résurrection d'un gaullisme enterré il y a peu. De plus, l'élan, la rupture, le volontarisme en matière de réformes comme de politique étrangère suffisent-ils pour comparer 2008 à 1958 et le sarkozysme au gaullisme ? Suffisent-ils, surtout, pour fournir un message qui peut être qualifié de « gaulliste » et ressenti comme tel ?

Quoi qu'il en soit – et pour m'inscrire dans le titre de cet atelier « des lignes qui bougent » –, il faut réaffirmer que le gaullisme sous la Ve République, dans la continuité de ce qu'il est depuis 1940, s'est inscrit, d'abord, plus dans la rupture que dans la continuité, tant dans le rassemblement qu'il a su réaliser – au moins au début –, dans la formation d'un parti majoritaire inédit en France et dans son œuvre institutionnelle, diplomatique et militaire. Cela n'exclut pas qu'il ait été porté, après de Gaulle, après 1968 et 1972-73, vers l'ordre plus que vers le mouvement, notamment, en échouant dans son projet de transformation sociale si cher au cœur des « gaullistes de gauche ». La disparition de ses *leaders* historiques et ses revirements depuis les années 1980, sur le rôle de l'État, sur l'Europe, sur l'Alliance atlantique lui ont incontestablement fait perdre – sinon la vie – du moins une lisibilité et une véritable originalité dans les cultures politiques françaises contemporaines.

Peut-être le gaullisme est-il à la Ve République ce que le radicalisme a été à la IIIe République ? Tel était un de ces objectifs initiaux comme le rappellent les propos de Louis Terrenoire : « Chez nous, communistes et fascistes mis à part, il y a en fait, trois grandes orientations : la droite, la gauche et le centre, sur lesquelles repose la politique nationale. Nous sommes appelés, nous autres, à constituer l'élément essentiel, sinon exclusif, de ce centre, de ce pivot de la vie

1. Serge Berstein, « Gaullistes », dans J. Garrigues (dir.), *op. cit.*, p. 333.

démocratique indispensable à notre Nation. Autrefois, les radicaux ont tenu ce rôle. Le radicalisme, sociologiquement, ne correspond plus à une classe politique et sociale... Il faut donc remplacer ce vide. »[1] Sans y être parvenu complètement, il y est en partie arrivé dans les années 1960 et il a pu mettre en application une part de ses objectifs, ce que Bernard Tricot appelait, en 1990, les « accomplissements » et les « fondations » sans masquer ce qui n'avait été qu'« impulsions » ou « rêves »[2]. La comparaison avec le radicalisme avait déjà inspiré cette formule à Christophe Barbier en 2000 : « C'est aussi parce qu'il a réussi que le gaullisme est obsolète [...]. Et comme le radicalisme mourut d'avoir installé la République, le gaullisme disparaît de l'avoir redressée. »[3] Le gaullisme a fondé la Ve République mais son rôle ne saurait se réduire à cet acte majeur même s'il lui est difficile, un demi-siècle après 1958, d'apparaître comme un acteur du présent et pas seulement comme un vestige du passé.

1. Louis Terrenoire, Allocution lors du séminaire de Poigny-la-Forêt, A.O.P. 1961, citée par Jean Charlot, *L'Union pour la Nouvelle République. Étude du pouvoir au sein d'un parti politique*, Paris, Presses de la FNSP-Armand Colin, 1967, p. 290.
2. B. Tricot, *op. cit.*, p. 643.
3. C. Barbier, *op. cit.*, p. 344.

L'avènement des libéraux

Sylvie Guillaume

La victoire de Nicolas Sarkozy aux élections présidentielles de mai 2007 fut considérée par l'ensemble des médias comme celle d'un libéral. Christian Chavagneux, rédacteur en chef adjoint du mensuel *Alternatives économiques* et auteur de l'ouvrage récent, *Les dernières heures du libéralisme*, montre cependant la prudence du candidat à affirmer son libéralisme. Il écrit : « Il a certes pris des positions libérales. Mais avant, l'été 2006, il était l'homme de la "rupture libérale" ; après l'été, l'homme de la "rupture" et, à la fin de l'année, celui de "la rupture tranquille". »[1] Cette évolution signifie la difficulté qu'il y a en France à faire campagne sur ce thème. En le faisant, Alain Madelin avait subi un échec cuisant en 2002, ce qui le fit renoncer à la politique. En France, le qualificatif de « libéral » est très péjoratif, pour ne pas dire insultant ; le libéralisme y est associé au capitalisme et à ses effets dévastateurs dans le cadre de la mondialisation. Cependant, jusqu'à la crise économique de la fin de l'année 2008, la droite plutôt étatiste se convertissait aux idées libérales pendant que la gauche débattait d'un socialisme libéral, comme l'a montré la passe d'armes entre Ségolène Royal et Bertrand Delanoë, son rival pour la prochaine candidature suprême ; tous deux s'étaient référés aux apports du libéralisme politique et économique, mais la première s'était rétractée dans sa déclaration au *Point* du 27 mars 2008, tandis que le second, dans son ouvrage *De l'audace* et dans ses interviews, réaffirmait sa volonté de concilier le

1. *Le Figaro*, 15 juin 2007.

libéralisme et le socialisme. L'anti-libéralisme, exception française, serait-il affaibli ? Les libéraux seraient-ils à droite comme à gauche les dirigeants d'aujourd'hui ou de demain ? L'année 2009, qui est celle d'une grave crise financière et économique, vient bouleverser l'affirmation d'un retour au libéralisme. Certains parlent de la nécessité d'une re-fondation du capitalisme pendant que d'autres récusent globalement le système capitaliste et, par voie de conséquence, condamnent le libéralisme. Le titre de la communication, « L'avènement des libéraux » peut donc paraître obsolète au regard d'une actualité sans cesse en mouvement mais cette hypothèse prend tout son sens si, comme le fait l'historien, on identifie les libéraux et les grands moments du libéralisme sur un plus long terme, en l'occurrence, depuis les débuts de la Ve République comme l'impose le cadre chronologique du colloque.

Cette communication a donc pour objet une réflexion sur la place et le rôle occupés par les libéraux dans les changements de la Ve République. Ont-ils été des éléments importants ou déterminants dans cette France qui bouge ?

La difficulté de la démonstration tient aux brouillages sémantiques entre le libéralisme politique et le libéralisme économique, à la définition en creux qui est souvent avancée pour définir le libéralisme (anti-gaullisme, anti-socialisme, antiétatique), aux identifications mouvantes avec le centrisme et le réformisme. Le positionnement politique des libéraux n'est pas évident. Il existe des libéraux de conviction, comme Valéry Giscard d'Estaing, des libéraux de circonstance, comme Jacques Chirac en 1986. Enfin, on peut s'interroger sur la place des libéraux dans la modernisation de la France.

LE POSITIONNEMENT PARTISAN ET POLITIQUE DES LIBÉRAUX ET DU LIBÉRALISME

Les libéraux se retrouvent dans toutes les familles politiques à l'exception des extrêmes. Ils sont plus nombreux à droite et au centre de l'échiquier politique, ce qui explique leurs liens avec la majorité gaulliste sous la Ve République. La famille gaulliste est aussi, par sa composition sociologique, par son électorat, la plus perméable aux libéraux. Les rapports entre les gaullistes, la droite libérale et le centre droit ont souvent été conflictuels mais ils sont également marqués par des solidarités.

Les libéraux de droite et du centre

Si les libéraux se retrouvent, pour la plupart d'entre eux, à droite et au centre c'est parce qu'on constate une identification du libéralisme au centrisme[1]. En effet, le libéralisme se définit en opposition aux extrêmes, à droite comme à gauche, contre le communisme et contre l'extrême droite ou la droite autoritaire au XXe siècle. « Libéraux, centristes et européens » est la devise de la Fédération nationale des républicains indépendants (FNRI) créée en 1966 comme celle de l'Union pour la démocratie française (UDF) créée en 1978, toutes deux sous le *leadership* de Valéry Giscard d'Estaing. Les mots « fédération » et « union » soulignent aussi le caractère polymorphe des formations libérales qui rassemblent des individus et des formations héritiers de ce que René Rémond a identifié comme étant la droite orléaniste, soit, sous la Ve République, les indépendants et paysans du Centre national des indépendants et paysans (CNIP) et les Républicains indépendants mais, également, des radicaux du centre droit, des démocrates-chrétiens du Mouvement républicain populaire (MRP). Au début de la Ve République, les libéraux sont confrontés à des choix stratégiques induits par les succès croissants du gaullisme.

L'installation de la Ve République entre 1958 et 1962 contraint les libéraux, fidèles à la tradition parlementaire, à faire des choix lourds de conséquences pour leur avenir politique.

1. Sylvie Guillaume, Jean Garrigues, *Centre et centrisme en Europe aux XIXe et XXe siècles, Regards croisés*, Bruxelles, Peter Lang, 2006.

En 1958, l'ensemble des libéraux du CNIP, créé par Roger Duchet en 1948 et dont la figure emblématique est Antoine Pinay, l'ensemble des membres du MRP et des radicaux ont accepté la nouvelle République et nombreux sont ceux qui ont été ministres dans le gouvernement de Gaulle de 1958 et les gouvernements Debré et Pompidou de 1959 à 1962. Ils ne se sont pas opposés, dans un premier temps, à la Constitution de la Ve République qui, si elle dotait le président de la République de plus de pouvoirs, n'en restait pas moins un compromis entre de Gaulle et les personnalités de la IVe République comme un Paul Reynaud, un Antoine Pinay, un Coste-Floret et même un Guy Mollet, ministre d'État en 1958. Tous veulent mettre fin à l'instabilité de la IVe République tout en maintenant la tradition parlementaire.

Les premières fissures apparaissent en 1960 avec le malaise de plus en plus grand entre l'Union pour la nouvelle République (UNR) et le CNIP, les deux partis concurrents depuis les législatives de 1958. En 1960, le libéral Antoine Pinay, ministre de l'Économie et des Finances du gouvernement Debré, doit démissionner parce qu'il s'opposait, entre autres, à la politique jugée trop dirigiste du ministre de l'Industrie Jean-Marcel Jeanneney.

Le divorce entre libéraux et gaullistes date de 1962, lorsque le général de Gaulle propose une réforme constitutionnelle faisant du président de la République un élu direct des citoyens. C'est l'opposition du « cartel des non » qui est constitué d'indépendants, de démocrates-chrétiens, de radicaux et de socialistes. Le « cartel des non » comprend de nombreux libéraux de droite et du centre, tous, attachés à la tradition parlementaire de la République.

La double défaite du « cartel des non » au référendum d'octobre et aux législatives de novembre 1962 marque la victoire du général de Gaulle et du parti gaulliste. Elle a pour conséquence de diviser les libéraux des partis de la droite libérale et du centre droit ; la majorité entre dans l'opposition alors qu'une minorité s'allie avec la majorité gaulliste. Ainsi Valéry Giscard d'Estaing, un libéral, nommé ministre des Finances en janvier 1962, favorise la création d'un groupe parlementaire des Républicains indépendants qui devient la Fédération nationale des républicains indépendants (FNRI) en 1966. La FNRI est née de la scission avec le CNIP qui entre dans l'opposition et perd le rôle politique central qu'il avait de 1948 à 1962. La FNRI rassemble une majorité des libéraux qui triomphent avec l'accession de Valéry Giscard à la présidence de la République en 1974.

Le phénomène de capillarité du libéralisme touche également le MRP qui, comme le CNIP, a subi un échec cuisant aux législatives de novembre 1962 ; ses ministres avaient démissionné du gouvernement Pompidou dès mai 1962, après les déclarations du général de Gaulle condamnant l'Europe supranationale. Cependant, le MRP, depuis sa création en novembre 1944, n'est pas un parti homogène pas plus que le parti qui lui succède en 1966, le Centre démocrate de Jean Lecanuet ou que les formations centristes. Les démocrates-chrétiens oscillent toujours entre la gauche et la droite, dénoncent le caractère nationaliste et autoritaire du gaullisme et sont très anticommunistes ; ils sont déçus par les choix stratégiques de la Section française de l'Internationale ouvrière (SFIO), d'où les échecs de la candidature Defferre en 1965 et l'impossibilité de réaliser un travaillisme à la française. Du libéralisme, les membres du MRP retenaient principalement les aspects politiques. Mais ils sont surtout divisés – en 1969, certains, comme Jean Lecanuet, soutiennent la candidature de Pompidou, d'autres, comme Jacques Duhamel, celle de Poher. Concurrencés sur leur gauche par les tentatives de rénovation du parti radical de Jean-Jacques Servan-Schreiber en 1970, les démocrates-chrétiens sont victimes de la diversité de leurs sensibilités. Comme le souligne Muriel Montero : « Tandis que Lecanuet parlait de “démocrates-sociaux” pour définir les hommes du Centre démocrate, d'autres responsables parlaient de “démocrates-libéraux”. » [1] Il ne va pas de soi d'identifier le MRP au centrisme et au libéralisme : le qualificatif « populaire » du MRP s'oppose à l'individualisme libéral ; par ailleurs, les chrétiens s'opposent au libéralisme qui s'identifie trop au capitalisme et choque leurs convictions religieuses. Comme le souligne Jean-Marie Mayeur,

1. Muriel Montero, « Le centre démocrate de 1962 à 1974 : l'impossible défi de la conquête du pouvoir ? », dans Sylvie Guillaume, *Le centrisme en France aux XIXe et XXe siècles : un échec ?*, Bordeaux, MSHA, 2005, p. 137.

le philosophe démocrate chrétien Étienne Borne n'est pas toujours très à l'aise dans l'Union pour la démocratie française (UDF).

Les regroupements dans l'UDF, créée le 1er février 1978, sont la conséquence de choix stratégiques plus que de convergences idéologiques. Mais l'UDF réalise enfin le rassemblement des libéraux du centre droit qui s'étaient divisés depuis 1962 et plus encore depuis 1969. Le libéralisme devient présidentiel. En 1976, Valéry Giscard d'Estaing nomme à Matignon un libéral, Raymond Barre, pour succéder au gaulliste Jacques Chirac. Mais l'UDF qui symbolise la droite libérale est fragile face au Rassemblement pour la République (RPR) de Jacques Chirac constitué en 1976. L'ancien Premier ministre de Valéry Giscard d'Estaing n'est pas étranger à sa défaite en 1981, se faisant ainsi l'allié objectif de François Mitterrand. Cet épisode marque l'âpreté de la rivalité entre deux personnalités, mais aussi entre le parti gaulliste et la droite libérale.

Cependant, le parti gaulliste n'est pas imperméable au libéralisme ou au centrisme incarné, par exemple, par Chaban-Delmas en 1969 avec son projet de « nouvelle société ». Édouard Balladur, héritier de Georges Pompidou, membre du RPR, fait aussi figure de libéral et sa défaite aux élections présidentielles face à Chirac, en 1995, peut être considérée comme celle d'un homme attaché aux principes libéraux face à un gaulliste qui mène sa campagne sur la « fracture sociale », revendiquant ainsi l'héritage du gaullisme social qui récuse le libéralisme. Le ralliement à une politique néo-libérale de Jacques Chirac, Premier ministre de la première cohabitation, en 1986, est circonstanciel. Entre 1995 et 2007, le président Chirac n'a pas cessé de dénoncer les méfaits du libéralisme qu'il associe, très schématiquement, au capitalisme et à la mondialisation. Il déclare que le « libéralisme représente aujourd'hui pour la démocratie une menace équivalente à ce que fut le communisme du temps de la guerre froide » [1]. Son Premier ministre Dominique de Villepin partage cette position en met-

1. *Le Point*, hors série, « Les textes fondamentaux du libéralisme », janvier-février 2007, p. 8.

tant l'accent sur le social et le rôle de l'État. Il est vrai qu'il est aussi un admirateur de Napoléon.

L'Union pour la majorité présidentielle (UMP), créée en 2002 par un fidèle de Jacques Chirac, Alain Juppé, comprend les anciens du RPR, les modérés de l'UDF, des démocrates-chrétiens[1], de Pierre Méhaignerie à Jacques Barrot, des membres de Démocratie libérale d'Alain Madelin qui est le seul parti à adopter l'adjectif « libéral » dans sa dénomination. L'UMP n'échappe pas aux divisions. François Bayrou qui dénonce le libéralisme choisit l'autonomie aux présidentielles de 2007. Le brouillage des cartes est constant entre gaullistes et libéraux de droite ou du centre.

Les libéraux de gauche

Il est encore plus difficile de parler des libéraux de gauche car l'anti-libéralisme est le marqueur identitaire de la gauche en France. Celle-ci a toujours été fascinée par un discours révolutionnaire et de rupture qui discrédite tout compromis. Tous ceux qui dérogent à cette position dogmatique sont condamnés sans appel au nom de la pureté idéologique. On a dit de la SFIO de Guy Mollet qu'elle était révolutionnaire dans le discours et réformiste dans les actes. L'anti-libéralisme fut, tout au long de la Ve République, le leitmotiv du parti socialiste qui, après l'échec de la tentative Defferre pour rassembler les forces du centre gauche, est devenu le principal parti d'opposition grâce à son alliance avec les communistes. Ce fut le choix de François Mitterrand qui, après avoir écrit *Le coup d'État permanent*, épouse parfaitement les institutions de la Ve République lorsqu'il occupe la magistrature suprême entre 1981 et 1995. Le gouvernement de Pierre Mauroy, entre 1981 et 1983, ne déroge pas à la règle et applique le programme tel qu'il a été défini dans les 110 propositions du candidat-président comportant, entre autres, la planification

1. Jean-Marie Mayeur, « Préambule, Le centrisme dans les partis d'inspiration chrétienne-démocrate », dans Sylvie Guillaume et Jean Garrigues, *op. cit.*, p. 72.

démocratique et les nationalisations. Ce programme, qui répond incontestablement aux attentes du « peuple de gauche », est, comme l'écrit Michel Margairaz, en pleine « discordance des temps »[1] envers la conjoncture économique. La « deuxième gauche » réclame alors le retour à une certaine rigueur.

Se dire favorable au social-libéralisme au parti socialiste (PS) est encore suicidaire. Le sénateur socialiste du Haut-Rhin Jean-Marie Bockel qui déclare « plutôt un socialisme libéral assumé qu'un libéralisme sans le dire » est entré en conflit avec le parti puis est devenu ministre du gouvernement de François Fillon. Ceux qui cherchent à concilier le socialisme et le libéralisme au PS occupent souvent des fonctions importantes en dehors du parti. On citera l'exemple de Dominique Strauss-Kahn, directeur du Fonds monétaire international (FMI) ou celui, en 2005, de Pascal Lamy, directeur de l'Organisation mondiale du commerce (OMC), tant décrié par les antilibéraux – le PS a omis de le féliciter. Pascal Lamy donne deux raisons à l'incapacité de la gauche française à accepter le réformisme social-démocrate : la sacralisation de l'État, la diabolisation du libéralisme qui est toujours affublé « des préfixes de "néo" ou d'"ultra", sans voir ce que la social-démocratie doit au libéralisme démocratique »[2]. Le social-libéralisme fait cependant son chemin, malgré les obstacles, sous l'influence des socialismes scandinave, allemand, britannique ou espagnol, avec des personnalités comme Tony Blair, Gerhard Schrœder ou Zapatero qui mènent des politiques de compromis entre l'économie de marché et l'organisation de la solidarité.

1. Michel Margairaz, « Rapport introductif », dans Serge Berstein, Pierre Milza, Jean-Louis Bianco, *François Mitterrand. Les années du changement 1981-1984*, Perrin, 2001, p. 335.
2. *Le Monde* 2, « Leçon de social-démocratie », 27 août 2005, p. 10.

LE DISCRÉDIT DES LIBÉRAUX : UNE EXCEPTION FRANÇAISE ?

Inadéquation des libéraux et de la culture politique française

Les libéraux comme le libéralisme sont les victimes de lointains et profonds préjugés. Sous la Vᵉ République, ils ont le tort de n'être ni gaullistes, ni communistes qui sont les deux « passions françaises » [1]. Pourfendeurs des idéologies, pragmatiques, ils sont en porte à faux avec les valeurs et les représentations de plusieurs aspects de la culture politique sous la Vᵉ République. Le libéral veut dépasser le clivage droite-gauche même si, dans la pratique, il est amené à en tenir compte. Or la vie politique est marquée par la bipolarisation accentuée par les institutions, le mode de scrutin et le fait majoritaire. Si les libéraux ont soutenu la nouvelle République, on a vu que c'était par stratégie ; ils ont vu, à tort, dans les institutions, le moyen de brider les partis auxquels ils sont opposés tout comme l'a été le général de Gaulle. Si des libéraux ont parfaitement intégré le nouveau régime, même après 1962, c'est par intérêt et ce n'est pas un hasard si Valéry Giscard d'Estaing, avec l'élargissement du droit de saisine, et Nicolas Sarkozy, avec le projet de réforme constitutionnelle, ont tenté d'en modifier les équilibres. Puisant leurs références chez Benjamin Constant, Royer-Collard ou Guizot, eux-mêmes héritiers de la tradition des Lumières, les libéraux contemporains sont anti-dirigistes ; ils sont hostiles à la tradition étatique de la République. Ils jugent la politique économique des gaullistes beaucoup trop interventionniste. Ils sont attentifs aux dérives tentaculaires, bureaucratiques et centralisatrices du pouvoir. Ils considèrent que le poids des fonctionnaires est trop élevé car ils sont plutôt les représentants des classes moyennes indépendantes. Ils sont favorables à une décentralisation et à une déconcentration des pouvoirs. C'est la vision girondine du jeu des pouvoirs intermé-

1. Marc Lazar, *Le communisme, une passion française*, Paris, Perrin, 2002.

diaires[1]. Mais ils ne sont pas pour autant favorables à un État abstentionniste, à l'exception d'une minorité comme celle qui suit Alain Madelin. Les libéraux défendent en majorité un « libéralisme à la française » fait de modération. Antoine Pinay récuse le « libéralisme de la jungle », Valéry Giscard d'Estaing prône « un libéralisme avancé » qui prend en compte les attentes sociales et culturelles. Ce libéralisme est une troisième voie entre le communisme et le capitalisme sauvage. L'adoption des thèses néo-libérales sur le modèle reaganien ou thatchérien en 1986 par Jacques Chirac est une exception et elle s'inscrit en réaction à la gauche présidentielle au pouvoir depuis 1981. La trilogie néo-libérale privatisation-déréglementation-globalisation ne fut pas fidèlement reproduite par le gouvernement Chirac.

Privilégiant pendant longtemps le mutuellisme, les libéraux reconnaissent cependant les apports de l'État providence, facteur de cohésion sociale, d'où les recoupements avec les démocrates-chrétiens. Mais les libéraux considèrent que ses acquis ne sont pas un dû et que le citoyen qui en bénéficie doit être responsabilisé. Ils veillent à freiner les dérives de l'État providence qui creusent les déficits. Dans les rapports sociaux, ils sont opposés à une culture de conflit propre à la France parce qu'ils sont profondément réformistes. La négociation et l'adaptation aux mutations conduisent leur action.

Le libéralisme français est bien une culture du compromis, ce qui explique qu'il soit en inadéquation avec bien des formes des traditions et pratiques françaises, tradition étatique, clivage droite-gauche, culture de conflit.

Un modèle inspiré de l'étranger ?

Le reproche qui est fait aux libéraux sous la Ve République est de chercher leur inspiration dans les pays anglo-saxons qui sont forte-

1. Nicolas Rousselier, « La culture politique libérale », dans Serge Berstein, *Les cultures politiques en France*, Le Seuil, 1999, p. 87.

ment décriés en France et de négliger les intérêts français au nom de l'atlantisme, de la construction européenne et, plus récemment, de la mondialisation. Ce réquisitoire est souvent schématique et repose sur des erreurs historiques.

En effet, la renaissance du libéralisme du XXe siècle est d'abord européenne avant de se déplacer vers les États-Unis en 1950-1960. On rappellera pour mémoire la constitution en 1947 d'une société de pensée, la Société du Mont Pèlerin, du nom de la localité suisse où s'est déroulée la première réunion, à l'initiative de l'Autrichien Friedrich von Hayek, où se retrouvent un autre Autrichien Ludwig von Mises, l'Américain Milton Friedman, l'Italien Luigi Einaudi ou encore les Français Bertrand de Jouvenel et Jacques Rueff qui fut successivement le conseiller d'Antoine Pinay et du général de Gaulle. On citera aussi l'influence d'une école de pensée allemande autour de ceux qu'on a qualifiés d'« ordo libéraux de Friburg » comme Walter Eucken, Wilhelm Röpke et Alfred Müller Armack sur la politique économique et sociale du chancelier Adenauer et, surtout, de son ministre de l'Économie Ludwig Erhard. Armack inventa le terme de *Soziale Marktwirtschaft*, ou « économie sociale de marché » qui, après avoir inspiré des personnalités politiques de droite et du centre, est retenu par des personnalités de la gauche réformiste. Les libéraux européens de l'après-Seconde Guerre mondiale, qui ont connu le totalitarisme nazi, dénoncent les méfaits de l'interventionnisme. Acteurs de la guerre froide, ils condamnent le collectivisme et défendent les libertés qu'ils placent au-dessus de l'égalité, ce qui, là encore, est contraire à la culture politique française. C'est l'éternelle rivalité entre Voltaire et Rousseau.

Les Français font des États-Unis la patrie du libéralisme associé au capitalisme sauvage. Or, le libéralisme ne saurait être confondu avec le capitalisme. Cette identification nourrit très largement l'anti-américanisme très prégnant sous la Ve République et également partagé par les gaullistes et les communistes.

Enfin, la force de la culture catholique ou marxiste explique que les Français aient un rapport à l'argent fait de suspicions, à la différence des Anglo-Saxons qui dévoilent volontiers leur feuille de paie ou le montant de leur imposition. Les politiques, en France, sont toujours soupçonnés de malversations.

L'anti-libéralisme se nourrit aussi de l'hostilité à l'Union européenne. Le 29 mai 2005, 54,67 % des Français votent « non » à la Constitution européenne. Il s'agit bien d'« une chronique d'un rejet annoncé » depuis au moins la fin des années 1980[1]. Les vainqueurs sont les communistes, l'extrême gauche, les socialistes fabusiens et les souverainistes de Charles Pasqua. « Tout s'est passé, écrit Dominique Reynié, comme si l'économie de marché tentait de pénétrer en France, le 29 mai devenant la grande bataille par laquelle le libéralisme allait être maintenu hors des frontières. »[2] La campagne du non fut dominée par l'anti-libéralisme qui repose sur une culture « illibérale » en réalité peu compatible avec le marché européen. Le « libérisme » – expression utilisée par les Italiens – désigne un capitalisme sauvage, asocial, qui diffère du libéralisme économique classique. Ceux qui ont fait voter « non » ne se sont pas dits « anti-européens » mais ont dénoncé les seuls méfaits du libéralisme. C'est la peur du « plombier polonais » qui réunit le « non » de gauche et le « non » de droite. L'anti-libéralisme est un alibi qui masque un nationalisme chatouilleux. Les convictions européennes de Jacques Chirac ne se sont bien affirmées que depuis le 8 décembre 1978 où, de l'hôpital Cochin, il avait qualifié l'UDF de « parti de l'étranger ». C'était le moment où le RPR de Chirac condamnait la politique de relance européenne de Valéry Giscard d'Estaing. En 2005, le président de la République Chirac n'a pas su convaincre ou mobiliser les partisans du « oui » à la Constitution européenne. Pourtant, il considérait que l'Europe était un rempart contre la mondialisation ultra-libérale.

Mais le PS lui aussi se divisa sur l'Europe. Les anti-européens le sont au nom des intérêts français : Jean-Pierre Chevènement mais

1. Anne Dulphy, Christine Manigand, *La France au risque de l'Europe*, Paris, Armand Colin, 2006, p. 85.

2. Dominique Reynié (dir.), *L'opinion européenne en 2005*, Paris, La Table Ronde/FRS, 2005, p. 108.

aussi Laurent Fabius. Lionel Jospin, Premier ministre de Chirac de 1997 à 2002, et Jacques Attali voient au contraire dans l'Europe le moyen de freiner l'ultra-libéralisme.

Les altermondialistes ne font pas la distinction entre libéralisme et « libérisme » et jettent le discrédit sur les libéraux qu'ils accusent de favoriser la globalisation puis la mondialisation. Le 10 novembre 2001, les altermondialistes de l'Association pour la taxation des transactions financières et pour l'action citoyenne (ATTAC), défilent à Paris contre l'OMC qu'ils accusent d'affamer le monde. On a vu que la présence d'un socialiste, Pascal Lamy, à la tête de l'OMC n'a pas apaisé les esprits[1].

Le libéralisme est ainsi victime de confusions multiples.

« Pourquoi les intellectuels n'aiment pas le libéralisme ? »[2]

Le discrédit des libéraux en France s'explique largement par la méconnaissance des penseurs libéraux et par l'absence de soutien des intellectuels, contrairement à ce qui a pu se passer pour le marxisme et le communisme. Raymond Aron, qui est toujours cité parce qu'il est l'un des rares intellectuels libéraux des années 1960-1980, n'a pas eu une influence comparable à celle d'un Jean-Paul Sartre, compagnon de route du Parti communiste français (PCF) puis maoïste. Aron ne fait pas partie de l'école autrichienne de la Société du Mont Pèlerin. Son libéralisme est plus modéré. Dans son *Essai sur les Libertés* (1965), il s'oppose à tout dogmatisme, qu'il soit fondé sur l'égalité ou sur la liberté. Il écrit : « Plus généralement, la liberté que garantit la loi (interdiction d'interdire) exige dans certaines circonstances l'intervention de l'État pour que la plupart des individus puisse l'exercer. On passe de la liberté négative (non empêchement par la menace de sanc-

1. L'OMC a été mise en place en 1994 et succède au General Agreement on Tariffs and Trade (GATT) créé en 1947. L'OMC a pour mission l'encadrement et la libéralisation du commerce mondial par la suppression des barrières douanières.

2. Titre de l'ouvrage du sociologue Raymond Boudon, 2004.

tion) à la liberté positive, capacité de faire. »[1] Avec la pensée d'Aron on peut parler d'un compromis libéral.

Dans les années 1980, après la victoire de François Mitterrand – et ce n'est pas un hasard – des cercles de réflexion se sont multipliés pour contester les idéologies de gauche ; ainsi, la « nouvelle droite » du Groupement de recherches et d'études pour la civilisation européenne (GRECE) et du Club de l'Horloge a pu être considérée comme une courroie de transmission[2] auprès de l'opinion dans une perspective de reconquête du pouvoir par la droite. La pensée « néolibérale » représente un espoir de reconstruction idéologique et stratégique pour le RPR et le Parti républicain mais, également, pour l'UDF. À l'automne 1981, Alice Saunier-Séité lance les groupes « Alternatives pour la France » qui tendent à « constituer un contre-pouvoir intellectuel »[3]. La sécurité, la déréglementation constituent le socle commun à toutes ces réflexions assez éloignées du libéralisme classique. Le Front national (FN) saura capter un certain nombre de ces thèmes pendant que la droite classique, qu'elle soit gaulliste ou libérale, reviendra vite à un libéralisme bien tempéré à la française.

Jean-François Revel décédé en 2008, Pierre Rosanvallon qui a écrit une généalogie du libéralisme français, Guy Sorman, Jacques Marseille ou Nicolas Baverez sont des représentants connus de la pensée libérale contemporaine mais ces libéraux, s'ils ne manquent pas d'influence par leurs ouvrages ou par leurs articles dans des journaux et des revues comme *Le Figaro*, *Le Point* ou *L'Expansion*, sont dispersés. Il est vrai aussi que le rôle des clercs, quelle que soit leur tendance, s'est bien amoindri sur la scène publique.

1. Raymond Aron, « Liberté, libérale ou libertaire ? », postface à l'*Essai sur les libertés*, Paris, Payot, rééd. 1976.

2. Mathias Bernard, *La guerre des droites de l'affaire Dreyfus à nos jours*, Paris, Odile Jacob, 2007, p. 185.

3. Ces groupes réunissent des hommes comme Alain Griotteray, Michel Prigent, Louis Pauwels, Pierre Chaunu (proches du Club de l'Horloge), Alain de Benoist de la Nouvelle Droite, des membres de parti comme Jacques Barrot (modéré), Christian Poncelet (gaulliste).

L'ACTION DES LIBÉRAUX DANS LA MODERNISATION DE LA FRANCE

Les expériences gouvernementales d'inspiration purement libérale restent rares car, comme nous l'avons souligné, les libéraux ne gouvernent pas seuls mais ils partagent le pouvoir, le plus souvent, avec des gaullistes nationalistes et interventionnistes. Ce fut le cas d'Antoine Pinay ou de Valéry Giscard d'Estaing lorsqu'ils occupent le ministère de l'Économie et des Finances sous la République gaullienne – le premier, de 1958 à 1960 et le second de 1962 à 1966. Valéry Giscard d'Estaing redevient ministre en 1969, après s'être rallié à la candidature de Georges Pompidou à l'élection présidentielle. Lorsqu'il succède à Georges Pompidou en 1974, il incarne un courant nettement distinct du gaullisme qui se manifeste par une ouverture marquée par la « décrispation » qui « regarde la France au fond des yeux » et par le rejet d'une France colbertiste et jacobine. Dans son ouvrage, *Démocratie française* (1976), le jeune président souligne l'anachronisme de l'idéologie marxiste et justifie un libéralisme avancé pragmatique. Les deux premières années de son mandat ont été incontestablement marquées par des réformes importantes allant dans le sens d'une libéralisation de la société. On peut citer tour à tour l'abaissement de l'âge électoral à 18 ans en juillet 1974, la modification du statut de l'Office de radiodiffusion télévision française (ORTF) en août, l'élargissement aux parlementaires du droit de saisine du Conseil constitutionnel en octobre, l'autorisation de vente des produits contraceptifs – et leur remboursement en décembre – suivie, en janvier 1975, de la loi sur l'interruption volontaire de grossesse – la loi Veil –, qui a suscité l'hostilité de la majorité. La loi Haby de juillet 1974 démocratise l'enseignement secondaire, celle de juillet 1975 permet le divorce par consentement mutuel, celles de décembre 1974 et de juillet 1975 généralisent le système de sécurité sociale. Ces réformes libérales, qui répondent très largement aux attentes d'une société en pleine mutation, inquiètent une majorité conservatrice qui ne pardonnera pas au président de les avoir promulguées. En août 1976, le

Premier ministre Jacques Chirac démissionne et, en 1981, il s'emploie à faire échouer la candidature de son rival à un second mandat, favorisant indirectement l'élection du socialiste François Mitterrand. Auparavant, Valéry Giscard d'Estaing nomme Raymond Barre pour succéder à Jacques Chirac à Matignon. Cet économiste réputé, gaulliste, mais animé d'un « esprit libre et indépendant » comme le souligne Nicolas Sarkozy à sa mort le 25 août 2007, est contraint d'engager une politique de redressement rigoureuse donc impopulaire pour lutter contre la crise pétrolière. Entre 1976 et 1981, Raymond Barre n'a pas pu disposer d'une majorité à l'Assemblée nationale. Le RPR, créé en 1976, ne vote pas le projet de loi de finances pour 1980. Raymond Barre pratique, en bon libéral, une politique de franc fort et de rigueur budgétaire. Il se fait une réputation d'ultra-libéral en s'orientant, à partir de 1978, vers un mouvement de libéralisation des prix et en laissant filer les prix du pain, de certains produits industriels et des loyers, mais il laisse un budget en équilibre. Son impopularité sert l'anti-libéralisme. Il est le candidat malheureux des élections présidentielles de 1988, devancé de trois points par Jacques Chirac, ce qui est insuffisant pour battre François Mitterrand.

Édouard Balladur (RPR) qui « apparaît comme l'héritier spirituel de Georges Pompidou » [1] est attaché aux principes libéraux mais, à la tête d'un gouvernement de cohabitation en 1993, il a une politique très proche de l'économie sociale de marché qu'il définit dans son *Dictionnaire de la Réforme* publié en 1992. Il se dit réformiste et pragmatique, deux qualités identifiant les libéraux. Les centristes sont très présents dans son gouvernement de 1993 : Alphandéry à l'Économie, Simone Veil aux Affaires sociales ou encore François Bayrou à l'Éducation nationale. Les résultats de son gouvernement sont positifs ; il parvient à enrayer la spéculation sur le franc et l'emprunt d'État est un succès. Mais tranchant avec le libéralisme, il défend les milieux ruraux et l'« exception culturelle » française pendant les négociations du GATT (Accord général sur les tarifs douaniers et le com-

1. Jean-Paul Cointet, notice « Balladur », dans Jean-François Sirinelli, *Dictionnaire critique de la vie politique*, p. 115.

merce). Aux élections présidentielles de 1995 la droite présente deux candidats, Édouard Balladur et Jacques Chirac, le premier incarnant la droite orléaniste et libérale, le second le gaullisme social. Nicolas Sarkozy, qui a été le soutien d'Édouard Balladur, commence une traversée du désert qui ne durera pas.

Ce trop rapide panorama ne permet pas de mesurer avec précision le rôle des libéraux dans les politiques gouvernementales. On peut néanmoins souligner que les libéraux de droite, du centre mais aussi de gauche, sont des réformistes et qu'à ce titre ils ont réalisé la modernisation de la France. Ils ont voulu apporter des réponses pragmatiques aux mutations sociales et culturelles et à la conjoncture économique. C'est le socle commun qui unit une famille et une culture polymorphes, bien difficile parfois à identifier, d'où les schématisations portées par leurs adversaires. Cette faiblesse qui explique bien des divisions, bien des atermoiements chez les libéraux fait aussi leur force quand il s'agit de s'adapter à la France qui change car ils ne sont pas prisonniers d'un dogme. Cette souplesse, si elle permet les réajustements nécessaires et constants pour garantir les libertés, n'est pas toujours comprise dans un pays qui est convaincu que le recours à l'État demeure la seule solution pour maintenir l'égalité des chances et les droits acquis compromis par la crise financière et économique qui sévit depuis la fin de l'année 2008.

Quatrième partie

Des acteurs qui évoluent

Le temps des médias

CHRISTIAN DELPORTE

Évolution, mutation, révolution ? Lorsqu'il observe les médias depuis cinquante ans, l'historien hésite sur le mot juste pour caractériser leur transformation. Acteurs centraux de l'espace public, ils ont, en tout cas, joué un rôle majeur dans le glissement ou la rupture des repères, politiques et économiques, sociaux et culturels, depuis les débuts de la Ve République.

Le mot « médias » lui-même, discrètement identifié par quelques scientifiques dans les années 1950, pourrait souligner l'ampleur de la métamorphose, tant il contribue à effacer les spécificités de l'écrit, du son, de l'image dans la construction et la diffusion de l'information. Éloquent sur la fonction commune de la presse écrite, de la radio et de la télévision dans la société, insistant, à juste titre, sur leur interdépendance et leur interaction, tendant à désigner tous les outils de communication mais aussi leur contenu, le vocable de « médias » se distingue par son caractère englobant et extensif, qui lui permet aujourd'hui d'absorber le cas du dernier venu, parmi les outils de production de l'information, internet.

À vrai dire, tout a changé en un demi-siècle, et une simple comparaison chiffrée entre 1958 et 2008 suffit à le comprendre. Prenons la radio et la télévision. En 1958, un Français n'a à sa disposition qu'une seule chaîne de télévision qui émet 5 ou 6 heures par jour (à condition qu'il appartienne aux 10 % de ménages possédant un téléviseur) ; néanmoins, s'il habite aux frontières, il peut se mettre à l'écoute de la télévision belge, luxembourgeoise, suisse ou monégasque. Sur son poste de radio, il capte trois stations d'État (Poste national, Paris-

Inter, Poste Parisien), trois stations privées ou semi-privées périphériques (Radio Luxembourg, Europe n°1, Radio Monte Carlo) ; s'il est ouvert à la culture, il peut se brancher sur « Paris IV » (c'est-à-dire Radio-Sorbonne) ; s'il habite dans une des treize grandes villes de province qui en disposent, sur les décrochages régionaux des stations d'État ; et si le cœur lui en dit, il peut vagabonder sur les ondes de la BBC ou de Radio-Moscou... 1958 est d'ailleurs une année capitale pour la radio, celle où, pour la première fois, la vente des postes à transistor, après un lent démarrage (1956-1958), dépasse celle des appareils sur secteur.

Or, cinquante ans plus tard, le paysage est totalement bouleversé. La bande FN est saturée par le millier de fréquences des radios nationales ou locales, publiques et surtout privées. Aux 29 chaînes hertziennes, publiques ou privées, de la TNT ou non, s'ajoutent les 180 chaînes thématiques proposées par les opérateurs du câble ou du satellite, sans compter les 376 chaînes étrangères diffusées par Eutelsat (dont 140 en arabe, 74 en anglais et seulement 6 en français). Potentiellement, aujourd'hui, un Français multi-équipé peut donc recevoir sur son récepteur près de 600 chaînes autorisées par le CSA, sans compter les chaînes locales et, bien sûr, celles, de plus en plus nombreuses, proposées par Internet...

Et encore ne s'agit-il là que d'un aspect du problème : la dilatation sans cesse accélérée de l'offre télévisuelle. Aussi, pour éviter la dispersion et une approche trop impressionniste, me contenterai-je ici de considérer les influences réciproques qui lient la sphère du pouvoir, et plus largement la sphère politique, à la sphère médiatique, en posant deux questions : la République a-t-elle changé les médias ? ; et, inversement : les médias ont-ils changé la République ?

LA RÉPUBLIQUE A-T-ELLE CHANGÉ LES MÉDIAS ?

Pour esquisser une réponse, il est nécessaire de distinguer la presse écrite de la radio-télévision, même si, au bout d'un moment, ce distinguo perd de sa pertinence. Reste que la dépendance politique et la dépendance économique à l'égard du pouvoir ne sont pas identiques, et que leur mutation n'obéit pas aux mêmes règles ni à la même chronologie.

La presse écrite relève, dans l'imaginaire collectif, du poids social accordé au quatrième pouvoir. La presse française, à cet égard, est l'héritière d'une longue tradition, renforcée par le temps de la Résistance et de la Libération, marquée par ses combats pour exercer sa mission d'informer en toute liberté, et son intransigeance à l'égard de tout pouvoir intervenant pour encadrer son expression. La traduction en est la loi de 1881 sur la liberté de la presse, l'une des lois fondatrices de la République, qui, dès l'origine, est considérée comme une charte sacrée par les journalistes et les patrons de journaux.

Les conditions exceptionnelles des débuts de la Ve République, celles de la guerre d'Algérie et des saisies administratives, ont, dans un premier temps, focalisé l'attention de la presse sur la question centrale de l'indépendance à l'égard du pouvoir politique. Mais la page de la guerre refermée, il faut constater que, dans l'ensemble, le pouvoir n'a guère cherché à modifier, par la loi, les cadres d'expression des journaux. Au fond, de Gaulle et ses successeurs ont considéré la presse écrite pour ce qu'elle est, c'est-à-dire une industrie privée ; ce qui ne signifie pas pour autant que le législateur est resté inactif, assumant son devoir de protéger le citoyen. La loi de 1881 a été plusieurs fois modifiée, et le mouvement s'est accéléré dans les vingt-cinq dernières années (21 révisions entre 1981 et 2007), les premières grandes modifications datant, l'une de juillet 1970, avec l'adoption de la loi sur la vie privée, et l'autre de juillet 1972, avec le vote de la loi punissant la provocation à la haine, la provocation à la discrimination et à la violence (et ce, dans le cadre de la lutte contre le racisme).

La presse est donc regardée industrie privée. Mais est-elle, pour autant, une industrie privée « comme les autres » ? En France, responsables politiques et journalistes ont toujours répondu « non » à cette question, compte tenu de la mission civique des journaux ; l'information, parée des vertus démocratiques, ne peut être appréciée comme une vulgaire marchandise. Cette conception de la presse a nourri le débat sur l'intervention de l'État comme régulateur économique, dès lors que se sont combinés déclin des quotidiens et concentration de la presse, et que le pluralisme d'expression a paru en danger.

La « crise » de la presse est un leitmotiv depuis le début des années 1970. Mais le mot n'a pas de réelle signification, sauf à considérer qu'une « crise » peut s'étaler sur un siècle et que la presse se réduit aux quotidiens, d'abord nationaux ou parisiens. Le déclin des quotidiens politiques, en effet, a commencé dès la Belle Époque et celui des quotidiens populaires d'information, dans les années 1960. Le symbole en est sans doute *France-Soir*, dont la diffusion, de 1968 à 1988, s'écroule, passant de un million à 300 000 exemplaires. L'autre grand quotidien populaire, *Le Parisien libéré*, suit la même pente : de 760 000 à 380 000 exemplaires, pour la même période (il est vrai que le journal est secoué, dans les années 1970, par un important conflit social).

Au bout du compte, de 1958 à aujourd'hui, le tirage des quotidiens nationaux a été divisé par deux (de 4,4 à 2 millions d'exemplaires, environ), celui des quotidiens régionaux (résistant mieux, grâce à l'information de proximité) a diminué de 15 % (de 7,3 à 6,3 millions d'exemplaires, environ). On trouve aujourd'hui 10 titres dans les kiosques parisiens contre 13 en 1958 ; mais, en province, le nombre des quotidiens régionaux a diminué de moitié (110 à 58). En 1958, 8 Français sur 10 lisaient régulièrement un quotidien ; aujourd'hui 70 % des Français ne lisent jamais un quotidien (payant)[1]. Est-ce à dire que les Français (et notamment les plus jeunes) n'achètent plus la presse ? Certainement pas. Mais la lecture s'est déplacée d'une information généraliste vers une information spécialisée, des quotidiens vers les hebdomadaires et les mensuels, phénomène caractéristique d'une segmentation progressive des publics qui attendent de la presse qu'elle réponde à leurs besoins spécifiques de consommateurs.

Or, la demande est de plus en plus volatile, et la presse spécialisée grand public (qui se porte plutôt bien, par sa capacité à attirer les

1. En 1973, 55 % des Français adultes lisaient encore régulièrement un quotidien, une part descendue à 46 % en 1981 et 36 % en 1997.

annonceurs en quête d'un public ciblé) est constamment contrainte de s'adapter aux mutations de plus en plus rapides du marché. Ainsi, la presse pour enfants et adolescents, vigoureuse dans les années 1970-1980, les journaux de voyage et de tourisme, les magazines de sport, les publications de photographie, cinéma, vidéo, dynamiques dans les années 1990, ont été victimes, dans les dix dernières années, d'une désaffection du public au profit d'une autre presse spécialisée, celle de l'informatique et d'internet, de la thématique féminine et « people », de la famille et des « seniors », de la maison, du jardin et de la décoration. La presse spécialisée est donc étroitement dépendante du rythme de mutation des modes de consommation qu'elle doit anticiper, et au moins accompagner. Là, c'est le marché qui décide, et la République ne s'en mêle pas.

Néanmoins, l'État n'est pas indifférent à la « crise » de la presse, sollicité par l'ensemble de la profession ou par les seuls journalistes, pour intervenir de deux manières : défendre le pluralisme et élever des barrières contre la concentration. Les aides directes aux quotidiens en difficulté se sont mises en place dès l'époque de la présidence de Georges Pompidou. Devenant bientôt régulières, leur montant a considérablement augmenté sous François Mitterrand. Les aides au pluralisme représentent aujourd'hui près de 10 millions d'euros (soit environ 5 % des aides diverses dont bénéficie la presse) ; elles ont permis de sauver en partie des journaux comme *Libération, La Croix* ou *L'Humanité*. Mais l'État est également intervenu par des lois anti-concentration, à commencer par celle de 1984, à l'époque où l'empire de Robert Hersant, le « Papivore », gagnait les quotidiens nationaux. Cependant, elles se révèlent peu efficaces, pour des raisons techniques (le véritable enjeu est moins celui des quotidiens que celui des magazines), des raisons politiques (la droite, revenue au pouvoir en 1986, s'est appliquée à en réduire la portée) et, surtout, parce qu'elles sont vite apparues obsolètes face à des groupes multimédias internationaux misant sur la diversification de leurs activités médiatiques.

Finalement, le pouvoir, sous la Ve République, s'il a pu accompagner des évolutions ou amortir le choc du déclin, favorisant ainsi le sursis de la presse quotidienne d'information, n'a pas eu de véritable impact sur la transformation d'un monde des journaux d'abord dominé par un système d'offre et de demande guidé par les goûts du public. Car, en dernier ressort, c'est bien lui qui décide.

Il en va différemment dans le domaine de la radio et de la télévision où, comme on sait, l'État a conduit ou tenté de maîtriser le rythme de la transformation, et de façonner le paysage médiatique, notamment par le biais des multiples réformes de l'audiovisuel. C'est vrai à l'époque du monopole. Sous de Gaulle, l'État consent un effort considérable de développement de la télévision, munie d'une deuxième chaîne en 1964, de la couleur en 1967, et le taux d'équipement des ménages en téléviseurs passe de 12 % à 70 %, au temps où il est à l'Élysée. Sous Pompidou, s'amorcent les toutes premières expériences du câble et apparaît la troisième chaîne. Et sous Giscard d'Estaing, avec l'éclatement de l'ORTF, se mettent en place les logiques de concurrence entre les chaînes (dont le budget dépend désormais de l'audience) ; ces logiques de marché, articulées à l'expansion de la publicité, introduite à l'automne 1968, préparent l'étape suivante, voulue par une partie de la droite et toujours retardée, celle de la privatisation. Les années 1980 sont évidemment capitales, avec la libéralisation des ondes et la mise en place du double secteur, voulues par Mitterrand, avec la création de Canal+ (1984) et de la Cinq (1986), puis avec la vente de TF1 à Bouygues, en 1987, sous le gouvernement Chirac.

Je ne reviendrai pas sur une histoire bien connue. Mais constatons que le paysage audiovisuel tel qu'il se dessine dans les années 1980 est caractéristique de l'aspiration du pouvoir à conserver le contrôle sur la télévision. On sait dans quelle opacité est né Canal+ ou a été attribuée la Cinq : tout s'est décidé à l'Élysée. On n'ignore pas non plus combien les nouvelles instances de régulation, de la Haute Autorité au CSA, sont dépendantes de la majorité en place ; et on imagine mal qu'un patron du service public soit nommé sans la bénédiction de l'exécutif.

Reste que la principale conséquence de la privatisation des chaînes n'est peut-être pas, comme on le prétend souvent sur un ton polémique, la dégradation du service public, contraint de mimer la programmation des télévisions privées, pour attirer les annonceurs. Tout cela, finalement, est affaire de goût et de jugement personnels. Je rappellerai simplement que, dans les années 1960-1970, les émissions de Guy Lux, diffusées à une heure de grande écoute et bénéficiant d'une forte audience, provoquaient déjà la controverse, et que la deuxième chaîne, faute de moyens financiers, s'est développée grâce à des séries anglo-saxonnes bon marché (il fallait bien nourrir la grille des programmes !). Je ferai remarquer qu'au début des années 1980, avant même la privatisation, les retransmissions de pièces de théâtre ou de spectacles musicaux ne représentaient déjà plus que 1 % de l'offre d'écoute, que les magazines culturels étaient cantonnés aux deuxièmes parties de soirée, et qu'au temps béni d'*Apostrophes*, à une époque où il n'y avait que trois chaînes, Bernard Pivot rassemblait, au mieux, 12 % des téléspectateurs (impossible de lutter contre Patrick Sabatier, sur TF1 !). Ne confondons pas les réalités du moment et leurs reconstructions nostalgiques. C'est un fait (et c'était déjà vrai avec la radio dans les années 1930) : le public a toujours préféré les émissions de distraction aux programmes culturels ! La différence, peut-être, est qu'il consacre toujours plus de temps à la télévision : 1 h 25 par jour en 1973, 3 heures en 1997, plus de 3 h 30 aujourd'hui (c'est tout proche des 4 heures quotidiennes d'un Américain) ; mais le rythme décélère, et internet n'y est peut-être pas étranger.

Non, les conséquences de la privatisation sont ailleurs. On les repère, d'abord, dans la multiplication des chaînes (câble, satellite, TNT), à partir de la seconde moitié des années 1980 (Paris-Première et Canal J en 1986, Ciné-Cinémas en 1988, Eurosport en 1989, etc.), confortant peu à peu l'éclatement des audiences et la segmentation des publics (déjà constatée pour la presse). Très concrètement, cela signifie que là où TF1 mobilisait chaque soir 44 % des téléspectateurs, il y a 15 ou 20 ans, la chaîne Bouygues n'en rassemble plus que 30 %, avec les conséquences qu'on imagine sur le plan des rentrées publicitaires.

Le deuxième effet est le montage de plus en plus complexe de groupes multimédias qui participent au développement de la télévision, sans pour autant mettre tous leurs œufs dans le même panier. Le temps du mono-secteur, sur lequel les groupes de presse érigeaient leur empire, est révolu. Aujourd'hui, la quête du contrôle médiatique passe par la diversification de l'activité, comme le montre le cas de Lagardère Active (3,5 milliards d'euros, en 2008, sur les 7 milliards de Lagardère Media). Vaste ensemble multimédia qui contrôle plusieurs radios (comme Europe 1, Europe 2, RFM), 38 magazines, de nombreux quotidiens (*La Provence, Nice-Matin, Var-Matin...*), des sites Web, qui participe également au capital de Canal+ (20 %), Lagardère Active domine ainsi une dizaine de chaînes thématiques, comme Canal J, MCM, Gulli (TNT), ou Europe 2.

Enfin, la troisième conséquence de la privatisation favorisée par le pouvoir est le déplacement du centre de gravité du débat public en matière de liberté d'expression. Jusqu'aux années 1980, c'est-à-dire la rupture du monopole, le débat, en effet, est tout entier contenu dans la question de la dépendance de l'audiovisuel à l'égard du pouvoir. Au début des années 1990, il s'installe sur le terrain de la déontologie professionnelle, les dérapages journalistiques étant interprétés comme autant d'effets de la concurrence entre les télévisions et de la dépendance économique des journalistes. Mais, progressivement aussi, émerge la question centrale de la connivence entre le pouvoir politique et le pouvoir économique des médias ; elle se pose dès 1995, lors de l'élection présidentielle (TF1/Balladur), et a récemment rebondi (Bouygues/Bolloré/Sarkozy). À cet égard, le débat s'exprime dans des termes assez proches pour la presse écrite et pour la presse audiovisuelle.

LES MÉDIAS ONT-ILS CHANGÉ LA RÉPUBLIQUE ?

Mais si les gouvernements successifs ont contribué à modeler le visage des médias, les médias eux-mêmes ont pesé sur l'évolution de la République et la manière de faire de la politique. D'où ma seconde question : les médias ont-ils changé la République ?

Au fond, monde politique et monde médiatique partagent un

même univers de représentations dominé par une valeur, celle de l'information, et une croyance – l'information fait l'opinion –, source de construction, de tension, de concurrence. Cette dernière croyance a toujours eu tendance à focaliser l'attention des hommes politiques sur la manière dont les journaux, à commencer par le journal télévisé, sélectionnaient et présentaient l'information politique ; et ce, jusqu'à en surestimer le rôle. Il n'existe pourtant pas de lien mécanique (ou magique) entre ce que disent les médias et ce que pense l'opinion (le référendum de 2005, où élites politiques et élites médiatiques se rejoignaient dans un appel au « oui », suffirait à le montrer). Il n'empêche : malgré les bouleversements de la télévision depuis vingt-cinq ans, les questions semblent à bien des égards figées, comme en témoigne la polémique récurrente autour de l'égalité du temps de parole entre majorité et opposition.

Néanmoins, il me semble qu'on peut dégager deux phases dans les relations entre espace politique et espace médiatique, qui éclairent aussi sur l'influence qu'exerce le second sur le premier.

D'abord, pendant tout le début de la Ve République, le paysage médiatique reproduit le schéma sur lequel s'est construit l'imaginaire du quatrième pouvoir. D'un côté, se distinguent les gouvernants – en l'occurrence l'exécutif, incarné par le chef de l'État – qui, selon le principe « qui contrôle l'information contrôle l'opinion », use de l'audiovisuel comme d'une arme de propagande ; c'est le temps de l'ORTF et du ministère de l'Information. C'est aussi le temps où la place grandissante de la télévision comme pratique d'information génère le débat sur « l'objectivité » de l'information radiotélévisée, au centre, rappelons-le, du conflit de 1968 pour les journalistes de la télévision et de la radio publiques. Et puis, de l'autre côté, se situent les journalistes politiques de la presse écrite (et singulièrement des quotidiens nationaux), fidèles à la tradition française d'un journalisme juge ou censeur du politique, d'un journalisme de commentaire, d'un journalisme éditorial. Dans leurs écrits, ils prennent délibérément position (pour ou contre le pouvoir), et peuvent même lui répondre au nom de l'opinion ; le modèle pourrait en être Hubert

Beuve-Méry. Cependant, le rapport est fortement inégalitaire : la presse écrite a davantage besoin du pouvoir que le pouvoir n'a besoin de la presse écrite. D'autant qu'avec la Ve République, l'information sur le pouvoir se concentre à l'Elysée, et secondairement à Matignon, où les journalistes sont triés sur le volet. Comme le dit de Gaulle, « quand je fais une conférence de presse, les journalistes sont bien obligés de venir et de rapporter mes propos ». C'est le pouvoir qui dicte l'agenda médiatique. *Grosso modo*, le schéma se maintient durant un quart de siècle.

Mais les choses changent profondément à partir de l'ère Mitterrand, sous l'effet de la libération du journalisme télévisuel, de la concurrence et de la course à l'audience, née de la privatisation de la télévision et de la multiplication des chaînes, de l'affaiblissement de la presse d'opinion, des difficultés de la presse d'information à la recherche de nouvelles recettes de vente, et de la moindre appétence des Français pour l'information politique. Les années 1980 et surtout 1990 sont caractéristiques à cet égard. Dans les quotidiens, le journalisme de commentaire laisse la place à un journalisme d'enquête et de révélation qui met au jour les scandales de la République et gêne le pouvoir (*Le Monde, Le Canard enchaîné, Libération*). Le politique est sur la défensive et invoque même la complicité du juge et du journaliste, l'un servant de source à l'autre pour exhiber sur la place publique les secrets de l'instruction. Par ailleurs, les hommes politiques, fussent-ils ministres, n'ont plus la garantie d'être invités sur les plateaux de la télévision, comme au temps du monopole : désormais, c'est le média qui choisit, selon des critères conformes au spectacle de l'information et à la recherche des émotions collectives. Alors, face à un public qui boude les émissions politiques (la fin de *L'Heure de vérité*, sur France 2, en 1995, en constitue un signe), ils sont contraints de faire feu de tout bois pour s'exposer et toucher des cibles indifférentes à la chose publique, conduits à fréquenter les émissions de divertissement à la télévision ou à la radio, à participer aux *talk-shows*, noyés parmi les vedettes de la chanson, du cinéma, du sport ou les stars d'un jour, à se montrer dans les pages de magazines les moins en phase avec l'actualité politique, y compris ceux de la presse people. Certes, les journalistes politiques ont perdu le monopole de la parole politique ; mais la dépendance a changé de camp.

Ce glissement doit cependant être replacé dans une évolution plus large sur le plan politique, celle de l'affirmation de la communication (et de ses aspects marketing) comme mode de dialogue avec l'opinion et modalité quotidienne de gouvernance. Car, en une vingtaine d'années – disons des années 1970 aux années 1990 –, le principe « qui contrôle l'information contrôle l'opinion » s'est effacé devant un autre : « qui contrôle sa communication contrôle les médias » (et, du coup, pèse sur l'opinion). L'objectif est toujours d'influencer l'opinion mais, à défaut de pouvoir contrôler l'appareil médiatique, il s'agit de le maîtriser, en sachant attirer sur soi, et pour son plus grand bénéfice personnel, l'attention des journalistes, les micros et les caméras. Bref, toute la difficulté de l'homme politique consiste à construire un agenda politique pour les médias, de telle sorte que l'agenda médiatique, qui lui échappait jusqu'ici, se conforme strictement au sien.

Et puis, dans l'imaginaire politique, au pouvoir des médias s'est substitué le pouvoir exclusif de la télévision. Un homme politique n'existe que s'il s'expose devant les caméras. Il paraît très loin ce temps où le reporter de la télévision, mêlé à ses confrères au bas des marches de l'Hôtel Matignon, se voyait écarté par le président du Conseil, avec le plus grand mépris. C'est ce qui arriva au journaliste de l'information télévisée, le 30 novembre 1955, au moment de la crise ministérielle qui emporta le cabinet Edgar Faure. Alors qu'il le poursuivait, le micro à la main, sollicitant « une déclaration pour la télévision », le président du Conseil lui lança sèchement, avec dédain : « Non, la télévision, ce n'est pas la patrie ! ». Ce n'était pas la patrie, mais cela devint, avec la Ve République et le général de Gaulle, la « voix de la France ». Grâce à la mainmise du pouvoir sur le petit écran, le monde politique en comprit le pouvoir, jusqu'à le surestimer.

Aujourd'hui, l'influence de l'image pèse aussi sur le fonctionnement des institutions elles-mêmes, comme l'indique l'exemple du Parlement. On se rappelle avec quelle indifférence les parlementaires avaient accueilli les caméras de la RTF, en décembre 1953, incapables de mesurer l'effet désastreux de leur attitude, lors de l'interminable élection du président de la République. Cette image contraste avec celle de l'Assemblée nationale, le mercredi, où, dans l'hémicycle, se pressent les députés lors des questions au gouvernement, filmées régulièrement depuis 1982. La nécessaire maîtrise de l'image explique alors pourquoi, dès 1993, est lancé Canal Assemblée nationale, prémisse de la Chaîne parlementaire.

Cette prise de conscience de l'impact de la télévision pourrait être datée, non pas de 1958, mais de 1965. En 1958, avec un taux d'équipement de moins de 10 %, elle ne compte guère ; mais, sept ans plus tard, 46 % des ménages possèdent un téléviseur. Et ce chiffre vient rencontrer l'événement médiatique que constitue la campagne télévisée pour la présidentielle de décembre. En quelque sorte, la fortune électorale de Lecanuet, mesurée par la presse à l'aune de ses prestations télévisées, vient conforter, en France, ce que l'on disait déjà aux États-Unis depuis Kennedy : la télévision peut faire gagner l'élection ! Il en résulte plusieurs effets. D'abord, pour les responsables politiques, de droite comme de gauche, et de manière irrémédiable, la radio et la presse écrite s'effacent au profit de la télévision dans les priorités de l'exposition politique. C'est d'ailleurs de 1965 que date, à gauche, l'exigence de disposer d'un temps d'antenne égal à celui de la majorité parlementaire ; car, jusqu'alors, les critiques sur l'hégémonie gaulliste émanaient plus volontiers des journaux que des partis politiques eux-mêmes. Enfin, s'impose l'idée, extravagante hier, qu'il faut se préparer à la télévision : désormais, il est admis que le passage à l'écran exige un apprentissage. Du coup, s'enclenche le processus où l'homme politique, se pliant, bon gré mal gré, aux contraintes du spectacle télévisuel, définit sa communication pour la télévision, télégénise, en quelque sorte, son message à l'opinion. Je rappelle, à cet égard, que, très vite, les hommes politiques s'entourent de conseillers en communication et se livrent même à une forme de *mediatraining*, même si ces mots peuvent paraître anachroniques (dès 1969, Michel Rocard s'entoure des conseils de son ami Pierre Zémor). À terme, le rôle grandissant des conseillers débouche sur la constitution d'une sphère politico-communicationnelle qui éloigne le militant du *leader*.

L'essor exponentiel de la télévision dans la communication politique est, par ailleurs, conforté par les logiques institutionnelles et l'évolution de la Ve République. Le pivot du système politique, constitué par un Président de la République élu au suffrage universel, cristallise un phénomène en mouvement dès la IVe République : la personnalisation de la vie publique. Nul homme politique ne peut espérer peser s'il ne passe à la télévision, et ne comptent pour la télévision que les présidentiables. Elle peut même contribuer à les fabriquer, d'autant que les autres médias d'information, désormais sous son influence, nourrissent la circularité médiatique autour de l'individu. La télévision est plus qu'un relais ; elle accompagne les ambitions d'hommes politiques qui se montrent performants dans le spectacle médiatique, à l'instar de François Léotard ou de Michel Noir, dans les années 1980-1990. Et la sphère médiatique, appuyée sur le relais des sondages, est même capable d'influencer le choix des camps, comme on l'a vu, dès 1994, avec Jacques Delors. L'hypothèse Delors, en effet, a émergé lorsque les médias, et singulièrement la télévision, ont commandé des sondages pour chercher l'homme providentiel au Parti socialiste, capable d'éviter un affrontement Balladur-Chirac au second tour de l'élection présidentielle. Et qui pourrait sérieusement soutenir que les candidatures de Nicolas Sarkozy et de Ségolène Royal, en 2007, furent totalement indépendantes de leur télégénie politique ?

Il y aurait beaucoup à dire sur le rôle de l'image et de l'émotion qui nourrissent la communication médiatique. Je me contenterai d'un bref exemple montrant, selon moi, combien les médias, et singulièrement la télévision, pèsent de plus en plus sur l'organisation même des campagnes électorales, singulièrement présidentielles. Ainsi, un meeting n'existe pas sans la télévision. Depuis bien longtemps – avant même la Ve République –, les journalistes étaient invités à repérer les phrases clés du discours du *leader*, reprises dans la presse du lendemain. Mais, depuis les années 1970-1980, le système s'est sophistiqué, au moins de trois façons. D'abord, dès 1974, les *leaders* se sont mis à inviter dans leurs meetings des célébrités, capables de retenir l'attention des caméras. Ensuite, dès 1981, compte tenu de la réduction des formats des reportages, ils ont ponctué leurs discours de petites phrases – de *sound bite* (« inserts sonores »), comme on dit aux États-Unis –, insérables dans une séquence télévisée de quelques secondes. Enfin, en 1988 et 1995, ils ont avancé l'heure de leur apparition dans les meetings, afin que le montage télévisé soit prêt pour le 20 heures. La priorité d'un meeting n'est plus d'organiser la communion entre le champion et ses supporters ni d'attirer la frange des sympathisants, mais de capter l'attention des journaux télévisés.

Bref, la télévision a changé le militantisme. Où, en 2006, les militants socialistes ont-ils pu suivre les primaires opposant Ségolène Royal, Dominique Strauss-Kahn et Laurent Fabius ? Parfois, dans des meetings, dont certains furent fermés aux micros et aux caméras. Mais aussi, et plus sûrement, sur la Chaîne parlementaire où furent retransmis deux débats en direct opposant les trois prétendants à l'investiture du PS, le premier jouant un rôle capital dans le choix final des militants.

La politique n'existe pas sans communication, et la communication n'existe pas sans les médias, et d'abord la télévision. Les médias ne sont plus le prolongement ou le relais de la stratégie politique ; ils la cimentent et elle s'adapte aux règles de l'exposition médiatique (faire événement, nourrir un récit, dégager une émotion, etc.). À cet égard, Nicolas Sarkozy a sans doute ouvert une nouvelle étape. Je ne parle pas de l'omniprésence (ce qui n'est pas nouveau) ou de la peopolisation (ce qui ne l'est pas plus) : ne confondons pas naissance et amplification d'un phénomène. J'évoque un nouveau principe de communication qui bouscule les vieux schémas. Naguère, la communication prolongeait l'action ; désormais la communication la précède ; on communique même pour agir. L'annonce mobilise les médias et leur dicte leur agenda : les questions qu'elle pose focalisent l'attention et s'inscrivent brusquement au cœur du débat public. Mais, pour asseoir le contrôle d'une telle communication, il faut savoir anticiper et, pour cela, respecter deux règles : mesurer au plus près les attentes de l'opinion (c'est le rôle des batteries d'enquêtes) et maîtriser le processus médiatique (autrement dit, connaître les attentes et le travail des journalistes) ; le tout, avec le concours de communicants, analystes, stratèges et conseillers en médias.

Je terminerai par une remarque et une idée plus générale. La remarque concerne internet et son impact sur le paysage à la fois médiatique et politique (150 000 utilisateurs en 1995 ; 28 millions en 2008). Au-delà du débat « internet va-t-il tuer la presse et le journalisme ? », il me semble que le nouvel outil prolonge bien les phénomènes repérés, et notamment celui de la parcellisation des publics, fondés sur leur modes de vie et de consommation singuliers. Jadis, le journal était une fenêtre ouverte sur le monde ; internet est plutôt une fenêtre refermée sur soi-même ; paradoxe d'un outil de mondialisation dans une société narcissique. Internet, par ailleurs, complique singulièrement la communication des hommes politiques, incapables de maîtriser l'éclatement des publics qui caractérise la Toile.

Au fond, on pourrait dire que si les médias n'ont pas changé la République, ils ont modifié le style politique et les relations avec l'opinion. Mais ce glissement s'explique autant par la mutation médiatique que par la mutation démocratique qu'a connues la Ve République. À l'inverse, le pouvoir n'a jamais renoncé à modeler le paysage médiatique ; il y a même encore un ministère pour cela ! Je ne parle pas seulement des projets en matière d'audiovisuel public, dont l'État a la responsabilité. Je fais aussi allusion à la législation sur les médias numériques et les débats suscités par le gouvernement à propos de la concentration dans la presse écrite, même si, sur ce point, les États généraux de la presse, en 2008, n'ont débouché sur aucune mesure spectaculaire. Partie remise ?

Alors, non, décidément, la presse n'est pas une industrie comme une autre, et non, on ne peut pas comprendre la Ve République sans les médias. C'est aussi à cela qu'on reconnaît une société démocratique.

Ivresse et promesses de la démocratie d'opinion

LAURENT MARTIN

France, 21 avril 2002. Lionel Jospin, Premier ministre sortant et candidat du Parti socialiste, est battu dès le premier tour de l'élection présidentielle ; le second tour voit s'affronter le candidat de l'extrême droite, Jean-Marie Le Pen, et celui de la droite dite « républicaine », Jacques Chirac, qui l'emporte très largement. Dans les heures qui ont précédé le premier tour de scrutin, les images d'un septuagénaire roué de coups et détroussé à Orléans font la une des journaux télévisés, plaçant le point d'orgue à une campagne axée sur l'insécurité[1].

France, janvier et février 2006. Une salve d'articles, parfois en une des journaux et en couverture des magazines, font de Ségolène Royal une prétendante sérieuse à la désignation par le Parti socialiste (PS) de son candidat à l'élection présidentielle[2]. Quelques mois plus tard,

1. Voir Daniel Schneidermann, *Le cauchemar médiatique*, en particulier, le chapitre 1 « L'insécurité dans la campagne ou le cauchemar-marathon », Paris, Denoël, 2003 ; Daniel Schneidermann analyse, notamment, l'affaire « Papy Voise » et livre ces chiffres : « Pour "Arrêt sur images", en mai 2002, nous avons procédé à un comptage. Du 1er au 21 avril 2002, nous avons dénombré sur TF1 cinquante-quatre sujets sur l'insécurité, dont 5 % de sujets "positifs" (par exemple, mettant en valeur des dispositifs de prévention). Après le 21 avril 2002 et sur une période équivalente de trois semaines, nous avons compté seulement dix sujets sur l'insécurité en général, dont 40 % de sujets "positifs". » Voir aussi, Julien Terral, *L'insécurité au journal télévisé. La campagne présidentielle de 2002*, Paris, éd. de L'Harmattan, 2004.

2. Voir, par exemple (pour la seule presse nationale) : *Le Nouvel Observateur* du 15 au 21 décembre 2005 avec Ségolène Royal en couverture et le titre « Élysée 2007 – "Et si c'était elle..." » ; Isabelle Mandraud, « Coqueluche des sondages, Ségolène Royal joue avec les nerfs des présidentiables du PS », *Le Monde*, 31 janvier 2006 ; *Marianne* du 4 au

s'appuyant sur une campagne fortement médiatisée ainsi que sur des dispositifs innovants de « démocratie participative » liés, pour certains d'entre eux, à la « blogosphère », celle que l'on a surnommée la « madone des sondages » l'emporte sur ses principaux rivaux au sein du PS, avant d'être finalement battue par Nicolas Sarkozy au second tour de l'élection présidentielle, le 6 mai 2007.

Il n'en faut pas plus à certains commentateurs pour évoquer avec effroi ou mépris une « dictature des sondages » ou « des médias », une « démocratie d'opinion » ou d'« émotion » qui signifieraient la fin de la démocratie représentative jusqu'alors prévalante. À cette démocratie représentative mythifiée, démocratie de la délibération sereine, de la confrontation raisonnée des arguments et des programmes, est opposée, de manière souvent caricaturale, une démocratie d'opinion dans laquelle médias et sondages imposent leur rythme – effréné –, leurs priorités – le maintien de l'ordre établi –, leurs représentations de la société – biaisées – et jusqu'à la sélection – conforme à leurs intérêts – du personnel politique.

Des propositions visant à favoriser la consultation et la participation des citoyens aux programmes des candidats comme à la vie de la Cité sont rapidement qualifiées de « démagogiques ». François Bayrou n'a-t-il pas affirmé qu'il fallait introduire « une nouvelle culture en France » où le « terrain » dirait aux décideurs ce qu'ils doivent faire[1] ? Ségolène Royal, qui a multiplié les « débats participatifs », n'a-t-elle pas fait des citoyens les « meilleurs experts de ce qui les concerne »[2] et proposé d'instaurer des « jurys populaires » qui

10 février 2006 qui titre en « une » : « Sondage exclusif présidentielle : Ségolène Royal bat Nicolas Sarkozy » ; Stéphane Alliès (avec l'AFP), « Ségolène royale, Jospin chagrin », *Le Figaro*, 7 février 2006 ; « Ségolène Royal face aux lecteurs du *Parisien* » (en « une »), *Le Parisien/Aujourd'hui en France*, 23 février 2006.

1. « Il faut introduire une nouvelle culture en France, c'est le terrain qui va nous dire ce qu'il faut faire, un réseau de citoyens doit pouvoir saisir les décideurs politiques, les usagers doivent devenir les directeurs de la simplification administrative. » (http://bayrou2007.canalblog.com/archives/p52-2.html).

2. « Une autre méthode, en étant beaucoup plus proche des gens, en leur faisant confiance, en pensant qu'ils sont parfois plus intelligents que les responsables politiques parce qu'ils sont les meilleurs experts de ce qui les concerne. » Entretien avec Arlette

contrôleraient l'action des élus ? Il n'y a guère, parmi les « poids lourds » de la dernière élection présidentielle française, que Nicolas Sarkozy à avoir affirmé que la « démocratie d'opinion [était] l'ultime renoncement de la politique » ; heureusement pour la sauvegarde de la démocratie représentative, il a été élu...

Sauf que son élection n'a en rien rassuré les gardiens de la flamme représentative, et pour cause : son style, sa pratique du pouvoir sont aux antipodes de cette fameuse « sérénité » évoquée plus haut ; sa stratégie tout à la fois de restauration et de déplacement des clivages partisans contredit le nécessaire dépassement des conflits par le débat et le compromis que la tradition libérale a associé à la démocratie représentative ; la désinvolture avec laquelle il traite le Parlement et tous les corps intermédiaires en prétendant s'adresser directement à chaque Français court-circuite toutes les médiations indispensables au bon fonctionnement de celle-ci ; enfin, la saturation de l'espace médiatique par sa personne pendant les premiers mois de son mandat relègue le phénomène Royal au statut de non-événement.

Mais, sinon par l'intensité de ces traits, Nicolas Sarkozy fait-il vraiment figure d'exception dans l'histoire de la Ve République ? La transformation de la démocratie représentative en démocratie d'opinion n'est-elle pas inscrite dans les gènes de la République gaullienne, surtout à partir du moment où l'élection du président de la République au suffrage universel transforme l'élection en un face-à-face entre un homme (pour l'instant, seuls des hommes ont été élus à la fonction suprême) et un peuple ? Pour appliquer à la démocratie ce que Marcel Gauchet disait du christianisme, on pourrait dire que la Ve République est une démocratie de sortie de la démocratie représentative, *via* ce que Marc Sadoun qualifiait de « démocratie incarnative » [1]. Les médias et les sondages ont permis cette rencontre et en ont fixé les modalités, ce qui a pu faire croire à une défaite de la démocra-

Chabot, France 2, 28 avril 2007 (http://paysdelimours.parti-socialiste.fr/category/segolene/page/2/).

1. Marc Sadoun, « Pouvoir d'incarnation et démocratie d'opinion », *Cahiers français*, n° 332, mai-juin 2006, « La Ve République, évolutions et débats », p. 34-38.

tie représentative (première partie). Mais démocratie d'opinion et démocratie représentative ne doivent pas être considérées comme des antonymes, ce sont plutôt des formes complémentaires d'un même système institutionnel que viennent encore enrichir des formes de démocratie participative (deuxième partie).

LA DÉMOCRATIE REPRÉSENTATIVE DÉFAITE PAR LA DÉMOCRATIE D'OPINION ?

La montée en puissance des médias et des sondages

L'histoire de la Ve République a coïncidé avec le formidable développement des médias audiovisuels, en particulier de la télévision. Tandis qu'en 1960, seuls 13 % des ménages en étaient équipés, ils sont 97 % à l'être en 2006. La durée de présence devant le petit écran par individu atteint 3 h 45 par jour au premier trimestre 2006[1].

Dans les années 1960 et 1970, cette croissance s'est effectuée sous le contrôle étroit du pouvoir politique et, plus précisément encore, de l'exécutif. Cette situation change substantiellement dans les années 1980 avec l'arrivée de la gauche au pouvoir, d'abord avec la reconnaissance des « radios libres » sur la bande FM, ensuite avec la création de nouvelles chaînes hertziennes et la privatisation de TF1. L'audiovisuel s'émancipe du politique, même si des instances de régulation fortement politisées, d'une part, et le poids de grands groupes industriels, d'autre part, réduisent l'espace de liberté dont disposent les journalistes et animateurs de l'audiovisuel.

Une autonomisation des médiateurs à l'égard du politique, revendiquant un pouvoir de commentaire et d'appréciation, introduit un ton nouveau, plus critique et impertinent ; elle rejoint une tendance de fond de la société française, dont 1968 a été un moment accélérа-

1. Chiffres du Département des études, de la prospective et des statistiques, ministère de la Culture, 2008.

teur, qui s'exprime, notamment, par un langage plus direct, moins révérencieux envers les dirigeants. Cette tendance était précocement apparue dans la presse écrite dès les années 1970, marquées, selon Jean-Claude Guillebaud, « par cette tentative tâtonnante : redéfinir un rapport au réel, redécouvrir (en France et à l'étranger) la société civile, inventer enfin pour la presse une fonction clairement démarquée du politique ». Parmi les signes ultérieurs de cette mutation, le journaliste citait précisément l'émancipation des journalistes de télévision, mais aussi, plus généralement, un changement de ton et de regard vis-à-vis de la classe politique, un goût retrouvé pour l'enquête et le questionnement, tel que l'illustrait la réussite – certes chaotique – de *Libération*. Celle du *Canard enchaîné*, dont l'apogée, en termes de vente, se situe précisément à ce tournant des années 1970 et 1980, est également symptomatique de ce nouveau rapport des médias au politique, plus incisif, conjuguant la satire et l'enquête, « une presse exerçant avec rigueur et constance sa fonction critique, impertinente, insolente, investigatrice, opportunément dévastatrice en somme... Une presse tout bêtement instituée en contre-pouvoir » [1]. La légitimité accordée à un « journalisme d'investigation » à la française dans les années 1980 et 1990, son alliance objective avec d'autres acteurs sociaux cherchant à secouer la tutelle du politique – en premier lieu, les magistrats – promeuvent un discours sur la transparence qui déstabilise les vieilles pratiques du personnel politique français. Par ailleurs, des émissions humoristiques et satiriques comme *Le Bébête Show* (sur TF1, de 1983 à 1995) et *Les Guignols de l'info* (sur Canal+ à partir de 1988) ont montré une liberté de ton nouvelle à l'égard du politique.

Celui-ci doit également composer avec la place croissante occupée par les sondages dans l'espace public, qui n'est pas étrangère à l'expansion des médias puisque ces derniers sont de gros commanditaires et diffuseurs des enquêtes d'opinion. En 2001, 928 sondages d'opinion ont ainsi été publiés dans la presse française. En 2007, le

1. Jean-Claude Guillebaud, « Les médias contre le journalisme », *Regards sur l'actualité*, n° 173, août 1991, p. 28.

rythme paraît moindre : 300 sondages, mais ne sont pris en compte que les sondages électoraux[1]. Encore ne s'agit-il là que des sondages publiés ; comme le rappelle Roland Cayrol, « c'est toujours un sondage sur dix publié dans les médias et les neufs autres qui restent confidentiels. En revanche, l'un et l'autre ont beaucoup augmenté depuis vingt ans. L'explosion de la demande [plus marquée en France qu'ailleurs] a été régulière, avec probablement des moments d'accélération », en particulier dans les périodes précédant une échéance électorale majeure. Si la France consomme et publie plutôt plus de sondages que d'autres pays comparables, c'est, explique encore Roland Cayrol, que le sondage y est considéré comme une information comme une autre, reprise d'abord par les dépêches d'agence puis par les autres médias. « On a donc, à la fois, plus de sondages et plus de reprises des sondages par les médias. »[2]

La modification du métier de responsable politique

Le métier de responsable politique a substantiellement changé depuis les débuts de la Ve République, en partie du fait de cette montée en charge des médias et des sondages. La personnalisation du pouvoir, inscrite dans la logique de la Constitution, est encouragée et mise en scène par ces deux types de dispositif. Le pouvoir devient reconnaissable, identifiable, il s'incarne en un homme – beaucoup plus rarement, en une femme – dont l'image devient familière à des millions d'individus. Le distant devient proche ; non seulement il s'affiche sur les murs de la cité et dans les pages des journaux, sa voix se fait entendre à l'heure des repas – ces éléments étaient déjà présents, pour certains, dès le début du XXe siècle – mais, surtout, il pénètre dans

1. Chiffres cités par Patrick Lehingue, professeur de sciences politiques à l'université d'Amiens et auteur de *Subunda. Coups de sonde dans l'océan des sondages*, Bellecombes-en-Bauges, éd. du Croquant, 2007.

2. Entretien de Roland Cayrol à Isabelle Veyrat-Masson et Marie Lhérault, *Le Temps des médias*, n° 7, hiver 2006-2007, p. 229-241.

l'intimité de chaque foyer par le poste de télévision. Thierry Vedel rappelait que les grands médias (télévision, radio, presse écrite) sont la première source d'information politique et souvent même la seule d'un grand nombre de citoyens : chaque jour, 75 % des Français regardent un journal télévisé et 40 % lisent un quotidien[1].

Familiarité en *trompe-l'œil*, certes, dans la mesure où, comme le rappelle Erik Neveu (qui parle de « familiarité de la distance »), la relation reste médiate, par l'intermédiaire du petit écran ou des autres supports médiatiques[2]. Mais il est de fait que, à partir surtout de l'élection présidentielle de 1965, les médias audiovisuels, en particulier la télévision, donnent une visibilité nouvelle et une tribune incomparable aux responsables politiques[3]. Divers concepts et formats, de la retransmission des conférences de presse aux débats entre responsables politiques en passant par les interviews de ceux-ci par quelques journalistes triés sur le volet, leur permettent de faire passer leur message à une audience élargie[4]. Du coup, le responsable politique modifie en conséquence son comportement, son style, son langage. Les polémistes de l'ancien régime médiologique de la graphosphère, les tribuns à la voix de stentor de la République parlementaire cèdent la place aux débatteurs à la voix posée, au calme rassurant. Dans un face-à-face télévisé avec un adversaire politique, il convient de faire preuve d'esprit de repartie, de garder en réserve quelques répliques qui feront mouche auprès du public – « Vous n'avez pas le monopole

1. Thierry Vedel, « La révolution ne sera plus télévisée. Internet, information et démocratie », *Pouvoirs*, n° 119, 2006, p. 41.

2. Erik Neveu, « De quelques incidences des médias sur les systèmes démocratiques », *Réseaux*, vol. 18, n° 100, 2000, p. 123.

3. Voir Jacques Gerstlé, « Les campagnes présidentielles 1965-2007 : de M. X à Mme Royal », *Pouvoirs*, n° 119, 2006, p. 29-40. Christian Delporte, « De la propagande à la communication politique, le cas français », *Le Débat*, n° 138, janvier-février 2006, p. 30-45.

4. Marie Lhérault, « Les émissions politiques : réduction ou redéfinition de l'espace de communication télévisuelle ? », *Le Temps des médias*, n° 7, hiver 2006-2007, p. 191-203. L'auteure conclut que l'« offre politique télévisuelle » n'a pas disparu mais qu'elle s'est « diversifiée » en s'étendant aux *talk-shows* d'info-divertissement et aux magazines thématiques, favorisant une certaine « dépolitisation » du discours politique à la télévision.

du cœur »[1], « Vous êtes l'homme du passif »[2] – et de tenir ses nerfs pour ne pas être déstabilisé par celles qu'il vous lancera, sous peine d'être jugé arrogant ou nerveux – « Vous parlez au Premier ministre de la France ! »[3]. Médias et sondages se donnent ici la main, les seconds faisant connaître presque en « temps réel » la façon dont les téléspectateurs ont perçu la rencontre et son issue.

La réduction du débat à un duel d'où doivent sortir un vainqueur et un vaincu est l'un des effets de cette personnalisation par médias et sondages interposés ; d'autres formats, centrés sur une personnalité dont on fait le portrait, par exemple, en lui rendant visite à son domicile, renforcent cette personnalisation et brouillent les clivages entre public et privé. La psychologisation des enjeux politiques, l'attention portée à l'apparence, la préparation minutieuse des arguments en fonction de leur impact supposé sont quelques-uns des effets de ce nouveau régime politico-médiatique. Ces modifications justifient le recours à des conseillers en communication, sensible surtout à partir des années 1980, et la montée d'un « marketing politique » censé ajuster l'offre politique à la demande sociale. La professionnalisation de la communication politique, avec l'incorporation de techniques issues des sciences sociales et de la publicité, va de pair avec celle du personnel politique en son ensemble, qui passe de plus en plus par les mêmes formations et emprunte aux experts un langage, des références intellectuelles disqualifiant tout discours radical au profit d'un discours consensuel. De là aussi le dépérissement, apparemment paradoxal, de la presse d'opinion quand s'épanouit la démocratie d'opinion : les opinions tranchées ne font plus recette à l'âge du pragmatisme communicationnel.

1. Phrase prononcée par Valéry Giscard d'Estaing débattant avec François Mitterrand, 10 mai 1974, ORTF.

2. Phrase prononcée par François Mitterrand débattant avec Valéry Giscard d'Estaing, 5 mai 1981, FR3.

3. Phrase prononcée par Laurent Fabius, débattant avec Jacques Chirac, TF1, 27 octobre 1985.

La démocratie d'opinion comme pathologie et dévoiement démocratiques

Un discours largement répandu dans le grand public mais aussi chez nombre de commentateurs issus ou participant de cet univers des médias et des sondages tant décrié, présente ces évolutions comme des « pathologies » ou des « dévoiements de la démocratie », entendez de la seule démocratie qui vaille, la démocratie représentative. Les détracteurs de la démocratie d'opinion pointent deux effets dévastateurs pour celle-ci : la mise sous tutelle du pouvoir politique par la tyrannie des médias et des sondages ; et le dessaisissement de la souveraineté populaire par ces mêmes médias et sondages.

Première thèse : le pouvoir politique est placé sous la tutelle du pouvoir médiatique. Le quatrième pouvoir serait devenu le premier, l'opinion serait désormais, selon le mot de Pascal, la « reine du monde »[1]. On pourrait ainsi généraliser ce qu'Alain Duhamel écrivait à propos de la campagne présidentielle de 2007 : « La victoire de la posture sur le contenu, de l'émotion sur la réflexion, de l'image sur le projet, de la subjectivité sur la rationalité, de la flatterie sur la conviction, de l'individualisme sur la solidarité, de l'émiettement sur le rassemblement, de la démagogie sur la pédagogie, donc finalement du populisme sur la démocratie. »[2] La victoire de la démocratie d'opinion signerait la victoire de la rue sur les urnes, des collectifs et coordinations sur les syndicats et les partis, des minorités fluctuantes sur

1. Titre choisi pour un récent essai de Jacques Julliard, d'ailleurs plus nuancé et moins négatif que beaucoup, sur la démocratie d'opinion (Paris, Flammarion, 2008). Pour des exemples de cette thèse – parfois réfutée dans le corps des articles –, voir les numéros du *Débat*, « Quels contre-pouvoirs au quatrième pouvoir ? » (n° 60, mai-août 1990) et « Peut-on gouverner contre les médias ? » (n° 88, janvier-février 1996). Pour une recension des principaux arguments – et leur mise à distance critique – voir Hugues Moutouh, « La communication médiatique déterminant de l'action publique », *Pouvoirs*, n° 119, 2006, p. 15-28.

2. Alain Duhamel, « La démocratie d'opinion triomphe », tribune du 11 avril 2007 sur *Libération.fr* (http://www.liberation.fr/tribune/010199099-la-democratie-d-opinion-triomphe).

les majorités légitimes, des sondages sur les élections au suffrage universel.

Les médias, dans ce schéma d'interprétation d'essence plutôt libérale – au sens politique du terme –, porteraient une lourde responsabilité, en particulier la télévision, devenue la principale instance de sélection et de consécration des valeurs et du personnel politique. Instaurant une « tyrannie de la télégénie » fatale à ceux qui « ne passent pas bien à la télé », elle obligerait au schématisme, à la simplification excessive du discours politique en privilégiant les « petites phrases » au détriment des arguments de fond, confondrait le public et le privé, l'information et le divertissement, les politiques et les *people* en supprimant peu à peu les émissions politiques aux heures de grande écoute tout en faisant venir les responsables politiques dans des émissions de variétés où leur discours serait banalisé ou tourné en dérision. On dénonce aussi, pêle-mêle, les effets d'occultation ou de grossissement, les dérapages et les emballements, le suivisme et le conformisme dont se rendent périodiquement coupables les médias et, avec eux, les responsables politiques épousant de trop près la logique médiatique. Les médias seraient enfin les promoteurs d'une idéologie de la transparence exposant en permanence le pouvoir au feu des critiques et au voyeurisme. Cette idéologie, couplée au triomphe des droits de l'homme et de la bonne conscience moralisatrice, au règne de l'émotion et du spectaculaire, au jeu sur les « basses passions » et les ressorts psychologiques élémentaires, conduirait le pouvoir à l'impuissance, à l'« impouvoir » comme l'écrit Marcel Gauchet[1].

De ce premier ensemble de critiques, ici grossièrement résumées, il est facile de glisser au second, *via* le procès fait aux sondages. Les médias s'appuient, en effet, sur les sondages pour justifier ces dérives. Le responsable politique aurait les yeux rivés sur ses courbes de popularité et sacrifierait en permanence le temps long de l'action politique au temps court de leurs fluctuations. Au lieu de la défense de l'intérêt

1. Marcel Gauchet, « Contre-pouvoir, méta-pouvoir, anti-pouvoir », *Le Débat*, n° 138, janvier-février 2006, p. 17-29.

général, il n'aurait plus pour projet et raison d'être que de satisfaire, au jour le jour, des intérêts particuliers, atomisés, artificiellement rassemblés le temps d'une enquête d'opinion. L'opinion publique ne serait que la somme d'opinions privées et l'espace public un marché où se rencontreraient l'offre et la demande politiques. Avec l'introduction du marketing politique, note ainsi Habermas, on passe du citoyen au consommateur, qu'il s'agit de séduire en usant des arguments les plus démagogiques. Le responsable politique n'a plus pour rôle de guider la population par la raison mais de suivre et de flatter ses penchants, y compris les plus contestables en termes de bien commun [1].

Encore cette interprétation accorde-t-elle en dernier ressort le pouvoir au consommateur-citoyen en postulant que sa volonté soit clairement perçue au travers de la représentation sondagière qui en est faite. Or, en poursuivant la critique des sondages, certains détracteurs de la démocratie d'opinion débouchent sur l'idée que ce pouvoir n'existe pas plus que l'opinion elle-même, laquelle ne serait qu'une fabrication par les médias et les instituts de sondage [2]. On voit la différence et même l'opposition avec le premier train de critiques : celui-ci dénonçait la tyrannie de l'opinion sur le pouvoir, dont l'agenda serait dicté par les médias et les sondages ; cette fois, on dénonce la tyrannie du pouvoir qui s'exerce sur le peuple au moyen d'une manipulation des médias et des sondages. Dans cette perspective « radicale », fortement inspirée, en France, par la pensée de Pierre Bourdieu [3], les médias « dominants » ne sont que les « chiens de garde » de l'ordre établi et les auxiliaires dévoués des pouvoirs politiques et, surtout, économiques qui les manipulent ; à leur tour, ils sont réputés manipuler les

1. Jürgen Habermas, *L'espace public : archéologie de la publicité comme dimension constitutive de la société bourgeoise*, Paris, Payot, 1997 [1962].

2. Loïc Blondiaux, *La fabrique de l'opinion. Une histoire sociale des sondages*, Paris, Seuil, 1998. Benjamin Ginsberg, « La transformation de l'opinion publique par les sondages », *Hermès*, n° 31, 2001, repris dans *L'Opinion publique*, Paris, Hermès/CNRS éd., 2009, p. 69-89

3. Lire son article dans le n° 101-102 des *Actes de la recherche en sciences sociales*, l'« Emprise du journalisme », mars 1994, p. 3-9 et « Sur la télévision », *Liber-Raisons d'agir*, 1996.

esprits de ceux qui les consomment en leur présentant une vision déformée de la réalité politique et sociale. Les instituts de sondage contribueraient à ce mensonge en imposant, par le biais d'une fausse objectivité scientifique, les thèmes qui vont dans le sens des intérêts des puissants et en occultant la parole authentique des dominés, désamorçant ainsi les conflits (notamment de classe) et privant *in fine* le peuple de l'exercice de sa souveraineté.

LA DÉMOCRATIE D'OPINION ET LA DÉMOCRATIE PARTICIPATIVE, DEUX MODALITÉS DE LA DÉMOCRATIE REPRÉSENTATIVE

La démocratie d'opinion, prolongement et complément nécessaire de la démocratie représentative

Nous ne contestons pas la pertinence de nombre de ces critiques, qu'elles témoignent d'une sensibilité plutôt libérale ou plutôt radicale ; nous leur reprochons seulement leur aspect systématique et parfois hystérique. D'un excès d'honneur – la croyance en la toute-puissance des médias et des sondages – on passe aisément à un excès d'indignité – la croyance en leur malfaisance. Or, ces deux croyances ne résistent pas à l'examen des faits[1].

La croyance dans la toute-puissance des médias est ancienne. Accompagnant l'essor des moyens modernes de communication depuis l'invention du livre imprimé, elle explique la méfiance de tous

1. Pour une analyse historique du mythe du quatrième pouvoir, voir, notamment, Fabrice D'Almeida (dir.), *La question médiatique*, Paris, Seli Arslan, 1997 ; Agnès Chauveau et Philippe Tétart, « Le Quatrième pouvoir entre mythes et réalités », dans Jean Vanwelkenhuyzen (dir.), *Les tumultes d'un siècle*, Bruxelles, Complexe, 2000, p. 243-249. Pour une analyse de nature plus sociologique du paradigme des effets, lire Rémy Rieffel, « Les effets des médias », dans Claude-Jean Bertrand (dir.), *Introduction à la presse, radio et télévision*, Paris, Ellipses, 1995. Du même Rémy Rieffel, lire *Que sont les médias ?*, Paris, Gallimard, 2005.

les pouvoirs envers les médias et leur désir de les contrôler. Dans l'histoire de la Ve République, la question de l'influence des médias et des sondages sur les élections a régulièrement été soulevée : le général de Gaulle n'a-t-il pas gouverné grâce à la maîtrise de l'ORTF, la mise en place d'un appareil d'information d'État et la mesure régulière de l'opinion publique par des sondages ? Gaston Defferre, en 1965, n'a-t-il pas tenté d'imposer sa candidature contre les partis au moyen d'une campagne médiatique savamment orchestrée ? Il a échoué mais Ségolène Royal, elle aussi « création » des sondages et des médias, a bien failli réussir en 2007[1].

L'ennui est que cette croyance – parfois cultivée par les gens des médias eux-mêmes pour des raisons intéressées – relève de la pensée magique ; elle postule une relation univoque de cause à effet qu'elle peut rarement prouver. Depuis les années 1940, de nombreuses études ont montré que l'effet des médias est limité et indirect, toujours filtré par les multiples couches identitaires du sujet, lequel n'est jamais passif mais transforme, traduit, décode et, finalement, s'approprie le message qui lui parvient. Il ne l'accepte, le plus souvent, que dans la mesure où il conforte une opinion antérieurement établie par des processus de socialisation primaire (famille) et secondaire (éducation, milieu professionnel, engagements divers, etc.). Ce qui est vrai de la réception de tout objet médiatique l'est tout autant dans le cas de la communication politique. Les médias (qu'il faudrait distinguer entre eux) « ne font pas l'élection » ; tout au plus – et c'est déjà beaucoup – contribuent-ils à fixer l'ordre du jour, à définir les enjeux et les priorités, à promouvoir tel responsable ou telle solution[2]. Encore les politiques, pour peu qu'ils en manifestent la volonté et sachent gérer des temporalités conflictuelles, restent-ils maîtres de l'agenda – sans l'être tout à fait de leur communication, régulièrement prise en défaut par des événements imprévisibles. Pour ne prendre qu'un exemple récent et souvent cité, les Français n'auraient pas rejeté le Traité constitution-

1. Cf. J. Gerstlé, *op. cit.*

2. Voir, notamment, la mise au point de René Rémond dans *Le Temps des médias* (entretien avec Christian Delporte), n° 3, automne 2004, p. 175-181.

nel européen lors du référendum de 2005, si les grands médias et la communication des principaux partis et responsables politiques, qui s'étaient majoritairement prononcés en faveur du oui, étaient aussi irrésistibles que certains le prétendent.

Médias et sondages ne sont donc pas omnipotents ; ils ne sont pas non plus, par essence, malfaisants. On peut au contraire soutenir qu'ils sont très utiles, voire indispensables à la bonne marche d'une société démocratique. Les sondages, correctement conçus et mis en œuvre, peuvent ainsi être d'utiles indicateurs de l'état d'esprit de la population à un moment donné, si on ne les sollicite pas à outrance ; ils permettent à l'autorité politique ou administrative d'anticiper les réactions, de comprendre l'échec ou le succès de telle mesure, concourant ainsi à une plus grande efficacité et à une plus grande justice de l'action publique[1]. De même les médias renseignent-ils les responsables politiques sur les dysfonctionnements de la société en les appelant à y remédier. Ils procurent au citoyen comme au gouvernant les informations nécessaires à la compréhension des enjeux et donc au choix éclairé. Ils servent enfin d'espace de dialogue, de forum démocratique où des points de vue différents, éventuellement conflictuels, peuvent se rencontrer ; la pédagogie gouvernementale s'y confronte à l'expression des différents intérêts et des formes de compromis émergent sans lesquelles la vie en société serait impossible.

Plus spécifiquement encore, les médias exercent un rôle fondamental non seulement dans la sélection des candidats aux fonctions électives mais dans le contrôle de leur action. Le principe de publicité, cher aux penseurs des Lumières, prévient les abus les plus criants. Les médias sont ainsi les garde-fous de l'action publique. Ce pouvoir d'empêchement et de surveillance relève de ce que Marcel Gauchet a nommé la « démocratie de contrôle » et Pierre Rosanvallon la « contre-démocratie »[2]. Dans cette perspective, la démocratie

1. Monique Dagnaud, « L'âge médiatique de la démocratie », *Esprit*, mars-avril 1995, p. 49-58.

2. M. Gauchet, *op. cit.* ; Pierre Rosanvallon, *La contre-démocratie : la politique à l'âge de la défiance*, Paris, Seuil, 2006.

d'opinion, loin d'être la pathologie ou la version dégénérée de la démocratie représentative, en est, au contraire, l'indispensable complément. Le journaliste est un type hybride de représentant de la population. Certes, il n'est pas élu et sa légitimité est incertaine ; mais il assure bel et bien une forme de délégation de souveraineté, représentant les citoyens auprès des autorités dans les intervalles qui séparent les élections.

De sorte que les attaques répétées dont les médias et les journalistes font l'objet depuis une vingtaine d'années concourent à la crise de la démocratie représentative bien plus qu'elles n'y apportent de solution. Juste retour des choses, diront certains : après avoir rabaissé les politiques et les intellectuels, dévitalisé les autres organisations, vecteurs et espaces du débat démocratique, les journalistes sont à leur tour victimes de la défiance envers toutes les instances représentatives. Le déclin des médias institutionnels et l'attrait des nouvelles technologies se conjuguent pour favoriser la montée d'un « journalisme sans journalistes » perceptible, notamment, dans le phénomène des blogs, ces sites sur Internet où chacun commente à son gré l'actualité ou fait part de ses états d'âme. L'individualisation conduit à la fragmentation de l'espace public, à l'« éclatement de la scène médiatique »[1]. Il se pourrait que le crépuscule de la démocratie représentative soit aussi celui de la démocratie d'opinion telle qu'elle est habituellement définie comme pouvoir de l'opinion, c'est-à-dire des médias de masse et des sondages.

Démocratie représentative et démocratie du public

La démocratie représentative est aujourd'hui en crise, nous dit-on. Montée de l'abstention et du vote protestataire, discrédit et perte de substance des institutions classiques de la représentation, culture de la dérision et individualisme des comportements, contestation par

1. Denis Pingaud et Bernard Poulet, « Du pouvoir des médias à l'éclatement de la scène médiatique », *Le Débat*, n° 138, janvier-février 2006, p. 6-16.

la rue des décisions du pouvoir légitimement élu… « La procédure de la représentation élective ne serait plus en mesure d'assurer la double fonction du politique : la prise de décision collective et la production du consentement public. » [1] Les mécanismes habituels de la démocratie représentative s'avèrent incapables de gouverner des sociétés de plus en plus complexes (l'accroissement de la division fonctionnelle), conflictuelles (l'hétérogénéité des visions du Bien, du Vrai, du Juste), réflexives (l'élévation du niveau de compétence des citoyens ordinaires, leur aptitude à remettre en cause les formes traditionnelles d'expertise et à développer des formes de contre-expertise), indociles (la capacité croissante des citoyens à se mobiliser de manière efficace contre les décisions des autorités), défiantes (l'affaiblissement des structures de sociabilité et la montée des formes de repli individualiste entraînant un déclin de la confiance entre les individus et envers les institutions) et, finalement, de plus en plus ingouvernables (l'incapacité de l'État à imposer ses choix, la décomposition d'un modèle autoritaire et vertical de prise de décision, une crise de l'intérêt général conçu comme principe supérieur de légitimation)[2].

Comme le fait remarquer Loïc Blondiaux, qui rassemble ces observations éparses dans nombre de travaux contemporains, la perte de confiance dans les institutions représentatives ne signifie pas pour autant le dépérissement de la démocratie[3]. On pourrait même soutenir, comme le fait de son côté Bruno Bernardi, que ce qui est en crise est une forme restreinte et restrictive, historiquement datée, de la démocratie représentative et que les difficultés auxquelles nos dirigeants doivent faire face (celle des représentants élus à se faire reconnaître comme autorité légitime, celle de faire reconnaître leurs décisions comme obligeant ceux qu'ils sont supposés représenter, celle de produire le sentiment d'appartenance à une communauté ins-

1. Bruno Bernardi, « L'opposition entre représentation et participation est-elle bien formée ? », *La Vie des idées*, avril 2008.

2. Ces traits ne sont pas propres à la France mais partagés, à des degrés divers, par toutes les démocraties développées.

3. Loïc Blondiaux, *Le nouvel esprit de la démocratie. Actualité de la démocratie participative*, Paris, Seuil, 2008.

tituée) requièrent « une définition élargie de la démocratie ».[1] À suivre cet auteur, cette définition devrait comprendre d'autres dimensions, expressive, délibérative, auto-instituante et sur-présentative qui sont toutes co-présentes dans le concept de démocratie mais que la pratique des institutions, tout particulièrement en France, a occultées. Ainsi la manifestation publique est-elle une forme de participation à la vie démocratique qu'exclut abusivement la focalisation sur le seul mécanisme représentatif. Ce mécanisme, tel que l'ont théorisé et mis en œuvre les révolutionnaires français – et américains –, repose sur l'idée d'une délégation de la souveraineté sans mandat impératif ; les députés représentent la nation abstraite, non ceux qui les ont élus. Ce refus de la représentation-miroir « occulte, dans le représentant, la particularité du représenté, et cet effacement a pour effet majeur de séparer spéculativement le politique du social »[2], conduisant à la contestation permanente du premier par le second.

C'est également à la critique de ce mécanisme représentatif que s'est livré Bernard Manin dans ses *Principes du Gouvernement représentatif*, rapidement devenu un classique depuis sa parution, il y a une quinzaine d'années[3]. Selon lui, quatre traits caractérisent la démocratie représentative depuis la fin du XVIIIe siècle : l'élection des gouvernants par une fraction plus ou moins large de la population ; l'indépendance relative des élus, non liés par un mandat impératif ; la liberté d'expression de l'opinion, accordée en contrepartie aux gouvernés ; la place centrale de la discussion et de la délibération. Dans l'esprit comme dans la pratique des régimes censitaires du XIXe siècle, la démocratie élective est d'essence aristocratique, visant à distinguer les meilleurs, une élite éclairée et fortunée, dans une communauté donnée. Hors de sa participation aux élections, le peuple n'existe pas. Certes, ce gouvernement représentatif a su évoluer et s'adapter à l'ère des masses ; Manin décrit ainsi les séquences historiques qui

1. B. Bernardi, *op. cit.*
2. *Ibid.*
3. Bernard Manin, *Principes du Gouvernement représentatif*, Paris, Calmann-Lévy, 1995 (rééd. Paris, Flammarion, Champs, 1996).

rythment l'histoire de la France contemporaine : au parlementarisme dont l'apogée se situe au XIXe siècle (le régime des notables) succède, à la fin du XIXe siècle, la démocratie des partis, en lien avec le suffrage universel. C'est cette deuxième forme de la démocratie représentative qui est entrée en crise à partir des années 1960, soutient Manin, bien plus que la démocratie elle-même. La personnalisation des élections, l'affaiblissement des structures et des identifications partisanes, une plus grande liberté de choix des électeurs ainsi que le rôle croissant des médias et des sondages caractérisent une troisième phase de la démocratie représentative que Manin nomme la « démocratie du public » et que d'autres ont appelée « démocratie d'opinion » [1].

Mais, de même que la démocratie représentative ne se réduit pas à l'élection de représentants, la démocratie du public ou d'opinion ne se résume pas aux médias ni aux sondages. C'est abusivement que l'on a assimilé d'abord les *leaders* d'opinion à l'opinion publique puis – pour corriger cette première déformation d'optique – les sondages à celle-ci. Bien d'autres formes d'expression, d'interpellation, de participation existent que l'on regroupe sous des appellations diverses – démocratie « participative », « dialogique », « délibérative », « de proximité », « continue » –, mais qui toutes font référence à la revendication croissante d'un droit à l'expression politique d'une partie des citoyens et à l'obligation dans laquelle se trouvent les gouvernants de consulter la population, voire de lui rendre des comptes, non seulement au moment des élections mais dans les intervalles qui séparent celles-ci. Ces formes de participation à la vie démocratique ne peuvent être ramenées trop simplement, comme le fait, par exemple, Marc Sadoun, à l'activité désordonnée de « circuits informels de la société de communication, sans échange et sans concertation, hors de toute délibération et de tout projet commun » ; la démocratie d'opinion

1. Le texte de Bernard Manin, produit dans le cadre de la Fondation Saint-Simon, avait inspiré le discours de Michel Rocard de Joué-lès-Tours de septembre 1994, dans lequel ce dernier avait pris acte du passage de la démocratie de parti à la démocratie d'opinion – analyse qui avait souvent été critiquée comme l'indice d'une abdication de la décision politique devant les caprices de l'opinion.

n'est pas cette « forme dévoyée de la démocratie » et l'opinion cette puissance purement conservatrice, « impuissante à inventer et à formuler » que stigmatise la pensée libérale classique[1]. Cette conception de la démocratie fait, au contraire, fond sur l'idée d'un public actif, organisé, conscient, déployant une capacité cognitive et critique à la fois, « traduisant une exigence croissante d'inclusion et de transparence, portée par des mouvements sociaux mais aussi par des individus isolés qui revendiquent une autonomie par rapport au système politique institutionnel »[2].

La démocratie participative, une solution aux impasses de la démocratie représentative ?

Si des dispositifs participatifs avaient vu le jour en France dès les années 1970, ce n'est que dans les années 1990 qu'ils s'y sont multipliés, à l'imitation d'autres pays, offrant une alternative à la politique de type réglementaire. Une typologie grossière distingue plusieurs niveaux croissants d'implication des citoyens : information (par exemple, la loi de 1992 sur l'administration territoriale reconnaît le droit des habitants à être informés des décisions municipales), consultation et concertation (jurys et conférences de citoyens, conseils de quartier, débat public), co-décision (budget participatif). Certains ont envisagé d'inscrire dans la Constitution l'institutionnalisation de la conférence de citoyens, de confier au Conseil économique et social la mission d'animer la participation à l'échelle nationale ou bien encore de doter d'un pouvoir consultatif une assemblée de citoyens tirés au sort et renouvelée, par exemple, tous les six mois[3].

Il faut remarquer que la plupart de ces dispositifs concernent les

1. M. Sadoun, *op. cit.*, p. 36.

2. L. Blondiaux, *op. cit.*, p. 81. Voir aussi Nicole d'Almeida, *La société du jugement*, Paris, Armand Colin, 2007.

3. Yves Sintomer, *Le pouvoir au peuple. Jurys citoyens, tirage au sort et démocratie participative*, Paris, La Découverte, 2007.

domaines de l'environnement et de l'aménagement du territoire ; qu'ils privilégient des formes de démocratie délibérative (qui visent à mieux fonder la décision politique en améliorant les procédures de la délibération) plutôt que des formes relevant plus strictement de la démocratie participative (qui visent à favoriser l'engagement et la politisation des citoyens, à former une communauté citoyenne active). Comme le note Loïc Blondiaux, la plupart de ces dispositifs dépendent de l'initiative des autorités, n'ont qu'un caractère consultatif et n'engagent en rien les décideurs politiques[1]. Ceux-ci en attendent un surcroît d'information mais, surtout, de légitimation et d'efficacité de leurs décisions par l'implication des citoyens.

Ces effets peuvent être vertueux en ce qu'ils modifient la manière de concevoir les projets, renforcent la transparence de l'action administrative, introduisent des garanties pour l'usager, créent du lien social. Mais ces effets peuvent aussi être pervers, réservant les mécanismes participatifs à des questions dépourvues d'enjeux, à une démocratie strictement locale ou à la défense d'intérêts particuliers. Les élus leur reprochent de pousser à la démagogie et au populisme et de les mettre sous la surveillance constante de citoyens, véritables professionnels de la contestation, qui ne représentent qu'eux-mêmes, tandis que les citoyens engagés dénoncent une instrumentalisation de la démocratie participative, des consultations-alibis, sans prise réelle sur le processus de décision, une participation de façade qui n'aurait pour objectif que de prévenir ou de désamorcer les conflits. Il est vrai que les pratiques participatives sont encore minoritaires et les résultats, limités[2].

De là, la préférence affichée par nombre de ces citoyens engagés pour d'autres mécanismes dont ils auraient, cette fois, l'initiative et la maîtrise. La réforme constitutionnelle de mars 2003 reconnaît pour la première fois la possibilité d'un référendum décisionnel ainsi qu'un droit d'initiative citoyenne mais celui-ci reste strictement encadré et de

1. L. Blondiaux, *op. cit.*

2. Sandrine Rui, *La démocratie en débat. Les citoyens face à l'action publique*, Paris, Armand Colin, 2003.

portée minimale, les parlementaires n'ayant pas voulu se voir dessaisis d'une de leurs prérogatives parmi les plus importantes. Mais l'exigence d'expression et d'interpellation fleurit dans d'autres lieux de ce que Habermas appelle l'« espace public autonome », non directement contrôlé par le pouvoir politique : intervention dans les émissions interactives, forums de discussion sur Internet, médias communautaires et associatifs (les sites Internet ont pris le relais des radios libres d'antan), blogs et réseaux sociaux. Il s'agit toujours de rapprocher, voire de confondre, l'émetteur et le récepteur, le producteur et le consommateur d'information, de rompre avec le schéma vertical et unidirectionnel des médias de masse pour privilégier l'échange horizontal et la parole propre de chacun. Les nouveaux « médias conversationnels » qui se développent sur la Toile prétendent éviter la sélection de l'information grâce à des capacités de stockage des données à moindre coût, déjouer toutes les tentatives de censure et de contrôle, associer expression directe et action des collectifs grâce à leur capacité de mobilisation instantanée.

Tout n'est cependant pas rose dans la « démocratie électronique » que certains rêvent de voir s'instaurer *via* les nouveaux médias. Le refus de l'accaparement de la parole par les professionnels de la communication et les experts suscite ou entretient une méfiance généralisée à l'égard des médias classiques que nous avons déjà relevée ; dans le même temps, on constate que les blogs ne font, le plus souvent, que reprendre et commenter des informations produites par ces mêmes médias tant décriés. C'est que, comme le rappelle Thierry Vedel, la collecte et le traitement de l'information ont un coût, réclament du temps et des compétences qui ne sont pas à la portée de chacun[1]. Le dédain affiché à l'égard du souci d'objectivité, la priorité donnée à l'expression des subjectivités favorisent la diffusion de rumeurs, les théories du complot, la logique paranoïaque. Plus généralement, le

1. T. Vedel, *op. cit.* Par ailleurs, ce chercheur constate que, pour ces mêmes raisons de coût, de temps et de compétence, les catégories aisées et diplômées de la population sont sur-représentées parmi les blogueurs ; et que les sites consacrés au débat politique sont très minoritaires. Une autre manière de relativiser la démocratisation par Internet.

narcissisme et l'individualisme produisent des monologues interactifs bien plus que de véritables discussions délibératives, entraînant chez certains le refus de toute forme d'autorité, le rejet de toute décision engageant la collectivité. Le risque déjà relevé de fragmentation de l'espace public paraît bien réel. Mais le « risque d'opinion » cité – et réfuté – par Nicole d'Almeida n'est que l'envers de l'extension de l'espace public de discussion et vaut mieux, à tout prendre, que la clôture et la concentration des moyens d'information qui prévalaient dans la démocratie représentative premier modèle.

C'est bien, en effet, l'insatisfaction devant les insuffisances ou les impasses de la démocratie représentative entendue en son sens le plus étroit de « démocratie gouvernée », limitée au principe majoritaire et au seul accomplissement du vote, qui a autorisé l'essor de la démocratie d'opinion ; à son tour, la démocratie d'opinion, elle aussi entendue en son sens étroit de pouvoir des médias de masse et des sondages, suscite des contre-modèles impliquant une plus grande participation, une revendication d'expression et de reconnaissance et non plus seulement d'information, un droit de regard, de critique et même de partage de la responsabilité politique de la part d'une fraction des citoyens. Il y a là, par-delà l'« ivresse démocratique » fustigée par certains porte-voix des élites sociales – à l'instar des notables du XIXe siècle effrayés par le suffrage universel –, la promesse d'une revitalisation du débat démocratique, à travers la reconnaissance d'une compétence citoyenne, d'une capacité d'expertise et de contre-expertise qui invite à une réorientation des principes de l'action. Certes, ces promesses sont encore fragiles et semblent démenties par le résultat des dernières élections présidentielles en France, qui ont vu la victoire de celui qui incarne une lecture diamétralement opposée du pouvoir et des institutions de la Ve République, lecture verticale, solitaire, impérieuse sinon impériale. Mais cette conception a déjà montré ses limites et, sous couvert de fermeté, ses faiblesses. Il faut souhaiter qu'un jour prochain soient reconnues et associées les vertus de la démocratie de représentation, d'opinion et de participation.

La fin des intellectuels ?

Michel Leymarie

Dans *La fin des paysans* (1967), Henri Mendras fait le constat qu'en une génération, une civilisation meurt après des siècles d'existence. L'exode rural, la modernisation des campagnes notamment ont eu pour effet de diminuer l'importance numérique d'une population qui fut longtemps majoritaire en France. Et, dans la postface qu'il écrit près de vingt ans après, Henri Mendras se demande : « Fallait-il mettre un point d'interrogation au titre de ce livre ? » Faut-il ou non mettre aussi un point d'interrogation dès lors que l'on revient sur le thème récurrent de « la fin des intellectuels » ?

Une remarque liminaire s'impose : à la différence des « paysans », les « intellectuels » ne constituent pas une catégorie socio-professionnelle, recensée comme telle par l'INSEE. Il faut distinguer « professions intellectuelles » et « intellectuels » car on ne saurait « confondre la vocation de l'intellectuel avec le fait d'être un travailleur intellectuel du niveau supérieur », écrit Henri-Irénée Marrou (« La responsabilité des intellectuels », 1962). L'intellectuel se définit en effet par le rôle qu'il s'assigne et par son engagement au-delà de sa spécification sociale. N'est un « intellectuel » que le savant, l'écrivain, l'artiste, l'universitaire « engagé ». « L'intellectuel est quelqu'un qui se mêle de ce qui ne le regarde pas », écrit Sartre dans *Plaidoyer pour les intellectuels* (1965). Homme – ou femme – du culturel, créateur ou médiateur, il intervient « sur le terrain du politique » (Pascal Ory, Jean-François Sirinelli, *Les intellectuels en France, de l'affaire Dreyfus à nos jours*). Il « applique à l'ordre politique une notoriété acquise ailleurs » (Jacques Julliard, Michel Winock, *Dictionnaire des intellectuels français*).

Dans l'histoire nationale, aux yeux des Français comme dans les analyses d'observateurs étrangers, l'intellectuel a occupé un rôle de premier plan par son aptitude ou sa dilection à porter des jugements politiques. Tocqueville en faisait déjà la remarque dans *L'Ancien Régime et la Révolution* (1856). « La France passe pour le paradis des intellectuels et les intellectuels français passent pour révolutionnaires », ajoute Raymond Aron (*L'opium des intellectuels*, 1955). Cependant, si depuis la fin du XIXe siècle, l'intellectuel prophète ou critique paraît avoir dominé, il est d'autres types d'intellectuels et différents degrés et modes d'intervention publique. De l'affaire Dreyfus aux débuts de la Ve République, l'impératif de l'engagement domine et Sartre, romancier, philosophe qui est de tous les combats politiques, occupe une position éminente parmi les intellectuels critiques. Mais dès avant la mort de Sartre et de Barthes (1980), de Lacan (1981), d'Aron (1983), de Foucault (1984), de Debord (1994), de Deleuze (1995), de Lyotard (1998), de Bourdieu (2002), de Derrida (2004), la figure de l'intellectuel universaliste, telle qu'elle s'était fixée quelques décennies plus tôt, se délite et se dilate. Un cycle commencé avec l'affaire Dreyfus s'achève. L'histoire des intellectuels, sous la Ve République, est celle d'un déclin, voire d'une disparition, dans une époque de « basses eaux idéologiques » (Edgar Morin) qui est aussi celle d'un développement de l'instruction et de l'essor de la culture de masse.

LE CONSTAT DE LA FIN DES INTELLECTUELS UNIVERSALISTES

La « fin des intellectuels » est affirmée par des intellectuels eux-mêmes : Roland Barthes juge que « nous entrons dans une phase de déconstruction, non de l'action de l'intellectuel mais de sa "mission" » (*Cours sur le neutre*, 1978). Bernard-Henri Lévy s'interroge sur la survivance de l'intellectuel au seuil du XXIe siècle (*Éloge des intellec-*

tuels, 1987). Régis Debray trouve l'expression « intellectuel engagé » « devenue obscène, presque autant que le mot intellectuel » (*Loués soient nos seigneurs*, 1996) ; « Inventons-nous d'autres rôles », écrit-il deux ans plus tard (*Par amour de l'art. Une éducation intellectuelle*). En 2000 (*I.F. Suite et fin*), il marque la distance prise avec les aînés et modèles dreyfusards – qui s'engageaient au nom de valeurs – par les intellectuels contemporains qui seraient d'abord des professionnels de la communication ou des publicistes ; d'où ce sobriquet : « I.T. », « Intellectuel Terminal », pour désigner la dernière incarnation de cette figure longtemps familière.

À ces intellectuels font écho hommes de revues, universitaires et journalistes. En mai 1980, dans le premier numéro de la revue *Le Débat*, Pierre Nora s'interroge : « Que peuvent les intellectuels ? » Vingt ans plus tard, il lance un « Adieu aux intellectuels », jugeant que l'époque à laquelle a correspondu la figure de l'intellectuel était sans doute révolue. Cet article est suivi de plusieurs textes aux titres eux-mêmes interrogatifs : « À quoi servent (encore) les intellectuels ? » (Michel Winock) ; « Impressions, soleil couchant ? » (Jean-François Sirinelli). En mars et mai 2000, *Esprit* publie une série de contributions (*Splendeurs et misères de la vie intellectuelle*), qui s'ouvre, de manière significative, par un article d'Olivier Mongin : « Fin de partie ». « Pourquoi les intellectuels, de gauche comme de droite, n'occupent-ils plus le devant de la scène publique ? », demande *Le Figaro littéraire* du 30 septembre 2004.

Ces interrogations récurrentes vont de pair avec celles qui portent sur la culture française et son rayonnement. Jean-Claude Milner s'interroge en 2003 : *Existe-t-il une vie intellectuelle en France ?* Nicolas Baverez se penche sur *La France qui tombe*, Jean-Marie Rouart adresse un *Adieu à la France qui s'en va*. Marcel Gauchet a « désormais l'impression d'être dans un pays condamné par l'histoire » (*Le Monde*, 25 février 2006). Dans *La pensée tiède* (2005), Perry Anderson jette un regard critique sur la culture française qu'il juge en pleine « dégringolade » ; il parle de grandeur passée, de « décomposition générale », de « paysage déchu », met en cause le rôle de François Furet et de Pierre Nora, qui lui répond dans un essai : *La pensée réchauffée* (2005) où est réfutée l'idée d'une « Union sucrée » qui serait, depuis les années 1980, l'« expression superstructurelle de la réaction ultralibérale ». Dans un article (« The Death of French Culture », *Time*, 21 novembre 2007), Donald Morrison reprend cette rengaine à laquelle répond Antoine Compagnon (*Que reste-t-il de la culture française ?* 2007). On est bien loin du XIXe siècle qui vit, selon Paul Bénichou, avec *Le sacre de l'écrivain* (1996), « l'avènement d'un pouvoir spirituel laïque dans la France moderne ».

INTELLECTUELS ET POLITIQUE SOUS LA Ve RÉPUBLIQUE

Pendant la IVe puis la Ve République sont réitérées des formes d'engagement familières, que celles-ci soient individuelles – en 1954, François Mauriac s'élève contre la torture ; en 1958, Henri Alleg publie *La Question* – ou bien collectives : les pétitions scandent l'histoire intellectuelle de la période. De 1958 à 1969, sur les 488 manifestes et pétitions publiés dans *Le Monde*, Sartre en signe 91, suivi par Schwartz (77), Beauvoir (72), Domenach (69), Jankélévitch (63), Kastler (61). Dans l'activité pétitionnaire où les femmes sont d'abord peu nombreuses, les universitaires devancent les écrivains. La période qui suit voit la progression des gens du spectacle et des médias.

Dans leur majorité, les intellectuels sont opposés en 1958 au retour au pouvoir du général de Gaulle, qu'approuvent Aron, Mauriac, Malraux ; ce dernier, « ami génial, fervent des hautes destinées » selon le chef de l'État, est ministre de l'Information puis ministre d'État, chargé des Affaires culturelles en 1959. Le « Manifeste des 121 », un des textes les plus connus de l'histoire des intellectuels bien que censuré en France, réclame en septembre-octobre 1960 « le droit à l'insoumission dans la guerre d'Algérie » ; Sartre, Beauvoir, Duras, Breton, Sarraute, Roy, Robbe-Grillet, Mandouze, Schwartz, Vidal-Naquet, Revel, Resnais, Truffaut, Sagan, Signoret jugent justifiés « le refus de prendre les armes contre le peuple algérien » et « la conduite des Français qui estiment de leur devoir d'apporter aide et protection aux Algériens opprimés au nom du peuple français ». Les partisans de l'Algérie française répliquent avec un colloque à Vincennes et une contre-pétition. Pour Chaunu, Girardet, Bluche, Blondin, Pauwels, Nimier, Laurent, Gaxotte, Dorgelès, Massis, Romains, signataires du « Manifeste des intellectuels français » (*Le Figaro*, 7 et 13 octobre 1960), « la guerre en Algérie est une lutte imposée à la France par une minorité de rebelles fanatiques, terroristes et racistes ». Un troisième manifeste, signé par Barthes, Canguilhem, Domenach, Guéhenno, Jankélévitch, Lefort, Mayer, Morin, appelle à « une paix négociée en Algérie ».

Avec la guerre d'Algérie réapparaît l'anti-intellectualisme : Lacoste rend responsables du terrorisme « les exhibitionnistes du cœur et de l'intelligence qui montèrent la campagne contre les tortures » et Bourgès-Maunoury se moque du retour des « chers professeurs ». *Esprit*, *Témoignage chrétien*, *Le Monde*, *France-Observateur*, *L'Express* offrent une tribune aux intellectuels alors que la radio et la télévision d'État leur sont interdites. Soustelle voit en eux les « quatre grands de la contre-propagande française ». D'anciens épurés reprennent du service ; ainsi Rebatet dans *Rivarol* (1958). Les attentats de l'OAS contre des journalistes ou des éditeurs favorables à l'indépendance algérienne ressoudent la gauche. Une phase de dépolitisation suit la guerre d'Algérie au cours de laquelle les intellectuels n'ont, en fin compte, pas tant pesé.

L'antiaméricanisme resurgit. Dès 1965, les bombardements sur le Vietnam provoquent une mobilisation : « Six heures pour le Vietnam », création de Comités Vietnam de base, « tribunal international » présidé par Sartre qui conclut au « génocide » perpétré par les Américains contre le peuple vietnamien, « journée des intellectuels pour le Vietnam » (1966-1968). Outre les intellectuels signataires habituels des pétitions – Schwartz, Kastler, Mauriac, Aragon, Clavel, Vernant, Vidal-Naquet... –, le mouvement rassemble de nouvelles figures : artistes, acteurs, metteurs en scène (Bedos, César, Girardot, Godard, Gréco, Montand, Reggiani, Signoret, Trintignant...).

Les espérances révolutionnaires sont transférées sur des pays lointains comme Cuba ; Régis Debray, théoricien de la guerre révolutionnaire (*Révolution dans la révolution*, 1967), rejoint la guérilla de Che Guevara en Bolivie. La Chine fascine également (Maria Antonietta Macchiocchi, Philippe Sollers et *Tel Quel*). Le voyage en Chine d'une élite intellectuelle et médiatique réactive « le jeu subtil [...] d'un engagement à distance » (Lefort, *Éléments d'une critique de la bureaucratie*, 1971). Simon Leys critique les « commis voyageurs du maoïsme » et stigmatise leur naïveté ou leur complaisance (*Ombres chinoises*, 1974). C'est seulement à la fin des années 1970 que la gauche intellectuelle porte désormais sur les dictatures « de gauche » un regard critique ; ainsi sur l'étendue des crimes commis par les Khmers rouges de Pol Pot au Cambodge. L'engagement tiers-mondiste de cette génération se verra critiqué par Pascal Bruckner (*Le Sanglot de l'homme blanc*, 1983).

En mai 1967, au moment de la guerre des Six-Jours, un « Appel d'intellectuels français en faveur de la paix » (Beauvoir, Duras, Étiemble, Jankélévitch, Morin, Roy, Sartre, Schwartz, Vidal-Naquet...) entend défendre « la sécurité et la souveraineté d'Israël ». Une autre pétition dénonce les « visées annexionnistes » d'Israël. Un discours du général de Gaulle (27 novembre) évoquant « les Juifs, jusqu'alors dispersés, qui étaient restés ce qu'ils avaient été de tout temps, un peuple d'élite, sûr de lui et dominateur » ouvre, aux yeux d'Aron, « une nouvelle période de l'histoire juive et peut-être de l'antisémitisme » (*De Gaulle, Israël et les Juifs*).

D'UN MAI À L'AUTRE

Mai 68 favorise l'activisme de petits groupes formés dans la lutte contre les guerres d'Algérie ou du Vietnam ou dans la contestation étudiante, exclus en 1966 de l'Union des étudiants communistes, normaliens de la rue d'Ulm autour d'Althusser, trotskistes, maoïstes. L'heure est à la manifestation de rue plus qu'à l'écrit, à la motion plus qu'à la pétition. Aragon est interpellé par Cohn-Bendit. Sartre, installé dans le rôle de l'intellectuel critique, célèbre à la Sorbonne les vertus de la « démocratie sauvage » : « le temps des signatures de manifestes, des tranquilles meetings de protestation, ou des articles publiés par des journaux “réformistes” est terminé » (*Situations X*). Quand Morin – coauteur avec Lefort et Castoriadis de *La brèche* – voit dans Mai 68 un phénomène mondial, Touraine en fait le premier mouvement social de l’ère postindustrielle. « Quelque chose s’est brisé entre le PC, les étudiants et les intellectuels », dit Pierre Vidal-Naquet (*Journal de la Commune étudiante*, 1969). Aron, dans *La révolution introuvable*, voit en Mai 68 un « psychodrame » et les « intellectuels en mal d’une révolution ». Les intellectuels de gauche ont peu de prise sur l’événement. Malraux, d’abord déconcerté, se trouve au premier rang de la manifestation gaulliste du 30 mai 1968. Marcuse (*L’homme unidimensionnel*, 1970) ou Debord (*La société du spectacle*, 1967) ne seront vraiment lus qu’après Mai et l’on peut douter de l’unicité d’une « pensée 68 » (voir Luc Ferry, Alain Renaut, *La pensée 68 : essai sur l’antihumanisme contemporain*, 1985).

Le Parti communiste, qui comptait – entre autres – dans ses rangs Aragon, Éluard, Joliot-Curie, Léger, Picasso, exerçait une hégémonie après la Seconde Guerre mondiale. L’écrasement de Budapest par les Russes, puis la « normalisation » en Tchécoslovaquie après le « Printemps de Prague » que le PC accepte et réalise en son sein marquent une dissociation entre le PCF et les intellectuels. Commence « le réveil des somnambules » (Jeannine Verdès-Leroux). Nombre d’entre eux prennent acte de « l’éclatement du stalinisme » (*Arguments*), s’éloignent du PC ou en sont exclus. D’autres créent le Centre d’études et de recherches marxistes (1960) qui organise des « Semaines de la pensée marxiste » ; l’Institut Maurice Thorez naît en 1965, *Les Cahiers d’histoire* en 1966. Althusser (*Pour Marx*, 1965) incarne une figure d’intellectuel critique refusant « l’obéissance politique » (Frédérique Matonti). *La Nouvelle critique*, « revue du marxisme militant », prend position dans le débat sur l’humanisme (1965-1966) opposant Althusser et Garaudy, et tente un *aggiornamento* après le congrès d’Argenteuil. Lefebvre quitte *La Nouvelle Critique*. Garaudy est exclu du PC en 1970. Aragon, qui avait manifesté des divergences lors du procès des dissidents Siniavski et Daniel

(1966), préface *La plaisanterie* de Kundera, *Les Lettres françaises* disparaissent (octobre 1972).

La réflexion sur le totalitarisme soviétique s'impose avec *L'archipel du goulag* (1974). Certains circonscrivent le stalinisme sans étudier le système (Ellenstein, *Le phénomène stalinien*, 1975). La thématique des droits de l'homme reparaît, la notion de totalitarisme analysée par Arendt, Aron, Camus, Lefort ou Castoriadis, s'acclimate, les mots de « Goulag » et de « dissident » deviennent familiers. Revel publie *La tentation totalitaire* (1975). « L'imposture totalitaire a fini par éclater », écrit Paul Thibaud, directeur d'*Esprit* (janvier 1977), qui s'ouvre aux anciens animateurs de *Socialisme ou Barbarie*. Fondé en 1977 par Clastres, Lefort, Abensour et Gauchet, *Libre* rejette l'antihumanisme. L'onde de choc créée par Soljenitsyne est amplifiée par les « nouveaux philosophes » qui ne rénovent pas les analyses du marxisme ou du régime soviétique mais qui bénéficient d'importants relais dans les médias. Maurice Clavel les promeut dans *Le Nouvel Observateur*. André Glucksmann publie *La cuisinière et le mangeur d'hommes* (1975) et *Les maîtres penseurs* (1977), qui dénonce les Lumières et la philosophie allemande, accusées d'avoir favorisé les entreprises totalitaires. Jean-Marie Benoist dans *Marx est mort* (1970), Bernard-Henri Lévy dans *La barbarie à visage humain* (1977) participent à la critique du totalitarisme. *L'idéologie française* de Lévy (1981) rapproche abusivement des textes de Maurras, Barrès, Péguy, Drieu, Mounier, pour faire du fascisme une invention française. L'analyse de l'URSS, discréditée avant même l'implosion de son empire, se poursuit avec *Le passé d'une illusion* de François Furet (1995), *Le livre noir du communisme* (1997).

La « nouvelle droite » veut, en tirant la leçon de Gramsci, gagner les élites et conquérir l'hégémonie dans la société civile. Alain de Benoist participe à la fondation du GRECE (Groupement de recherche et d'études pour la civilisation européenne, 1968), qui avance des thèses antilibérales et racistes ; il fonde *Nouvelle École* et *Éléments* (1973), avant de collaborer au *Figaro Magazine* de Pauwels et à *Valeurs actuelles*. Contre Faurisson, qui nie le génocide juif et reprend les thèses de Rassinier et de l'extrême droite collaborationniste, les historiens se mobilisent ; Vidal-Naquet fait l'« anatomie d'un mensonge » et combat la résurgence du négationnisme (*Les assassins de la mémoire*, 1987).

Sartre disait l'Europe « foutue » (préface aux *Damnés de la terre* de Fanon, 1961). « L'autre Europe » est redécouverte : l'opinion est alertée sur les violations des droits de l'homme, les internements en asile psychiatrique ou l'exil qui frappent Boukovski, Plioutch et Sakharov (1974-75). La Fondation pour une entraide intellectuelle européenne (Pierre Emmanuel) mène campagne. Après la mort de Patocka, un comité de soutien organise, à l'appel de Sartre, Barthes, Jacob, une manifestation autour de dissidents. Le Comité des intellectuels pour l'Europe des libertés (1978) – Aron, Kristeva, Morin, Le Roy Ladurie, Simon, Revel, Pauwels, Domenach – marque la renaissance d'un courant intellectuel libéral et la confluence de celui-ci et d'une gauche non marxiste. Mais l'engagement européen des intellectuels français est généralement faible, malgré le « long et inconscient réveil à l'Europe » qui s'opère chez Edgar Morin (*Penser l'Europe*, 1987). Les débats sur le traité instituant une constitution pour l'Europe ne suscitent guère de passions : les intellectuels français balancent « entre un oui critique et un non hésitant », assure *Le Monde* du 30 mars 2005.

D'autres causes – régionalisme, écologie, féminisme – mobilisent cependant. Depuis les années 1960 se développe un mouvement en faveur de la contraception et de l'avortement. La (re)lecture du *Deuxième Sexe* de Simone de Beauvoir, la découverte d'auteures américaines contribuent à l'essor du mouvement féministe. Dans *Le Nouvel Observateur* du 5 avril 1971 paraît « l'appel des 343 » femmes qui disent publiquement avoir avorté et réclament « le libre accès aux moyens anticonceptionnels » et l'avortement libre. Parmi les signataires, à côté des intellectuelles au sens classique du terme, figurent de nombreuses inconnues mais aussi des actrices célèbres telles Catherine Deneuve et Jeanne Moreau, qui amplifient le mouvement.

La position des intellectuels est sapée par la montée en puissance d'experts, qui, par leur compétence dans un domaine précis, délégitiment le spécialiste de l'universel. Dans *L'opium des intellectuels*, Raymond Aron écrivait : « L'*intelligentsia* est moins engrenée sur l'action en France qu'ailleurs. » Longtemps en France il y eut une coupure entre les chercheurs et l'État, les élites politico-administratives, qui méconnaissent le monde de la recherche et les résultats des travaux menés ; symétriquement, pourrait-on dire, beaucoup d'intellectuels refusent d'assumer la responsabilité des affaires. Il y eut peu de lieux d'échanges, de laboratoires d'idées mêlant théorie et pratique, comme dans les *think tanks* américains, britanniques ou allemands. Cependant, sous la Ve République, les experts interviennent dans le cadre de la planification. Des commissions se développent dans les partis politiques, dans les clubs et les syndicats ; par exemple dans le cadre du Club Jean Moulin (Daniel Cordier, Stéphane Hessel) qui, né après le 13 mai 1958, refuse « la confiscation de la République », travaille sur les questions fondamentales de la démocratie et appelle à un « nouveau civisme républicain ». Ou bien à la CFDT, en lien avec la Fondation Saint-Simon, club de réflexion où se retrouvent universitaires, hauts fonctionnaires, économistes.

Ces toutes dernières années, à droite comme à gauche, se sont créés des fondations, des laboratoires d'idées, des lieux de recherche et de débats qui ne sont pas toujours directement liés aux partis politiques mais qui fonctionnent, à l'instar de certains clubs naguère, comme pourvoyeurs d'études, de notes ou de livres dits d'intervention. La *Fondation Saint-Simon*, aujourd'hui dissoute, remplissait ce rôle, comme maintenant le font la *Fondation pour l'innovation politique* lancée par Jérôme Monod, ou l'*Institut Montaigne* qu'anime Claude Bébéar, ou *Terra nova*, « fondation progressiste indépendante ayant pour but de produire et diffuser des solutions politiques innovantes », ou bien encore *La République des idées*, initiée par Pierre Rosanvallon. Internet joue ici un grand rôle : il suffit de rappeler le succès du site « laviedesidées.fr ».

À la figure de l'intellectuel généraliste, « maître de vérité et de justice », et à celle de l'expert qui conforterait les pouvoirs et institutions établis, Michel Foucault oppose « l'intellectuel spécifique » dont le rôle est de « lutter contre les formes de pouvoir là où il en est à la fois l'objet et l'instrument » (1972) et de faire succéder au temps de « l'engagement dans » « l'expérience avec ». « L'intellectuel spécifique » travaille dans des secteurs déterminés : le logement, l'hôpital, l'asile, l'université, les rapports familiaux ou sexuels. En 1971, Foucault anime un Groupe d'information sur les prisons (GIP) avec Domenach, Deleuze et Vidal-Naquet et en 1972 se constitue le Groupe d'information et de soutien aux travailleurs immigrés (GISTI).

De nouveaux engagements, humanitaires, se font jour avec l'étiolement des utopies révolutionnaires ; des regroupements inédits apparaissent pour venir en aide aux réfugiés du Vietnam, les *boat people*. En juin 1979, Sartre et Aron, les « petits camarades » longtemps brouillés, se retrouvent. Sartre meurt le 15 avril 1980. Mais les « années Sartre » sont déjà terminées et, avec elles, une certaine forme d'intervention des intellectuels.

De manière significative, la revue *Le Débat*, animée par Pierre Nora, naît alors que Sartre disparaît et que s'opère une mue du paysage intellectuel. « Un changement radical de paradigme » (Marcel Gauchet) affecte les démarches et le contenu de l'ensemble des disciplines qui se spécialisent. La condition de l'intellectuel a changé. Il n'est plus « un oisif, un rentier, il est devenu un fonctionnaire », écrit Pierre Nora en mai 1980. La figure de « l'homme de lettres » a effectivement disparu, l'activité intellectuelle s'est professionnalisée dans un milieu intellectuel caractérisé par le retrait du champ social et la fragmentation des savoirs.

LE SILENCE DES INTELLECTUELS

Une période s'achève à la fin des années 1970, « années orphelines » (Jean-Claude Guillebaud). Les années suivantes sont une époque de remise en cause. À l'approche de l'élection présidentielle de 1981, la gauche intellectuelle est en crise. En témoignent la disparition de *La Nouvelle Critique* (1980), l'appel à la candidature de Coluche lancé par Bourdieu, Cavanna, Chesneaux, Deleuze, Guattari, Nadeau (novembre 1980) ou l'enquête de *L'Express* (« Les intellectuels et la politique : le grand désarroi », 11 avril 1981). Jack Lang mobilise pour recueillir des soutiens à la candidature de Mitterrand, mais quand le PS arrive au pouvoir, la gauche est dans une phase de reflux idéologique, les intellectuels dans l'expectative. Pour *Le Nouvel Observateur*, l'élection d'un président socialiste s'est faite « souvent malgré les réserves de la haute intelligentsia française » (15 août 1981). En décembre 1981, l'arrestation des dirigeants du syndicat polonais Solidarnosc suscite critiques et pétitions. Le malaise perdure entre le gouvernement et une gauche intellectuelle émiettée.

Pendant l'été 1983, le débat sur « le silence des intellectuels de gauche » pose la question du rapport de ceux-ci au pouvoir : « La gauche abandonnerait-elle la bataille des idées ? » s'interroge Max Gallo, porte-parole du gouvernement socialiste, qui ajoute : « Où sont les Gide, les Malraux, les Alain, les Langevin d'aujourd'hui ? » (*Le Monde*, 26 juillet 1983). Devant la percée du Front national de Jean-Marie Le Pen, les intellectuels de gauche se mobilisent ; mais ils paraissent s'être désinvestis de la lutte électorale, en dépit des efforts de Jacques Attali et de Jack Lang (association SOS Racisme, magazine *Globe*). Lié aux succès électoraux et à la prégnance des thèmes du Front national, des débats s'instaurent sur les questions de la Shoah, de l'immigration, de la nationalité et de l'identité française. Les discussions sur le rapport de l'individuel et de l'universel, de l'égalité entre hommes et femmes sont relancées avec l'affaire du « foulard islamique ».

Le retour à la philosophie des droits de l'homme procède de l'échec de celle de l'engagement. Claude Lefort, président du comité de défense de Salman Rushdie, juge que « politique des droits de l'homme, politique démocratique » sont « deux manières de répondre à la même exigence : exploiter les ressources de liberté et de créativité » (*Libre*, 1980). Marcel Gauchet montre que « le sacre des droits de l'homme est à coup sûr le fait idéologique et politique majeur de nos vingt dernières années. Il résume le triomphe de nos démocraties » (*Le Débat*, mai 2000).

L'interrogation sur la place et le rôle des intellectuels est liée à celles qui portent sur la culture et sur l'école. Les intellectuels de la période de l'engagement étaient aussi de grands écrivains. Or la disparition du « grand écrivain », l'altération de la tradition littéraire française, la fin de l'intrication du littéraire et du politique, la force et les effets de la culture de masse, la crise de l'école sont patents. En 1987, *La défaite de la pensée* d'Alain Finkielkraut analyse la dissolution de la culture dans le « tout culturel », *Éloge des intellectuels* de Bernard-Henri Lévy souligne le « malaise dans la culture ».

En décembre 1995, le plan Juppé de réforme de la Sécurité sociale déclenche un fort mouvement social qui marque un retour de l'intervention collective et celui des pétitions. D'une part, se regroupent ceux qui, avec Nicole Notat, secrétaire générale de la CFDT, avec *Esprit* et *Échanges et Projets*, la Fondation Saint-Simon, défendent le principe d'un plan « pour une réforme de fond de la Sécurité sociale » (*Le Monde*, 2 décembre 1995). D'autre part, un « Appel des intellectuels en soutien aux grévistes » (*Le Monde*, 15 décembre 1995) souhaite, autour de Pierre Bourdieu, d'abord préserver les acquis sociaux et défendre le service public.

Dans *Le rappel à l'ordre. Enquête sur les nouveaux réactionnaires* (2002), Daniel Lindenberg note un glissement à droite et un changement du climat idéologique avec une offensive contre des thèmes issus de Mai 68. L'ouvrage suscite de nombreuses réactions et se voit contesté par Pierre-André Taguieff (*Les contre-révolutionnaires. Le progressisme entre illusion et imposture*, 2007), mis en cause, ainsi qu'Alain Finkielkraut, qui juge fictive la catégorie de réactionnaire. Serge Audier, dans *La pensée anti-68. Essai sur les origines d'une restauration intellectuelle* (2008), montre en quoi cette offensive idéologique, plurielle, marque un retour à des positions conservatrices sur les plans tant idéologique que politique. Gérard Noiriel, dans *Les fils maudits de la République. L'avenir des intellectuels en France* (2005), fait le constat de l'écart entre les sciences sociales et le politique ; il renvoie dos à dos l'intellectuel révolutionnaire et « l'intellectuel de gouvernement » qu'il critique avec véhémence ; il s'inscrit dans la lignée de l'intellectuel spécifique, appelant, comme Bourdieu, à la constitution d'un intellectuel collectif, coproducteur de savoirs.

De manière générale, les conflits internationaux et les guerres intra-étatiques ne mobilisent guère. Si les guerres du Golfe – surtout la première –, comme le conflit en Yougoslavie suscitent des prises de positions parfois tranchées, la barbarie n'est dénoncée en Algérie que plusieurs années après le début des massacres ; les responsabilités françaises dans le génocide au Rwanda n'engendrent que quelques rares interventions dans le milieu intellectuel.

Quelques signes – commémorations, centenaire de la naissance de Sartre et d'Aron, publication de mémoires tels que ceux de Pierre Vidal-Naquet ou Jean-Pierre Vernant... – attestent la rémanence de la figure traditionnelle de l'intellectuel dans la France de la Ve République. Mais les sondages apportent un autre éclairage : selon celui de *L'Express* de décembre 1957, les maîtres à penser du temps sont Sartre, Gide, Mauriac. Une vingtaine d'années plus tard viennent en tête Renaud, Balavoine et Coluche. En 1981, ceux qui paraissent exercer le plus d'influence ou incarnent « le pouvoir intellectuel » sont Lévi-Strauss, Aron, Foucault, Lacan, Beauvoir. En 1989, un sondage de la SOFRES sur les catégories qui détiennent le plus de pouvoir rapporte que les « intellectuels et artistes » obtiennent 1 % de réponses, loin derrière les hommes politiques, les banquiers et financiers, les chefs d'entreprise. Dans « le hit-parade de ceux qui pèsent vraiment sur l'opinion » du *Figaro Magazine* (24 mars 2007), les intellectuels sont crédités aujourd'hui d'une influence presque aussi importante qu'il y a une dizaine d'années – un peu moindre cependant que celle des notaires. 66 % des personnes interrogées leur font « plutôt confiance » – tout comme aux militaires.

Paraissent oubliés les errements, les reniements, parfois complaisants et profitables, d'hommes aveugles ou complices de causes douteuses. Aron jugeait ainsi que Sartre « surtout en politique, a généreusement usé du droit à l'erreur » (*Mémoires*, 1983), Ionesco, que ceux « qui se croyaient démystificateurs se complaisaient dans l'automystification » (*Antidotes*, 1977). Il est vrai que « prix Nobel,

Collège de France, Sorbonne, prix Goncourt ne préservent pas de la débilité politique » (Edgar Morin, *Pour sortir du XXe siècle*, 1981) et que « la proportion des irresponsables et des fanatiques parmi les intellectuels est approximativement la même qu'au sein des autres groupes professionnels » (Jean-François Revel, *La tentation totalitaire*, 1975). Sartre affirmait dans son *Plaidoyer pour les intellectuels* (1965) qu'« à ne considérer que les reproches qu'on leur adresse, il faut que les intellectuels soient de bien grands coupables ». Coupables certes, au tableau noir des fautes du siècle passé, les intellectuels le sont-ils finalement plus que certains militaires, certains politiques ou de prétendus experts en matière financière ? On ne saurait ni en faire des boucs émissaires ni surestimer leur influence sur le cours du siècle. Dans l'enquête précitée du *Figaro Magazine*, on note que si les sondés jugent importante l'influence des actionnaires et des financiers, ils ne leur font guère confiance. Les scientifiques et les chercheurs bénéficient, eux, d'une cote de confiance de 90 %, 42 % les voyant en progrès. Sans doute est-ce davantage au savant en blouse blanche qu'à l'intellectuel universaliste que les sondés accordent du crédit. La mort de Sartre marquait déjà, on l'a vu, une césure. Le transfert des cendres de Malraux au Panthéon, en novembre 1996, prend valeur de symbole : n'est-il pas, selon l'expression de Jean-François Sirinelli, « le dépôt dans un mausolée des restes d'une espèce disparue » ?

« Les preuves s'amoncellent, note Rémy Rieffel, de l'industrialisation de la culture et de l'emprise des médias sur la configuration intellectuelle » (*Les intellectuels sous la Ve République*, 1993). Les moyens de communication de masse diminuent le pouvoir d'intervention des intellectuels dans la vie publique. Dans le « cycle médiatique », les mass media font « sauter les clôtures de l'intelligentsia traditionnelle, et avec elle ses normes d'appréciation et ses barèmes de valeurs » (Régis Debray, *Le pouvoir intellectuel en France*, 1979). Le temps de la réflexion ne s'accommode guère du lapidaire et du présentisme des médias. La légitimation et la consécration échappent au monde des lettrés. L'*audimat* confère sinon de nouvelles légitimités, du moins de nouvelles visibilités. C'est la télévision qui assure la promotion des « nouveaux philosophes ». C'est par elle qu'Yves Montand, vedette de l'écran et de la chanson, devient, pour un temps, en 1984 un intellectuel cathodique.

L'intellectuel engagé des années 1930 aux années 1970 se voit concurrencé par de nouvelles figures qui tiennent la place qu'occupaient jadis écrivains ou universitaires : comédiens, chanteurs, réalisateurs, sportifs, forts de leur notoriété, sortent de leur domaine d'activité et de compétence pour porter sur la place publique des sujets d'intérêt général. 66 cinéastes signent ainsi un manifeste dans lequel ils proclament « avoir hébergé récemment des étrangers en situation irrégulière » et appellent à la désobéissance civile (*Le Monde*, 12 février 1997). Ce sont aussi des cinéastes qui, dans *Le Monde* (8 avril 1998), demandent une régularisation massive des sans-papiers. Une pétition relaie et amplifie leur manifeste. *Libération* (25 février 1997) présente, en un supplément de quarante-huit pages, les noms, classés par catégories professionnelles, de 55 000 signataires de l'appel contre la loi Debré. Désormais, avec le développement considérable de l'instruction et les transformations non moins importantes de la configuration intellectuelle, l'intellectualité, comme le souligne Félix Guattari, « traverse toute la société ».

La bataille des idées paraît toujours essentielle. On a pu le voir à l'occasion de la discussion d'une loi dont un article affirmait le « rôle positif » de la colonisation. Alors que le débat même n'avait pas, à l'origine, suscité d'oppositions parlementaires, ce sont des universitaires – Claude Liauzu, Gilbert Meynier, Gérard Noiriel – qui s'expriment en lieu et place des politiques d'abord singulièrement absents et lancent dans *Le Monde* du 25 mars 2005 une pétition « Colonisation : non à l'enseignement d'une histoire officielle » qui réclame l'abrogation de l'article en question. La pétition « Liberté pour l'histoire » est lancée en décembre 2005 par 19 historiens, signée par plus de 600 personnes, contre les dérives qui ont conduit, à partir des lois mémorielles, à des procédures judiciaires touchant des historiens et des penseurs. Elle rappelle que « l'histoire n'est pas une religion », que « l'historien n'accepte aucun dogme, ne respecte aucun interdit, ne connaît pas de tabous. Il peut être dérangeant ». Elle affirme que « dans un État libre, il n'appartient ni au Parlement ni à l'autorité judiciaire de définir la vérité historique ».

Un autre exemple est fourni par un anonyme. C'est un professeur de mathématiques qui est en 2008 à l'origine de l'action contre la version initiale du « fichier Edvige », qui devait permettre de collecter toute une série d'informations, notamment sur certaines personnes publiques ou encore sur certains individus ou groupes « susceptibles de porter atteinte à l'ordre public ». La figure du guide et du prophète, voix des sans-voix, est certes caduque. Il est désormais un « aristocrate dépassé », disait Jean-Marie Domenach (*La mort de l'intellectuel*, 1989). Mais la « fin des intellectuels » ne signifie nullement la fin de l'intellectualité, pas plus la fin des idéologies ou la « fin de l'histoire », surtout dans la situation de crise multiforme que nous connaissons. La vigilance morale et politique que les intellectuels ont pu exercer, le rôle civique qui a été le leur, celui de vigiles de la démocratie, « avertisseurs d'incendie » (Walter Benjamin), peuvent être assurés par tous les citoyens. L'affirmation d'Antonio Gramsci, selon laquelle « tous les hommes sont des intellectuels » même si tous « ne remplissent pas dans la société la fonction d'intellectuels » (*Cahiers de prison*, 1932), trouve ainsi, aujourd'hui, un nouveau sens.

Bibliographie

Jacques Julliard et Michel Winock (dir.), *Dictionnaire des intellectuels*, nouvelle édition, Paris, Seuil, 2002.

Michel Leymarie, *les intellectuels et la politique en France*, Paris, PUF, « Que sais-je ? », 2001.

Pascal Ory et Jean-François Sirinelli, *Les intellectuels en France. De l'affaire Dreyfus à nos jours*, Paris (1987), Perrin, rééd. « Tempus », 2004.

Rémy Rieffel, *La tribu des clercs. Les intellectuels sous la Ve République*, Paris, rééd. Hachette Pluriel, 1995.

Michel Winock, *Le siècle des intellectuels*, Paris, Éditions du Seuil, 1997.

Identités et mémoire sous la Ve République

HENRY ROUSSO

L'analyse qui suit relève, comme d'autres chapitres de cet ouvrage collectif, d'une figure imposée, d'un choix opéré par les éditeurs souhaitant couvrir un large panorama de sujets pertinents pour comprendre les évolutions profondes de la France de ces cinquante dernières années. Cependant, autant les analyses sur les changements constitutionnels, les partis politiques ou la politique économique s'imposent presque d'elles-mêmes pour l'ensemble de la période, autant la question de la mémoire y constitue une thématique qui mérite une réflexion liminaire. Si la notion de mémoire, et accessoirement celle des identités particulières autres que l'identité nationale, sont très largement présentes aujourd'hui dans l'espace politique comme dans les travaux scientifiques, elles n'ont cependant émergé comme problèmes publics que récemment, dans les années 1970 et 1980. Certes, les questions touchant au rôle de l'action politique dans l'écriture du passé national ou local, ou encore les préoccupations liées à l'entretien du souvenir des grands événements historiques font partie depuis fort longtemps du champ de l'action publique, quelles qu'en soient les variantes dans le temps. Mais ce n'est que depuis une trentaine d'années, donc vingt ans après les débuts de la Ve République, que ces questions ont pris une grande importance et, surtout, ont commencé à se décliner de manière systématique en termes d'« identité » et de « mémoire ». En outre, cette dimension relativement nouvelle des sociétés contemporaines s'est développée dans ces années-là à une échelle à la fois nationale, européenne voire mondiale. Elle n'est en rien un problème exclusivement français. Certes, les réflexions en France autour des questions de mémoire se déclinent de manière dominante dans le cadre intellectuel d'une notion qui lui est contiguë, celle d'« exception française », mais en oubliant la plupart du temps que le tropisme de l'« exception nationale » est le mieux partagé du monde, du « Sonderweg allemand » à l'« *American exceptionalism* ». D'où la nécessité préalable de préciser le sens des mots et de s'interroger sur la pertinence du cadre historique imposé par la logique de cet ouvrage.

QUESTIONS DE MOTS

La « mémoire » aujourd'hui n'est même plus un mot-valise, c'est un mot usé. Il est brandi à tout bout de champ aussi bien dans le sens commun que dans les discours politiques ou savants. Il a fini par désigner dans la plus grande confusion sémantique tout type de rapport entre le présent et le passé, toute forme de présence du passé ou de conjugaison au présent du passé. On parle de mémoire non seulement pour parler d'histoire, en confondant la remémoration d'une expérience vécue ou transmise avec la construction d'un savoir sur le passé par des voies autres que la seule transmission, mais on confond tout autant la mémoire et la tradition, c'est-à-dire la répétition d'usages ou l'entretien de valeurs dont le sens initial a peut-être été oublié tout en étant l'objet d'une réappropriation et d'une retraduction par les générations successives à travers le temps. On confond la mémoire et l'héritage, un legs donné à la descendance de manière plus ou moins consciente et volontaire qui ne préjuge pas de la manière dont il sera reçu. On ignore de plus en plus la dimension idéologique des discours sur le passé, quand bien même ils se parent aujourd'hui des habits de l'émotion et de la compassion. Or la mémoire, faut-il le rappeler, n'est qu'une des voies possibles d'accès au passé. Tout imaginaire est formé d'une somme de souvenirs directs, au sens d'une présence consciente de bribes d'expériences individuelles ou collectives vécues, modelées voire déformées par toute une série de prismes, dont l'oubli et le refoulement. Il comprend les formes de transmission d'expériences vécues par d'autres, notamment la famille proche, à travers les témoignages. Il inclut les traces filtrées par les aléas du temps si d'aventure on décide de les conserver et de les étudier. Il inclut les apprentissages scolaires et les images véhiculées par tous les vecteurs culturels de masse. Il faut même parfois rappeler une évidence : dans l'imaginaire historique d'une société donnée à un moment donné, la part de « mémoire » au sens strict, relayant une expérience vécue ou transmise, ne joue qu'un rôle mineur au regard de la complexité des mécanismes qui forment un imaginaire collectif incluant une perception du temps déclinée sur plusieurs générations contemporaines, sur une variété de situations sociales et culturelles, sur une infinité de manières de s'approprier sa propre histoire ou l'histoire nationale. De surcroît, si les premiers travaux sur la mémoire s'inscrivaient clairement dans la lignée de Maurice Halbwachs et s'intéressaient de manière explicite à la mémoire *collective*, continuant de distinguer celle-ci de la mémoire individuelle, l'adjectif « collectif » tend aujourd'hui à disparaître. S'estompe ainsi le caractère conceptuel ou métaphorique de la notion de « mémoire collective » au profit de l'usage unique du substantif dont on ne sait plus trop ce qu'il recouvre.

Ce chapitre a donc une ambition limitée et synthétise pour une grande part des travaux antérieurs. Il survole l'évolution sous la Ve République des politiques publiques ayant eu pour objectif de proposer ou d'imposer une certaine idée de tout ou partie de l'histoire nationale, et les conflits engendrés soit par des représentations antagonistes du passé, comme par exemple autour de la colonisation, soit par des divergences sur la manière d'inscrire cette histoire dans le présent comme ce fut le cas autour des souvenirs de Vichy. Il évoque plus la question de la mémoire que celle des identités, sujet trop vaste pour être esquissé en quelques pages. Cependant, sur le lien quasi naturel que l'on fait aujourd'hui entre mémoire et identité, on fait ici l'hypothèse que les politiques publiques du passé menées depuis une vingtaine d'années en France, qu'on les nomme politiques de mémoire, politiques de l'histoire ou autrement, ont eu un double objet parfois contradictoire : maintenir, d'une part, l'existence d'une identité nationale lisible et perceptible par la grande majorité des citoyens ; faire place, d'autre part, à des identités collectives de groupes restreints (culturels, religieux, ethniques ou liés par une expérience historique commune) réclamant une reconnaissance publique par l'État et par la Nation de leur situation particulière.

Quelle est la pertinence du cadre historique que constitue la Ve République ? La notion même de politique publique du passé appartient à une histoire récente, même si les phénomènes qu'elle recouvre ne sont pas nouveaux en eux-mêmes. D'une manière plus profonde, les débats autour de l'importance prise par la mémoire dans les sociétés contemporaines, en France ou ailleurs, soulèvent plus largement des interrogations sur les évolutions de la place qu'y tient l'histoire, sur un possible changement de « régime d'historicité », c'est-à-dire la manière de percevoir les relations entre passé, présent et futur. Si ce n'est pas le lieu de développer cette question, il faut en tenir compte ici comme d'un contexte culturel général qui dépasse de loin le cadre français, même si la question de savoir comment se traduit en France, notamment dans l'action politique, la prise en compte de cette évolution, reste une interrogation en suspens. L'évolution de la mémoire collective dans les cinquante dernières années relève-t-elle d'un lien particulier, spécifique avec la Ve République, comprise ici comme un cadre politique et constitutionnel précis et daté, ou doit-on plus simplement considérer que les acteurs politiques de ce régime ont eu, *nolens volens*, à affronter et à apporter des solutions à un problème culturel et social nouveau, qui prend racine en dehors du cadre spécifique du régime, lequel ne serait alors qu'un simple contexte politique ?

Cette question débouche sur deux autres interrogations. Quel a été le rôle du pouvoir exécutif dans la gestion des problèmes identifiés dans l'espace public comme des « problèmes de mémoire » au regard d'autres acteurs politiques : les parlementaires, les partis politiques, les groupes de diverse nature issus de la société civile ? La question est ici cruciale dans la mesure où le poids de l'exécutif constitue l'une des caractéristiques les plus évidentes du régime, lequel a renforcé ou tenté au moins de préserver le poids traditionnel de l'État dans la gestion des affaires publiques. Les revendications de toute nature liées à une demande tendant à représenter ou à commémorer le passé dans tel ou tel sens ont été formulées d'abord et avant tout auprès de l'exécutif, et tout particulièrement auprès de son chef, le président de la République : le traitement par l'État des questions de mémoire est devenu sans conteste un domaine sinon réservé du moins privilégié du chef de l'État[1].

Enfin, dans quelle mesure peut-on considérer que la gestion politique contemporaine des questions liées aux usages et aux représentations du passé relève de la seule approche nationale : la France face à son passé esclavagiste, colonial, guerrier, occupé ? L'idée que les Nations « doivent faire face à leur passé » est une idée à la fois singulière et récente, qui appartient à l'univers postmoderne et même postnational. Il s'observe même à une échelle globale. Dès lors, la question est de savoir comment les acteurs politiques en France ont compris, interprété et apporté parfois des réponses singulières – comme les « lois mémorielles » – à un problème qui dépasse très largement le cadre national, soit parce que d'autres nations, notamment en Europe, connaissent les mêmes problèmes, soit parce que ces questions sont désormais discutées à une échelle supranationale, notamment dans le cadre des institutions européennes.

1. Sur ce point, je renvoie aux travaux pionniers de Patrick Garcia, en particulier : « "Il y avait une fois la France." Le Président et l'histoire en France (1958-2007) », dans Christian Delacroix, François Dosse, Patrick Garcia (dir.), *Historicités*, Paris, La Découverte, 2009, p. 183-202.

DE GAULLE ET LA MÉMOIRE

La présence du passé est incontestablement forte dans les débuts de la Ve République, ne serait-ce que par la personnalité même du général de Gaulle. Mais elle n'est pas ou peu exprimée en termes de mémoire au sens contemporain du terme. Le général de Gaulle, pris dans l'action de la décolonisation ou de la modernisation du pays, n'a guère été un adepte de la commémoration ou de l'entretien du souvenir. Alors que son ministre de la Culture « invente » les politiques culturelles, celles-ci sont tournées vers la démocratisation de l'accès aux arts et au patrimoine, vers la création d'œuvres nouvelles, et n'expriment qu'à la marge des préoccupations « mémorielles »[1]. Cette indifférence à l'histoire commémorative se manifeste dans la gestion des souvenirs des deux guerres mondiales, alors que la légitimité du général de Gaulle, celle du militaire comme celle de l'homme providentiel, en est pourtant issue. S'il exprime dans ses discours et ses écrits une vision longue, immémoriale de l'histoire de France, inscrite dans la tradition plus que dans la mémoire, sa « politique du passé » pour utiliser ici un terme anachronique, s'est articulée autour de trois idées majeures : mettre un terme définitif au conflit séculaire avec l'Allemagne et ouvrir une nouvelle ère des relations européennes après « la guerre de trente ans » (1914-1945), tourner la page des conflits internes qui ne sont pour lui que la conséquence des guerres extérieures, fonder le nouveau régime sur un répertoire de valeurs issues de la Résistance, du moins de la lecture très particulière qu'il en fait.

Par l'ordonnance du 30 décembre 1958 et la loi du 26 décembre 1959, le gouvernement supprime par exemple, pour des raisons d'économie budgétaire, la « retraite du combattant », une disposition ins-

1. Sur un sujet désormais connu, voir entre autres Philippe Urfalino, *L'invention de la politique culturelle*, Paris, La Documentation française, 1996, et la synthèse récente de Philippe Poirrier, *L'État et la culture en France au XXe siècle*, Paris, Librairie générale française, 2000.

taurée en avril 1930 et attribuant au nom de la « reconnaissance nationale » une allocation aux anciens combattants valides de la Grande Guerre. Interpellé sur cette question, le général de Gaulle répondra qu'il est « infiniment souhaitable pour la Nation française que le souvenir [des champs de bataille de 14-18] lui reste profond et respecté », mais que si « les anciens combattants sont faits pour être les premiers à l'honneur, ils ne sont pas faits pour être les premiers à la revendication » [1]. De même, le 8 mai, jour férié donc chômé depuis la loi du 20 mars 1953, est rétrogradé à une célébration non fériée fêtée d'abord le dimanche le plus proche (décret du 11 avril 1959), puis le jour même (décret du 17 janvier 1968), sauf pour le 8 mai 1965, un vingtième anniversaire exceptionnellement férié. Dans la même logique, en préalable au traité de l'Élysée de janvier 1963, le gouvernement français libère en 1962 Carl Oberg, l'ancien SS commandant en chef de la police de sûreté et du service de renseignement nazis en France occupée (le Sipo-SD), et son adjoint Helmut Knochen, tous deux condamnés à mort par un tribunal militaire en 1954 et graciés en 1958 par le président René Coty qui a commué leur peine en réclusion à perpétuité[2]. On peut rappeler dans la même veine les silences officiels concernant le régime de Vichy ou les lois d'amnisties concernant les « événements » d'Algérie[3]. La seule exception notable à cette politique de commémoration minimaliste reste évidemment la panthéonisation de Jean Moulin, en décembre 1964, une initiative de gauche, acceptée puis récupérée par le pouvoir, et qui marque à la fois la célébration de la Résistance, et l'affirmation de la prééminence de l'État, Jean Moulin n'étant décrit dans cette cérémonie que comme

1. Conférence de presse du 10 novembre 1959, Charles de Gaulle, *Discours et messages*. tome III : *Avec le renouveau 1958-1962*, Paris, Plon, 1970, p. 143-144. Les dispositions antérieures seront finalement rétablies par la loi du 23 décembre 1960.

2. Sur cette question, cf. Bernhard Brunner, *Der Frankreich-Komplex. Die nationalsozialistischen Verbrechen in Frankreich und die Justiz der Bundesrepublik Deutschland*, Göttingen, Wallstein, 2004, p. 166-168.

3. Sur ces questions, voir les travaux de Benjamin Stora, en particulier *La gangrène et l'oubli. La mémoire de la guerre d'Algérie*, Paris, La Découverte, 1998 [1re éd. : 1992], et Stéphane Gacon, *L'amnistie. De la Commune à la guerre d'Algérie*, Paris, Seuil, 2002.

l'exécutant, certes sublime, du seul dépositaire de la légitimité française durant la guerre, à savoir le Général lui-même[1].

Sous de Gaulle, la Vᵉ République pratique donc une politique d'oublis officiels, de réconciliation à l'échelle intérieure et extérieure, de célébrations héroïques dans lesquelles la raison d'État et l'intérêt national priment sur toute autre considération. Par comparaison rétrospective avec ce qui s'est passé après, il faut souligner qu'il n'y a là aucune place ni pour la compassion, ni pour les victimes, ni pour une mémoire souffrante. Le souvenir du passé proche ne doit en aucun cas entraver l'action politique tournée vers le futur, et ce futur doit s'enraciner dans une tradition, c'est-à-dire la réinvention dans le présent de valeurs supposées appartenir de façon immémoriale à la France éternelle.

LE TOURNANT DES ANNÉES 1970

Deux changements majeurs s'opèrent après la crise de mai-juin 68, et dans le contexte de l'arrivée sur la scène politique de nouvelles générations, d'une remise en cause des effets de la croissance économique et de l'urbanisation, ou encore, au plan international, dans le contexte de la Détente : d'un côté, le lancement de vastes politiques du patrimoine ; de l'autre, le début de l'anamnèse de la Seconde Guerre mondiale.

C'est à cette époque qu'émerge une nouvelle conception du patrimoine, à l'initiative à la fois d'associations ou de collectivités locales, et de l'État. « Le patrimoine culturel, déclare Valéry Giscard d'Estaing en 1980, tirant le bilan de la première "Année du patrimoine" qu'il a initiée et qui marque une évolution des esprits sur la décennie, n'est pas seulement fait de pierres, il comprend tout ce que l'œuvre humaine

1. Sur la panthéonisation de Jean Moulin, voir Michel Fratissier, « À l'origine de la panthéonisation de Jean Moulin », dans Jean Sagnes (dir.), *Jean Moulin et son temps (1899-1943)*, Ville de Béziers/Presses universitaires de Perpignan, 2000, p. 145-154.

nous a laissé au fil de l'Histoire, la musique, les danses et les chansons, la littérature et les traditions populaires, les peintures et les archives ; en bref, tout ce qui porte témoignage de l'homme au cours de son temps. »[1] Cette préoccupation pour la conservation tous azimuts du passé, le « tout-patrimonial » ou l'« émoi patrimonial » est un phénomène sans doute plus marqué en France que dans d'autres pays[2]. Elle marque un infléchissement des politiques culturelles menées dans les années 1960. La démocratisation concerne moins les publics susceptibles d'avoir accès à la culture que les objets dignes d'accéder au qualificatif de « culturel » et la réappropriation par les diverses couches de la société des processus de production culturelle. Cet élargissement à la fois des objets et des modes de production concerne aussi bien le présent que le passé, qui devient l'objet d'un investissement politique et affectif prononcé, dans le contexte d'une « crise de l'avenir » ou d'une « crise du futur ».

En revanche, l'anamnèse de la Seconde Guerre mondiale, elle, se situe à une échelle européenne. Elle va, on le sait, se cristalliser peu à peu sur les souvenirs de l'Holocauste, terme datant de l'après-guerre qui s'impose dans ces années-là, avant d'être supplanté, dix ans plus tard et le film éponyme de Lanzmann (1985), par le terme de « Shoah », créé à la même époque que le précédent[3]. En France, ce

1. Cité par Philippe Poirrier, « L'évolution de la notion de patrimoine dans les politiques culturelles menées sous la Ve République », *in* Henry Rousso (dir.), *Le regard de l'histoire. L'émergence et l'évolution de la notion de patrimoine au cours du XXe siècle en France*, Actes des Entretiens du Patrimoine 2001, Paris, Fayard/Monum, Éditions du Patrimoine, 2003, p. 54.

2. Il existe désormais une littérature abondante sur les « abus » ou les « excès » de la mémoire. Voir notamment : Régis Debray (dir.), *L'abus monumental ?*, Actes des Entretiens du Patrimoine 1998, Paris, Fayard/Éditions du Patrimoine, 1999, Régine Robin, *La mémoire saturée*, Paris, Stock, 2003, ou encore Jean-Pierre Rioux, *La France perd la mémoire*, Paris, Perrin, 2006 et, du même, « L'émoi patrimonial », *Le temps de la réflexion*, Paris, 1985, p. 39-48, cité par Philippe Poirrier, *L'État et la culture...*, *op. cit.*, p. 147.

3. Rappelons que les deux termes figurent dans la déclaration d'Indépendance de l'État d'Israël du 14 mai 1948, respectivement dans la version anglaise et hébreue, et que les deux ont été utilisés depuis dans la littérature internationale.

débat se concentre sur la question de Vichy, de la Collaboration, de l'existence d'un fascisme et d'un antisémitisme indigènes.

Cette anamnèse constitue probablement le véritable point de départ de l'émergence de la mémoire comme problème public, et elle va considérablement influer sur l'évolution du rapport au passé des sociétés contemporaines. Elle suscite l'émergence d'un nouveau répertoire politique avec la valorisation des politiques du souvenir, la naissance de politiques d'excuses et de « repentance » nationales sur le modèle de la *Vergangenheitsbewältigung* (la « maîtrise du passé ») allemande, la condamnation des politiques de l'oubli, toutes fondées sur l'idée que l'action publique dans le présent, qu'elle soit mise en branle par des groupes privés, des organisations non gouvernementales ou par l'État, peut contribuer à réparer les crimes du passé. La mémoire devient ainsi une voie d'accès non pas tant au passé qu'à la formulation d'une bonne conscience politique, laquelle devient elle-même une ressource politique des démocraties modernes.

Cette anamnèse n'a pas de rapport direct avec le régime de la Ve République. Cependant, ses principaux acteurs politiques se sont trouvés confrontés, voire déstabilisés par l'émergence de demandes sociales exigeant dans un premier temps une relecture générale de la période de l'Occupation, puis d'une demande plus ciblée de reconnaissance et de réparation des crimes commis contre les Juifs durant la Shoah. Le fait est d'autant plus marquant que cette anamnèse s'est poursuivie durant près de trois décennies, des années 1970 avec le début des premières revendications aux années 2000 avec la mise en place des principales dispositions concernant la gestion du souvenir des années noires. À tel point qu'il est difficile de définir le processus uniquement en termes d'« anamnèse » puisqu'il est devenu un élément structurel des politiques publiques contemporaines, sur lequel tous les présidents, de Georges Pompidou à Nicolas Sarkozy, ont été sollicités et ont apporté des réponses différentes.

Dans les années 1970 et 1980, ces réponses ont été très souvent en décalage, voire à contre-courant de tout ou partie de l'opinion, comme en témoignent deux décisions majeures aux effets inattendus. En novembre 1971, le président Georges Pompidou gracie de ses peines accessoires le milicien Paul Touvier condamné à mort par contumace à la Libération, mais bénéficiant d'une mesure de prescription partielle. Devant le scandale que provoque cette décision, le président s'interroge devant l'opinion, dans une célèbre conférence de presse du 21 septembre 1972 : « Le moment n'est-il pas venu de jeter le voile, d'oublier ces temps où les Français ne s'aimaient pas, s'entre-déchiraient et même s'entre-tuaient ? » Or, loin de mettre un terme aux souvenirs conflictuels, la grâce et les paroles de Georges Pompidou vont au contraire constituer le point de départ d'une des dimensions les plus originales et les plus spectaculaires de cette anamnèse, à savoir sa dimension juridique et judiciaire. C'est en effet à partir de la contestation de la grâce de Touvier que vont être enclenchées les premières procédures pour crimes contre l'humanité sur la base du principe d'imprescriptibilité voté en 1964.

Le président Giscard d'Estaing fait la même expérience lorsqu'il décide en 1975 que le 8 mai ne sera plus une célébration nationale. Si cette décision s'inscrit dans une conception de l'Histoire tournée vers le présent et l'avenir européen de la France, elle heurte de plein fouet une partie de l'opinion et de nombreux courants politiques, des gaullistes traditionnels aux communistes, désireux de maintenir vivace le souvenir de la défaite de l'Allemagne nazie pour des raisons inscrites autant dans le passé que dans le présent. Conséquence inattendue : une fois rétabli par François Mitterrand comme fête nationale et *jour férié* en septembre 1981 (ce qu'il n'était plus depuis 1953), le 8 mai prend dans les années qui suivent une importance qu'il n'avait jamais eue auparavant dans le dispositif des commémorations françaises.

LES AMBIVALENCES DE FRANÇOIS MITTERRAND

L'arrivée au pouvoir de François Mitterrand et de la gauche marque sans conteste un changement, sinon un tournant, dans la mesure où les évolutions sociales et culturelles de la décennie précédente se matérialisent de manière concrète. Sur le front de l'anamnèse de la Shoah, le principal changement est la tenue du procès Barbie, en juillet 1987, grâce ici à l'action de l'État même si le combat initial a été mené par Serge et Beate Klarsfeld. Il constitue un moment important et surtout un précédent qui installe pour longtemps la notion de « devoir de mémoire » – un mot nouveau du répertoire de l'action collective et politique – dans l'espace public. Il permet à terme la tenue des deux autres grands procès, Touvier en 1994 et Papon en 1997 et 1998. Néanmoins, l'accélération des polémiques sur Vichy et le caractère de plus en plus prégnant des revendications liées au souvenir de la Shoah entraînent à nouveau une forte opposition entre une conception traditionnelle de l'État et de la raison d'État, et l'expression d'une demande de réparation. François Mitterrand s'est ainsi retrouvé lui aussi à contre-courant de l'opinion lorsqu'il a cherché, en 1994, très tardivement au regard des controverses publiques, à s'expliquer sur son passé, à la suite des révélations qu'il a lui-même voulues par la voix autorisée de Pierre Péan[1]. Il a été tout aussi inaudible et incompris que ses prédécesseurs lorsqu'il a prôné à son tour l'oubli des séquelles des Années noires et une « réconciliation » d'autant plus abstraite que les protagonistes de ce rapprochement n'étaient pas clairement identifiés. En revanche, l'arrivée de la gauche au pouvoir constitue un moment important dans l'histoire récente des liturgies du passé. La Ve République devient de plus en plus « commémorante », comme en témoigne d'abord la réhabilitation du Panthéon comme lieu de sacralisation du politique et même lieu de légitimation du président de la République, voire rituel d'investiture du nouveau président[2]. Depuis 1964, le lieu était en déshérence, mais devient, à compter de 1981, l'objet d'une intense attention avec une dizaine de panthéonisations[3].

1. Pierre Péan, *Une jeunesse française. François Mitterrand 1934-1947*, Paris, Fayard, 1994.

2. Cf. Patrick Garcia, « Les panthéonisations sous la Ve République : redécouverte et métamorphoses d'un rituel », dans Maryline Crivello et Jean-Luc Bonniol (dir.), *Façonner le passé*, Aix-en-Provence, Presses universitaire de Provence, 2004, p. 101-118.

3. Sous la présidence de François Mitterrand, sont entrés au Panthéon : René Cassin (1987), Jean Monnet (1988), puis Monge, l'abbé Grégoire et Condorcet (1989), Marie et

À l'actif de la décennie Mitterrand, il faut également ajouter la célébration du Bicentenaire de la Révolution française, peut-être la commémoration la plus importante de l'histoire de la Ve République par son ampleur, par sa dimension à la fois locale, nationale et internationale, par son caractère à la fois étatique, associatif et populaire, festif et politique, sur un thème qui a constitué longtemps la ligne de fracture majeure de l'histoire de la France contemporaine. On peut même se demander si cette manifestation n'a pas été la dernière d'une pratique commémorative relevant d'une conception « positive » de l'histoire nationale.

LES ANNÉES 1990
OU LE TRIOMPHE DU « DEVOIR DE MÉMOIRE »

Dans les années 1990 s'opère un autre changement radical dans le traitement officiel d'épisodes historiques ayant laissé de profondes séquelles dans la société française. Le processus dépasse désormais la seule question de l'anamnèse de la Shoah. Avec son discours du 16 juillet 1995, Jacques Chirac répond favorablement à l'action collective menée depuis plusieurs années sur la reconnaissance des crimes d'État commis par Vichy, dont la République doit selon lui, et en rupture avec toute la tradition de la Ve République, assumer les conséquences symboliques, politiques, juridiques et matérielles. Il en résultera par exemple la réouverture, un demi-siècle après les procédures d'après-guerre, du dossier des spoliations des biens juifs par Vichy, avec la création de la Commission Mattéoli (1997). Il en résultera également la condamnation civile de l'État pour des dommages imputés à des fonctionnaires (Maurice Papon) ou à des services

Pierre Curie (1995), une politique poursuivie par Jacques Chirac avec André Malraux (1996) et Alexandre Dumas (2002), sans oublier l'hommage aux Justes (2007), et les nombreuses demandes inabouties à ce jour (Olympe de Gouges, Mendès France, Marc Bloch, le capitaine Dreyfus, etc.).

publics (la SNCF), abolissant de droit et de fait le principe voulu par de Gaulle et les juristes de la France libre d'une discontinuité entre le régime de Vichy et le régime républicain rétabli en 1944.

Toutefois, la nouveauté de la politique menée par Jacques Chirac – et les gouvernements de droite ou de gauche qui se succèdent durant cette période –, c'est de prendre en considération la multiplicité des demandes de reconnaissance concernant les groupes les plus divers. « En douze ans, il aura bouclé la boucle du combat contre l'antisémitisme, le racisme, l'intolérance, le négationnisme », écrit une journaliste du *Monde*, alors que son bilan général est jugé plutôt négatif par ses collègues[1]. Outre les survivants de la Shoah et leurs descendants, qui ont été les pionniers de l'action mémorielle revendicative, l'État se préoccupe en effet des – rares – survivants de la Première Guerre mondiale, laquelle redevient à compter de 1998 et le quatre-vingtième anniversaire de l'Armistice, un objet de débats, voire de disputes, notamment sur la mémoire des fusillés pour désertion ou refus de combattre, l'événement quasi séculaire bénéficiant d'un réinvestissement public inédit et spectaculaire[2]. Il se penche également sur les différents protagonistes de la guerre d'Algérie (harkis, rapatriés, conscrits...), par l'établissement de nouveaux monuments ou de nouvelles journées commémoratives : plaque en hommage aux morts de la manifestation du 17 octobre 1961 par la mairie de Paris (2001), inauguration du nouveau Mémorial national de la guerre d'Algérie par le président Jacques Chirac, quai Branly, à Paris (2002), instauration d'une Journée nationale d'hommage aux harkis et d'une Journée nationale d'hommage aux morts pour la France de la guerre d'Algérie et des combats du Maroc et de la Tunisie (2003). Il se penche enfin sur les revendications des descendants des esclaves avec l'inauguration, le 10 mai 2005, d'une nouvelle commémoration qui plonge ses racines

1. Béatrice Gurrey, « Le président du devoir de mémoire », *Le Monde*, n° spécial hors-série, 13 mars 2007.

2. Sur ce point, voir l'introduction de l'ouvrage d'Annette Becker et Stéphane Audoin-Rouzeau, *14-18. Retrouver la guerre*, Paris, Gallimard, 2000 [nouvelle éd. : Folio/Histoire, 2003].

dans un passé vieux de plusieurs siècles. La République n'assume plus simplement les crimes qu'elle a elle-même commis (en Algérie), ni ceux commis par le régime qui a voulu sa mort (Vichy), mais aussi les crimes commis par la France d'Ancien Régime.

Durant cette période, la pression faite sur l'État l'entraîne à prendre en compte des revendications identitaires déclinées sur le mode victimaire. Il cherche ainsi à mettre un frein aux concurrences ainsi engendrées dans l'espace public : ce qui a été fait pour les survivants de la Shoah doit l'être pour d'autres victimes de l'Histoire, le principe d'égalité devant s'appliquer dans le domaine de la reconnaissance publique comme en d'autres secteurs, un choix qui a engendré de nombreuses controverses. Celles-ci ont porté dans les années 2000 sur le rôle du Parlement et sa volonté de légiférer sur le passé[1]. Elles ont porté sur le fait de savoir si une réparation symbolique ou matérielle à l'égard d'un groupe de victimes – ou se présentant comme telles – devait se fonder sur la base de préjudices historiques avérés, parfois vieux de plusieurs siècles, ou sur la situation sociale contemporaine des demandeurs, comme l'illustre la loi du 21 mai 2001, dite « Loi Taubira », qui qualifie la traite et l'esclavage de crimes contre l'humanité, mais porte uniquement sur la traite « occidentale », ignorant à dessein les autres formes de mise en esclavage passées ou présentes.

Il s'agit là encore d'une tendance lourde à une échelle qui dépasse la seule situation française et, *a fortiori*, la question de la Ve République[2]. À la même période, on assiste en effet à une montée en puissance des recommandations et de décisions prises à l'échelle européenne, que ce soit sur la transmission et l'enseignement de la mémoire de la Shoah, ou encore sur la répression de la

1. Sur les lois dites « mémorielles », voir le travail en profondeur mené par la Mission d'information sur les questions mémorielles, sous la présidence de Bernard Accoyer, Assemblée nationale, texte n° 1262, 2009, version en ligne : <http://www.assemblee-nationale.fr/13/dossiers/mi_questions_memorielles.asp>.

2. Sur la dimension transnationale des questions de mémoire, voir notamment Vincent Auzas et Bogumil Jewsiewicki (dir.), *Traumatisme collectif pour mémoire*, Presses universitaires de Laval, 2008.

négation de tous les génocides[1]. Le « devoir de mémoire » et ses variantes nationales entrent ainsi de plain-pied dans la panoplie des politiques de défense des droits de l'homme, la France ayant sans doute joué, avec l'Allemagne, un rôle pilote plutôt inattendu en ce domaine. Mais cette évolution s'inscrit aussi – et les deux choses sont liées – dans la crise ou la mutation du modèle républicain français. La Ve République s'est fondée explicitement à l'origine sur une certaine conception immémoriale de la nation française : l'unité intérieure, la puissance pour l'indépendance, l'universalisme intégrateur. Elle a dû affronter depuis deux décennies la remise en cause de cette conception datée sinon obsolète de la Nation. En ce sens, les débats autour de la « mémoire » et de l'« identité » constituent le symptôme le plus net du déclin d'une certaine conception nationale de l'histoire, en France comme ailleurs en Europe et dans d'autres parties du monde. Dans un pays qui a longtemps cru à la possibilité d'une homogénéité culturelle fondée sur l'abandon volontaire des particularismes historiques, à l'écriture d'un roman national unificateur et à la séparation étanche entre sphère publique et sphère privée, la surévaluation de la mémoire constitue un indice parmi d'autres de la difficile redécouverte de la pluralité des identités sociales et de leur inscription différenciée dans le temps.

1. Voir notamment les décisions suscitées par la « Task Force for International Cooperation on Holocaust Education, Remembrance, and Research », lancée en 2000, à Stockholm, où la France était représentée par son Premier ministre Lionel Jospin, qui a notamment instauré une journée de commémoration européenne le 27 janvier, en souvenir de l'anniversaire de la libération du camp d'Auschwitz. Voir aussi la décision cadre du 28 novembre 2008, parue au *Journal officiel de l'Union européenne* du 6 décembre 2008 sur la lutte contre certaines formes et manifestations de racisme et de xénophobie au moyen du droit pénal, qui encourage les législations des États membres à prendre des dispositions contre la négation ou la banalisation des tous les génocides et autres crimes contre l'humanité, sur le modèle de la loi Gayssot, en France, adoptée en 1990.

Quels succès pour la succession ? Usages et fonctions des générations

LUDIVINE BANTIGNY

« On dit que les nouvelles générations seront difficiles à gouverner. Je l'espère bien. »[1] Il y a là, résumée par Alain, l'une des questions posées à tout régime : comment travaille-t-il à l'intégration des plus jeunes, comment conçoit-il la transmission des aînés aux cadets, comment fait-il face également, le cas échéant, aux contestations dans l'ordre de la succession ? Des « générations difficiles à gouverner », la Ve République en a connues, sans doute, du moins d'après le postulat selon lequel des générations peuvent se constituer, comme telles, en sujets historiques. Il n'est pas si courant que des opposants, non seulement au gouvernement mais, plus fondamentalement, à l'État soient assimilés, comme ils ont pu l'être en mai-juin 1968, à une *génération* contestataire[2].

C'est l'évidence, la notion de génération est employée d'abondance dans le discours médiatique et politique au point de se montrer, non seulement galvaudée, mais instrumentalisée. Les générations font l'objet de désignations et d'assignations : elles se fabriquent en partie par la nomination que leur confère l'étiquetage médiatique ; on leur confie en outre des missions, sociales et politiques, qui ont trait à l'usage de l'âge. L'enjeu n'est donc pas négligeable. Il engage un rap-

1. Alain, *Propos sur l'éducation* [1932], Paris, PUF, 2005, p. 219.

2. Cf. Jean-Pierre Terrail, *La dynamique des générations. Activité individuelle et changement social (1968/1993)*, Paris, L'Harmattan, 1993, p. 39 et suiv. Cf. Jean-François Sirinelli, *Les baby-boomers. Une génération 1945-1969*, Paris, Fayard, 2003 et *Mai 68. L'événement Janus*, Paris, Fayard, 2008.

port au temps et à l'historicité, renvoie à la conscience identitaire des individus et à leur sentiment de faire (ou non) l'histoire. Il pose des questions liées à ce qui s'acquiert, s'hérite et se transmet. Il a partie liée, enfin, à une conflictualité potentielle ou affirmée.

Outre leur place dans les médias, les générations sont scrutées tant par la sociologie que par la psychologie, la démographie, la science politique et l'économie. Or ces regards scientifiques peuvent être eux-mêmes sujets d'histoire, car sujets à histoire, dans leurs positions et leurs controverses. Ils invitent à repérer des modes de circulation, des constances et des résonances, en bref, à identifier des antiennes. En effet, prendre la mesure des continuités est une manière de démystifier le sentiment de nouveauté qui, souvent, étreint les observateurs lorsqu'ils se penchent sur les générations dans leur succession. Il y a lieu dès lors et tout à la fois de relativiser la notion et de mieux saisir certaines de ses fonctions.

LES « *BABY-BOOMERS* » : GÉNÉRATION MAJUSCULE, GÉNÉRATION CRÉPUSCULE

Pour qui examine les générations en Ve République, la référence aux « *baby-boomers* » et à 1968 se montre, non seulement inévitable, mais écrasante. C'est la génération majuscule, actrice d'une histoire jugée rayonnante. Par comparaison, les générations cadettes seraient condamnées à la post-histoire, voire à la non-histoire : générations discrètes, de l'ombre et de la réminiscence, elles seraient sans cesse contraintes à la référence. Sous ce jour, 1968 se révèle comme une autre Belle Époque, celle du temps dense et de l'embrasement.

À l'ombre de l'histoire

Partant, les engagements des générations d'« après » portent à la mansuétude ou au dénigrement, mais jamais ils n'échappent à ce rapprochement récurrent : ils sont évalués – et souvent dévalués – à l'aune de « Mai ». Comme si, depuis lors, il ne pouvait y avoir qu'un affaissement par rapport à ce moment imposant, quel que soit le jugement social, moral et politique qu'on porte sur lui. Les mobilisations étudiantes et lycéennes de la fin des années 1970 paraissent, à certains observateurs, affectées de corporatisme. Celle de 1986 mettrait en mouvement des jeunes « gentils » et « polis », ayant jeté 68 aux orties[1] et choisi la « participation » contre le « conflit »[2] : on les estime en somme « apolitiques et très convenables », ce qui ne va pas sans une certaine condescendance. Ces engagements, Étienne Borne les juge, en 1990, « de moins en moins éblouissants » et même « de plus en plus mornes », « après le grand flamboiement inaugural » : après Mai, tout ne serait plus que « marche à la platitude »[3]. En 2006 encore, lors du mouvement contre le Contrat première embauche (CPE), le sociologue Jean-Pierre Le Goff impute aux manifestants une irresponsabilité infantile : à ses yeux, ces jeunes s'adressant à leurs aînés pour leur expliquer que le CPE les concerne aussi, font preuve d'immaturité, à même de susciter l'« hilarité » : l'idée étant qu'en 68, on n'invoquait pas ses parents[4].

Par rapport, donc, à cette génération « bulldozer[5] » que forment les « *baby-boomers* », les suivantes sont désignées, tour à tour, comme générations « perdues » (1975-1978), « bof génération »[6] (1978), « génération des zombies sans rides »[7] (1986), « blues génération »[8]

1. Sophie Grassin, Bruno Seznec, « Les jeunes de 86 : ni pavé ni baston », *L'Express*, 5-11 décembre 1986.

2. Alain Touraine, « Les 13-17 ans à cœur ouvert », *Le Nouvel Observateur*, 13-19 mars 1987.

3. Étienne Borne, « Le miel et les mouches », *La Croix*, 30 novembre 1990.

4. Jean-Pierre Le Goff, « Le nouveau "fossé des générations" », *Le Débat*, n° 141, septembre-octobre 2006, p. 92.

5. Gérard Moatti, « La lutte des générations remplace la lutte des classes », *L'Expansion*, 19 septembre 1991.

6. Josette Alia, « La "bof" génération », *Le Nouvel Observateur*, 16 octobre 1978.

7. Louis Pauwels, « Qu'avez-vous fait de cette jeunesse ? », *Le Figaro Magazine*, 19 juillet 1986.

8. Martine Gilson, « Avoir 20 ans en 1990 », *Le Nouvel Observateur*, 30 août 1990.

(1990), « génération crise »[1] ou « ghetto »[2], « soldée »[3] (1994), « génération en souffrance »[4], « sacrifiée »[5], « sinistrée »[6] (1995), « génération Rank Xerox »[7] (1998), « génération oubliée »[8] (2003), la déclinaison s'achevant, temporairement, avec les « *baby loosers* »[9] (2007). Autant d'appellations plus ou moins contrôlées scandant la temporalité par le battement générationnel. Car leur rythme a bien la régularité d'un impassible métronome : chaque année ou presque, un nouveau nom est exhibé. Surtout, l'on perçoit dans ce besoin de nommer les générations pour les faire exister comme entités aux contours déterminés le primat d'un pessimisme, peut-être même d'une désespérance, qui dépasse la description des jeunes générations et touche en fait toute la société : celle-ci se lit dans ce qui s'en dit.

« Baby-boomers » *en procès*

À cet alarmisme fait écho, comme en miroir, un véritable réquisitoire : les « *baby-boomers* » figurent au banc des accusés. Ils auraient d'abord échoué dans leur devoir de transmission : ayant « rêvé d'un passé délivré du présent », ils auraient oublié d'être passeurs d'héri-

1. Roger Tréfeu, « La génération crise », *Politis*, 17 mars 1994.
2. Jean-Christophe Cambadélis cité par Christophe Barbier, « Les jeunes se fâchent », *Le Point*, 12 mars 1994.
3. Henri Aget, Renaud Leblond, « Qui ils sont, ce qu'ils veulent », *L'Express*, 31 mars-6 avril 1994.
4. Emmanuelle Réju, « Génération en souffrance », *La Croix*, 5 avril 1995.
5. François Dubet, « Mieux vaut être vieux, retraité et rentier », *ibid.*
6. Alain Duhamel, « Une génération sinistrée », *Le Point*, 11 novembre 1995.
7. Florence Assouline, « Les jeunes sont-ils réacs ? », *Marianne*, 22 juin 1998 (« Génération Rank Xerox », du nom d'une marque de photocopieuse, doit s'entendre comme celle qui ne saurait que copier ses aînés).
8. « Le problème de votre génération, analyse le généticien Albert Jacquard, c'est qu'elle est oubliée, et cela, c'est pire que tout » (Laurent Guimier, Nicolas Charbonneau, *Génération 69. Les trentenaires ne vous disent pas merci* ? [1re éd. 2005], Paris, Gallimard, 2006, p. 17.
9. Patrick Artus, Marie-Paule Virard, *Comment nous avons ruiné nos enfants*, Paris, La Découverte, 1re éd. 2006, rééd. 2008, p. 49.

tage, faisant de leur progéniture des « enfants sans parents »[1]. La référence la plus souvent citée est puisée chez l'écrivain Michel Houellebecq, dans un passage érigé en preuve à charge : « Je suis salarié, je suis locataire, je n'ai rien à transmettre à mon fils. Je n'ai aucun métier à lui apprendre, je ne sais même pas ce qu'il pourra faire plus tard ; les règles que j'ai connues ne sont de toute façon plus valables pour lui, il vivra dans un autre univers. Accepter l'idéologie du changement continuel c'est accepter que la vie d'un homme soit strictement réduite à son existence individuelle, et que les générations passées et futures n'aient plus aucune importance à ses yeux. C'est ainsi que nous vivons, et avoir un enfant aujourd'hui n'a plus aucun sens pour un homme. »[2]

Les « *baby-boomers* » seraient donc des « entrepreneurs en démolition »[3]. Dans la manière de les incriminer, l'essentiel se niche dans le préfixe, ce « dé » de la destruction et de la déconstruction, de la désaffiliation et de la désocialisation[4]. Les « soixante-huitards » dénigrés seraient responsables de la « perte du monde commun » et de l'« incertitude du lien », rien de moins[5]. Ce discours de la condamnation s'inscrit, on le voit, dans un rapport passionné aux traditions et aux institutions. *In fine*, l'acte d'accusation se conclut sur un égoïsme existentiel dont seraient responsables lesdits « *baby-boomers* », eux qui défendraient leurs intérêts de génération en sacrifiant ceux des autres. Or ce sacrifice supposé apparaît d'autant plus cruel qu'il est l'œuvre de parents et que ses victimes sont leurs enfants. De là à comparer les premiers à quelques

1. Michel Lacroix, *Le fabuleux destin des baby-boomers*, Paris, Éditions de l'Atelier, 2005, p. 82.
2. Michel Houellebecq, *Les particules élémentaires*, Paris, Flammarion, 1998, p. 210.
3. Jacques de Guillebon, *Nous sommes les enfants de personne*, Paris, Presses de la Renaissance, 2005, p. 213.
4. Cf. la notion de « désaffiliation » et la critique qu'en fait le sociologue Jean-Manuel de Queiroz, dans « Une crise du lien intergénérationnel ? », *Agora Débats Jeunesses*, n° 25, 3e trimestre 2001, p. 132.
5. Éric Deschavanne, Pierre-Henri Tavoillot, « La querelle du jeunisme », *Comprendre*, n° 5, 2004, p. 238.

Cronos acharnés, il n'y a qu'un pas, que d'aucuns franchissent sans hésiter[1].

La fabrique du conflit

De tels discours, ne peut surgir qu'une forme de conflictualité, commentée jusqu'à être en partie fabriquée. Certes, l'hypothèse généralement retenue est qu'au fond, le conflit de générations est sain, constitutif de la succession et de l'affirmation ; selon une maxime tout empreinte de dialectique, il faut pour exister se poser en s'opposant. Mais les « soixante-huitards » sont accusés ou de freiner ou d'exacerber ce mouvement. Ils empêcheraient le conflit de générations, pourtant formateur et structurant, soucieux qu'ils seraient de ne pas s'opposer à leurs enfants après avoir milité pour leur propre liberté à l'égard d'aînés contestés ; à l'inverse, par leur position surplombante et pesante, ils aiguiseraient la rupture au point d'en faire une fracture. La Ve République serait marquée, en ses fondements, par une « guerre des âges », un « âgisme » aussi vénéneux que le sexisme ou le racisme.

Un certain discours médiatique ou sociologisant est, pour partie, à l'origine de cette conflictualité postulée. Pour exemple, en 1993, un éditorialiste déclare dans *Le Nouvel Observateur* que les « *baby-boomers* » sont un « ennemi de classe » pour les plus jeunes[2]. Un peu plus tard, le sociologue Bernard Préel assure que la « génération Internet » vit dans la « détestation des soixante-huitards », évoquant à leur propos une « drôle de guerre »[3] ; au même moment, un autre sociologue spécialiste de la jeunesse, Michel Fize, voit poindre une « guerre froide des générations »[4]. La répétition du propos, le goût de

1. Grégoire Tirot, *France anti-jeunes. Comment la société française exploite sa jeunesse*, Paris, Max Milo, 1998, p. 91.

2. Jean-Paul Dubois, « 18-25 ans : les déboussolés », *Le Nouvel Observateur*, 8-14 avril 1993.

3. Bernard Préel, *Les générations mutantes*, Paris, La Découverte, 2005, p. 205 et 22.

4. Michel Fize, « Oubliés de l'histoire », *Le Monde des débats*, avril 1994.

la formule-choc, la surenchère revendiquée s'insinuent pour imposer l'hypothèse comme une réalité avérée. Faire l'opinion, c'est l'inviter à s'approprier ces conjectures au point de les incorporer. Et dès lors, même « une idée fausse est un fait vrai » [1], en ce qu'elle a toujours une efficacité.

RIEN DE NOUVEAU ?

À son échelle, l'historien peut tenter de relativiser cette efficacité, avec le recours qui lui est propre : la temporalité. S'y arc-bouter aide à montrer qu'avant d'être les inculpés d'un procès, les « *baby-boomers* » ont d'abord été les victimes supposées d'une irresponsabilité venue de leurs aînés. Parce qu'il y a là une antienne, il n'y a rien de bien neuf à les voir aujourd'hui, à leur tour, accusés.

L'autre mal du siècle

La permanence de ce thème, le conflit de générations, s'impose avec opiniâtreté. Le propre de la période contemporaine se situerait toutefois dans une certaine précipitation des rythmes, une accélération de l'histoire, dues, notamment, aux progrès techniques et technologiques ; la conséquence résiderait dans l'écart, sans cesse creusé, entre générations aînées dépassées et cadets les assimilant d'emblée. En 1962, Louis Armand en résume de la sorte la teneur : « Si l'on multipliait tous les facteurs qui expliquent la différence des générations, on arriverait à un coefficient extraordinaire, non seulement parce que la technique va vite et que les inventions qui ont été découvertes entre le père et le fils sont plus importantes que celles qui ont été découvertes entre le père et le grand-père, mais aussi parce qu'une

1. Jean-Noël Jeanneney (dir.), *Une idée fausse est un fait vrai. Les stéréotypes nationaux en Europe*, Paris, Odile Jacob, 2000.

grande partie des inventions techniques sont accessibles à la jeunesse. »[1]

De façon plus dramatique, la césure qui lézarde le XXe siècle, la Seconde Guerre mondiale, serait à l'origine de la rupture la plus radicale entre générations. Telle est l'hypothèse développée par l'anthropologue Margaret Mead, pour qui cet « événement-monde », cette « Chute », aurait tracé *le* fossé de générations, entre la sienne[2] et quelques autres ensuite, d'une part, et, d'autre part, celle qui est née innocente de cette guerre parce qu'après elle. Selon Margaret Mead, ce passé-là serait proprement incommunicable, donc non transmis. « Nous n'avons pas de descendants, écrit-elle, et nos enfants n'ont pas de parents. »[3] On retrouve ici, presque terme à terme, le reproche adressé plus tard et en d'autres circonstances aux « *baby-boomers* ». Mais ici, ce sont eux, les enfants sans parents, eux que l'on aurait privés d'héritage.

La Ve République n'échappe donc pas à ce baptême structurel. En ses tout débuts, le thème de l'opposition générationnelle paraît au moins aussi acéré qu'il le sera quelque cinquante années après. Ce sont les mêmes maux décrits avec les mêmes mots : conflit, crise, fossé, mal du siècle. D'aucuns cependant s'avisent d'en relativiser le caractère dramatique. Ainsi Étienne Borne assure-t-il, en 1961, que le conflit de générations n'est pas « un accident scandaleux » ; il serait même plutôt nécessaire pour lutter contre la morne « répétition du même » ; ce qui compte à ses yeux, c'est qu'on l'empêche de « se dégrader en oppression et en révolte »[4]. Borne est de ceux qui entendent avertir des risques encourus faute de prendre les jeunes générations en considération.

1. Louis Armand, « La technique entre la vie et le temps », dans *La vie et le temps. Les générations dans le monde actuel*, Neuchâtel, Éditions de la Baconnière, 1962, p. 139.

2. Elle est née en 1901.

3. Margaret Mead, *Le fossé des générations. Les nouvelles relations entre les générations dans les années 1970*, [1970, 1979], trad. fr., Paris, Denoël Gonthier, 1979, p. 13, 16 et 91.

4. Étienne Borne, « Jeunesse solitaire et solidaire », *Forces nouvelles*, 8 juillet 1961.

Les baby-boomers *ou « les enfants du malheur français »*

De ce point de vue, le réquisitoire n'a rien à envier, par sa dureté, à celui dont les « *baby-boomers* » seront, plus tard, la cible privilégiée. Leurs parents portent, en effet, la responsabilité de la guerre, de la défaite, de l'Occupation et de son corollaire, la dégradation d'un pays tout entier. Ces adolescents « ont le droit d'avoir honte de nous », lance André Mandouze en 1958[1] ; ils sont les « enfants du malheur français »[2]. Nés pendant ou après la guerre, « entre le trafic des piastres et la chute de Dien Bien Phu », ils sont fondés à concevoir un « dégoût »[3] à l'égard d'un « pays diminué et humilié par des générations rassises »[4] : les formules de Jean-Marie Domenach et d'Étienne Borne sonnent comme autant d'anathèmes qui ne souffrent pas de réplique.

Parmi les contempteurs d'une génération coupable à l'égard de ses cadets, Alfred Sauvy est peut-être le plus véhément. En ces premiers temps de la Ve République, il n'a de cesse de stigmatiser la toute-puissance d'une « société fortifiée et égoïste » qui sacrifie ses jeunes sur l'autel de son narcissisme. Là où le ton général, en ce début des années 1960, est plutôt à une bienveillance mi-amusée mi-dédaigneuse à l'égard des adolescents « yéyés », Alfred Sauvy entend leur reconnaître une difficulté essentielle entée à leur entrée dans la vie : « La génération des copains est écrasée par celle des tranchées et celle de la résistance. [...] Ils possèdent tout : la fortune, l'emploi, les relations. »[5] Et Sauvy de proposer, pour y remédier, que l'on revoie

1. André Mandouze, « L'homme tranquille et la Belle au Bois dormant », *Témoignage chrétien*, 28 mars 1958.
2. Serge Bromberger, « Les bases de l'éducation doivent-elles être reprises au même titre que celles de l'enseignement ? », *Le Figaro*, 7 mai 1954.
3. Jean-Marie Domenach, « Démoralisation de la jeunesse », *L'Express*, 29 mars 1957.
4. Étienne Borne, « Le partage de la jeunesse », *Le Monde*, 1er novembre 1960.
5. « Une analyse de la place des jeunes dans la société par M. Sauvy », *Combat*, 3 juin 1964.

les avancements de carrière ou bien encore l'accession à la propriété, que l'âge de la majorité soit abaissé à dix-huit ans, qu'enfin les étudiants soient associés à la prise de certaines décisions dans le cadre des universités.

Description et mission des générations

Cependant, à suivre les enquêtes qui s'égrènent tout au long de ce demi-siècle passé et qui prennent les générations pour objet, on est frappé par leur continuité. La plupart mettent en exergue le réalisme des jeunes, contre une vision par trop romantique qui leur prêterait, comme par essence et nécessité, la fougue du rêve et de l'idéalisme. Autre constat à propos de ces enquêtes : leurs commentateurs se montrent toujours surpris, et parfois même déçus, de ce pragmatisme, dans la mesure où il déjoue les attentes portées sur « la jeunesse » – ferveur, passion, utopie. En 1961 et 1963, des enquêtes d'opinion laissent penser que les jeunes auraient le « sens du concret » et des « visions sans illusions »[1] ; il s'agirait d'une jeunesse « sérieuse, conformiste et craintive »[2]. Entre 1968 et 1970, d'autres études concluent sur les valeurs, jugées « déroutantes », auxquelles les jeunes accordent le plus d'importance : le travail, l'amour et le mariage, la modération, la sécurité et la liberté. « Révolutionnaires ? Il n'y paraît guère. Révoltés ? Le mot est trop fort », commente Françoise Giroud, un peu désappointée[3]. À la fin des années 1970, on prend conscience

1. Serge Richard, « Le jeune Français : lucide, réaliste, mais aussi assez conformiste », *Combat*, 3 avril 1963. Le journaliste commente ici une enquête de l'UNESCO auprès de mille jeunes de moins de 21 ans : 86 % estiment que la famille est une « institution nécessaire » et 91 % veulent en fonder une.

2. Georges Suffert, « Ce qu'on pense à vingt ans », *France Observateur*, 10 janvier 1963. Il s'appuie sur une étude d'opinion réalisée par l'IFOP auprès de 1 523 jeunes de 16 à 24 ans : 83 % des jeunes filles interrogées y déclarent qu'il est préférable de ne plus travailler après son mariage ou l'arrivée d'un premier enfant ; 96 % des jeunes hommes et femmes interrogés désirent se marier ; les craintes portent essentiellement sur l'avenir professionnel.

3. Françoise Giroud, « La Nouvelle Vague », *L'Express*, 17 février 1969.

encore, non sans étonnement, que les jeunes « aiment leurs parents et leurs maîtres » et qu'ils ne sont guère idéalistes. Les années 1980 les montrent « étrangement lucides », « sans désespoir ni utopie »[1]. Les années 1990, « pragmatiques », « réalistes », « pieds sur terre »[2].

Que nous disent de telles enquêtes, par-delà cette évidente continuité dans leurs attendus et leurs résultats ? Tout d'abord, qu'il y a là une bonne entrée pour mesurer la stabilité de certaines références, comme la famille ou le travail, ce qui convie aussi à relativiser les ruptures, telle celle de Mai. Ensuite, que la contestation du régime, sur le plan institutionnel, et du système, sur le plan économique, n'est que très minoritaire : la période est marquée par une acceptation assez générale à leur égard. Enfin, que l'on assigne aux jeunes générations une vocation, le plus souvent déçue. À quarante ans de distance, la comparaison est éloquente : au début des années 1960, les jeunes sont jugés d'« un effrayant conformisme, d'un esprit moutonnier »[3], comme des « embourgeoisés en puissance »[4] ; à l'aube des années 2000, on moque presque dans les mêmes termes leur « frilosité plus que leur juvénilité », associée au « plus peureux des conformismes »[5]. Face à ce constat, les observateurs sont au moins autant inquiets que rassurés : rassurés que « la jeunesse » ne soit pas subversive, rebelle, à même de mettre en cause le régime ; inquiets de ce qu'ils estiment être une dérive par rapport à une sorte d'essence de la « juvénilité » – l'aventure, le rêve, l'excès. Ces commentaires ont donc une signification sociale déterminée : le rôle confié aux jeunes générations est de bousculer leurs aînées ; si elles s'y refusent, elles sont étrillées et décriées.

1. Luc Bernard, « Ni Dieu ni Marx : Coluche », *L'Événement du jeudi*, 19-25 décembre 1985.

2. Philippe Bernard, Henri Tincq, « 15-20 ans, les pieds sur terre », *Le Monde*, 6 novembre 1990.

3. François Brigneau, « Ces inconnus que vous appelez vos enfants », *L'Aurore*, 13 décembre 1963.

4. Gérard Marin, « L'autre jeunesse… celle qui travaille », *Le Figaro*, 23 mars 1964.

5. F. Assouline, « Les jeunes sont-ils réacs ? », art. cit.

LA RECHERCHE INTÉRESSÉE DES RESPONSABILITÉS

On le comprend, avec ces assignations statutaires, la question générationnelle s'avère essentielle en ce qu'elle exprime attentes et espoirs, illusions et déceptions prêtés par les observateurs du corps social au corps social lui-même. Le sujet « générations » provoque, de fait, des débats d'experts sur certains problèmes de société et les moyens de les expliquer, sinon d'y remédier, grâce à cette clef. Quelques controverses démographiques, sociologiques et économiques opposent ainsi des thèses qu'il y a lieu d'interpréter comme autant d'attitudes éthiques et politiques.

Générations et filiation

L'une de ces controverses a trait aux générations familiales, donc au lignage et à l'héritage. Elle voit se confronter la thèse de l'éclatement de la famille et celle de sa stabilité. La première prend le plus souvent la forme du scepticisme : les liens familiaux d'une génération à l'autre n'auraient pas résisté à l'ère de l'individualisme. Cette déploration trouve sa théorisation sociologique sous la plume de Talcott Parsons : sous le coup de la scolarisation et de l'urbanisation, les solidarités intergénérationnelles auraient été balayées[1]. Cette thèse est aujourd'hui récusée par la plupart des sociologues de la famille[2]. Ils notent tout au contraire la force sociale des relations de parenté, l'entraide et la coopération familiales se manifestant, notamment, dans les transferts financiers des générations aînées aux cadettes. Certes, des nuances socioprofessionnelles et sexuées doivent

1. Talcott Parsons, « Le système de parenté dans les États-Unis d'aujourd'hui » [1943] [trad. fr.], dans *Éléments pour une sociologie de l'action,* Paris, Plon, 1955, p. 129-150.

2. Cf. Claudine Attias-Donfut, Nicole Lapierre, Martine Segalen, *Le nouvel esprit de famille*, Paris, Odile Jacob, 2002.

être apportées. Plus les jeunes adultes s'élèvent dans la hiérarchie sociale, plus se distendent les liens avec leurs aînés[1]. Le genre joue aussi sa partie dans la nature même des héritages : pour les garçons, la continuité serait surtout sociale et professionnelle ; pour les filles, elle serait davantage éthique qu'économique[2]. Du moins les parents en tant que parents ne sont-ils pas contestés.

Cette opposition trouve son double dans une autre querelle, qui porte quant à elle sur le rôle du père dans la transmission générationnelle. Le second XXe siècle est, en effet, marqué par l'hypothèse de la « dévirilisation » des pères, qui aurait conduit à leur démission dans la succession des générations. Ce postulat de la « déchéance paternelle » fait florès dans les années 1960, connaît un regain d'intérêt dans les années 1980 et n'a pas, depuis lors, cessé de s'imposer. Des propos comme ceux tenus par le juge Jacques Limouzineau en 1962 sont alors légion : « Les conditions de la vie moderne ont eu pour conséquence de "déviriliser" l'image du père, à mesure que celui-ci apparaissait davantage à ses enfants comme dépendant ou écrasé par la complexité sociale. La femme a continué d'accroître son indépendance à l'égard du mari, tant sur le plan matériel que sur le plan social »[3] ; en témoignent, à la même date, les positions d'un autre magistrat, Jean Chazal : « Trop de pères fatigués par la guerre et les bouleversements économiques, décontenancés par la mise en discussion des valeurs qui paraissaient cependant fondamentales aux générations précédentes, n'ont plus aspiré pour eux et leurs enfants qu'aux agréments d'une vie tranquille, confortable et facile »[4], ou celles du journaliste François Brigneau, en 1963 : « Le travail des femmes, leur promotion, une certaine féminisation de notre société, qui se traduit

1. Delphine Chauffaut, *L'évolution des relations entre générations dans un contexte de mutation du cycle de vie*, Centre de recherche pour l'étude et l'observation des conditions de vie, novembre 2001, p. 53.

2. Thierry Blöss, *Les liens de famille. Sociologie des rapports entre générations*, Paris, PUF, 1997, p. 53.

3. Cité dans « Les parents sont les premiers responsables de la crise de la jeunesse », *Combat*, 6 juin 1962.

4. Jean Chazal, *Déconcertante jeunesse*, Paris, PUF, 1962, p. 4.

forcément par une dévirilisation correspondante, a détruit la conception du père chef de famille qui commande, juge, punit ou récompense, et ne l'a remplacée par rien » [1]. Le caractère sexué des fonctions de transmission apparaît ici intangible. Au père sont confiés l'autorité et l'apprentissage de la réalité, la mère se trouvant davantage dans une relation symbolique et fusionnelle, à l'égard de laquelle le père devrait se montrer « tiers », « étranger ». La racine psychanalytique de cette hypothèse paraît évidente ; ce sont de fait des psychanalystes mais aussi des psychiatres qui l'imposent – et s'imposent – dans le discours social global pour la défendre : diagnostiquant des générations « sans pères » donc « sans repères », ils en appellent, contre ce qu'ils estiment être une féminisation de la société, au retour de la Loi et de l'autorité[2]. Toutefois, c'est cette association même entre paternité et autorité qui mérite la critique, tout comme le lien de nature tracé entre genre et fonction de parenté. Si elle n'a pas encore gagné les galons de la domination dans la sphère médiatique et politique, cette critique elle-même commence à cheminer et bouleverse des siècles de fixation sur le rôle du père comme force de l'ordre dans la succession des générations[3].

1. F. Brigneau, « Ces inconnus que vous appelez vos enfants », art. cit.

2. À la suite des manifestations de 1986, le psychanalyste Tony Anatrella estime que « le gouvernement a raté son rôle d'adulte auprès d'une génération sans pères » (« Un jeu de rôles avec la loi », *La Croix*, 13 décembre 1986). Il poursuit, près de dix ans plus tard : « La dévalorisation de la symbolique du père – le tiers qui dit la loi et assure l'autonomie – entraîne une perte de repères et une incertitude face aux réalités. [Les jeunes] sont plutôt rivés dans une symbolique maternelle et cherchent à être rassurés dans une relation de miroir, comme l'enfant avec sa mère » (« Une société "adolescentrique" », *La Croix*, 23 août 1995). Le psychiatre Claude Olievenstein lui emboîte le pas : « L'affaiblissement du rôle parental, et surtout de l'image paternelle, entraîne une défaillance des rapports d'identification à la loi » (« Jeunes : le culte de la personnalité », *Le Nouvel Observateur*, 28 avril 1993). Le psychiatre Xavier Pommereau constate à son tour que les adultes « ne peuvent plus dire aux adolescents la loi, et d'abord "la loi du père" » (« Sans pères et sans repères », *Le Nouvel Observateur*, 2 novembre 1995).

3. Cf. Christiane Olivier, *Les fils d'Oreste ou la question du père*, Paris, Flammarion, 1994 ; Michel Tort, *Fin du dogme paternel*, Paris, Flammarion, 2007.

La fracture sociale : inter ou intra-générationnelle ?

Une même logique de condamnation des générations aînées et d'opposition à cette stigmatisation structure les débats sociologiques et économiques sur la question. La thèse de la fracture intergénérationnelle, soutenue, notamment, par le sociologue Louis Chauvel, établit que les jeunes générations sont depuis les années 1970 victimes d'une « scarification sociale », la situation à trente ans conditionnant les perspectives de toute une vie – ce que Louis Chauvel nomme aussi « effet de rémanence ou d'*hysteresis* »[1]. Les perspectives sont sombres : « En 1975, les salariés de 50 ans gagnaient en moyenne 15 % de plus que les salariés de 30 ans. [...] Aujourd'hui, l'écart est de 40 %. [...] Pour la première fois en période de paix, la situation de la jeune génération est plus difficile que celle de ses parents. »[2] En 1969, l'âge médian de fin d'études était d'un peu plus de 17 ans et le taux de chômage, douze mois après cette fin d'études, était de l'ordre de 6 % ; en 2007, ils s'établissent respectivement à 22 ans et 25 %[3]. Le constat est irréfutable. Mais, fût-ce sous la forme d'une parabole comme le propose Louis Chauvel, faut-il pour autant en attribuer la responsabilité aux « *baby-boomers* » comme si, en tant que cohortes, ils étaient coupables d'une situation macroéconomique qui, en réalité, les dépasse ? « Considérons l'exemple d'une génération qui bénéficie d'un sort des plus favorables, en ignorant ou en déniant contre toutes les preuves que le destin de ses puînés sera pire, en ne mettant rien en œuvre pour y remédier, voire en organisant les conditions de la dépendance, de la domination et du malheur des générations ultérieures, et en profitant de leur mécompte : n'est-ce pas là l'injustice même ? Ainsi ferait celui qui

1. Louis Chauvel, « Incertitudes générationnelles », *Comprendre*, n° 5, 2004, p. 166-168.

2. Louis Chauvel, « La rupture du pacte générationnel ? », *Pour*, n° 177, mars 2003, p. 66-67.

3. Louis Chauvel, dans « Qu'en est-il des rapports intergénérationnels en France ? », *Horizons stratégiques*, n° 4, avril 2007, p. 112.

cueillerait les fruits de l'oliveraie héritée de ses ancêtres sans faire l'effort à son tour de planter les arbres que ses descendants cultiveront. »[1]

Cette thèse se heurte à plusieurs arguments contestant la réification générationnelle qu'elle suppose et la vision fataliste qu'elle propose – exprimée dans la formule-titre de « destin des générations »[2]. D'une part, il n'y a pas de « linéarité ascensionnelle » des « *baby boomers* »[3] ; cette génération est elle-même pour partie « "sacrifiée" par la stagnation actuelle des salaires, le blocage des promotions, les cessations anticipées d'activité, par la situation de "génération pivot" [...] entre le grand âge des parents et les besoins des jeunes adultes, souvent en co-résidence avec eux »[4]. Ensuite, les jeunes adultes connaissant une ascension sociale sont toujours plus nombreux que ceux qui subissent une situation inverse : en 2002, 22 % des Français âgés de 30 à 35 ans appartiennent à une catégorie socioprofessionnelle plus élevée que celle de leurs parents ; 17 % connaissent le parcours inverse ; dans la génération des 50-54 ans, 32 % ont connu une ascension socioprofessionnelle par rapport à leurs parents et 10 % une mobilité sociale descendante ; en outre, la part des emplois qualifiés a continué de croître au cours de la période la plus récente, quoique de manière ralentie[5]. Surtout, les opposi-

1. Louis Chauvel, « La responsabilité des générations », *Projet*, n° 266, été 2001, p. 21-22.

2. Louis Chauvel, *Le destin des générations. Structure sociale et cohortes en France au XXe siècle*, Paris, PUF, 1re éd. 1998.

3. Aussi le sociologue Jean-Philippe Viriot-Durandal y insiste-t-il : « En toute rigueur le destin des "générations" – s'il en est un – n'est scellé que lorsqu'il est possible de les comparer sur l'ensemble du parcours. » L'économiste André Masson récuse lui aussi la « pensée déterministe qui consiste à croire que l'évolution de chaque génération est contenue dans les prémices de la socialisation » (« Qu'en est-il des rapports intergénérationnels ? », art. cit., p. 113 et 116).

4. Xavier Gaullier, « Pour un *new deal* entre générations », *Esprit*, n° 246, octobre 1998, p. 26-27.

5. Alors que la part des emplois qualifiés était passée de 16 à 23,5 % entre 1970 et 1980 (une hausse de 7,5 points en dix ans), elle est passée de 24 à 30 % entre 1982 et 2002 (une hausse de 6 points en vingt ans), d'après une enquête de l'INSEE intitulée « Probabilité de mobilité générationnelle ascendante et risques de mobilité descendante de

tions sont davantage intra-générationnelles, notamment au sein de la catégorie, si fortement hétérogène, des retraités, ou entre jeunes diplômés et jeunes non diplômés. Ainsi Olivier Galland peut-il souligner combien la « cassure entre les jeunes est un phénomène beaucoup plus important à étudier qu'une cassure éventuelle entre les générations » : l'écart mesurant le rapport des chances d'être ou de ne pas être au chômage entre les jeunes non diplômés et les jeunes diplômés du supérieur est passé de 2,5 en 1975 à 4,5 en 2002[1].

Les générations comme justification des « réformes »

Cette opposition d'argumentaires est essentielle à l'heure où la référence générationnelle sert d'impulsion aux politiques macroéconomiques. C'est au nom de la « comptabilité générationnelle », modèle économétrique proposé par l'économiste américain Laurence Kotlikoff[2], que les tenants de l'« équité générationnelle » entendent justifier les politiques de diminution des transferts publics et privilégier la logique du marché (fonds de pension, assurances privées), tant pour les systèmes de retraites que pour les dépenses de santé. Chaque génération devant subvenir à ses besoins, hors de toute solidarité intergénérationnelle, il y aurait lieu de réduire notamment les programmes sociaux destinés aux personnes âgées ; il s'agirait aussi d'en finir avec le système des retraites par répartition[3].

Tout un discours de justification générationnelle sert de soubassement argumentatif à ces réformes. Il brode sur le thème d'une conflic-

deux classes d'âge ». Cf. Marie Boëton, « Diplômés, trentenaires, déclassés », *Études*, n° 405-5, novembre 2006, p. 477-478.

1. Olivier Galland, « Les jeunes Français forment-ils une génération ? », *Comprendre*, n° 5, 2004, p. 150-151.

2. Laurence Kotlikoff, *Generational Accounting : Knowing who Pays, and When, for What we spend*, New York, Free Press, 1992.

3. Selon Louis Chauvel, « dans les conditions actuelles, bénéficier d'une retraite par répartition, avec des cotisations qui sont au même niveau qu'avant, signifie bénéficier d'un droit qui ne se justifie plus » (2 novembre 2005, cité dans Grégoire Tirot, *France anti-jeunes*, *op. cit.*, p. 82-82).

tualité supposée, en érigeant lui-même des oppositions fortes entre jeunes et aînés. Or, il a pu être démontré que plus les personnes âgées reçoivent de pensions de retraite, plus elles aident leurs descendants[1]. Surtout, note l'économiste André Masson, « la situation préoccupante des plus jeunes semble beaucoup moins liée au renchérissement du coût du travail provoqué par la hausse des cotisations sociales qu'aux changements intervenus dans le rapport capital-travail et dans le processus salarial lui-même »[2]. La diminution du nombre d'actifs en raison de la progression du chômage et la réduction des revenus du travail au profit des revenus du capital sont ici bien davantage déterminants qu'une imputabilité générationnelle. On voit en fait combien accuser une génération, tout entière considérée comme « nantie », d'« inertie historique qui fait que les réformes qui auraient pu être menées ne l'ont pas été »[3], est une manière de légitimer lesdites réformes pour mieux les imposer.

« Je ne serai pas le Premier ministre qui laisse aux générations futures la facture de nos imprévoyances et de nos lâchetés », déclarait François Fillon en juillet 2008 devant le conseil national de l'Union pour un mouvement populaire (UMP). Cinquante ans après l'avènement de la Ve République, l'argument générationnel fait donc toujours autorité. À l'immobilisme supposé des aînés vient s'opposer le dynamisme prêté à « la jeunesse ». De ce point de vue, les nouvelles générations sont vues comme porteuses de régénération. Il y a là une fonction de la « génération » : c'est en son nom que les gouvernements successifs justifient les « réformes nécessaires », dans le domaine socio-économique. Sur le plan politique et idéologique, elle peut contribuer à masquer les différences, voire les confrontations sociales, au nom d'un présumé primat de la « lutte des classes d'âge ». Elle est

1. Eugene Litwak, Heather Moulton, Dorothy-Jones Jessop, « Parcours de vie, alliances et conflits intergénérationnels », *Retraite et société*, n° 35, janvier 2002, p. 22.

2. André Masson, « La famille au secours de l'équité et de la solidarité générationnelles ? », *Gérontologie et société*, n° 81, juin 1997, p. 148.

3. Grégoire Tirot, *France anti-jeunes, op. cit.*, p. 18 et 20.

utile enfin dans le champ de la morale pour en appeler à la préservation des valeurs et à la restauration des mœurs. Ainsi Laurent Joffrin propose-t-il aux « *baby-boomers* » de « se débattre avec des mots gênants, et pas seulement dans la théorie : le mal, le bien, l'interdit, les valeurs et même le devoir »[1]. Ainsi Patrick Artus et Marie-Paule Virard justifient-ils une « politique de l'offre » privilégiant l'« investissement et l'appareil productif » contre l'« égoïsme » de toute une génération, les « *baby-boomers* »[2]. Par-delà, c'est sa fonction historique, voire foncièrement historiciste, qui fait l'intérêt de la notion : l'utilisation des « générations » est un recours dans la maîtrise du temps ; leur nomination aide à sa scansion, l'enjeu n'étant rien moins ici que l'ordre de la succession et l'aptitude à la transmission.

1. Laurent Joffrin, « Les ratés de la *soft* éducation », *Le Nouvel Observateur*, 23 août 1990.

2. Patrick Artus, Marie-Paule Virard, *Comment nous avons ruiné nos enfants*, *op. cit.*, p. 34, 8 et 44.

Cinquième partie

L'impossible réforme ?

Qui sont les décideurs ?

Marc Olivier Baruch

Travailler sur une période continuée pose problème, même à l'historien habitué à traiter du contemporain. Il court en effet le risque d'être sans cesse rattrapé par l'actualité ou de se trouver confronté à la vérité médiatique, indiscutable comme on le sait. Face aux « marronniers » de la presse écrite, l'historien a pour mission de rappeler ce qui apparaît comme conjoncturel et ce qui, à l'opposé, se situe dans l'ordre de la répétition, de la généralité, bref de la structure. Or, c'est précisément ce qui est difficile, tout spécialement en matière d'histoire politique. Il se trouve qu'il y a un peu plus de dix ans déjà, avec quelques-uns des collègues réunis par notre rencontre d'aujourd'hui, je participais à un colloque relatif à la direction du Budget sous la IVe République et le titre qui avait été alloué à ma communication était : « Qui décide ? »

Pierre Mendès France disait des hommes politiques qu'il en existe deux sortes : ceux qui se répètent et ceux qui se renient, et que lui-même préférait être des premiers que des seconds. Je ne sais pas s'il en va de même des historiens, mais le risque existe effectivement pour moi d'avoir à redire, en 2008, ce que je disais en 1997, en mettant en exergue de mes analyses la saillie cruelle de Michel Debré comparant l'État français à « une entreprise conduite par son caissier »[1], en l'occurrence sa direction du Budget qui, « toute à ses additions, [...] ne s'incline devant rien sauf – mais alors très bas – devant le politique »[2].

1. Michel Debré, *La mort de l'État républicain*, Paris, Gallimard, 1947, p. 19.
2. *Idem.*

À l'appui de cette vision, qui conforte une analyse classique du fonctionnement de l'appareil d'État français, au moins jusqu'à la mise en œuvre de la loi organique relative aux lois de finances (LOLF), les propos de l'ancien directeur du Budget, Roger Goetze, recueillis alors par Nathalie Carré de Malberg, selon lesquels le « directeur du Budget, c'est le patron de l'administration, il faut bien l'admettre » [1], induisent le risque de favoriser la vision structurelle de moyenne durée.

Nihil novi sub sole, le mode français de décision politico-administrative se présenterait comme un invariant en moyenne durée, mêlant des traces de patrimonialisation des offices, héritage d'anciens régimes, à la montée en puissance, tout au long du XXe siècle, des cabinets ministériels. S'y serait ajouté, depuis 1945, l'échec de l'innovation majeure de la Libération, l'École nationale d'administration (ENA), conçue pour lutter contre le mandarinat des grands corps de hauts fonctionnaires mais qui en aurait, dans les faits, accentué la puissance.

Mettre ainsi l'accent sur la continuité du système plutôt que sur la diversité des conjonctures rencontrées au cours d'un demi-siècle n'est pas illégitime, sous réserve toutefois de ne pas minimiser les changements intervenus dans les conditions d'exercice du pouvoir politique par les présidents successifs. Peu discutable, à l'exception sans doute de l'éclipse constatée entre 1997 et 2007, la prééminence du président de la République sur la direction des affaires publiques apparaît bien comme une constante d'un système qualifié, dès 1974, de « monarchie républicaine » par Maurice Duverger [2]. Pour qui a été, comme l'auteur de la présente contribution, écolier durant le premier septennat du général de Gaulle, la publication chaque mercredi par le *Canard enchaîné* du large dessin de dernière page de Moisan [3] résu-

1. *Entretiens avec Roger Goetze, haut fonctionnaire des finances, Rivoli-Alger-Rivoli, 1937-1957*, Comité d'histoire économique et financière de la France, 1997, p. 41.

2. Maurice Duverger, *La monarchie républicaine, ou comment les démocraties se donnent des rois*, Paris, Robert Laffont, 1974. L'auteur ne pouvait alors imaginer que le passage à l'Élysée de François Mitterrand, dont il était un des proches, porterait cette tendance à son paroxysme.

3. Les plus significatifs ont été regroupés dans Moisan, *Il a été une fois*, Paris, Denoël, 1971.

mait la vie politique de la Ve République, que détaillait la chronique d'André Ribaud[1] sur la Cour, toute bruissante des pirouettes du marquis de Charmant d'Elmas et des imprécations du prince de Bré, tempérées par le rigorisme sans concession de Madame de Maintenant. On ne dispose pas du même corpus, et c'est regrettable, sur les présidences Mitterrand et Sarkozy – le « journal de Carla » paraît bien fade comparé à la prose très fine de Ribaud – alors même que, pris en son sens littéral, le terme « absolu » s'applique à la conception, assez peu républicaine en vérité, que, chacun à sa manière, ces trois présidents entendirent (ou entendent) donner à leur action à la tête de l'État[2].

Puisqu'il s'agit de tenter de comprendre la Ve République telle qu'elle a fonctionné pendant son premier demi-siècle – soit, ne l'oublions pas, un laps de temps identique à celui qui sépare la chute de Ferry du Front populaire –, l'analyse se doit de prendre en compte la diversité des configurations de pouvoir à la tête de l'exécutif, qui furent multiples en cinquante ans. On pense moins ici aux développements usuels sur les changements découlant, depuis 1986, des processus de cohabitation entre président de la République et Premier ministre issus de familles politiques concurrentes qu'à la subtilité de la dyarchie exécutive consubstantielle à la Ve République française, qui en fait un régime *sui generis* complexe.

Sous cet aspect, la seconde législature de la Ve République (1962-1967) peut être lue comme une forme d'âge d'or de l'exercice de la fonction gouvernementale, le président de la République et le Premier ministre – « Parce que c'était moi, parce que c'était lui », aurait pu dire chacun des deux protagonistes – ayant à cœur de faire en sorte que, conformément à la Constitution, « le gouvernement détermine et condui[se] la politique de la nation ». On voit, à partir d'un exemple

1. On lit toujours avec intérêt la trilogie reprenant les meilleures chroniques d'André Ribaud, *La Cour* (1961), *Le Roi* (1962), *Le Règne* (1967), tous les trois édités chez Julliard avec des illustrations de Moisan.

2. Comme le rappellent Fanny Cosandey et Robert Descimon (*L'absolutisme en France : histoire et historiographie*, Paris, Seuil, coll. « Points », 2002), *absolutus* signifie « qui n'est lié par aucune loi écrite ».

aussi simple, à quel point système juridique, conjoncture politique et rôle des acteurs s'enchevêtrent pour empêcher d'apporter une réponse univoque à la question qui nous est posée.

Pour tenter, malgré tout, de comprendre qui sont les décideurs, on se proposera – en s'efforçant de mobiliser une large part de la panoplie des sciences sociales : droit public et théorie du droit, science politique et sociologie des organisations, science administrative – d'éclairer les rouages et les enjeux de la machinerie politico-administrative en prenant appui sur deux exemples : la répartition des pouvoirs sur le territoire, plutôt traitée sur la première moitié de période (1960-1985), et la question des élites administratives, plutôt traitée sur la seconde moitié de période.

LA RÉPARTITION DES POUVOIRS SUR LE TERRITOIRE

Un siècle après le débat qui opposa, au début du XXe siècle, Charles Maurras à Joseph Paul-Boncour, la dévolution des pouvoirs entre État central, échelons déconcentrés de l'État et collectivités territoriales reste d'actualité, avec le projet, annoncé à l'automne 2009 par Nicolas Sarkozy, de refonte du mode d'élection des conseillers territoriaux. À deux reprises, ses prédécesseurs prirent cette même question à bras-le-corps, en s'appuyant sur des conseillers chevronnés – respectivement Jean-Marcel Jeanneney et Gaston Defferre – et avec des résultats opposés : en 1969, le rejet par référendum de la réforme fusionnant Conseil économique et social et Sénat signa la fin de la carrière politique du général de Gaulle ; douze ans plus tard, François Mitterrand profita de sa légitimité intacte et d'une majorité parlementaire solide pour mettre en œuvre, dès le début de son septennat, la décentralisation des compétences et des moyens de l'État vers les collectivités locales.

Pour comprendre les processus décisionnels intervenus lors de chacune des principales étapes conduisant la Ve République jusqu'à cet « acte I de la décentralisation », on dispose d'un corpus précieux avec l'ensemble des travaux sur le fonctionnement de l'appareil politico-administratif réalisés par Michel Crozier et son équipe, au sein du Centre de sociologie des organisations. Le bilan en est impressionnant, depuis les travaux précurseurs dirigés par Stanley Hoffmann sur la France de la seconde moitié des années 1950[1] jusqu'au plus récent ouvrage de Pierre Grémion qui étudie l'évolution de la gouvernance en France sous les présidences Pompidou et Giscard d'Estaing[2]. Le mode de production de ces travaux ne l'est pas moins : à son apogée, durant les années 1960, il se ramène à un triangle vertueux entre une équipe de recherche, des financeurs publics, tels la Direction générale de la recherche scientifique et technique (DGRST) et le commissariat général au Plan, commanditaires du projet de recherche « l'administration face au changement », un éditeur enfin, les éditions du Seuil.

Alors même que les années d'occupation avaient acclimaté l'échelon régional – parallèlement ou simultanément, Vichy avec les préfectures régionales, la Résistance organisée en région, le Gouvernement provisoire de la République française (GPRF) avec les pleins pouvoirs donnés aux commissaires régionaux de la République avaient tous senti la nécessité de dépasser le cadre départemental – les priorités économiques de l'après-Libération, à commencer par la planification rigoureuse pilotée par Jean Monnet, n'étaient pas propices à la mise en œuvre des ouvertures promises par la Constitution du 13 octobre 1946 en matière de décentralisation[3]. S'agissant de la déconcentration, ce n'est que tardivement qu'un décret du 30 juin 1955 décida le lancement de « programmes d'action régionale » en vue de « promouvoir l'expansion économique et sociale des différentes régions ». Il renvoyait à un arrêté ministériel, qui ne fut signé que le 28 novembre

1. Regroupés dans *À la recherche de la France*, Paris, Seuil, 1963, certains de ces textes renvoient à la France de la IVe République finissante.

2. Pierre Grémion, *France, modernisation et progressisme 1968-1981*, Paris, éd. Esprit, 2005.

3. Art. 89, alinéa 1er : « Des lois organiques étendront les libertés départementales et municipales. »

1956, pour définir les circonscriptions – 24 à l'origine – de ces programmes d'action régionale.

La Vᵉ République installée aborda le problème sous le seul angle de la déconcentration. Bien que partisan farouche de l'uniformité nationale pilotée par un État central puissant, Michel Debré – auteur en 1946 d'un projet de re-découpage de la France en 47 départements [1] – était conscient de l'inadaptation de frontières départementales arrêtées à la fin du XVIIIᵉ siècle. Mais, lorsque fut arrêté en 1960 le principe d'une nouvelle répartition des compétences entre administrations centrales et échelon préfectoral, il dut multiplier les arbitrages pour freiner tant les revendications autonomistes de certains ministères (Éducation nationale, Santé, Travaux publics) que les tentations hégémoniques des deux principaux intéressés, les Finances et l'Intérieur. Épaulé par Louis Joxe, nommé ministre chargé des Réformes administratives après la conclusion de l'affaire algérienne, et s'appuyant sur une revendication générale de desserrement du carcan parisien dont témoignent bien les travaux du club Jean Moulin [2], Georges Pompidou mena le dossier à son terme [3].

On restait bien loin toutefois, avec cette réforme des niveaux de prise de décision des investissements publics, de la demande de démocratie locale dont le printemps de 1968 s'était, entre autres, fait la caisse de résonance. Sa mise à l'écart après les élections de juin par le général de Gaulle servit paradoxalement Georges Pompidou, épargné par l'échec du référendum d'avril suivant et qui profita lors du scrutin présidentiel du ralliement des notables centristes. La prudence s'imposa

1. Ce projet, qui apparaît pour la première fois dans *Refaire la France*, livre corédigé en 1946 par Michel Debré et Emmanuel Mönick sous le pseudonyme Jacquier-Bruère, est relaté dans Michel Debré, *Mémoires*, vol. I, *Trois républiques pour une France*, Paris, Albin Michel, 1984, p. 383-388. La carte des « grands départements » y figure en annexe, p. 462.

2. Club Jean Moulin, *L'État et le citoyen*, Paris, Seuil, 1961. On se reportera également à l'ouvrage collectif, *Pour nationaliser l'État*, Paris, Seuil, 1968, présenté comme les « réflexions d'un groupe d'études » au sein duquel se détachent, notamment, les noms de François Bloch-Lainé, Michel Crozier, Jacques Delors ou encore Simon Nora.

3. Voir Catherine Grémion, *Profession : décideurs. Pouvoir des hauts fonctionnaires et réforme de l'État*, Paris, Gauthier-Villars, 1979.

donc pour lui en la matière, comme pour son successeur. Avec le recul du temps, les années 1970 apparaissent en la matière comme celles des grandes intentions et des petites réalisations : c'est ainsi que la loi du 5 juillet 1972 qui érigea les régions en établissements publics refusa de leur reconnaître le statut de collectivité locale, qui aurait impliqué l'élection de leurs dirigeants au suffrage universel. Situation d'autant plus intenable que l'air du temps était à la redécouverte, jusqu'à la caricature, des charmes du local : des centristes non ralliés[1] jusqu'à la nébuleuse d'extrême gauche, *via* le programme commun MRG-PS-PCF (Mouvement des Radicaux de gauche-Parti socialiste-Parti communiste français), lui aussi signé en 1972, l'exigence était de « vivre et travailler au pays ».

Préféré à Jacques Chaban-Delmas en 1974 en raison de la capacité qui lui était prêtée de s'attaquer aux blocages affectant la société française, Valéry Giscard d'Estaing négligea la question régionale, se contentant d'empiler les rapports qui, tous, concluaient à l'urgence d'accorder aux collectivités locales de véritables marges d'autonomie. La seule année 1976 vit ainsi la publication du rapport de la commission présidée par Olivier Guichard, *Vivre ensemble*, du best-seller d'Alain Peyrefitte, *Le Mal français*, et de l'ouvrage *Décentraliser les responsabilités. Pourquoi ? Comment ?*, recueil des rapports d'enquêtes commandées en 1973-1974 à Michel Crozier et son équipe par le même Alain Peyrefitte, alors ministre des Réformes administratives dans le gouvernement dirigé par Pierre Messmer.

Cette inaction servit la gauche. Les élections municipales de 1977 virent le succès d'une génération nouvelle d'élus socialistes, non encore notabilisés, plus ou moins inspirés par le modèle de gestion des villes mis en place par les GAM (groupes d'action municipale) dont le héraut était le maire de Grenoble, Hubert Dubedout. Si elle ne rendit que plus amère la défaite de la gauche unie aux élections législatives de l'année suivante, cette montée en puissance d'un socialisme muni-

1. Auréolé de sa victoire dans une élection législative partielle en Lorraine, leur leader Jean-Jacques Servan-Schreiber publia en 1972 aux éditions Robert Laffont *Le pouvoir régional.*

cipal adapté à la France des années 1970 eut en revanche pour conséquence d'acclimater à la gestion des affaires publiques de jeunes responsables, élus mais aussi fonctionnaires. Dans le domaine culturel, par exemple, la maison de la culture de Grenoble fut successivement dirigée par deux énarques peu assurés de leur place dans la République gaullienne en raison de leurs engagements politiques, Dominique Wallon d'abord (inspecteur des finances, proche de Michel Rocard, il avait été président de l'Union nationale des étudiants de France (UNEF) – au moment de Charonne), puis Catherine Tasca. La gauche ne fut jamais aussi puissante, dans les esprits comme dans l'opinion, qu'en cette fin de septennat de Valéry Giscard d'Estaing, plombée par la sordide affaire des diamants offerts au président par le dictateur centrafricain Bokassa et marquée par un durcissement répressif et sécuritaire du régime faisant contraste avec le modèle de « société libérale avancée » promis sept ans plus tôt.

Annoncées par François Mitterrand durant la campagne électorale, les deux grandes lois de décentralisation votées au début des années 1980 (loi du 2 mars 1982 sur les droits et libertés des collectivités territoriales, loi du 7 janvier 1983 relative à la répartition des compétences entre les communes, les départements, les régions et l'État) n'aboutirent-elles pas, *in fine*, à un marché de dupes ? Chargé du dossier, le ministre de l'Intérieur et de la Décentralisation Gaston Defferre, homme d'appareil chevronné dont la longévité à la tête de la mairie de Marseille témoignait de la capacité à maîtriser des configurations politiques mouvantes, eut certes à faire montre de son indiscutable talent parlementaire, notamment face à un Sénat violemment hostile, pour défendre le monument législatif remarquable qu'il avait bâti avec l'aide de conseillers issus, pour une large part, du Conseil d'État.

En même temps, la gauche autogestionnaire et régionaliste avait été, à dessein, marginalisée, Michel Rocard n'étant en rien associé à la réforme. Bien que, de manière symbolique, Jean-Pierre Worms, ancien du CSO devenu député socialiste, ait été choisi par l'Assemblée nationale comme rapporteur des lois de décentralisation, la réforme laissait de côté deux des principales aspirations de la gauche de terrain. Le volet

« participation des citoyens à la vie locale » avait été considérablement rogné, tandis que le cumul des mandats, talon d'Achille connu du système politique français, n'était à aucun moment remis en cause. Entre notables et préfets – ces derniers habilement pilotés par l'un des leurs, l'ancien préfet de police Maurice Grimaud, devenu directeur du cabinet de Gaston Defferre – un nouvel équilibre allait s'instaurer, non sans quelques grincements de dents, notamment dans l'ordre protocolaire. Les analystes les plus lucides remarquèrent rapidement qu'il s'agissait plus là d'une nouvelle donne entre partenaires anciens que d'une avancée irréversible de la démocratie locale. Ainsi, à peine sèche l'encre des décrets d'application, on vit apparaître en librairie, sous le pseudonyme transparent de J. Rondin, une analyse critique d'une réforme ayant transformé le pouvoir périphérique en « sacre des notables », pour reprendre le titre de l'ouvrage[1].

L'expression reste d'actualité un quart de siècle plus tard, après que l'« acte II de la décentralisation » voulu en 2003 par le gouvernement Raffarin a organisé le voyage à Versailles pour ajouter à l'article 1er de la Constitution que l'« organisation [de la République] est décentralisée », expression ambiguë que n'éclairent guère les circonlocutions ajoutées à l'article 72 : « Les collectivités territoriales ont vocation à prendre les décisions pour l'ensemble des compétences qui peuvent le mieux être mises en œuvre à leur échelon. »[2]

LA QUESTION DES ÉLITES ADMINISTRATIVES

Que doit faire la République pour disposer de hauts fonctionnaires efficaces, responsables et loyaux ? Vaste question, que le

1. Jacques Rondin, *Le sacre des notables. La France en décentralisation*, Paris, Fayard, 1985.

2. Art. 72, alinéa 2. La rédaction initiale de cet article, en 1958, avait au contraire le mérite de la clarté : « Les collectivités territoriales s'administrent librement par des conseils élus et dans les conditions prévues par la loi. »

XXe siècle n'a cessé de se poser et qu'il a livrée non résolue au XXIe. Comme on pouvait s'y attendre, le général de Gaulle lui apporta une réponse gaullienne, en faisant prévaloir la compétence, mais aussi la fidélité à sa personne, sur la filiation politique[1]. Ce qui ne signifie pas pour autant que le régime était en mesure de concilier, par une gestion juste et efficace des élites administratives, les exigences contradictoires attendues de ces dernières : sens de l'État posé comme constitutif de leur *ethos* et loyalisme des chefs d'administration envers le pouvoir gouvernemental qu'ils servent. Ainsi, en 1968, le livre-bilan déjà cité, *Pour nationaliser l'État*, mettait moins l'accent sur la politisation de l'accès aux fonctions de direction que sur les faiblesses du modèle français de carrière des hauts fonctionnaires, proposant pour y remédier des solutions – nouvelle répartition des postes de sortie d'ENA entre grands corps et corps des administrateurs civils, réforme du ministère des Finances – qui mettront près de quarante ans à se concrétiser[2].

La configuration se présenta de manière tout autre après la disparition du fondateur de la Ve République. Pour reprendre les analyses désormais incontournables de Philippe Bezes, on assista alors à « une forte politisation de la question administrative due à la bipolarisation de la vie politique française »[3]. Il en alla spécialement ainsi après l'entrée à l'Élysée du premier président issu de l'ENA, Valéry Giscard d'Estaing. En même temps qu'elles s'efforçaient de « décrisper » – maître mot de l'époque – la relation entre administration et administrés[4], posée comme excessivement hiérarchique et hiératique sous

1. La période gaullienne ne sera en conséquence pas traitée ici, dans la mesure où elle a déjà donné lieu à plusieurs analyses, dont la plus récente est celle de Serge Berstein, Pierre Birnbaum et Jean-Pierre Rioux (dir.), *De Gaulle et les élites*, ouvrage coordonné par Philippe Oulmont, Paris, La Découverte, 2008.

2. Voir spécialement les chapitres intitulés « Les hommes de l'État », p. 27-41, et « Le ministère de l'Économie et des Finances », p. 42-64.

3. Philippe Bezes, *Réinventer l'État : les réformes de l'administration française (1962-2008)*, Paris, Presses universitaires de France, 2009, p. 10.

4. D'où une série de lois en faveur des administrés, qui s'inscrivent dans la suite de la loi du 3 janvier 1973 instituant le Médiateur de la République, concédée, avec réticences, par Georges Pompidou : loi du 6 janvier 1978 sur l'informatique, les fichiers et les libertés

l'État gaullien, les équipes au pouvoir, dont les énarques tenaient les principaux leviers de commande[1], tentèrent de procéder à la reprise en main des hauts fonctionnaires proches du parti socialiste. Une circulaire signée le 8 octobre 1975 par le Premier ministre Jacques Chirac donna une interprétation très stricte du principe de neutralité de la fonction publique, tandis qu'au printemps suivant, le ministre de l'Intérieur Michel Poniatowski utilisa devant le Parlement un texte issu du « Groupe socialiste d'entreprise fonction publique » pour mettre en cause la déontologie des fonctionnaires membres de ce parti[2]. L'affaire fit quelque bruit à l'époque, mais ne mit évidemment pas pour autant fin à la participation de hauts fonctionnaires à la réflexion et aux projets du parti socialiste.

Dans le livre d'entretiens avec le journaliste Guy Claisse qu'il publia à la fin de 1980, *Ici et maintenant*, le premier secrétaire de ce parti, François Mitterrand – dont nul ne pouvait ignorer qu'il briguerait bientôt la présidence de la République – dénonçait avec vigueur la « progression de l'État-Giscard dans les rouages du pays par le noyautage de l'administration », ajoutant que « depuis Napoléon III on n'a [vait] pas vu mieux, de Gaulle sous ce prisme fait[sant] figure d'apprenti »[3]. Il est certaines déclarations d'hommes politiques que la charité demanderait de ne pas relire, dans la mesure où le double septennat de François Mitterrand ne marqua pas en la matière un retour à l'austère vertu républicaine.

On constata certes, dans les premiers gouvernements de la nou-

(création de la CNIL) ; loi du 17 juillet 1978 sur la liberté d'accès aux documents administratifs (création de la CADA) ; loi du 3 janvier 1979 sur les archives ; loi du 11 juillet 1979 sur la motivation des actes administratifs.

1. Les membres les plus influents de l'entourage présidentiel étaient issus de l'ENA, tels Claude Pierre-Brossolette, Yves Cannac et Jean Sérisé à l'Élysée. Il en allait de même du numéro deux du gouvernement, le ministre d'État ministre de l'Intérieur Michel Poniatowski.

2. Sur ces questions, voir Alain Di Stefano, *La participation des fonctionnaires civils à la vie politique*, Paris, LGDJ, 1979, p. 153-158. Le texte de la circulaire du 8 octobre 1975 est reproduit par l'auteur en annexe, p. 283-285.

3. François Mitterrand, *Ici et maintenant. Conversations avec Guy Claisse*, Paris, Fayard, 1980, rééd. Livre de Poche, 1981, p. 80.

velle majorité dirigés par Pierre Mauroy, une réelle diversification des origines professionnelles, non seulement des membres des cabinets – desquels, dit-on, les militants avaient chassé les énarques – mais aussi des postes de direction des administrations centrales des ministères[1]. Les choses revinrent à ce que les hauts fonctionnaires avaient coutume de considérer comme la normale avec l'accession, en 1984, de Laurent Fabius aux fonctions de Premier ministre. La figure du technocrate de cabinet confisquant le pouvoir – dénoncée dès les débuts de la Vᵉ République par un André Philip[2] ou un Pierre Mendès France[3] – fit un retour en force. On assista même, en 1985, avec le choix d'Henri Nallet comme successeur de Michel Rocard, ministre de l'Agriculture démissionnaire, à un cas de figure inédit : la nomination à la tête d'un département ministériel du conseiller suivant le secteur à l'Élysée.

La même année, dans la perspective d'élections législatives peu prometteuses pour la majorité en place et afin de faciliter l'entrée de proches du pouvoir dans la haute fonction publique, la proportion de nominations au tour extérieur, entièrement à la discrétion du gouvernement, dans l'ensemble des corps de contrôle et inspections générales de l'État fut fixée à un sur trois. Comme il l'avait déjà montré au moment de la nomination des responsables des nombreuses sociétés financières et industrielles entrées grâce aux nationalisations de 1981-82 dans le secteur public, le président de la République savait « placer ses amis »[4]. Mais, là encore, l'arbre ne doit pas cacher la forêt. Pour

1. Danièle Lochak, « La haute administration à l'épreuve de l'alternance : le cas des directeurs d'administration centrale », dans Pierre Birnbaum, *Les élites socialistes au pouvoir*, Paris, Presses universitaires de France, 1985, p. 178-188. L'auteur remarque, par exemple, p. 184, que la proportion de directeurs issus de l'administration centrale du ministère où ils servaient avait diminué de 30 % en 1960 à 20-25 % en 1985.

2. Nous nous permettons de renvoyer à Marc Olivier Baruch, « André Philip, réflexion et action d'un serviteur de l'État », dans Gilles Morin (dir.), *Redécouvrir André Philip*, Paris, Comité d'histoire économique et financière de la France, 2005, p. 151-163.

3. Pierre Mendès France, *La République moderne : propositions*, Paris, Gallimard, 1962.

4. Voir André Passeron, « Comment ils ont placé leurs amis », *Pouvoirs*, « Des fonctionnaires politisés ? », nᵒ 40, 1987, p. 25-30.

des raisons d'ordre à la fois statutaire et culturel, les hauts fonctionnaires disposent assurément, en France, d'une situation privilégiée qui leur permet de participer sans risque au jeu politique et d'y tenir une place peut-être excessive[1]. Pour autant, pas plus que leurs prédécesseurs de l'avant-1945, tous les fonctionnaires de rang A n'entrent pas en politique, de sorte que seule une petite minorité d'entre eux profitèrent des jeux de chaises musicales nés, au cours des vingt dernières années du XXe siècle, de la multiplication des périodes de cohabitation politique.

Pour le reste, les hauts fonctionnaires bénéficièrent peu des tentatives de réforme du fonctionnement de l'État intervenues durant cette période. Grand chantier de Michel Rocard, la politique de renouveau du service public mise en œuvre par son ministre de la Fonction publique, le centriste Michel Durafour, se traduisit certes par de nombreuses fusions de corps et une revalorisation presque générale de la grille des traitements, qui laissa toutefois à l'écart l'encadrement supérieur de l'État. L'occasion ne fut pas saisie de moderniser également les modalités de carrières des hauts fonctionnaires, régies par un texte ancien, le décret du 19 septembre 1955 sur les emplois fonctionnels, auquel n'ont été apportées en plus d'un demi siècle que des modifications de détail, hors de toute refonte de son architecture générale.

La décennie suivante fut contrastée. Côté pile, quelques hauts fonctionnaires des grands corps investirent le discours et les savoirs de réforme de l'État dans le cadre de commissions d'expertises, dont le nombre et l'ampleur se multiplièrent : ainsi, par exemple, du préfet Christian Blanc auteur, dans le cadre de la préparation du XIe Plan, du rapport intitulé *Pour un État stratège, garant de l'intérêt général*, du conseiller-maître à la Cour des comptes Jean Picq, qui remit en

1. On dispose d'une littérature considérable sur ce sujet, au sein de laquelle on peut se reporter, par exemple, à l'ouvrage collectif dirigé par Francis de Baecque et Jean-Louis Quermonne, *Administration et politique sous la Cinquième République*, Paris, Presses de la FNSP, 1982. Pour une synthèse, voir Yves Mény, « À la jonction du politique et de l'administratif, les hauts fonctionnaires », *Pouvoirs*, « Des fonctionnaires politisés ? », *op. cit.*, p. 5-23.

mai 1994 au Premier ministre Édouard Balladur le rapport de la mission de réflexion sur la réforme de l'État ou encore du conseiller d'État Jean-Ludovic Silicani, qui dirigea entre 1995 et 1997 un hyperactif commissariat à la réforme de l'État.

Le revers de la médaille se résume par quelques patronymes qui devinrent, aux yeux de l'opinion publique, synonymes d'autant de dérives des élites étatiques à commencer par celui de l'inspecteur général des finances Jean-Yves Haberer, très haut fonctionnaire des Finances dont la carrière rapide et peu sectaire – conseiller au cabinet de Michel Debré en 1966, directeur du Trésor durant la présidence de Valéry Giscard d'Estaing, il fut nommé par le pouvoir socialiste président de la banque Paribas tout juste nationalisée, d'où le délogea, en 1986, le gouvernement Balladur – se brisa en 1993 lorsqu'on dut constater qu'il avait conduit à la faillite le Crédit Lyonnais, où l'avait nommé le gouvernement Rocard en septembre 1988. On peut aussi songer, pour le corps préfectoral, au cas du préfet de Corse Bernard Bonnet, qui passa quelques mois en prison pour avoir confondu défense de la légalité et emploi de méthodes expéditives ou, dans un tout autre ordre de responsabilités, à celui de Maurice Papon, condamné au printemps 1998 à dix ans de réclusion criminelle par la cour d'assises de la Gironde pour complicité de crime contre l'humanité.

La multiplication de ces situations, certes absolument hétérogènes[1] – et auxquelles il faudrait encore ajouter la comparution en correctionnelle de hauts fonctionnaires préfectoraux inculpés de mise en danger de la vie d'autrui à la suite d'accidents intervenus sur des installations qu'ils avaient cautionnées (inondation de zones habitées dans le Vaucluse, effondrement de la tribune du stade Furiani, incendie du tunnel du Mont-Blanc)[2] – aboutit à créer un sentiment de

1. Et dont les intéressés se défendirent tous en se présentant comme des boucs émissaires. Voir, par exemple, Jean-Yves Haberer, *Cinq ans de Crédit Lyonnais : 1988-1993*, Paris, Ramsay, 1999 ou Bernard Bonnet, *À vous de juger : contre-enquête sur une affaire d'État en Corse*, Paris, Flammarion, 2001.

2. Voir Ramiro Riera, « La responsabilité pénale des préfets », dans Éric Pélisson

profonde défiance envers les capacités et, plus grave encore, envers la moralité des élites administratives françaises. Les réponses apportées ne furent pas à la hauteur des enjeux : une commission fut instituée en 1993 pour vérifier que les conditions de « pantouflage » des hauts fonctionnaires dans les entreprises, notamment du secteur financier, restaient soumises à un minimum de déontologie – commission dont on put cependant vérifier, en 2009, avec l'affaire Pérol, qu'elle n'avait que des pouvoirs limités.

Ce hiatus soulignait clairement les limites du processus de confusion des valeurs entre sens de l'intérêt général, jadis posé comme constitutif du service de l'État, et idéologie du *New Public Management*, fondée sur le postulat que l'État devait, et pouvait, être géré comme une entreprise[1]. Acclimaté en France, de manière paradoxale, par les gouvernements de gauche dès le tournant de la mi-1980, le processus s'accéléra, toutes formations politiques confondues, dans les deux décennies qui suivirent. Un volet essentiel manquait pourtant pour donner à ces réformes leur véritable sens : celui de l'évaluation. Les tentatives faites à partir de la fin de la décennie 1980 pour importer dans la culture administrative française les modèles anglo-saxons d'*accountability* se soldèrent par un échec que peut symboliser la suppression sans tambour ni trompette, par un décret de mars 2008, du dispositif d'évaluation créé en 1990 par Michel Rocard, qui en avait fait une des pièces maîtresses de son programme de rénovation de la prise de décision publique.

À cette époque, il est vrai, les pouvoirs publics avaient entériné un choix structurel d'envergure : celui de rattacher les deux fonctions de coordination de la fonction publique et de modernisation de l'État au ministre du Budget, tranchant ainsi, sans vraisemblablement s'en rendre compte, un débat entamé depuis qu'il est question en France d'une politique de la fonction publique, c'est-à-dire depuis la prépara-

(dir.), *La loi du 28 Pluviôse an VIII deux cents ans après : le préfet et les libertés*, Paris, Presses de l'Université de Limoges, 2001, p. 235-241.

1. Ezra Suleiman, *Le démantèlement de l'État démocratique*, Paris, Seuil, 2005, spécialement le ch. 6, « S'inspirer du secteur privé », p. 155-193.

tion, au printemps de 1941, du premier statut des fonctionnaires. Ce rattachement, classique dans les pays anglo-saxons (*Treasury* au Royaume-Uni, *Office of Management and Budget* aux États-Unis), peut avoir des effets positifs, l'impératif d'utilisation optimale des deniers publics imposant qu'il soit mis un terme à l'inefficacité de la gestion des élites d'État qui découle pour partie de ces « règles non écrites qui font de certaines directions la chasse gardée de certains corps »[1].

« Effacement du partage des rôles entre la haute fonction publique et le personnel politique, remontée des niveaux de prise de décision sous la Vᵉ République et interpénétration croissante des deux milieux », tels sont les éléments du diagnostic établi, voici plus de quinze ans, par l'historien Christophe Charle sur les mécanismes de la décision publique[2]. Nous n'en contestons en rien la pertinence, les traits principaux du modèle ayant plutôt eu tendance à se durcir au cours des dernières décennies. Pour autant, un exemple récent, que certains pourront juger trivial, permet de douter de son efficience. Signé de la ministre de l'Économie Christine Lagarde, un arrêté du 27 août 2008 autorise la frappe d'un ensemble de monnaies de collection au sein duquel sont juxtaposés un hommage au général de Gaulle à l'occasion du cinquantenaire de la Vᵉ République et la commémoration du soixante-dixième anniversaire du *Journal de Spirou*[3]. *De minimis non curat praetor* ; une question s'impose donc : qui sont les décideurs ?

1. Danièle Lochak, dans Pierre Birnbaum, *Les élites socialistes..., op. cit.*, p. 184. L'auteur notait à ce propos, que « dans l'ensemble, la gauche a respecté ces règles et, sauf exception, n'a guère entamé les monopoles existants », *ibid.*

2. Christophe Charle, « Les grands corps », dans Pierre Nora (dir.), *Les lieux de mémoire*, t. III, vol. 2, Paris, Gallimard, 1993, p. 195-235.

3. *Journal officiel* du 30 août 2008.

« Tenir son rang »

ÉLISABETH DU RÉAU

Il y a exactement cinquante ans, le général de Gaulle qui n'était pas encore à l'Élysée publiait, en septembre 1958, un « *mémorandum* » où il prenait position sur la place de la France dans le système international. Selon sa formule propre : « Le 14 septembre, je hisse les couleurs. »

Comment interpréter ce message ? La formule est-elle neuve en 1958 ou traduit-elle une conviction profonde, forgée de plus longue date, enracinée dans une expérience du pouvoir pour l'homme qui fut contemporain des deux conflits mondiaux ?

Dans une première partie, je m'attacherai à l'élaboration du concept ; l'analyse de ce « passé douloureux qui ne passe pas », du traumatisme de l'« étrange défaite » au constat de l'impossible rénovation du système au lendemain du deuxième conflit en 1945. Dans un deuxième temps, avec l'avènement de la Ve République, le président pose des actes qui introduisent en politique étrangère une rupture avec les orientations adaptées par ses prédécesseurs, notamment en préconisant une nouvelle posture de la France dans l'Organisation du traité de l'Atlantique Nord (OTAN) et un nouveau cours dans les relations Est-Ouest. En revanche, il y a plus de continuité qu'on ne le dit généralement pour d'autres domaines. Ainsi la politique européenne sous la Ve République traduit-elle plus une volonté d'infléchissement qu'une rupture des engagements de la France auprès de la Communauté. La dernière partie évoquera le legs des fondateurs de la Ve République. Comment évolue le modèle gaullien ? Quelle place pour la France sur la scène européenne et mondiale, de la crise des années 1970 à la crise contemporaine[1] ?

L'ÉLABORATION DU CONCEPT : « TENIR SON RANG ». LA FRANCE ACTEUR MONDIAL EST-ELLE CONDAMNÉE À L'IMPUISSANCE OU PEUT-ELLE RETROUVER UNE PLACE SUR LA SCÈNE MONDIALE ?

L'héritage de la IIIe République

Avant d'évoquer le texte du *mémorandum* de septembre 1958, je reprendrai les termes utilisés par le général de Gaulle, 13 ans auparavant, dans un discours prononcé le 4 septembre 1945, deux jours après la capitulation du Japon.

Rappelant les engagements pris dès le 18 juin 1940, il précise : « Depuis cinq ans, deux mois et dix-sept jours, nous remontons du fond de l'abîme. En dépit de nos malheurs, d'immenses difficultés, de cruelles destructions, nous avons trouvé les moyens, nous avons trouvé les moyens d'accéder à la libération puis à la victoire. Jour après jour, nous recouvrons la liberté. Nous retrouvons notre Empire. Nous sommes installés sur le Rhin. *Nous retrouvons notre place dans le monde*. Au point de vue de l'univers, nous avons à participer, en tenant notre rang, aux difficiles règlements de la paix, à l'organisation du monde, à la coopération internationale. »[2]

Dans cette perspective globale, il incite tous les Français à doter la France d'institutions nouvelles... Le peuple français signifiera qu'il veut un système nouveau par rapport à celui qu'on pratiquait avant

1. Cette étude se fonde sur la consultation d'archives déposées à la Fondation nationale des Sciences Politiques, notamment les fonds Michel Debré et Couve de Murville, et de fonds publics importants au Quai d'Orsay et aux Archives nationales (fonds des présidences de la République). Des entretiens complémentaires ont été précieux, ainsi que la consultation de certaines archives nationales.

2. Charles de Gaulle, *Discours et messages*, tome 1, *Pendant la guerre 1940-1946*, Paris, Plon, 1970, p. 610-613.

la guerre. Pour interpréter ce texte, on peut se référer à un texte plus ancien rédigé au début de l'hiver 1940, avant la défaite, un document qui mérite d'être cité : « Les mêmes institutions militaires qui, le 7 mars 1936, nous contraignaient à l'immobilité, qui, lors de l'annexion de l'Autriche, nous frappait d'inertie totale en septembre 1938, nous imploraient d'abandonner les Tchèques. »[1]

À cette époque, le colonel de Gaulle estimait que la France ne disposait pas de force d'intervention manœuvrière apte à se projeter pour apporter un concours efficace à des Alliés à l'extérieur de nos frontières. Après l'abandon des Tchèques, la France avait choisi d'entrer en guerre aux côtés des Britanniques pour dénoncer l'agression allemande en Pologne mais le Conseil suprême interallié, réuni le 12 septembre 1939 à Abbeville, n'avait pu opposer une stratégie de riposte fondée sur de telles forces d'intervention[2]. Enfin, en mai-juin 1940, c'était la France qui était frappée au cœur. Le traumatisme de cette « étrange défaite de mai-juin 1940 », selon les mots de Marc Bloch, était très présent lorsque le général de Gaulle, devenu chef du Gouvernement provisoire, prononçait, en février 1945, un important discours radiodiffusé sur son plan « de guerre et de paix ».

Une rénovation nécessaire mais qui risque d'être compromise

Le 5 février 1945, le chef du Gouvernement provisoire prononce un important discours radiodiffusé alors que les trois « grands » – Churchill, Roosevelt et Staline – sont réunis à Yalta. Il annonce ainsi son « plan de guerre et de paix » : « La France a littéralement failli périr en tant que nation libre et les sources de son activité se trouvent cruellement atteintes… » Il définit alors un cap en ces termes : « Nous créerons pour notre pays des conditions générales de dignité et de

1. Charles de Gaulle, dans *Trois Études : Extraits du* mémorandum *secret du 26 janvier 1940*, Paris, Berger Levrault, 1945.

2. On pourra consulter sur ce point notre ouvrage, Élisabeth Du Réau, *Édouard Daladier*, Paris, Fayard, 1993, p. 388-390.

puissance qui lui ont, hélas, manqué depuis si longtemps... » Il souhaite donc pour la France : « Une rénovation intérieure correspondant à *notre retour au premier rang des nations.* »[1]

La France est bien présente au moment de la capitulation allemande à Berlin, en la personne du général de Lattre, mais elle n'est qu'observateur au moment de la conférence de Potsdam (juillet-août 1945). Si elle obtient une zone d'occupation dans l'Allemagne vaincue et un siège au Conseil de sécurité de l'Organisation des Nations unies (ONU) elle n'a pas un statut de grande puissance et doit constater, outre-mer, le déclin de son influence à l'heure où s'amorce une remise en cause de sa souveraineté en Asie, notamment sur la péninsule indochinoise où la dégradation de la situation annonce les graves difficultés à venir et impose des contraintes financières[2].

À l'actif du Gouvernement provisoire une disposition doit être évoquée car elle sera porteuse d'avenir : la création du Commissariat à l'énergie atomique (CEA) créé par ordonnance parue au *Journal officiel* le 31 octobre 1945. Cette création devait avoir une importance capitale ; sa mission était de poursuivre les recherches scientifiques et techniques en vue de l'utilisation de l'énergie atomique dans les différents domaines de la science, de l'industrie et de la défense nationale. Le directeur de cabinet du Général, Gaston Palewski rappelait : « Pour le Général, l'arme atomique représentait, à cette époque, la même importance essentielle que la division blindée de 1940. Une fois de plus, l'événement devait lui donner raison. »

À la fin de l'année 1945, enfin, un des hauts responsables militaires français, le général de Lattre, inspecteur général et chef de l'armée de terre, rejoignait les préoccupations du général de Gaulle en décrivant les missions qui incombent à l'armée française, quelques mois après la fin du conflit : « l'organisation des zones françaises d'Allemagne et d'Autriche, le rétablissement de la souveraineté française en Indochine

1. C. de Gaulle, *Discours et messages*, *op. cit.*, p. 519.

2. Philippe Braud, notice « Grandeur et rang », dans Claire Andrieu, Philippe Braud, Guillaume Piketty (dir.), *Dictionnaire Charles de Gaulle*, Paris, Robert Laffont, 2006, p. 576-577.

et le maintien de la paix dans l'ensemble de l'Empire, la participation éventuelle à la sécurité collective dans le cadre de l'Organisation des Nations unies »[1].

Refaire l'armée française, précisait encore le général de Lattre, « c'est permettre à la France d'assurer son destin, c'est lui redonner sa place sur la scène internationale, à côté des grands alliés »[2].

D'où l'importance du débat sur les crédits pour la défense nationale. On connaît le réquisitoire du chef du Gouvernement provisoire : si le Parlement français lui refuse tout ou partie des moyens qu'il juge nécessaires pour porter la responsabilité du pouvoir exécutif... et bien que ce Gouvernement se retire.

Le 20 janvier 1946, la rupture avec l'Assemblée est consommée, le Général se retire. Il quittait la scène politique pour un peu plus de douze ans.

VERS LE RENOUVEAU ET LE RETOUR DE LA FRANCE SUR LA SCÈNE MONDIALE ? RUPTURES ET LIGNE DE CONTINUITÉ DANS LA CONDUITE DE LA POLITIQUE ÉTRANGÈRE ET DE SÉCURITÉ DE LA FRANCE 1958-1969

Comment interpréter, avec l'avènement de la Ve République, la volonté de renouveau *de son premier président, Charles de Gaulle ? Peut-on parler de rupture, dans quels domaines ?*

Les fonds Couve de Murville (conservés à la Fondation nationale des Sciences Politiques) sont particulièrement précieux pour nous permettre d'appréhender la pensée du général de Gaulle puisque le ministre des Affaires étrangères a conservé de nombreux documents.

1. François Bédarida (dir.), *De Gaulle et la nation, face aux problèmes de défense, 1945-46*, Paris, Plon, 1983, p. 132.

2. René Girault et Robert Frank (dir.), *La puissance française en question*, « Mémoire du 10 décembre 1945 », présenté par le général de Lattre, Paris, Plon, 1988.

Les prises de position sur la place de la France dans l'Alliance atlantique sont des plus explicites et il y a bien ici une volonté de rupture.

L'analyse du président de la République se fonde sur un examen de la conjoncture internationale à l'automne 1958. Il a pris acte d'une évolution des relations internationales depuis l'apparition d'un nouveau cours de la politique extérieure soviétique : depuis la mort de Staline, le contexte international n'est plus celui de 1949 au moment de la conclusion du Pacte atlantique.

« Les menaces qui pèsent sur le monde occidental, en particulier en Europe, et qui avaient motivé la conclusion du traité, ont changé quant à leur nature, elles ne présentent plus le caractère immédiat et menaçant qu'elles revêtaient jadis. » [1]

Un peu plus tard, en 1959, le Général ajoute qu'une nouvelle donnée doit être prise en compte, c'est celle qui concerne la dissuasion nucléaire, car la France est en train de se doter de l'armement atomique poursuivant ici un programme amorcé dès la IVe République de Mendès France à Félix Gaillard.

En fonction de la nouvelle conjoncture internationale et du nouveau rapport des forces, le général de Gaulle adopte, à partir de 1959, une série de mesures visant à soustraire progressivement l'outil militaire aux rouages de l'OTAN. « La France, écrit-il en 1959, ne peut accepter l'intégration de ses forces ni aucune organisation de commandement allié qui lui retire sa liberté d'action. » [2]

Une série de décisions sont prises, de 1959 à 1966, date de l'annonce officielle (mars 1966) du retrait français de l'Organisation intégrée. Avant cette date, interviennent le retrait de la flotte française en Méditerranée puis la non ré-affectation aux commandements de l'OTAN des divisions retirées d'Algérie (1962), enfin, le retrait de la force française de l'Atlantique. Ainsi, on s'achemine vers la décision de mars 1966 qui n'est pas un retrait de l'Alliance mais de son organisation intégrée [3].

1. FNSP. Archives Couve de Murville, CM8.

2. FNSP, fonds Couve de Murville, *id.* CM7.

3. Maurice Vaisse, Pierre Melandri, Frédéric Bozo, *La France et l'Otan 1949-96*, Paris, Complexe, 1996, p. 331-353.

Le témoignage de Jean-Marc Bœgner, au cours du grand colloque « De Gaulle en son siècle », rappelait bien, en novembre 1990 : « La France doit jouer un rôle de premier plan dans les grandes affaires du monde, ce qui implique que sa voix et son action soient bien les siennes et que les mains qu'elle tend soient libres. » « Le souci d'agir librement, commente-t-il, est, dans l'esprit du Général, absolument primordial. »[1]

Cette décision n'exclut pas la solidarité avec les Alliés européens et ne remet pas en cause un engagement aux côtés de ses partenaires en cas de guerre en Europe, des accords franco-allemands d'état-major en 1967 devaient d'ailleurs le préciser[2].

Ainsi, le général de Gaulle trace une voie qui est celle de l'autonomie de décision sans mettre en cause les engagements de la France.

D'autres aspects novateurs dans la posture de politique extérieure du général de Gaulle concernent l'Europe. Un volet de cette politique, rappelé par Christine Manigand, met bien en valeur les visées du premier président de la Ve République. La France doit maintenir ici également les engagements pris en 1951 – traité de la Communauté européenne du charbon et de l'acier (CECA) – et en 1957 – traité de Rome.

Ainsi, la mise en œuvre de la politique agricole commune, bien mise en évidence par la consultation des archives de Michel Debré, montre bien que cette politique constitue une véritable « aubaine » pour l'agriculture française[3]. Cette rénovation s'impose pour permettre à la France d'occuper en Europe la place qui lui revient. Comme l'a souligné le rapporteur, l'engagement européen est un « multiplicateur de puissance ». Il y a donc ici une inscription de l'action du général de Gaulle dans la continuité.

1. Fondation Charles de Gaulle, *De Gaulle en son siècle*, t. 5, *L'Europe*, Paris, Plon, 1992, p. 66-71.

2. Accords Ailleret-Lemnitzer, voir sur ce sujet les études de Frédéric Bozo, *La France et l'Alliance atlantique. La fin de l'exception française*. Fondation pour l'innovation politique, février 2008.

3. Serge Berstein, Pierre Milza, Jean-François Sirinelli, *Michel Debré, Premier ministre 1959-62*, Paris, PUF, 2005 et Archives Debré, DE, FNSP.

Une nouvelle logique des rapports Est-Ouest et des relations Nord-Sud

La France veut se présenter aussi en promoteur des nouvelles relations Est-Ouest et d'une nouvelle organisation de la sécurité européenne et internationale.

L'année 1966 est également marquée par le voyage en URSS du général de Gaulle en juin, suivi d'une visite de Kossyguine à Paris en décembre. Cette posture, qui irritera fortement Washington, est avant tout politique.

Dès septembre 1965, le général de Gaulle avait indiqué ses objectifs en ces termes : « Nous n'hésitons pas à envisager qu'un jour vienne où, pour aboutir à une entente constructive depuis l'Atlantique jusqu'à l'Oural, l'Europe tout entière veuille régler ses propres problèmes et avant tout celui de l'Allemagne. » [1]

En juin 1966, le général, qui venait d'annoncer le retrait français de l'OTAN (mars 1966), prenait la parole au Kremlin en ces termes : « Nous croyons que la période de guerre froide doit être terminée. Nous croyons que l'équilibre qu'elle paraissait maintenir dans l'univers n'est que précaire, fallacieux et stérile. » [2]

Cette visite était le point de départ d'une politique de coopération franco-soviétique dans le domaine économique, scientifique, technique et culturel. Cependant, les interlocuteurs soviétiques auraient souhaité que de Gaulle aille plus loin dans le domaine diplomatique et politique en direction de la reconnaissance des deux États allemands. La visite d'Alexis Kossyguine ne fit pas progresser l'examen du dossier allemand.

Cependant, aux yeux des diplomates français, la position du général de Gaulle qui se confirmera par le fameux discours sur l'« Europe,

1. Voir notre ouvrage, Élisabeth Du Réau, *L'idée d'Europe au XXe siècle*, Bruxelles, Complexe, 3e éd., 2008, p. 262.

2. Cité par Eugène Berg, *La politique internationale depuis 1955*, Paris, Éditions Economica, 1989, p. 132.

de l'Atlantique à l'Oural » marque bien un tournant. C'est la dénonciation de la « politique des Blocs » qui ouvre la voie précocement à l'idée de la réouverture du dialogue Est-Ouest déjà engagé en République fédérale par les débuts de l'« *Ospolitik* ».

Une autre orientation est la nouvelle « posture » de la politique extérieure française dans l'évolution des relations Nord-Sud et eurasiatiques.

L'esprit du discours de Brazzaville, prononcé en octobre 1944, avait déjà inspiré certaines des réformes promues au sein de la Communauté peu de temps après l'arrivée de De Gaulle à l'Élysée[1]. Cependant, il était attendu sur le dossier ultrasensible de l'Algérie. Du discours d'Alger (en 1958) au plan de Constantine et aux accords d'Évian (le 18 mars 1962), c'est une importante évolution qui se manifeste et qui crée au sein de l'armée, comme au sein des relations entre métropole et communauté française en Algérie, une très profonde fracture[2].

Après les indépendances, le président suit de très près les accords de coopération qui se développent tant en Algérie qu'avec les États issus de la Communauté en Afrique noire. La conclusion des « accords de Yaoundé » qui, dans le cadre de la Communauté européenne, prévoient des accords d'association spécifiques en juillet 1963, traduit des préoccupations déjà manifestées sous la IVe République dès les débats de 1956-57 sur la notion d'« Eurafrique ». Enfin, le discours de Phnom Penh, le 1er septembre 1966, confirme l'orientation favorable à un règlement pacifique du conflit dans la péninsule indochinoise où les États-Unis s'enlisent 12 ans après les accords de Genève[3].

1. Charles Robert Ageron et Marc Michel (dir.), *L'Afrique noire française, l'heure des indépendances*, Paris, CNRS, 1992 et l'article d'Elikia M'Bokolo, dans C. Andrieu, P. Braud, G. Piketty (dir.), *Dictionnaire de Gaulle*, *op cit.*, p. 147-14.

2. Bernard Droz, « Accords d'Evian », C. Andrieu, P. Braud, G. Piketty (dir.), *Dictionnaire Charles de Gaulle*, *op. cit.*, p. 468-469.

3. C. de Gaulle, *Discours et messages*, tome 5, *Vers le terme 1966-69*, *op. cit.*, p. 74-78.

QUEL EST LE LEGS DES FONDATEURS DE LA Ve RÉPUBLIQUE. COMMENT ÉVOLUE « *LE MODÈLE GAULLIEN* » EN POLITIQUE EXTÉRIEURE ?

Les tentations d'adaptation des successeurs de Charles de Gaulle, de Georges Pompidou à François Mitterrand (1969-1989)

Nous ne formulerons ici que quelques commentaires tant le sujet est vaste, en rappelant seulement l'existence d'une historiographie en pleine extension.

La Fondation nationale des Sciences Politiques a pris de nombreuses initiatives, à partir de ses fonds propres et en liaison avec de nombreuses associations – Fondation Charles de Gaulle, Association des amis de Georges Pompidou, Institut pour la démocratie en Europe (rassemblant les proches de Valéry Giscard d'Estaing), Institut François Mitterrand[1].

Le bilan de l'étude des choix de politique extérieure des successeurs du général de Gaulle n'est pas encore définitivement établi pour certains dossiers sensibles mais permet de dégager quelques lignes de force.

Les années 1970 à 1990 sont marquées d'abord par de très importantes mutations dans l'évolution du système économique mondial et par de graves turbulences dans le domaine monétaire et financier puis, plus largement, dans le secteur de l'économie réelle avec la première grave crise de l'énergie qui va bouleverser les économies du monde occidental, accroître les interdépendances et accélérer le processus de mondialisation.

Les deux présidents qui succèdent au général de Gaulle, Georges

1. Associée à la plupart des grands colloques organisés sur l'œuvre des présidents de la République ou de leurs chefs de gouvernement, j'ai bénéficié de l'accès aux fonds « présidentiels » (aux Archives nationales) et aux fonds Debré et Couve de Murville (Archives FNSP).

Pompidou (pour moins de cinq ans) et Valéry Giscard d'Estaing, vont être confrontés de plein fouet à cette crise, l'un comme l'autre réévaluent la place de la France dans ce contexte et attachent une grande importance au système monétaire européen dont les bases sont établies sous Pompidou et consolidées avec Valéry Giscard d'Estaing, grâce au système monétaire européen mis en place en 1978 [1]. L'importance de l'accord franco-allemand fut mise en évidence par les témoignages des deux protagonistes, Giscard d'Estaing et Schmidt, lors d'un colloque scientifique en janvier 2004 [2]. Par ailleurs, la Communauté concernée par ces défis s'étant élargie d'abord au Nord puis au Sud, les problèmes ne sont plus posés dans les mêmes termes par les nouveaux acteurs et la France doit en tenir compte [3].

Face à l'ouverture de nouveaux conflits (notamment en Afghanistan) et au déclenchement de la guerre des euromissiles à la fin des années 1970, comment les acteurs européens vont-ils réagir en constatant la détérioration de la fragile détente de la période du processus d'Helsinki (1973-75) ? Après 1978 et le début de la crise des euromissiles, on peut s'interroger sur la ligne que va suivre François Mitterrand à partir de 1981.

Après les déclarations initiales qui suivent l'accession de François Mitterrand à l'Élysée, marquées par l'empreinte d'une idéologie présente dans le « programme commun », les initiatives qu'il va prendre, dès 1982-83, montrent que la continuité l'emporte largement sur la rupture. Ainsi la solidarité avec l'Allemagne fédérale s'affirme-t-elle dans la crise des euromissiles, thème développé à l'occasion du colloque « Changer la vie » organisé par la Fondation nationale des Sciences Politiques et l'Institut François Mitterrand par certains de ses

1. Voir la contribution de Robert Frank, « Les problèmes monétaires et la réforme du SME », dans Serge Berstein, René Rémond, Jean-François Sirinelli, *Les années Giscard. Valéry Giscard d'Estaing et l'Europe 1974-1981*, Paris, Armand Colin, 2006, p. 13-27.

2. Voir aussi ces témoignages pour Valéry Giscard d'Estaing dans S. Berstein, R. Rémond, J.-F. Sirinelli, *Les années Giscard…*, *op. cit.*, p. 33-38 et pour Schmidt dans S. Berstein, R. Rémond, J.-F. Sirinelli, *Les années Giscard…*, *op cit.*, p. 90-100.

3. Robert Frank et Élisabeth Du Réau, *Dynamiques européennes. Nouvel espace, nouveaux acteurs, 1969-81*, Paris, Publications de la Sorbonne, 2002.

anciens collaborateurs, dont Roland Dumas et Hubert Védrine[1]. François Mitterrand va employer, à plusieurs reprises, un langage « gaullien » réaffirmant la place de la France sur le plan européen et mondial.

Devant l'ONU, en 1983, François Mitterrand rappelle clairement : « Mon pays est indépendant. Sa force de dissuasion n'obéit qu'au commandement du président de la République. Sa fidélité à l'Alliance atlantique n'entame pas son autonomie. »[2]

L'existence de bonnes relations entre l'Élysée et la Chancellerie de Bonn, sous le mandat d'Helmut Kohl, réaffirmée à l'occasion du 25e anniversaire du traité de l'Élysée, en 1988, favorise les projets des états-majors qui conçoivent la création d'une brigade franco-allemande, noyau du futur « corps européen ». Avant la chute du mur de Berlin, la puissance de ces liens permettra de dépasser, un an plus tard, les doutes et les hésitations françaises face au début du processus d'unification allemande[3].

À l'issue de la guerre froide, dans le nouveau contexte international, quel nouveau cours pour la politique extérieure française ?

De l'automne 1989 à l'automne 2008, y a-t-il un *infléchissement des orientations de politique étrangère de la France*, en fonction d'événements qui modifient profondément la scène mondiale ? Cette période coïncide avec des mutations de grande ampleur. Derrière l'expression lisse de « post-guerre froide », c'est un autre monde qui a surgi. C'est une autre Europe qui se dessine. C'est aussi l'apparition d'un nouveau type de menaces et le développement de conflits asymétriques...

1. François Mitterrand, *Réflexions sur la politique extérieure de la France*, Paris, Fayard, 1986, p. 222.

2. Serge Berstein, Pierre Milza et Jean-Louis Bianco (dir.), *François Mitterrand, les années du changement 1981-1984*, Paris, Perrin, 2001. Voir les fonds Mitterrand déposés aux Archives nationales (consultation après dérogation).

3. Frédéric Bozo, *Mitterrand, la fin de la guerre froide et l'unification allemande*, Paris, Odile Jacob, 2005.

Dès octobre 1990, avec la réunification allemande et l'onde de choc qui a bouleversé l'ancien système politique dans l'Est européen, le président Mitterrand a pris acte de ces changements et, aux côtés d'Helmut Kohl, avec le soutien de Jacques Delors, il contribue à la mise en place des grandes orientations du traité de Maastricht. À l'automne suivant, en décembre 1991, à l'occasion de la conférence finale de Maastricht, tandis que l'URSS est en proie à une grave crise qui conduira à son implosion, il soutient le texte instituant la politique étrangère et de sécurité commune (PESC). Le chancelier allemand et le président français obtiennent, après d'âpres discussions avec le gouvernement britannique, une liaison organique claire entre la future Union européenne et l'Union de l'Europe Occidentale (UEO) dotée d'une compétence dans le domaine de la politique étrangère et de sécurité [1].

Lors de la réunion à Berlin du Conseil de l'Atlantique Nord, le 13 juin 1996, les ministres de la Défense précisent qu'ils on trouvé les moyens de développer l'identité européenne de sécurité et de défense (IESD) au sein de l'Alliance. Les groupes de forces interarmées multinationales (GFIM) pensent être employés par l'OTAN ou l'UEO – quand les États-Unis ne sont pas activement impliqués. La France s'est ralliée à ce concept et accepte les nouvelles missions de l'OTAN au service du maintien de la paix. Ces accords de Berlin allaient jouer un rôle essentiel et devaient trouver, plus tard, des applications extensives (Accords Berlin plus en 2002) [2].

Cette évolution, qui a été rendue possible par l'amélioration des relations entre l'administration Clinton et l'exécutif français, ne sera pas linéaire puisque la France n'obtiendra pas de modification concernant l'organisation du commandement des forces OTAN en Europe [3]. L'amélioration des relations franco-britanniques a également contri-

1. F. Bozo, *Mitterrand, la fin de la guerre froide..., op. cit.*, p. 324 et Élisabeth Du Réau, *La construction européenne au XXe siècle*, Paris, Temps, 2007, p. 204.

2. Bureau d'information de l'OTAN, *Manuel de l'OTAN*, 2001, p. 375. Voir aussi, secrétariat général de l'UEO, *L'UEO aujourd'hui*, 1998, p. 31.

3. Maurice Vaïsse, *La puissance ou l'influence, la France dans le monde depuis 1958*, Paris, Fayard, 2009, p. 215.

bué à favoriser le renforcement des positions européennes et conforté la position de la France. Le sommet franco-britannique de Saint-Malo (4 décembre 1998) amorce un tournant de la diplomatie et de la politique de défense britanniques. La France et le Royaume-Uni affirment ensemble la nécessité pour l'Union européenne de se doter d'« une capacité autonome d'action appuyée sur des forces militaires avec les moyens de les utiliser. » [1]

À la veille de l'élargissement de l'OTAN à de nouveaux partenaires de l'Europe centrale et orientale et de la crise du Kosovo, cette nouvelle solidarité devait favoriser la conclusion d'un accord plus large avec l'Allemagne sur l'émergence d'une *défense européenne.*

Après les succès obtenus à Cologne puis à Helsinki (décembre 1999) qui permettent la mise en place de nouvelles structures européennes pour la politique européenne de sécurité et de défense (PESD), les relations entre partenaires européens se fissurent à nouveau. La nouvelle administration américaine, après l'élection de George Bush junior, reçoit le soutien du président Chirac lors de la grave crise de septembre 2001 mais, deux ans plus tard, à l'occasion de l'intervention américaine en Irak en 2003, l'engagement britannique aux côtés de Washington scelle une fracture entre Londres et Paris soutenu par Bonn[2].

La France défend la politique d'abstention et constate avec amertume l'alignement d'une partie notable des nouveaux membres de l'Union. Comme le souligne Maurice Vaïsse : « L'impulsion donnée à la diplomatie multilatérale par Jacques Chirac et Dominique de Villepin, dans la continuité de la politique menée par Hubert Védrine, est indéniable [...]. La France a assurément profité, auprès d'une bonne partie du monde, d'apparaître comme le champion du refus des diktats européens. » [3]

1. Jolyon Howorth, « La défense européenne vue de Londres », dans Frank Gazdag et Élisabeth Du Réau (dir.), *Actes du colloque de Budapest avril 2000*, Institut d'études stratégiques de Budapest, 2001.

2. Benoît d'Aboville, « Les soixante ans de l'OTAN, un point de vue européen », dans *Politique étrangère*, n° 1, 2008, Paris, IFRI-Armand Colin, p. 91-105.

3. M. Vaïsse, *La puissance ou l'influence...*, *op. cit.*, p. 516.

Dénonçant l'unilatéralisme américain pour prôner le multilatéralisme, n'est pas éloigné du langage gaullien.

Au terme de cette contribution, j'évoquerai brièvement la conjoncture contemporaine, sous la présidence de Nicolas Sarkozy.

Le récent rapprochement avec l'OTAN est-il une nouvelle inflexion du modèle gaullien ou, plus modestement, une adaptation réaliste à la nouvelle conjoncture internationale et aux réalités économique et financière ? Quelques extraits du *Livre blanc* paru en juin 2008 peuvent être cités en conclusion. Dans la préface de cette publication Nicolas Sarkozy s'exprime en ces termes : « J'ai deux objectifs, celui que notre pays reste une puissance militaire et diplomatique majeure prête à relever les défis que nous confèrent nos obligations internationales et celui que l'État assure l'indépendance de la France et la protection de tous les Français. » [1]

Le fondateur de la Ve République aurait sans doute pu ratifier cette déclaration mais le débat sur les voies pour atteindre ce but tout au long du régime, fondé en 1958, n'est pas clos cinquante ans plus tard.

1. Préface de Nicolas Sarkozy, dans *Défense et sécurité nationale, le Livre blanc*, Paris, Odile Jacob, 2008, p. 9.

Les adaptations de l'État-providence

Pierre Guillaume

Le déficit de la Sécurité sociale, dont nul ne cherche à masquer l'importance sous la Ve République, est l'indice le plus couramment retenu par les medias des difficultés de l'État providence. Ce déficit étant constant, tout gouvernement, qu'il soit de droite ou de gauche, en est tenu pour responsable. Comme ce déficit est présenté comme une menace potentielle lourde sur l'avenir de tout citoyen, son évocation suscite des angoisses qui contribuent largement au mauvais moral des Français et rien n'est plus facile que de cultiver leurs peurs, tout en affichant une compassion apitoyée pour ceux qui sont donnés comme les victimes ou futures victimes de la mauvaise gestion des deniers publics. Volontiers démagogique, ce type de discours met rarement en parallèle la montée des difficultés d'une part, les indéniables progrès de la protection sociale d'autre part. En s'en tenant à la dénonciation du déficit de la Sécurité sociale il ne va que rarement jusqu'à l'analyse de l'évolution contrastée d'une protection sociale multiforme qui ne saurait se réduire à la seule Sécurité sociale. En s'en tenant à une vision grossièrement comptable de l'évolution de l'État providence, est évité tout effort de réflexion sur l'extraordinaire complexité de ce qui n'est pas un système cohérent mais un enchevêtrement de mesures souvent prises sous la pression de l'événement et qui, malgré ses approximations ou ses incohérences, fait du Français l'un des citoyens les mieux protégés des régimes démocratiques. Notre propos est de montrer comment a évolué, dans un contexte mouvant, une prise en charge des risques qui ne peut se réclamer de cette rationalité dont on se flatte si volontiers dans le pays de Descartes, ce déficit de rationalité rendant difficile toute réforme alors qu'elle est sans doute plus facile dans des pays qui font du pragmatisme vertu.

L'ÉTAT DES LIEUX AU DÉBUT DU XXIe SIÈCLE

Quand on ne s'en tient pas à la Sécurité sociale il est difficile de proposer un aperçu synthétique de l'État providence dont les contours deviennent très flous ; il est bien délicat, en effet, de distinguer ce qui relève de la protection sociale et ce qui n'en relève pas et, par là même, d'avancer des évaluations, qui ne peuvent être que contestables, des coûts.

L'efficacité de la protection sociale en France

Masquée par les étalages de critiques et par les inquiétudes que celles-ci engendrent, on en vient à mal percevoir une efficacité, pourtant évidente, de la protection sociale en France. Nous n'en rappellerons ici que les indices tout à la fois les plus sommaires et les plus irréfutables et tout d'abord l'indéniable progression de l'espérance de vie. Elle est passée, entre 1960 et 2007, de 67 ans à 77,6 ans pour les hommes, de 73,6 ans à 84,5 ans pour les femmes ; avantagées aux deux dates, les femmes tirent encore un léger avantage de l'évolution entre celles-ci de 0,3 ans, ce qui tend à montrer qu'elles sont les premières bénéficiaires des progrès de la protection sociale [1].

Cette évolution globale s'accompagne d'une diminution notable des différences entre catégories sociales, qu'indiquent deux enquêtes de l'Institut national d'études démographiques (INED) avec, pour critère, l'espérance de vie à 35 ans. Entre les catégories les plus favorisées et les catégories les plus défavorisées, l'écart, en 10 ans, a

1. INED, *Population et sociétés*, n° 443, mars 2008, p 3.

diminué de 0,9 an[1]. Alors qu'au XIXe siècle des écarts beaucoup plus marqués étaient indiscutablement liés à des différences de revenus, dès le XXe siècle entrent nettement en compte les niveaux de formation et, par là même, de réceptivité des politiques sanitaires. On peut difficilement interpréter cette diminution des écarts autrement que comme une marque de démocratisation de la société française. Elle est aussi incitation à prendre mieux en compte les éléments marginalisés de la population qui ne bénéficient pas de cette évolution positive.

Le coût de la protection sociale, englobant celui de la Sécurité sociale

En septembre 2006, une publication de l'Institut national de la statistique et des études économiques (INSEE)[2] chiffre l'ensemble des dépenses publiques pour 2005 à 919,7 milliards d'euros ; la seule protection sociale coûte 42,2 % de ce total, mais il convient d'y ajouter les dépenses de santé des administrations qui font monter la part des dépenses sociales à 55,8 % des dépenses publiques. À titre de comparaison, l'INSEE indique que l'enseignement émarge pour 11,5 % de ces dépenses publiques, le logement et les équipements collectifs pour 3,4 %, la défense donnée pour budgétivore, pour 3,6 %. La même étude souligne qu'entre 1995 et 2005, les dépenses de protection sociale et de santé sont passées de 52,7 % à 55,8 % des dépenses publiques mais que la situation de la France n'a rien d'exceptionnel pour autant. En termes de pourcentage du produit intérieur brut (PIB), le chiffre est, en France, de 29,2 % alors qu'il est de 29 % en Allemagne, de 31,9 % en Suède, de 30,1 % au Danemark.

En 2005, le budget global de la Sécurité sociale est de 363,7 milliards d'euros, mais il ne s'inscrit pas à cette hauteur dans les dépenses

1. Pierre Guillaume, *Histoire sociale de la France au XXe siècle*, Paris, Masson, 1992, p. 46.
2. INSEE *Première* sur le site Internet www.insee.fr.

de l'État puisqu'il est largement financé par les cotisations des assurés. C'est la différence entre les ressources et les dépenses de la Sécurité sociale qui constitue le déficit, le « trou » de la Sécurité sociale. Il a été de 11,6 milliards d'euros en 2005. Ce déficit est couvert par l'emprunt dont le montant vient s'agréger aux dettes de l'État. L'incapacité de la Sécurité sociale à combler son déficit est largement liée aux singularités d'un système français qui n'a pu se dégager de certains héritages.

Diversité de la protection sociale

La protection sociale couvre plusieurs risques, vieillesse, santé, maternité-famille, chômage, pauvreté-exclusion. En 2006, les poids des prestations couvrant ces différents risques sont les suivants : vieillesse, 44 % ; santé, 35 % ; maternité-famille, 9 % ; chômage, 7 % ; pauvreté-exclusion, 2 %. Cette répartition découle certes des besoins du moment mais elle est infléchie par des choix qui sont politiques et la décision de s'attacher à tel problème plutôt qu'à tel autre ne découle pas automatiquement de simples déterminismes démographiques ; une mutation profonde sur laquelle on reviendra a été ainsi le passage d'une attention très forte pour la natalité, donc pour la famille et les enfants, à une prise en compte des vieux qui n'étaient pas tous, à l'origine, des retraités. On peut considérer qu'un autre choix de société majeur a été un certain détachement des seuls salariés qui, avec les assurances sociales, avaient été, dès 1930, les premiers assurés, pour prendre en compte, d'une part, tous les travailleurs et, d'autre part, les exclus du marché du travail.

La complexité de la gestion de la protection sociale

Le poids des héritages se traduit d'abord dans l'extraordinaire complexité de la gestion de la protection sociale où l'on retrouve une pratique remontant à l'Ancien Régime, l'innovation n'entraînant nullement l'abandon de structures obsolètes auxquelles sont attachés leurs bénéficiaires et, en premier lieu, leurs agents. Globalement, la mise en place d'une gestion administrative des organismes de sécurité sociale n'a pas balayé la fiction de leur gestion participative et, plus grave, la prétention à l'extension universelle de la protection sociale ne s'est pas accompagnée d'une élimination d'une multitude de régimes spéciaux à des titres divers. Sous l'Ancien Régime, la venue des intendants n'avait, de même, pas écarté les baillis et autres sénéchaux. Quand de mauvaises habitudes ont ainsi un enracinement multiséculaire, elles sont d'autant plus difficiles à extirper.

L'ordonnance du 4 octobre 1945 donne l'administration des caisses de sécurité sociale à des conseils d'administration composés, pour les deux tiers, par des représentants des travailleurs désignés par les organisations syndicales les plus représentatives et, pour un tiers, par des représentants des employeurs, eux aussi désignés par les organisations les plus représentatives. Néanmoins, est créé un Centre d'études supérieures de la sécurité sociale, qui devient national en 1960[1], qui s'implante à Saint-Étienne en 1977 et dont la fonction, précisée en 2004, est de former le personnel d'encadrement, les agents de direction et les agents comptables de la Sécurité sociale. Ainsi, dans une logique bien française, on a créé une grande école de plus qui a produit, en 2004, depuis sa création, 2 800 cadres supérieurs de la Sécurité sociale. Cet appel à des fonctionnaires répond à des exigences de compétence et d'efficacité mais aussi aux difficultés rencontrées pour recruter des administrateurs. La première des ordonnances de 1967 établit la parité entre les collèges employeurs et employés, cette disposition devant être annulée par une loi Bérégovoy de juillet 1982, ce qui permet une élection le 19 octobre 1983 mais avec un taux d'abstention de 47 %, tandis que sont dénoncés la lourdeur et le coût de l'opération. Au terme des 6 ans de leur mandat, les administrateurs ne sont pas renouvelés mais prorogés et, en 1996, les élections sont supprimées; les administrateurs sont désignés avec parité entre ceux qui représentent les employeurs et ceux qui représentent les employés.

1. Aux termes d'un décret du 12 mai.

Il n'est pas interdit de penser que le glissement de la réalité du pouvoir des administrateurs élus ou désignés vers les cadres formés à l'École nationale supérieure de Sécurité sociale (ENSS) est l'explication majeure de l'échec des conseils d'administration pourtant maintenus par une loi du 16 juin 2004 qui leur donne un rôle d'orientation et de contrôle et leur enlève la gestion. Les pouvoirs du directeur sont notablement accrus ; il dirige la caisse et il est responsable de son bon fonctionnement ; il négocie et signe le contrat pluriannuel, il nomme les agents de direction et, enfin, il n'est plus recruté par le conseil mais nommé par le directeur de la caisse nationale après inscription sur une liste d'aptitude[1].

Ainsi, s'est mise en place une administration durablement tenue à ne pas s'avouer comme telle car on ne pouvait pas, politiquement, banaliser la sécurité sociale, présentée comme une conquête des travailleurs notamment annoncée par le programme social du Conseil national de la Résistance (CNR) et aussi comme héritière de la tradition mutualiste.

Il y avait aussi dans le texte de l'ordonnance du 4 octobre 1945 l'annonce d'une protection étendue à tous les travailleurs et à leurs familles ; le texte prévoit une extension du système confirmée par la loi du 22 mai 1946 : « Portant généralisation de la sécurité sociale ». Ce dernier texte proposait des taux de cotisation uniformes, ce qui semblait logiquement suggérer que les prestations le seraient aussi. Il y avait là contradiction avec l'article premier de l'ordonnance d'octobre 1945 disant que la Sécurité sociale assurerait le service des prestations antérieurement inscrites dans la législation et que ce sont des ordonnances ultérieures qui procéderaient à l'harmonisation. L'existence, en 2008, de multiples régimes spéciaux est de notoriété publique mais

1. Cette évolution peut être suivie dans Alain Barjot (dir.), *La sécurité sociale, son histoire à travers les textes*, tome III, *1945-1981*, Paris, publication de l'Association pour l'étude de l'histoire de la sécurité sociale, 1988, et Michel Laroque (dir.), *La sécurité sociale, son histoire à travers les textes*, tome VI, *1981-2005*, Paris, publication de l'Association pour l'étude de l'histoire de la sécurité sociale, 2005.

leur dénombrement est impossible tant leur diversité est grande. Un même assuré peut relever du régime général pour le « risque famille », mais d'un régime spécial pour la santé. La portée des régimes spéciaux est également d'une grande diversité. Pour le « risque vieillesse », le régime spécial SNCF permet un départ à la retraite avancé ; pour d'autres, il n'en est rien. Le risque santé est, pour les enseignants qui le souhaitent, géré par la mutuelle générale de l'Éducation nationale, mais suivant les règles du régime général ; peut-on alors parler de régime spécial ? Le seul constat indiscutable est que l'uniformisation prévue en 1945 est loin d'être achevée et qu'au cours d'une histoire complexe, elle a même pu reculer. Il n'y a rien là qui puisse simplifier la gestion de la sécurité sociale et abaisser le coût de celle-ci, même si certains régimes spéciaux tentent de justifier leur existence en affirmant que leurs coûts de gestion sont inférieurs à ceux du régime général.

UNE HISTOIRE CHAOTIQUE

Si l'histoire de la protection sociale en France est ainsi pleine de contradictions, c'est parce qu'elle a été marquée par des efforts constants pour s'adapter à l'évolution d'un contexte qui ne se ramène pas à la seule conjoncture économique mais qui est aussi influencé par les transformations de la demande sociale, reflétant des mutations souvent lentes mais parfois brutales des mentalités.

Le contexte, l'évolution démographique et conjoncturelle, et le déplacement des besoins

Après avoir compté 42 millions d'habitants en 1950, la France en a 46 millions en 1960, 54 millions en 1980 et, enfin, 62 millions en 2007. En chiffres très arrondis et en admettant que 1980 soit l'année charnière entre les « Trente Glorieuses » et le temps de la crise, la

France a ainsi gagné, en moyenne, 400 000 habitants par an pendant la première période et 520 000 pendant la seconde. La définition des politiques sociales doit tenir compte du mouvement global de la population et il est donc évident qu'avec l'augmentation accélérée de celle-ci, l'effort social de la nation ne pouvait pas se relâcher alors même que la conjoncture économique était moins bonne, d'où les difficultés à le gérer.

Joue également un rôle majeur l'évolution de la structure par âge de la population. Pour la France de la Ve République, les moins de 20 ans, qui représentaient 32 % de la population en 1960, comptent encore pour 30,4 % en 1980 mais pour 24,6 % en 2007. Dans le même temps, les plus de 65 ans, qui n'étaient que 11,5 % de la population en 1960, sont 14 % en 1980 et 16,5 % en 2007[1]. Ces chiffres, qui illustrent le vieillissement de la population, suggèrent l'évolution des besoins sociaux mais peuvent inspirer des choix radicalement opposés ; ainsi la diminution du nombre de jeunes liée à une baisse de la natalité peut permettre de limiter les sommes qui leur sont consacrées, telle la diminution du nombre d'enseignants, ou inciter à intensifier les aides pour relever ou maintenir le taux de natalité. Dans une société démocratique, on ne se débarrasse pas des vieux comme ce fut, dit-on, le cas dans des sociétés « primitives », mais on peut limiter les prises en charge, notamment médicales, pour les cas qui ne laissent pas d'espoir de retour à une vie « digne », la définition de cette « dignité » restant aléatoire. La découverte de la vieillesse comme problème social peut être datée de la publication, en 1962, du rapport du Haut Comité de la population[2], dit rapport Laroque.

Le financement de la protection sociale, dans une logique « bismarckienne » sur laquelle nous reviendrons, découle des cotisations perçues sur les salaires. La France de la Ve République a créé beau-

1. INED, *Population et sociétés*, *op.cit.*

2. La commission qui a réuni les éléments de ce texte, publié par la Documentation française, *Notes et Études documentaires nº 2 871* du 23 mars 1962, a été présidée par Pierre Laroque ; on parle donc couramment du « rapport Laroque ».

coup d'emplois dans les services mais en a vu disparaître beaucoup dans l'agriculture et dans certaines branches industrielles[1]. Il en découle une montée du chômage qui s'amorce en 1974 et ne permet une stabilisation précaire que quelque 30 ans plus tard mais aussi, des difficultés particulièrement graves pour certains régimes spéciaux ; ainsi n'y a-t-il plus du tout de mineurs actifs pour payer les retraites et un nombre très insuffisant de cheminots. Des privilèges accordés en d'autres temps, comme celui de la retraite à 50 ans pour les conducteurs de trains, apparaissent alors comme des non-sens. Pour comprendre les difficultés de la protection sociale, il faut ainsi en faire une analyse sectorielle, la prospérité de certains groupes sociaux, l'ouverture de nouveaux horizons de travail liée, notamment, à l'informatique, ne sont pas automatiquement porteuses de solutions pour les métiers en déclin. C'est une tâche difficile, car touchant aux « avantages acquis », que de redistribuer les ressources disponibles.

D'une logique bismarckienne à un empirisme croissant

Le financement de la protection sociale s'est inspiré de deux modèles : le bismarckien, reposant sur les cotisations demandées aux salariés avec, en général, pour la couverture de certains risques, un concours de l'État ; et celui auquel est associé le nom de Beveridge et qui implique la budgétisation des dépenses sociales. Ces deux possibilités se réclament de systèmes de valeurs cohérents : le système bismarckien, d'une logique de l'épargne, donc du travail, qui est éducation des intéressés ; l'autre entend faire jouer la solidarité entre les mieux nantis et, par là même, les contribuables, et les moins bien nantis qui ne peuvent survivre qu'avec l'apport de ressources que leur travail ne suffit pas à leur donner, l'impôt étant ainsi un moyen de redistribution

1. Pierre Guillaume, « Les ébranlements de la société française traditionnelle à travers les exemples des agriculteurs, des mineurs et des cheminots », actes du colloque franco-allemand « *Crise et conscience de crise* dans les années 1960 en France et en Allemagne fédérale », Bordeaux 11-12-13 septembre 2008. À paraître.

des revenus ou des richesses lorsqu'il touche au patrimoine, ce dont fut victime, notamment, la *gentry* anglaise.

Dans la logique qui avait prévalu en 1930, avec la mise en place des assurances sociales par généralisation du régime allemand appliqué en Alsace et en Lorraine, la France opta, en 1945, pour ce modèle allemand. Dès les années 1950, certaines libertés ont été prises avec le modèle bismarckien puisque le financement de certaines prestations sociales fut demandé à l'impôt. L'exemple qui a laissé le plus de souvenir est celui de la vignette auto imposée par le gouvernement Guy Mollet, au bénéfice des personnes âgées. L'abandon de la logique bismarckienne ne fut cependant avoué que beaucoup plus tard avec l'institution par le gouvernement Rocard, le 16 novembre 1990, de la Contribution sociale généralisée (CSG), avec, pour finalité, d'assurer le financement de la protection sociale. Elle entra en vigueur avec la loi de finances de 1991 pour devenir en quelques années le principal impôt direct avec un apport bien supérieur à celui de l'impôt sur le revenu. Le rapport du Conseil des impôts[1] de 1995 dit clairement que la CSG a été mise en place quand on admit l'inadaptation des cotisations comme mode de financement de la protection sociale. Le Conseil des impôts dit la logique de cette évolution en écrivant : « À l'origine, les prestations sociales étaient réservées aux travailleurs et à leurs familles. Il était donc normal de les financer exclusivement par des prélèvements sur les revenus d'activité. Or, on assiste depuis plusieurs années à une généralisation des prestations, celles-ci étant progressivement ouvertes à l'ensemble de la population : les allocations familiales bénéficient depuis 1978 à l'ensemble des résidents chargés de famille. 99 % de la population sont désormais couverts par l'assurance maladie. Enfin, la durée de travail requise pour bénéficier de l'assurance vieillesse a été réduite dans des conditions qui font que, là aussi, on tend vers une universalisation des prestations. En même temps que le lien entre activité et droit à prestation se distendait, le lien dit contributif entre le montant des cotisations versées et celui des prestations reçues se relâchait, sous l'influence de divers facteurs.

1. Le Conseil des impôts est une émanation de la Cour des comptes.

Ainsi la protection sociale, au fur et à mesure de son évolution, a-t-elle dépassé la logique purement professionnelle pour s'orienter vers une logique de solidarité générale. »

À l'objection faite qu'on aurait pu faire appel à l'impôt sur le revenu plutôt que de créer une nouvelle taxe, les experts répondent en disant que l'assise de l'impôt sur le revenu en France est beaucoup trop étroite. Il y a accord pour admettre que l'instauration de la CSG, par un ministère de gauche, ne permet plus de parler de logique bismarckienne pour caractériser le système français de protection sociale. Comme le souligne le Conseil des impôts, c'est l'évolution de la nature même de la protection sociale qui a amené à ce changement de logique de financement.

L'extension de la protection sociale

Cette extension a deux dimensions : d'une part, elle intéresse progressivement d'autres individus que les seuls salariés ; d'autre part, elle couvre des risques qui n'avaient pas été pris en compte en 1945.

Les nouveaux assurés

Ils appartiennent à des groupes sociaux qui, traditionnellement, rejetaient le principe de l'assurance obligatoire, y voyant une ingérence des pouvoirs publics dans la vie privée. Le problème s'était nettement posé en 1910 avec la première loi sur l'obligation de s'assurer[1]. Les agriculteurs, qui avaient obtenu un régime spécial d'assurances sociales en 1930, sont concernés par toute une série de lois : celle du 10 juillet 1952 assujettit les exploitants à l'assurance vieillesse, gérée par la Mutualité sociale agricole ; celle du 21 janvier 1961 crée un régime autonome d'assurance maladie-invalidité ;

1. Pierre Guillaume, « Le débat autour de la loi d'avril 1910 sur les retraites ouvrières et paysannes », dans Gérard Aubin, Yann Delbrel et Bernard Gallinato-Contino (dir.), *Assistance et assurance : heurs et malheurs de la protection sociale en France, Cahiers d'histoire de la sécurité sociale n° 4*, Paris, CHSS, 2008, p. 238-252.

celle du 22 décembre 1966 concerne accidents du travail et maladies professionnelles ; et le 25 octobre 1972 encore une nouvelle loi institue la protection obligatoire des salariés agricoles contre les accidents du travail.

Tout aussi réticents à entrer dans un système porteur à leurs yeux d'une menace d'inquisition fiscale, les membres des professions non salariées sont assujettis par une loi du 17 janvier 1948 à l'assurance vieillesse obligatoire et une loi du 12 juillet 1966 crée pour eux un régime autonome d'assurance maladie-maternité obligatoire.

Cette évolution est couronnée par des lois de 1972 et 1973 qui harmonisent les prestations servies par les différents régimes et par les lois du 4 juillet 1975 et du 1er juillet 1978 qui étendent à l'ensemble de la population, la première, l'assurance vieillesse obligatoire et, la seconde, les mêmes prestations familiales ; le 2 janvier 1978, en même temps qu'elle crée un régime spécial de plus pour les ministres du culte, la loi met en place un mécanisme d'assurance personnelle pour la population dite « résiduelle ». À cette date, le bénéfice de la sécurité sociale est donc, en théorie, étendu à tous les Français, au prix d'une multiplication des régimes spéciaux.

La couverture de nouveaux risques

On constate que les textes de 1945-1946 ignorent ce qui devait ultérieurement devenir un risque majeur : le chômage, risque qui n'était pas ignoré en dehors de nos frontières, puisque couvert en Grande-Bretagne par la loi de 1911 et en Allemagne par celle de la République de Weimar en 1927. Cette omission majeure s'explique d'abord par le contexte de l'après-guerre qui était celui du plein-emploi, voire d'un manque de main-d'œuvre couvert par l'immigration. Elle l'est tout autant par la conviction de Pierre Laroque et de ses pairs qu'il ne pouvait pas y avoir de protection sociale des salariés sans un plein-emploi dont découle le rendement des cotisations. Beveridge fait aussi du plein-emploi la condition du fonctionnement du *welfare state* ; même pour ceux pour qui des mesures de redistribution au bénéfice des moins bien nantis s'imposent, celles-ci ne peuvent que dépendre de la bonne santé de l'économie. Les prestations sociales doivent être le produit de la solidarité des salariés, en aucun cas l'effet d'une pratique de la charité rebaptisée bienfaisance. C'est de la bonne santé de l'économie, à laquelle doivent s'attacher les pouvoirs publics, dont les interventions sont justifiées par les enseignements de Keynes, que dépend le fonctionnement de l'État providence.

Cette belle logique ne résiste pas à l'épreuve des faits et, en France, à la nécessité encore mineure de couvrir le risque chômage répond, fin 1958, la mise en place et la création de 30 Associations pour l'emploi dans l'industrie et le commerce (ASSEDIC) coordonnées par l'Union nationale interprofessionnelle pour l'emploi dans l'industrie et le commerce (UNEDIC). Ce sont des structures indépendantes de la Sécurité sociale, passant tous les 3 ans des conventions avec l'État, financées et gérées paritairement par les employés et les employeurs qui y cotisent. Le dispositif est complété en 1967 par la création de l'Agence nationale pour l'emploi (ANPE). Le système, mis en place alors que le chômage n'était que « frictionnel » et découlant d'une inadaptation momentanée de la demande et de l'offre d'emplois, va avoir à faire face à un chômage de masse intéressant plus d'un million de personnes en 1976, plus de deux millions en 1981. Les allocations chômage ne sont délivrées que pour des durées limitées. Après avoir créé, en 1963, le fonds national de l'emploi, l'État finance, en 1984, pour faire face au chômage de longue durée, l'Allocation spécifique de solidarité. Devenue et restée pour longtemps une obligation majeure pour l'État social, la couverture du risque chômage n'est donc pas assurée par une Sécurité sociale restée fidèle à son inspiration initiale.

Le Revenu minimum d'insertion

Le RMI, autre pièce devenue maîtresse du système français de protection sociale, a une histoire évidemment liée à celle du chômage et s'est également développé en marge de la Sécurité sociale. Il a été institué par une loi du 1er décembre 1988, alors que Michel Rocard était Premier ministre. Il a pour but proclamé de faciliter une réinsertion préparée par l'engagement du bénéficiaire de respecter les termes d'un contrat de retour à l'emploi facilité par la formation proposée et par les offres qui lui sont faites. Le RMI est financé par l'État ; il est géré, mais pas financé, par les Caisses d'allocations familiales ou par la Mutualité sociale agricole. En 2007, il a été versé à 1 230 000 personnes, pour des montants allant mensuellement de 448 euros pour une personne seule à 940 euros pour un couple avec deux enfants et 179 euros pour chaque enfant supplémentaire. De ces montants sont déduites les autres ressources des intéressés, salaires ou allocations diverses. Peuvent s'y ajouter des attributions ou avantages divers, bons d'électricité et de chauffage dans certaines communes, gratuité des transports en région parisienne, prime au moment de Noël. Si seuls 3 députés votèrent contre le texte en 1988 et si 24 s'abstinrent, le RMI ne cessa, par la suite, de susciter bien des critiques et d'être considéré par beaucoup comme dissuadant ses bénéficiaires de rechercher un emploi. Ses modalités d'attribution furent durcies à plusieurs reprises, notamment en 2003, par le gouvernement Raffarin. Il est évident que l'attribution et la gestion du RMI n'ont pas grand-chose à voir avec l'inspiration des textes de 1945.

La prise en compte de la grande pauvreté

L'espoir proclamé des fondateurs de la Sécurité sociale était d'éradiquer la pauvreté et de rendre inutile l'assistance définitivement remplacée par la solidarité. Très vite, cet espoir se révéla vain, ce qui impliqua une réorganisation de l'assistance. Ce fut l'objet des lois du 11 juin 1954 et du 2 février 1955 qui firent disparaître les bureaux de bienfaisance et les bureaux d'assistance, remplacés par les bureaux d'aide sociale devenus, en janvier 1986, les centres communaux d'action sociale. Ces changements d'appellation veulent traduire la volonté de faire oublier les pratiques charitables traditionnelles jugées attentatoires à la dignité humaine. Néanmoins, l'action sociale de proximité reste confiée à l'autorité la plus proche, celle des communes. Le Centre communal d'action sociale (CCAS) a pour mission d'aider les individus à accéder à l'aide sociale, d'instruire pour eux les demandes diverses et de faire connaître aux autorités les besoins sociaux de la population. Il a des ressources très traditionnelles, comme une part du produit des concessions dans les cimetières, et c'est la subvention communale qui reste essentielle ; ses possibilités d'action sont donc liées à la richesse et à la générosité de la commune, ce qui n'est pas nouveau non plus.

On ne saurait passer sous silence l'action des individus, l'abbé Pierre et les Compagnons d'Emmaüs à partir de 1954, Joseph Wresinski et ATD-Quart Monde à partir de 1957 et, dans un style très différent, Coluche et les Restos du Cœur en 1985. En réponse à ces initiatives individuelles, la loi du 27 juillet 1999 créant la couverture maladie universelle (CMU) qui donne accès aux soins à tous, témoigne d'une nouvelle attention alors portée à la grande pauvreté par les pouvoirs publics. Renouant avec des pratiques charitables, elle témoigne aussi de la distance prise avec l'inspiration de la Sécurité sociale.

Y sont aussi très étrangères toutes les allocations successivement accordées pour parer à des difficultés spécifiques, toutes les mesures qui tendent à rendre moins difficile la vie de personnes auparavant condamnées à la marginalisation, quand il ne s'agissait pas d'abandon pur et simple. Ainsi peut-on évoquer aujourd'hui, avec la date de leur mise en place :
— le minimum vieillesse (1956), héritier de l'allocation aux vieux travailleurs de 1941 ;
— l'allocation pour les orphelins et les handicapés (1970) ;
— l'allocation adulte handicapé (1975) ;
— l'allocation parent isolé (1976) ;
— l'allocation d'insertion (1979) ;
— l'assurance veuvage (1980) ;
— l'allocation de solidarité spécifique (1984) ;
— les contrats emploi-solidarité (1990) succédant aux travaux d'utilité collective (TUC) ;
— la prestation de compensation du handicap (2005)[1].

1. *La Sécurité sociale : des origines à nos jours, Catalogue de l'exposition commémorative de la création de la Sécurité sociale*, Paris, la Documentation française, 2005.

Toutes ces mesures aboutissent à ce que Pierre Rosanvallon appelle l'« individualisation du social », c'est-à-dire l'adaptation des aides à des besoins qui, à la limite, sont individuels[1].

Commentant cette évolution qui n'est pas celle de la Sécurité sociale mais celle, beaucoup plus large, de la protection sociale, Pierre Rosanvallon écrit : « Le principe de base de la vie sociale devient de donner à chaque individu, et à chaque groupe, la possibilité de vivre selon les principes et avec le mode de vie qu'il souhaite. Les valeurs sociales centrales sont la tolérance beaucoup plus que la solidarité et l'impartialité beaucoup plus que l'égalité. »

C'est bien dire tout ce qui sépare le début du XXIe siècle de l'après-Seconde Guerre mondiale en termes de conception de la vie en société et c'est en se libérant des principes ayant inspiré sa création, que Sécurité sociale et, plus largement, politique sociale ont répondu à la demande sociale, tout en s'efforçant de ne pas renoncer aux acquis si âprement défendus, notamment par les syndicats durablement marqués par une conception classiste de la société.

RÉFORMER MALGRÉ TOUT

Les résistances

La chronologie des innovations donne l'illusion de la continuité et il semble absurde d'essayer d'opposer des mesures de droite et des mesures de gauche ; toute nouvelle prestation apparaît vite comme un avantage acquis, ce qui, dans la logique française, rend difficile tout retour en arrière. Il y a certes des débats parfois fort vifs pour la mise en œuvre de la protection sociale mais qui portent essentiellement sur le montant des moyens que la majorité au pouvoir entend consacrer à telle ou telle dépense, ce qui, dans la logique française de

1. Pierre Rosanvallon, *La nouvelle question sociale. Repenser l'État-providence*, Paris, Seuil, 1995.

l'affrontement, est immédiatement dénoncé par l'opposition ; cette logique ne facilite évidemment pas les mesures sur lesquelles le consensus apparaît pourtant comme possible et souhaitable. Le débat fait la place belle au déficit de la Sécurité sociale et aux remèdes proposés pour le limiter, à défaut de le combler. Sur ce point, les difficultés découlent largement de la singularité du système de soins français qui reconnaît la nécessité évidente d'un contrôle public et démocratique des dépenses mais qui entend conserver à la pratique de la médecine son caractère libéral.

Le corporatisme médical

Le corps médical français s'affirme attaché à des règles données comme immémoriales mais qui, en fait, n'ont été formulées que le 30 novembre 1927, au cœur du débat politique sur la mise en place des assurances sociales. Ces règles sont le respect du libre choix du médecin par le malade, le respect absolu du secret médical, le droit à honoraires pour tout malade soigné, le paiement direct du médecin par le malade, la liberté totale de thérapeutique et de prescription, le contrôle des médecins, lorsqu'il s'avère nécessaire, par leurs seuls pairs. Ces conditions sont affirmées comme indispensables pour que s'établisse ce lien de confiance entre le patient et son médecin, condition même de l'efficacité de celui-ci[1].

Pour s'adapter à ces exigences, la Sécurité sociale a dû passer des conventions avec le corps médical. Dans les années 1930, en général dans le cadre départemental, le syndicat médical décidait du tarif applicable aux différents actes et la caisse d'assurances sociales décidait d'un tarif de remboursement de ces mêmes actes, la différence entre les deux tarifs restant à la charge du patient. L'évolution était allée dans le sens d'une convergence des deux tarifs[2]. Ce n'est qu'aux termes du décret du 12 mai 1960 que l'on sortit vraiment de ce sys-

1. Pierre Guillaume, *Le rôle social du médecin depuis deux siècles (1800-1945)*, Paris, Comité d'histoire de la sécurité sociale, 1996, p. 177.
2. *Idem*, p. 223 et suiv.

tème. Ce texte pérennise un régime conventionnel entre médecins et caisses mais une convention-type est proposée en annexe du décret et les tarifs ne peuvent dépasser un tarif plafond fixé par arrêté. Une nomenclature des actes est fixée avec une échelle des honoraires leur correspondant. Les syndicats médicaux sont appelés à signer la convention mais les praticiens peuvent le faire à titre individuel. La convention n'est pas nationale et les honoraires restent différents entre les différents ressorts des syndicats médicaux et des caisses d'assurance maladie. C'est pour mettre fin à ces inégalités qu'une convention nationale est signée le 28 octobre 1971 dans un contexte très conflictuel marqué, notamment, par le refus de la Confédération des syndicats médicaux français (CSMF), principale organisation médicale, mais qui s'oppose désormais à la Fédération des médecins de France (FMF), qui est, elle, signataire. Les médecins qui acceptent la convention doivent en respecter les tarifs ; l'existence d'un « secteur 2 », défini comme devant répondre à des critères de notoriété du praticien, leur permet des dépassements à la charge du patient. La convention nationale doit être renégociée périodiquement ; elle le sera, toujours difficilement, en 1976, 1981, 1986, 1991, etc. S'est ainsi construit empiriquement le système original français de médecine libérale administrée qui suscite, par sa complexité, voire ses contradictions, les critiques tant des libéraux convaincus que des partisans d'une médecine fonctionnarisée à l'anglaise.

Le poids des acquis sociaux

Le corps médical n'a pas l'exclusivité du corporatisme. Tout projet de réforme de la protection sociale est soupçonné par certains syndicats d'être porteur d'atteinte aux acquis sociaux, ceux-ci étant définis comme des conquêtes des travailleurs engagés dans les luttes sociales. Nul ne saurait contester le rôle des conflits sociaux du passé, sans qu'il soit interdit pour autant de rappeler celui des initiatives de gouvernements sensibles aux difficultés du peuple, voire d'un certain paternalisme patronal. L'exemple le plus connu de cette contestation des réformes est celui de la définition légale de l'âge de la retraite. Une revendication ouvrière parfaitement logique en un temps où l'homme était astreint à des tâches qui l'usaient physiquement et limitaient son espérance de vie, et on peut naturellement penser à celles du mineur, l'est beaucoup moins avec l'incontestable augmentation de l'espérance de vie, et de vie sans infirmité. C'est donc la logique ancienne qui a amené le gouvernement à abaisser à 60 ans l'âge légal de la retraite en 1981, en un temps où, dans les autres démocraties libérales, s'amorçait une élévation donnée comme une condition pour la sauvegarde même des retraites. Un autre exemple qui illustre la force de ces résistances corporatives est le maintien, dans le cadre du régime spécial de protection sociale de la SNCF, d'une médecine entièrement gratuite assurée par des médecins salariés, alors même que les cheminots ont obtenu, en 1984, comme les assurés du régime général et dans les mêmes conditions qu'eux, le droit de se faire soigner par le praticien de leur choix[1].

Ce poids des traditions a parfois pesé très lourd sur des décisions à hauts coûts, comme celle de la construction du sanatorium interdépartemental d'Osséja, dans les Pyrénées-Orientales, dont on voulut faire, en 1949, un établissement modèle mais qui n'ouvrit ses portes qu'en 1966 alors que la cure sanatoriale était abandonnée au profit de traitements ambulatoires aux antibiotiques[2].

La limitation des dépenses

Le passage progressif du mode du financement de la sécurité sociale des cotisations vers les contributions ne changea rien à l'alourdissement du poids global des prélèvements obligatoires, les dépenses sociales comptant, en 2005, pour 55,8 % des dépenses publiques. En

1. Rapport de 1995 au conseil d'administration de la Caisse de prévoyance de la SNCF sur le service médical. Non classé.

2. Pierre Guillaume, « Les dépenses de santé au temps de la planification. La rationalisation impossible, l'exemple d'Osséja », dans André Gueslin et Pierre Guillaume (dir.), *De la charité médiévale à la sécurité sociale*, Paris, Les Éditions ouvrières, 1992, p. 195-203.

2003, le coût de la protection sociale s'élève en France à 22,0 % du PIB, alors qu'il compte pour 19,1 % pour l'ensemble de l'Union européenne, étant de 22,5 % pour l'Allemagne, de 24,7 % pour la Suède, mais de 16,1 % pour le Royaume-Uni[1]. Le Royaume-Uni, après l'ère Thatcher, mais gouvernée par le parti travailliste, apparaît comme un exemple à suivre d'autant que les résultats qui y sont obtenus en matière de santé publique sont loin d'être mauvais, même si l'on se plaît à faire état de défaillances ponctuelles d'un système hospitalier donné comme surchargé. Alors que tout alourdissement des prélèvements obligatoires est dénoncé comme pénalisant pour les entreprises, donc comme une cause de la persistance du chômage, la limitation des dépenses de la protection sociale apparaît comme non seulement souhaitable, mais comme possible.

La solution la plus évidente est de laisser à la charge des assurés sociaux une partie des coûts. C'est à cette fin qu'ont été institués des « tickets modérateurs » mettant à la charge des patients une fraction du coût de leurs dépenses médicales et, en particulier, d'hospitalisation. Les dépenses pharmaceutiques étant en France particulièrement élevées, les pouvoirs publics ont encouragé les médicaments dits « génériques » et ont refusé le remboursement des remèdes dits « de confort » dont l'utilité thérapeutique est contestée par le corps médical. Après l'institution du médecin traitant pour empêcher la multiplication du recours à des praticiens différents, on en est venu à laisser une fraction du coût de la consultation à la charge du patient d'un euro par consultation. Chacune de ces mesures a suscité de vives critiques sur le thème de l'acheminement ou du retour vers une médecine à deux vitesses, celle des riches et celle des pauvres. Les économies qui ont découlé de ces mesures sont difficiles à chiffrer ; on peut dire qu'elles ont, pour le moins, limité une croissance des dépenses de santé qui reste plus forte que celle du PIB et que l'inflation.

Un autre type de mesures susceptibles de permettre des économies a été l'incitation à trouver d'autres modes de couverture que celui de la seule Sécurité sociale. Dès la mise en place du système, dans les

1. *INSEE Première*, *op. cit.*

années 1950, il fut admis que les assurés sociaux pourraient demander à des assurances complémentaires, mutualistes ou libérales, de couvrir les dépenses qui n'étaient pas couvertes. La loi du 29 décembre 1972, en généralisant les régimes complémentaires et y rendant l'adhésion des assurés obligatoire, consacre cette évolution. Les mutuelles, les premières concernées, ont élevé bien des réserves en affirmant qu'il ne pouvait être question pour elles de se substituer à une Sécurité sociale défaillante. Se sont également multipliées les incitations, venues notamment des banques, d'entrer dans la voie d'un système au moins complémentaire de protection reposant sur la capitalisation, mais la France ne connaît pas, ou pas encore, de fonds de pension qui auraient l'importance qu'ils ont prise aux États-Unis et le principe de la répartition est toujours très fermement défendu et affiché. Présentée comme le produit de la solidarité intergénérationnelle, la répartition est donnée comme plus morale que la capitalisation découlant de l'épargne ; au XIXe siècle déjà, deux reproches étaient faits à l'incitation à l'épargne, celui d'impliquer des ressources disponibles au-delà du strict minimum vital auquel la loi d'airain des salaires ramenait ces derniers, donc d'exclure les plus défavorisés, celui de s'inspirer de valeurs bourgeoises. On peut s'interroger sur la crédibilité de ces reproches au XXIe siècle.

Une autre manière de limiter les dépenses est d'améliorer le mode de gestion du système. À deux reprises, en 1967 et en 1996, les gouvernements s'y sont employés. Le nom de Jean-Marcel Jeanneney, ministre du Travail du gouvernement Pompidou, est attaché aux quatre ordonnances qui restructurent l'organisation administrative de la Sécurité sociale en créant, à la place de la caisse nationale de la Sécurité sociale, trois caisses distinctes pour l'assurance maladie : les allocations familiales, les retraites, auxquelles s'ajoute une agence centrale chargée d'assurer une gestion commune de la trésorerie des différents risques ; sont également mises en place les Unions de recouvrement des cotisations de sécurité sociale et d'allocations familiales (URSSAF). Toutes les caisses sont administrées par des conseils composés paritairement de représentants des employeurs et des employés, désignés par les organisations syndicales les plus représentatives. Le but de la réforme est d'obtenir l'équilibre des différentes branches de la Sécurité sociale, sans que les excédents de l'une soient détournés de leurs finalités pour combler les déficits de l'autre. Cette réforme, dénoncée par les syndicats et les partis de gauche comme un démantèlement de la Sécurité sociale, provoque une grève générale le 17 mai 1967 dans laquelle certains ont voulu voir une préfiguration des événements de 1968, mais, déjà, la médiocrité des résultats de la majorité aux élections de mars 1967 avait révélé un mécontentement ou une lassitude de l'opinion que l'on ne saurait attribuer à une réforme de la Sécurité sociale qui, mal perçue, n'a pas arrangé les choses.

C'est toujours au problème du déficit de la Sécurité sociale et au coût de la protection sociale que s'attaque, en 1995, le ministère Juppé. Il présente un plan de réforme le 15 novembre 1995 et une loi du 22 février 1996 introduit une réforme fondamentale qui veut que ce soit une loi votée par le Parlement avec pour objet d'« approuver un rapport présentant les orientations et les objectifs qui déterminent les conditions générales de l'équilibre financier de la Sécurité sociale », rapport soumis au vote du Parlement[1]. Cette mesure s'inscrit dans la logique de l'évolution du financement de la Sécurité sociale qui dépend, de moins en moins, des cotisations et, de plus en plus, de l'impôt et des « points de CSG » qui lui sont affectés. L'échec du gouvernement Juppé découle de la dissolution hasardeuse de l'Assemblée, mais la réforme de la Sécurité sociale n'a pas joué en faveur de sa popularité. Comme en 1967, l'opinion est très sensible à tout ce qui peut être dénoncé comme une atteinte à « la Sécu », même si ces atteintes, ou pseudo-atteintes, ne sont pas pour autant à l'origine des changements politiques majeurs.

1. M. Laroque (dir.), *La sécurité sociale…*, *op. cit.*, p. 328.

Le cas particulier des dépenses hospitalières

D'après des chiffres de 1993[1], l'hospitalisation publique et privée entre pour 48 % dans les dépenses de santé, contre 31 % pour la médecine ambulatoire et 21 % pour la pharmacie. La réforme du 20 décembre 1958, due à Robert Debré, venant après la réforme de 1941 qui ouvrait l'hôpital à tous et non plus aux seuls indigents et le distinguait donc radicalement des hospices, donne pour objectifs à l'hôpital la pratique de la médecine la plus élaborée et la formation, en coopération avec l'université, des étudiants dans le cadre des Centres hospitaliers universitaires (CHU). Jean Imbert estime à 200 000 le nombre de lits d'hospitalisation existant en France sous la IVe République, sans aucune rationalité dans leur répartition géographique et avec une domination écrasante de l'Assistance publique parisienne[2]. Dans les années 1960, « la France se couvre d'établissements de soins » pour compter, en 1975, 436 000 lits, et 483 000 en 1979[3]. Dès les années 1980, la capacité hospitalière apparaît comme excessive, notamment par suite de la disparition des sanatoriums, du traitement ambulatoire de certaines maladies mentales et de la réduction des temps d'hospitalisation permise par l'amélioration des techniques chirurgicales. Le gouvernement cherche à diminuer les coûts hospitaliers à la charge de la Sécurité sociale en en modifiant la gestion ; en 1983, c'est la mise en place de la dotation globale des établissements remplaçant le principe du calcul à partir du prix de journée, système modifié en 2004 par la prise en compte du taux d'activité. En 1991, la loi prévoit la mise en place de schémas régionaux d'organisation sanitaire et, en 1996, le plan Juppé crée les Agences régionales de l'hospitalisation (ARH). En 1983 est imposé aux personnes hospitalisées un forfait journalier à leur charge et, en 1991, la loi du 31 juillet du gouvernement Rocard, au nom

1. Béatrice Majnoni d'Intignano, *La protection sociale*, Paris, Livre de Poche, p. 149.
2. Jean Imbert (dir.), *Histoire des hôpitaux en France*, Toulouse, Privat, 1982, p. 370.
3. *Idem*, p. 478.

de la planification hospitalière, supprime des lits et des services, politique qui sera celle du gouvernement Balladur, Simone Veil prévoyant dans son plan de maîtrise des dépenses sociales la suppression de 12 000 lits et l'augmentation du forfait journalier. Si la loi du gouvernement Jospin du 4 mars 2002, dite « charte des malades », précise les droits des patients en termes de respect de leur dignité, elle ne revient pas sur les mesures d'économie antérieures. Ultérieurement, les gouvernements auront à affronter les mécontentements provoqués par la fermeture d'établissements jugés inutiles ou dangereux par la pauvreté de leur équipement et de leur personnel. Les arguments alors avancés pour la défense des petits hôpitaux sont le droit à la proximité des soins, notamment en matière de maternité, et le fait que les établissements hospitaliers sont les principaux employeurs de bien des petites communes.

Expliquer l'augmentation du coût des soins pour le juguler

L'explication la plus généralement donnée est celle du vieillissement de la population qui ne saurait être tenu pour un mal en soi puisqu'il découle de l'augmentation de l'espérance de vie tout autant que d'une baisse de la natalité qui, en France, est limitée, la fécondité française restant, avec l'irlandaise, la plus élevée d'Europe. Les démographes français, marqués par la tradition populationniste nationale, mettent trop exclusivement l'accent sur le coût sanitaire de la vieillesse en minimisant celui de la petite enfance. Cette attitude trouve son explication dans ce qu'était la démographie de la France avant 1940. Les spécialistes de la vieillesse ont pourtant mis en garde contre toute assimilation de la vieillesse d'aujourd'hui et de celle d'avant-hier, en disant que l'âge seul n'en permettait pas une bonne mesure et qu'il n'y avait de vieillesse, au sens traditionnel du terme, qu'à partir du moment où l'individu perd son autonomie et coûte alors cher à la société[1]. Certains auteurs en

1. Telle est la thèse brillamment défendue notamment par Patrice Bourdelais, *L'âge de la vieillesse*, Paris, Éditions Odile Jacob, 1993.

viennent à la conclusion que seules les deux dernières années de la vie coûtent très cher en soins.

Une autre explication est celle de l'augmentation de l'offre de soins liée à la multiplication des praticiens. Leur nombre, en France, est passé de 47 000 en 1960[1] à 208 200 en 2007[2]. L'offre médicale susciterait la demande, ne serait-ce que pour permettre aux praticiens de vivre. Pour mieux cerner la réalité, sans doute faut-il partir d'un constat de sous-médicalisation de la population française jusqu'aux années 1950. On a ainsi pu montrer qu'alors même qu'elles ne couvraient qu'une partie des frais médicaux, les assurances sociales ont véritablement amorcé la médicalisation des milieux modestes, notamment ruraux. Très vite, l'État s'est cependant préoccupé d'une multiplication trop rapide des médecins et l'Ordre des médecins, soucieux notamment du maintien du niveau de vie de ses membres, a obtenu, en 1971, l'adoption d'un *numerus clausus* pour l'admission en faculté de médecine, seule dérogation au principe voulant que le baccalauréat donne accès à l'enseignement supérieur. La justification donnée comme pédagogique de ce *numerus clausus* fut qu'il ne pouvait y avoir qu'un nombre limité d'étudiants autour de chaque lit de malade. En 1973, il n'y eut ainsi que 3 500 places offertes dans les facultés de médecine. Au début du XXIe siècle, on dut admettre qu'il n'y aurait pas assez de nouveaux médecins pour combler les vides laissés par les départs à la retraite, tout particulièrement dans des spécialisations difficiles ou à risques comme l'anesthésie-réanimation. On dut alors relever le *numerus clausus* qui passe de 4 700 places en 2002 à 7 300 places en 2008 et, dans l'immédiat, on fit appel, en milieu hospitalier, à des médecins étrangers sous-payés. La multiplication du nombre de médecins fut surtout celle des spécialistes désormais aussi nombreux que les généralistes ; la profession se féminise aussi largement, le nombre des étudiantes en médecine dépassant aujourd'hui celui des étudiants.

Un autre élément d'explication de l'augmentation du coût de la

1. INSEE, *Annuaire rétrospectif de la France, 1966*, *op. cit.*, p. 123.
2. Chiffre de l'Observatoire national de la démographie des professions de santé.

médecine est sa sophistication incessante avec le perfectionnement des moyens d'exploration médicale. C'est en 1975 que le scanner fait son apparition, suivi, quelques années plus tard, de l'imagerie à résonance magnétique nucléaire (IRMN). L'équipement mis en place est extrêmement coûteux, comme le sont les analyses permises par les progrès de la biologie. François Stasse rejette néanmoins la responsabilité d'un progrès technique dont l'efficacité ne fait, par ailleurs, aucun doute, dans l'élévation des coûts. Il écrit : « L'usage de l'imagerie et de la biologie nouvelles exige des compétences spécifiques et ne doit intervenir que dans des cas précis. Or, de nombreuses enquêtes montrent qu'elles sont utilisées de manière excessive, soit pour des motifs de confort psychologique du patient (cas classique des échographies inutiles pratiquées dans les maternités), soit pour le confort psychologique du médecin (cas non moins classique du scanner ou de l'analyse biologique inutile qu'un bon examen clinique traditionnel aurait permis d'éviter). Le progrès technique n'est donc pas, par lui-même, le premier facteur d'aggravation des coûts. Le responsable est la mauvaise organisation des soins, génératrice de graves gaspillages. »[1]

François Stasse prône une rationalisation du système de santé qui engloberait toutes les formes de médicalisation et il est assez évident que ses suggestions ont été, pour une part au moins, reprises dans la réforme Juppé. Il insiste aussi sur la prévention et il semble avoir été également entendu sur ce point avec les campagnes menées contre l'alcoolisme, le tabagisme et la drogue. Ces mesures, dont les bienfaits ne se discutent guère, peuvent néanmoins susciter des inquiétudes. En 1995 Pierre Rosanvallon écrit : « C'est au nom d'une maîtrise des dépenses de sécurité sociale que nous risquons aussi de glisser demain vers une société "hygiéniquement correcte", dans laquelle l'usage du tabac et de l'alcool serait pénalisé. »[2]

1. François Stasse, « Comment maîtriser les dépenses de santé », dans François Stasse, *État-providence, arguments pour une réforme*, *Le Débat*, Paris, Gallimard, 1996, p. 251-289. François Stasse est conseiller d'État. Il a été de 1989 à 1993 directeur général de l'Assistance publique-hôpitaux de Paris.

2. P. Rosanvallon, *op. cit.*, p. 215.

En 2008, ces propos n'ont plus rien d'utopique et une certaine écologie pourrait conduire jusqu'aux mesures extrêmes suggérées par une note disant : « Et pourquoi pas ensuite aller jusqu'au contrôle de l'alimentation, puisque la nature de celle-ci est un facteur fondamental de santé ? »

Réformer les retraites sans toucher ouvertement aux avantages acquis

L'ordonnance du 20 mars 1982 qui abaisse à 60 ans l'âge légal de la retraite et permet donc, sans en faire une obligation, la cessation d'activité, est doublement justifiée par le gouvernement Bérégovoy d'une part, comme une conquête sociale reposant sur une revendication traditionnelle, d'autre part, comme une mesure dont on espère une diminution du chômage. Les générations nombreuses, et au travail, de « *baby-boomers* » sont données comme capables d'assurer le financement de la mesure. Cependant, pour avoir droit à une retraite complète, il faut avoir cotisé pendant 37,5 annuités ; ceux qui ne les ont pas ne pouvant prétendre qu'à des retraites réduites. Des mesures facilitant les préretraites pour les 55-60 ans sont également prises, celles-ci étant gérées au titre des contrats emploi-solidarité ; le cumul emploi et retraite est interdit.

Premier ministre en 1993, Édouard Balladur va affronter ce problème des retraites mais sans prendre le risque politique de remettre en question l'âge légal de 60 ans, de même que plus tard on videra la loi des 35 heures de son contenu, mais en se gardant bien de l'abroger. La loi du 22 juillet 1993 fait passer à 40 le nombre d'annuités requis pour permettre aux salariés du secteur privé de bénéficier d'une retraite à taux plein. Alors que des réformes inscrites dans le plan Juppé ne peuvent voir le jour, c'est en 2003, par la loi du 23 août, que François Fillon, ministre des Affaires sociales de Jean-Pierre Raffarin, annonce l'alignement progressif du secteur public sur le secteur privé.

Même avec ces réformes, la France reste très en deçà de bien d'autres pays européens : l'âge légal de la retraite est ainsi de 65 ans chez tous nos voisins et l'on projette, en Allemagne, de le porter à 67 ans, âge déjà retenu au Danemark, pays connu pour avoir vaincu le chômage. Au Royaume-Uni, les salariés sont incités à travailler jusqu'à 70 ans alors que la France est, *a contrario*, le pays comptant le moins d'actifs entre 55 et 60 ans.

Pierre Rosanvallon parle « des limites de l'État passif-providence », actualisant l'interrogation multiséculaire sur les effets pervers de l'assistance, des contradictions entre indemnisation et insertion, entre distribution des secours et incitation au travail[1]. Le débat sur le Revenu de solidarité active (RSA) porté devant le Parlement en septembre 2008 pose très clairement le problème. Le RSA, mis à l'essai par Martin Hirsch dans 25 départements, doit permettre de cumuler revenu d'activité et revenu de solidarité, avec la garantie que toute heure travaillée signifie un gain de revenu, alors qu'aujourd'hui une personne bénéficiant d'un minimum social et reprenant une activité rémunérée au salaire minimum interprofessionnel de croissance (SMIC) perd parfois de l'argent. Le principe voulant que tout retour au travail soit rentable, même pour celui qui bénéficie du RMI et d'autres aides, ne suscite guère de contestation et il est quasi unanimement admis que, pour tout individu, c'est le moyen de se réinsérer dans la société, de se re-socialiser. Le débat porte sur le coût de la mesure envisagée que l'opposition ne veut pas croire couvert en grande partie par la suppression d'indemnités devenues inutiles. Quant à la proposition du président de la République de taxer à hauteur de 1 % les revenus du patrimoine et des placements, si elle est sensée toucher les milieux les plus favorisés, elle n'en est pas moins un nouvel alourdissement des prélèvements obligatoires accusés de faire fuir hors de France les capitaux et de freiner ainsi les investissements nécessaires aux entreprises, donc au combat contre le chômage. C'est là une nouvelle illustration des difficultés de gestion de la protection sociale.

1. P. Rosanvallon, *op. cit.*, p. 105 et suiv.

Face à l'immigration (1958-2008)

Marie-Claude Blanc-Chaléard

Vu de 2008, la question de l'immigration est l'une des plus sensibles dans l'actualité de la Ve République. Le titre provocateur du ministère inventé par le dernier président élu en 2007, Nicolas Sarkozy, en fait foi. Ce ministère « de l'Immigration, de l'Intégration, de l'Identité nationale et du co-Développement » sonne comme une ordonnance destinée à soigner une nation malade d'un excès d'immigration. La France est un pays d'immigration depuis le XIXe siècle. La Ve République naissante a vu décoller, à la fin des années 1950, un nouveau cycle de migrations de travail. La Ve République fin de siècle a dû gérer les conséquences d'une immigration de peuplement mal évaluée. Par certains aspects, ce nouveau cycle rappelle celui de l'entre-deux-guerres : rythme effréné des entrées dans les années 1920, puis crise et stabilisation dans un climat de xénophobie et, à l'époque, d'antisémitisme[1]. Il a aussi sa dynamique propre, avec des enjeux distincts (héritage colonial, crise de longue durée). L'objet de ce texte est d'en suivre le cheminement, de sujet périphérique au départ, à une question obsessionnelle cinquante ans plus tard.

1. Marie-Claude Blanc-Chaléard, *Histoire de l'immigration*, Paris, La Découverte, « Repères », 2001. Pour le détail des faits évoqués dans cet article, on se reportera également aux deux livres majeurs de Patrick Weil, *La France et ses étrangers*, Paris, Folio, 2004 (1re éd. Calmann-Lévy, 1991) et de Vincent Viet, *La France immigrée, Construction d'une politique 1914-1997*, Paris, Fayard, 1998.

1958-1974 : UNE QUESTION PÉRIPHÉRIQUE

En octobre 1958, la République gaullienne hérite du cadre législatif des ordonnances de 1945 et de l'Office national de l'immigration (ONI). On avait voulu donner à l'État le contrôle sur le recrutement des travailleurs migrants et sur l'entrée de leurs familles, avec des garanties de salaire et de droits sociaux égaux à ceux des nationaux. Le contexte de l'entre-deux-guerres qui avait inspiré cette régulation est loin en 1958. Les enjeux du moment sont la guerre d'Algérie et les besoins d'une économie en pleine croissance, alors que les jeunes appelés sont au combat. On ne touchera pas aux ordonnances jusqu'en 1975, mais elles seront inopérantes.

Les migrants d'Algérie : liquider la question coloniale

La présence en métropole de quelque 300 000 travailleurs algériens, dits « Français musulmans d'Algérie » (FMA), interpelle forcément le nouveau pouvoir. Le statut de citoyen, officialisé en 1947, impliquait la libre circulation et la guerre en Algérie a accru l'arrivée des familles. Les problèmes sociaux sont énormes, le danger nationaliste ne l'est pas moins. Dès la IVe République, il était établi que la prolifération des bidonvilles et des hôtels-taudis avait un effet désastreux sur l'image de la France et que se développaient là des ghettos dangereux. La Ve République entend se montrer efficace. Orchestrée par le préfet de police Maurice Papon en région parisienne, la répression s'apparente à une terreur intérieure, comme en témoigne l'épisode du 17 octobre 1961. On entend par ailleurs, sur la base du plan de Constantine, améliorer le sort de ceux qui ne doivent pas désespérer de la métropole. Un fonds spécial est créé, le Fonds d'action sociale (FAS) [1]. Et pour diriger l'action sociale en France est instaurée une structure

1. Les ressources du FAS proviennent en fait de l'argent des allocations familiales dues aux travailleurs dont la famille est en Algérie (la majorité). Jusqu'en 1962, la plus grande partie de ce fonds finance les travaux du plan de Constantine en Algérie.

nouvelle, la « Délégation à l'action sociale en faveur des FMA », directement rattachée au Premier ministre. Le poste de Délégué est confié à Michel Massenet, jeune fonctionnaire d'opinion « Algérie française ». Après l'indépendance, il restera à la tête de ce qui devient une politique publique spécifique envers les migrants. Elle est étendue en 1964 à tous les travailleurs étrangers et Michel Massenet la dirige jusqu'en 1972.

Cette « action sociale » est surtout focalisée sur le logement. Née à la fin de l'année 1956, la Sonacotral[1] devient l'instrument principal d'une coûteuse politique de construction de foyers et de cités de transit. Les foyers, adaptés à l'idée d'un séjour provisoire, permettent de loger décemment les travailleurs tout en les surveillant. Un premier plan de résorption des bidonvilles est lancé en 1959, le relogement des familles est prévu en fonction de deux catégories : celles qui relèvent d'un stage en cités de transit pour être éduquées à la civilisation urbaine, et les familles « évoluées » qui doivent accéder aux ensembles HLM, à condition d'être dispersées « pour ne pas reconstituer les ghettos » (pas plus de 15 % par programme). Dans le contexte de crise du logement de l'époque, ce programme empreint de rationalité coloniale était osé. Il ne donna lieu qu'à peu de réalisations. Pour les migrants, les méthodes utilisées entretenaient la confusion entre résorptions et répression[2]. Du côté des bailleurs HLM et des municipalités, les résistances étaient grandes. Et, malgré son lien direct avec le Premier ministre, cette politique est restée à la marge. La justification se perdait au fur et à mesure que l'indépendance de l'Algérie devenait une évidence.

À ce programme avorté allait succéder le « boulet » postcolonial, autrement dit une immigration dont toute une partie des autorités ne voulait pas, ne souhaitant pas avoir à gérer les conséquences de la décolonisation. La libre circulation, voulue par la France pour les Français d'Algérie, encouragea l'afflux des Algériens, en 1962-1964. On organisa un *containment* progressif, avec le soutien du gouverne-

1. SOciété NAtionale de COnstruction pour les TRavailleurs ALgériens, créée en décembre 1956.

2. Monique Hervo, *Chroniques du bidonville. Nanterre en guerre d'Algérie*, Paris, Seuil, 2001.

ment algérien soucieux de contrôler ses ressortissants : accords Nekkache-Granval en 1964, puis procédure spéciale (AFTA) pour limiter l'introduction des familles. Parallèlement, on encourageait le recrutement d'ouvriers spécialisés (OS) marocains et tunisiens (accords signés en 1963), qu'on traitait sur place comme les Algériens. De leur côté, les travailleurs venus des pays de l'ex-Afrique occidentale française (AOF), bénéficiaires de facilités de circulation et de naturalisation, apportaient, en même temps que leurs bras, quantité de problèmes sociaux, eu égard à leur dénuement et leur déracinement extrêmes. Immigration postcoloniale rimait donc avec contradictions, sensibles à l'échelle des ministères aux vues divergentes, l'Industrie et les Affaires étrangères (comme le Premier ministre Georges Pompidou) tenant au *statu quo*, quand les Affaires sociales et l'Intérieur réclamaient des régulations. En 1966, Michel Massenet avait intégré l'administration centrale en prenant la tête, au sein du ministère des Affaires sociales, de la direction des populations et migrations (DPM). Cette création était signe que le recours aux « travailleurs immigrés » serait désormais une donnée constante de la vie économique[1], non que la politique les concernant méritait davantage d'attention. Les immigrés n'étaient que de passage.

Au service de la croissance, l'illégalité assumée

Très présent au nom de la logique coloniale, l'État s'effaça devant la logique libérale. Dès 1957, une circulaire du gouvernement Guy Mollet avait recommandé de doubler la procédure ONI par la régularisation des travailleurs entrés avec un passeport de tourisme. Confortés par des accords de main-d'œuvre avec de nombreux pays (Espagne, Maroc, Tunisie, Yougoslavie, Portugal), les flux annuels triplent[2]. Le nombre total d'immigrés double en 20 ans : 1,7 M en

1. C'est explicite dans le 5e Plan.

2. Moins de 50 000, voire moins de 20 000 par an en 1946-1956, 100 000 en 1956-63, 150 000 en 1963-72.

1954, 3,4 recensés en 1975. La majorité d'entre eux est entrée hors procédure ONI : en 1968, l'Office ne fait que régulariser 80 % des entrants. Sur un marché du travail européen très concurrentiel, la tolérance française était un atout pour attirer les migrants ; et pour les employeurs, c'était un avantage de plus. Les Portugais furent les principaux « bénéficiaires » (c'est-à-dire victimes) de ce système. La politique d'émigration restrictive de la dictature Salazar fabriquait des clandestins en refusant passeports et visas aux pauvres ou aux futurs soldats d'Afrique[1]. Les autorités françaises ne demandaient qu'à accueillir ces migrants dociles et européens, qui permettaient de limiter les flux algériens. Moins de 20 000 en 1954, les Portugais deviennent la première colonie étrangère en 1975, juste devant les Algériens (plus de 700 000). L'illégalité favorise la vie à la marge, visible dans la prolifération des bidonvilles[2]. Le FAS n'a pas les moyens d'organiser l'accueil et l'assistance et s'en remet aux associations caritatives, signe du caractère toujours très périphérique de cette question des immigrés, travailleurs temporaires. Pour bien des Français habitant les ensembles modernes au-dessus des bidonvilles, ces hommes et ces familles n'existaient pas.

Mai 68-1974 : les travailleurs immigrés sortent de l'ombre

Pour une minorité contestataire de la fin des années 1960, cette image de la violence des inégalités faisait scandale. Des mobilisations de citoyens ont commencé au milieu de la décennie, dans la mouvance chrétienne de gauche, souvent impliquée dans les luttes en faveur du Tiers Monde (Jeunesse ouvrière catholique – JOC –, Action catholique). Toutefois, c'est après Mai 1968 que la question de l'immigra-

1. Une part importante des émigrés désertait la guerre de décolonisation en Angola et Mozambique.

2. Marie-Christine Volovitch-Tavares, « L'illégalité, un élément structurant de l'immigration portugaise en France », dans Marie-Claude Blanc-Chaléard, Stéphane Dufoix, Patrick Weil (dir.), *L'étranger en questions, du Moyen Âge à l'an 2000*, Paris, Le Manuscrit, 2005, p. 261-285.

tion commence à devenir visible. L'extrême gauche marxiste (la Gauche prolétarienne en particulier) soutient dans le travailleur immigré, le prolétaire surexploité et victime du néocolonialisme, et fait nouveau, porte l'agitation dans les lieux de vie, les bidonvilles et les foyers, autant qu'à l'usine. Fort de ce soutien, un militantisme immigré autonome émerge dans les conflits du travail (Penaroya) puis dans les foyers (grèves de loyers), et enfin contre la violence raciste dont sont victimes les travailleurs arabes à partir de 1970[1].

Dans ce chemin de l'immigration vers la visibilité, 1970 est une date importante. La mort par asphyxie de cinq travailleurs africains chez un marchand de sommeil d'Aubervilliers fait pour la première fois la « une » des journaux. Le gouvernement de Jacques Chaban-Delmas saisit l'occasion de montrer sa volonté d'avancer dans la « Nouvelle société ». Dans la suite de la loi Vivien, une politique de résorption de l'habitat insalubre se donne les moyens de mettre fin aux principaux bidonvilles en moins de trois ans et un train de mesures est adopté en faveur de l'accueil, des droits sociaux des immigrés (droit d'être élu délégué syndical). Pour la première fois, des mesures concernent les enfants (accès aux bourses, classes d'enseignement du français). La loi du 1er juillet 1972 fait du racisme un délit. Le début d'une prise de conscience concernant un avenir de « vivre ensemble » ? Plutôt la montée des inquiétudes face aux problèmes non résolus. Une nouvelle génération de fonctionnaires de la DPM tire la sonnette d'alarme et demande des mesures d'urgence pour les familles et le logement. Quant au ministère de l'Intérieur, il lance une enquête auprès des municipalités, pour savoir celles qui ont dépassé un « taux de saturation » en étrangers (fixé à 15 %). De nombreuses mairies communistes approuvent[2]. Même une partie du patronat, hostile à

1. Yvan Gastaut, *L'immigration et l'opinion en France sous la Ve République*, Paris, Seuil, 2000. Le gouvernement algérien prendra prétexte de ces meurtres pour suspendre l'émigration de ses ressortissants en septembre 1973.

2. Les communes ouvrières sont de fait celles où les pourcentages d'étrangers sont les plus élevés, dépassant fréquemment 20 %.

toute contribution au financement du logement, trouve que le coût social des immigrés devient trop lourd. Ce contexte permet la promulgation, à l'automne 1972, des circulaires dites Marcellin-Fontanet qui rendent illégale la procédure de régularisation après coup. Le retournement est brutal et quantité d'étrangers se retrouvent expulsables du jour au lendemain. C'est alors que se déclenchent les premières grèves de la faim. Entourés de militants, de prêtres, d'associations de soutien, les migrants engagent la lutte sur le terrain du droit (fondation du GISTI en 1972). Avant même le retournement de conjoncture, l'immigration est devenue une question publique et un enjeu politique.

1974-1984. EXPÉRIMENTATIONS ET MONTÉE DE LA POLITISATION

En dépit de la rupture politique que constitue en 1981 l'élection de François Mitterrand, président socialiste d'un régime où la gauche n'avait jamais gouverné, ces dix années 1974-1984 ont en commun d'être celles au cours desquelles on se met à gérer le passage entre immigration du travail et immigration de peuplement. Cela se fait sous forme d'expérimentations qui oscillent entre deux pôles : d'une part, les aspirations au changement issues de la période précédente et que tentent d'incarner tour à tour les deux présidents ; de l'autre, la fin de la croissance et le contexte de chômage qui réduisent la marge de manœuvre des gouvernements.

Giscard 1 (1974-1977) : suspendre l'immigration pour mieux traiter les immigrés et leurs familles

Valéry Giscard d'Estaing innove en créant en 1974 un secrétariat aux travailleurs immigrés (SETI)[1]. Le poste est confié à André Postel-

1. Président qui affiche son intérêt pour le sujet en allant dans un bidonville marseillais et en invitant à sa table des éboueurs africains.

Vinay, directeur de la DPM, inquiet de l'avenir social des immigrés. La décision qu'il prend en juillet 1974 de suspendre l'immigration, travailleurs et familles, est autant une réponse à la récession liée au choc pétrolier de l'automne précédent que la volonté délibérée de marquer une pause pour mener une politique réparatrice.

La suspension est un échec. Entre 1975 et 1982, le nombre d'étrangers passe de 3,4 millions (1975) à 3,7 millions (1982). Naïveté des pays européens qui ont pensé pouvoir « faire venir des bras » sans avoir à faire vivre « les hommes » [1]. Ces hommes ont des familles et, à partir de 1976, il faut rétablir le regroupement familial. Les isolés étaient Marocains, Turcs, originaires d'Afrique subsaharienne, ils seront progressivement rejoints par leurs proches. C'est également le moment où explose le nombre des réfugiés. Les premiers, les « *boat people* » venus d'Indochine, bénéficient d'un assez bon accueil. Parmi les étrangers recensés en 1982, les originaires d'Afrique/Asie sont devenus plus nombreux que les Européens.

La politique réparatrice, elle, a avancé. Une partie du 1 % patronal a été affecté au logement des immigrés, donnant les moyens à une « Commission nationale du logement des immigrés » (CNLI)[2], d'améliorer sensiblement l'installation de ces populations ainsi promues au statut d'habitants. Ce changement n'eut pas l'effet souhaité sur leur intégration. L'affectation de nombreuses familles en HLM contribua à accélérer la désaffection des Français pour ce type d'habitat, entretenant un nouveau processus de ségrégation. Autre expérimentation, des mesures sont prises pour la culture des immigrants. Une émission de télévision, *Mosaïque*, produite spécialement pour eux, connaît un grand succès. À l'école est dispensé un enseignement des langues et cultures d'origine (ELCO), en collaboration avec les pays de départ (Portugal, Maroc). Cette orientation culturelle est une préparation au retour.

1. On prête la formule à Helmut Kohl, chancelier allemand : « On pensait faire venir des bras, on a fait venir des hommes. »

2. Cette politique d'accès au logement social fut confortée par la mise en place de l'Allocation personnalisée pour le logement (APL) en 1977.

Giscard 2 (1977-1981) : *l'engagement dans une politique « anti-immigration »*

Après le coup de semonce des élections municipales de 1977 et le dépassement du cap des « un million de chômeurs », s'amorce une politique marquée par l'obsession des retours. Le lien entre croissance du chômage et (sur)nombre des immigrés est exposé de façon explicite par Lionel Stoléru, nouveau secrétaire aux Travailleurs immigrés. Après l'échec d'une politique incitative dite du « million des immigrés »[1], l'entourage du Président cherche à organiser le retour non volontaire d'un demi-million de migrants, pour l'essentiel algériens. De son côté, le ministre de l'Intérieur Michel Poniatowski active la machine à expulser, à l'instar de ce qu'on avait vu dans les années 1930[2]. Les « indésirables » d'alors étaient les subversifs politiques, « la racaille révolutionnaire », les Juifs surtout. Ceux des années 1970 sont des « jeunes », souvent élevés en France, auteurs de délits de droit commun, et d'origine maghrébine. Toutefois, les résistances à cette politique se font davantage entendre qu'avant la Seconde Guerre mondiale. D'un côté, des instances représentatives, Conseil d'État, Sénat refusent d'admettre cette dérogation au droit républicain que serait le renvoi autoritaire de personnes en situation légale dans le pays (politique des retours). De l'autre, une nébuleuse d'associations, en partie héritière de la vague protestataire de 1968, s'insurge contre « la double peine » et réclame la prise en compte du fait immigré comme une dimension de la société, en proposant d'accorder aux étrangers le droit de vote aux élections locales.

1. Une prime d'un million de francs et le retour payé. Cf. P. Weil, *La France...*, *op. cit.*, p.194-195.
2. M.-C. Blanc-Chaléard, *Histoire de l'immigration*, *op. cit.*

Mitterrand 1 (1981-1984) : « à gauche toute ! »

Malgré quelques propositions de campagne autour (dont le fameux droit de vote), la réflexion du parti socialiste était assez pauvre dans le domaine de l'immigration[1]. Les événements poussent le nouveau pouvoir à prendre de nombreuses initiatives, qui font figure de politique, dès lors qu'elles s'organisent autour d'une certaine cohérence. Le contexte idéologique était à l'« anti-Giscard »[2]. Il y eut donc de nombreux gages donnés aux immigrés et aux associations qui les soutenaient : suppression de l'aide au retour, révision du régime des expulsions. D'autres mesures mettaient fin à des discriminations qui traînaient depuis les années 1930 : le droit de libre association (1981), le droit de libre installation des commerçants et artisans (1983), certaines incapacités touchant les naturalisés. L'événement majeur fut la grande régularisation engagée en août 1981 (132 000 personnes).

Parallèlement, l'idée de renouvellement poussait à s'ouvrir à la diversité culturelle, aux mouvements émergents autour de l'antiracisme. Dans la mouvance du ministère Jack Lang, on se mit à valoriser l'« inter-culturalité »[3]. La jeunesse, notamment celle d'origine maghrébine, apparut comme un réservoir de richesse : les « marches pour l'égalité et contre le racisme » furent des moments emblématiques de l'époque, symbolisée également par la petite main « Touche pas à mon pote ». Le désir d'une France généreuse, où chacun pourrait vivre « avec ses différences » sous la houlette fédératrice de la République, a pris forme à ce moment-là[4]. C'est dans ce contexte que les

1. À tel point que le secrétariat à l'immigration aurait été « oublié » dans le premier gouvernement Mauroy. P. Weil, *La France...*, *op. cit.*, p. 198.

2. Patrick Weil, qui était partie prenante au cabinet du secrétaire François Autin, analyse l'erreur de fond de cette « politique du contre-pied », P. Weil, *La France...*, *op. cit.*, chap. V, p. 193.

3. Angéline Escafré-Dublet, « État, culture, immigration. La dimension culturelle des politiques françaises d'immigration, 1958-1991 », Thèse d'histoire Sciences Po Paris, juin 2009 (dactyl.).

4. Et resurgit de temps à autre, dans les moments lyriques comme le succès de la France « Black-Blanc-Beur » au mondial de football de 1998.

parlementaires votèrent à l'unanimité le 17 juillet 1984 le principe de l'« acte unique », c'est-à-dire une garantie pour le long séjour par la généralisation de la carte de dix ans pour tous les immigrés en situation régulière.

À l'inverse, d'autres images sont également associées à ces premières années « Union de la gauche » de la Ve République. En août 1981, les télévisions montrèrent à toute la France les voitures en flammes de la banlieue lyonnaise, début d'un scénario répétitif sur les violences urbaines, avec son décor : la banlieue, les ensembles HLM, ses acteurs : la « seconde génération », enfants de l'immigration maghrébine, son ressort dramatique, le « problème de l'intégration ». Il fallait innover sur deux fronts : celui d'une méthode d'intervention visant une jeunesse que l'on regardait comme différente parce que « issue de l'immigration » et celui d'une société urbaine dont on n'avait pas vu venir la fragmentation. Refusant de traiter « à part » des populations en fonction des origines, le gouvernement Mauroy lance une politique de discrimination positive visant les territoires. Une politique sociale des « quartiers », ciblant ceux qui sont « choisis » du fait de leurs difficultés, fait écho aux Zones d'éducation prioritaires (ZEP) mises en place par l'Éducation nationale. Cette politique, ouverte à l'action locale décentralisée et suscitant la participation des habitants, avec une forte dimension culturelle, s'inscrivait dans les transformations du moment. Les logiques contractuelles et locales se substituaient en partie aux règles de la cohésion qui avaient prévalu lors de la construction de l'État social, sur une base légale et nationale[1]. Selon Sylvie Tissot, cela allait contribuer à la stigmatisation des territoires ciblés, dont le nombre n'allait par ailleurs pas cesser d'augmenter[2]. Plus que les autres, cette « politique de la ville » aux multiples avatars, allait donner le sentiment de l'impossible réforme. Pour autant, ce nouveau champ de l'action publique, qui

1. Robert Castel, *Les métamorphoses de la question sociale*, Paris, Gallimard, Folio-essais, 1999 (1re éd., Paris, Fayard, 1995).

2. Sylvie Tissot, *L'État et les quartiers, Genèse d'une catégorie d'action publique*, Paris, Le Seuil, 2007.

était en fait la voie principale ouverte pour l'intégration, ne pouvait plus être abandonné.

Les rodéos urbains à répétition, les meurtres de jeunes dits « immigrés » dans les banlieues s'inscrivent dans un climat de prise de conscience douloureuse : les Trente Glorieuses étaient bien finies, le second choc pétrolier venait d'accélérer l'entrée dans la désindustrialisation. Le déclin social du monde ouvrier se doublait d'une faillite de plus en plus évidente du communisme. Les banlieues rouges, qui n'avaient pas joué pour les migrations récentes le rôle intégrateur qu'elles avaient joué dans le passé, ne pouvaient ni garantir l'avenir des ouvriers français, ni canaliser politiquement les effets ravageurs de la crise sur la jeunesse. L'échec des « marches des Beurs » de 1984 et 1985 ne permettait pas d'espérer de relais. Le socialisme au pouvoir s'était engagé dans la « rigueur » économique, autrement dit la soumission au néo-libéralisme dominant. Conscient de l'effet politique négatif de la régularisation de 1981, il avait aussi changé sa politique de l'immigration, renforçant la « rigueur » aux frontières. La règle de conduite exprimée par Georgina Dufoix en ce milieu de décennie 1980 est : « Empêcher l'immigration pour garantir la bonne intégration des immigrés présents en France ». La ligne était tracée pour tous les gouvernements à venir.

1984-2008. L'IMMIGRATION, INSTRUMENT POLITIQUE, ENJEU DE SOCIÉTÉ

Le choix de traiter ensemble ces vingt-cinq dernières années tient d'abord au manque de recul pour y distinguer des étapes. Les cadres ont été posés dans les années précédentes, les gouvernements suivants semblent guidés par des objectifs voisins, ceux qui viennent d'être énoncés, sans jamais paraître en mesure de les atteindre. Bien plus nombreux que dans le passé gaullien de la République, ces gouvernements n'ont guère de temps devant eux, et l'instrumentalisation à outrance raccourcit encore le temps politique, alors que l'immigration, question sociale, ne relève pas d'un traitement rapide. La société française, qui commence à se voir comme une société d'immigration, se transforme sans que les politiques donnent le sentiment d'avoir pris la mesure du mouvement de fond.

Du Front national à Nicolas Sarkozy, l'immigration instrument de la vie politique

L'instrumentalisation politique de l'immigration, déjà bien engagée depuis dix ans, connaît une impulsion en 1984 avec le succès aux élections européennes du Front national (FN), parti dont l'argumentaire est entièrement centré sur l'immigration et sur la menace qu'elle fait peser sur les Français, le budget, et l'identité de la nation. Sans jamais devenir un parti de masse capable de structurer la société, le FN a contribué, par son pouvoir de mobilisation électorale, à donner le *la* dans l'approche politique de l'immigration. Trouble-fête pour les partis en place (la « bande des quatre », disait son *leader* Jean-Marie Le Pen dans les années 1980), son ascension participe de l'ébranlement institutionnel de la République où, après 1984, apparaissent les cohabitations, où les majorités et les Premiers ministres changent plus souvent, où la Constitution connaît plusieurs révisions. Les consultations électorales nouvelles (régionales, européennes) sont des occasions de batailles dont le FN sait tirer parti, d'autant qu'un mode de scrutin proportionnel favorise ses scores. L'introduction partielle de celui-ci aux élections législatives de 1986 ayant conduit à l'élection de 30 députés FN, le scrutin majoritaire refit des adeptes. L'élection présidentielle au suffrage universel, très personnalisée, est une aubaine : Jean-Marie Le Pen y fait constamment des scores déconcertants jusqu'à arriver au deuxième tour en mai 2002, devant le candidat du parti socialiste Lionel Jospin.

L'instrumentalisation de l'immigration a en effet contribué à cibler la vie de la nation sur les enjeux de court terme. En témoigne l'avalanche des lois qui déferle sur ce thème à partir des années 1980, alors que le sujet n'avait que rarement été évoqué au Palais-Bourbon pendant les

Trente Glorieuses. Sans détailler les manipulations auxquelles cette situation a pu donner lieu, on se contentera de proposer un schéma : une tendance de la droite à s'approprier les thèmes et les propositions du Front national, au risque de grignoter l'espace de la tradition républicaine. Ce furent les lois Pasqua de la première cohabitation (1986), la révision de la loi de nationalité (engagée en 1986, réalisée lors de la deuxième cohabitation en 1993), puis les lois Debré en 1997[1]. Et une tendance de la gauche à assouplir les pratiques, mais sans remettre en cause les mesures prises à droite. En 1998, le gouvernement Jospin revint à la naturalisation automatique, mais ni les visas, ni les lois Debré ne furent abolis. La surenchère autour des résultats insuffisants de ces mesures contribua à faire jouer parallèlement un autre levier populiste : celui de la politique sécuritaire. Cela explique en partie que, sur le long terme, l'évolution fut plus favorable aux gouvernements de droite, qui assumaient avec de plus en plus d'aisance une posture mêlant politique de rigueur sécuritaire et affichage méritocratique (ministres issus de l'immigration maghrébine). Pour la gauche de gouvernement, privée de tout recours à une politique sociale de grande ampleur, l'immigration devint un sujet de tensions et de contradictions, qui a ajouté à sa fragilité idéologique. Moins compréhensible est l'incapacité de cette gauche à intégrer politiquement les aspirations des nombreux Français issus de l'immigration.

Depuis 2007, la présidence de Nicolas Sarkozy est l'aboutissement du succès politique de la droite, avec une nouveauté : la marginalisation du Front national, laquelle s'est faite par le biais d'une appropriation, en toute impudeur, des thèmes du parti populiste sur l'immigration. Le programme envisagé, résumé par la formule « faire de la France le pays de l'immigration choisie et non de l'immigration subie », laissait entendre une relance de l'immigration du travail. La crise financière aidant, cet aspect n'est guère médiatisé. En revanche, le refus de « l'immigration subie » est un moyen efficace de maintenir la pression autour de l'immigration comme problème national. Alors que la politique des frontières est pour l'essentiel aujourd'hui une

1. P. Weil, *La France...*, *op. cit.*, chap VII.

affaire européenne, la chasse aux « sans-papiers » entretient l'idée que la France est menacée.

La « différence » au cœur du changement social

L'idée d'« immigration subie » renvoie en effet au malaise qui demeure entre la France et son histoire d'immigration récente et actuelle. En témoigne la difficulté que l'on rencontre pour avoir des données officielles actualisées[1]. Celles que l'on connaît nous disent que la réalité de l'immigration a diminué numériquement. Les flux légaux semblent stabilisés autour de 100 000 migrants. C'est, certes, plus important que sous la IVe République, mais cela ne représente pas plus de 25 % de la croissance annuelle de la population, alors que pour l'Europe des 27, il s'agit de 80 %[2]. Le nombre et la part des étrangers en France diminuent régulièrement depuis 1982 : 6,8 % alors, 5,7 % en 2005, un bien maigre pourcentage si on considère la place de l'immigration dans les transformations de ce dernier quart de siècle[3]. De fait, cette place dépasse de loin dans l'ordre des représentations et des effets sociaux l'espace statistique rempli par les immigrés des cinquante dernières années. On insistera ici sur un axe qui nous semble essentiel, qui est celui de la « différence » et la façon dont elle s'inscrit dans la société[4].

La différence se lit d'abord dans la diversification de la population. La place des Français d'origine étrangère ne cesse de s'élargir : un résident sur cinq si on remonte à la troisième génération d'ascendants. La part des origines extra-européennes qui s'est accélérée depuis 1974 met la France à l'heure du monde, notamment du côté

1. Sur le site Internet de l'Insee, on ne trouve que des actualisations partielles. La référence demeure le recensement de 1999 (10 ans déjà !), avec peu de détails.

2. Le refus de toute régularisation collective conduit à maintenir la pression autour de la question des « sans-papiers » et nourrit l'imaginaire de l'invasion.

3. Là aussi, une statistique du nombre d'« immigrés », instaurée en 1995, qui permettait de gommer l'effet des acquisitions de la nationalité française, n'est plus accessible.

4. Michel Wieviorka, *La différence*, Paris, Balland, 2002.

de l'Afrique. Au cours de la Ve République, la diversité culturelle était devenue une valeur et la revendication identitaire faisait partie du paysage national dès les années 1960. Dans la perspective d'une mondialisation croissante, la diversité actuelle est une chance pour l'avenir, à l'heure où beaucoup de Français issus de familles étrangères, y compris de migrations anciennes, comme l'italienne, se pensent comme membres de diasporas transnationales. Cela n'empêche pas la mondialisation d'être regardée (et présentée) le plus souvent comme un danger dont il faut se protéger et la « différence » à l'intérieur comme un écho de cette menace.

La différence s'est surtout installée dans la question sociale. Les immigrés des Trente Glorieuses sont devenus la France ouvrière d'aujourd'hui. Victimes de la grande mutation économique du dernier quart de siècle, alors que leur mobilité professionnelle avait été bloquée au temps de la croissance[1], ils ont donné à la partie la plus défavorisée de la société le visage de l'immigration. Pendant ces trente années où les inégalités n'ont cessé de croître, où la foi dans le progrès continu a laissé place à nouveau à la crainte de déchoir, les origines étrangères d'une grande partie des pauvres sont une circonstance aggravante. On peut parler d'une ethnicisation de la question sociale, non seulement parce que les problèmes sociaux, comme le chômage des jeunes, se retrouvent toujours plus aigus dans les milieux immigrés ou franco-immigrés, mais aussi parce que la question des origines intervient dans les processus sociaux. Au-delà des politiques, la ségrégation qui transforme les quartiers de banlieue en territoires à part est le fait de la société tout entière : Comme l'a souligné Éric Maurin, alors qu'on accuse volontiers le communautarisme des immigrés d'être à l'origine de la division sociale, c'est le mécanisme du "ghetto français" qui mérite d'être interrogé »[2]. Il s'ensuit une cristallisation

1. Laure Pitti, « Ouvriers algériens à Renault-Billancourt de la guerre d'Algérie aux grèves d'OS des années 1970. Contribution à l'histoire sociale et politique des ouvriers en France », thèse d'histoire, 2002.

2. Éric Maurin, *Le Ghetto français. Enquête sur le séparatisme social*, Paris, Le Seuil, 2004, « Bibliothèque des idées ».

des difficultés et des explosions dramatiques comme les émeutes de novembre 2005. Alors que les discriminations légales pénalisant socialement les étrangers installés en France n'ont cessé de diminuer, les discriminations sociales liées aux origines ont fini par être reconnues comme une réalité dans de nombreux domaines qui sont à la base de l'intégration, dont le travail et le logement.

Ce n'est certes pas une particularité française et les sociétés occidentales évoluent presque toutes sur ce schéma. Mais il semble que le phénomène soit particulièrement accentué dans ce pays où la société garde pourtant d'elle-même l'image d'une nation à vocation unitaire.

On touche ici aux débats brûlants sur l'identité et les références culturelles françaises, érigées le plus souvent en « principes républicains », donc en valeurs universelles intangibles. L'enjeu du changement est réel, après un demi-siècle de peuplement par des migrants venus du monde entier, surtout d'Afrique. Face à un monde où les frontières matérielles et culturelles sont devenues mouvantes, il n'est pas surprenant qu'une partie des Français se sente bousculée par cette injonction à changer. Aussi, depuis les premiers succès du Front national, la vie politique a trouvé là son instrument favori pour mobiliser les électeurs et la dramatisation est extrême. La question centrale, qui concerne la place des musulmans, est en réalité moins culturelle que politique. Le conflit proche-oriental d'un côté (la France est le pays qui compte le plus de musulmans et le plus de juifs en Europe), la mémoire béante du passé colonial de l'autre, entretiennent l'hostilité des Franco-africains, par ailleurs principales victimes des discriminations évoquées plus haut. Leurs revendications ont volontiers une forme provocatrice qui s'en prend aux fondamentaux de la République (filles et femmes voilées, *la Marseillaise* sifflée). Mais le plus souvent, c'est de la classe politique elle-même que viennent les provocations (code de la nationalité dès 1986, débat sur l'identité nationale en 2009). Pour statuer lors des grandes « crises », l'État a néanmoins pris l'habitude de convoquer des commissions d'experts et de « personnes qualifiées », de sensibilités politiques et culturelles variées. Il en sort le plus souvent une loi mesurée et une réflexion qui invite, au-delà de la fièvre populiste, à penser un ordre républicain adapté aux réalités du temps (la loi du 15 mars 2004 sur le port des signes religieux à l'école). L'avenir dira si cette manière d'avancer, adoptée par la société politique depuis les années 1990, est adéquate pour assumer les changements qu'imposent à la France la diversification de la population, et au-delà, la redéfinition de sa relation au monde. Les suites du débat en cours sur le vote des étrangers, qui interroge la relation fondamentale citoyenneté/nationalité, sera un test important.

CONCLUSION

La France est un pays d'immigration et le temps de la Ve République a sans doute été le plus important dans la transformation qui a commencé au XIXe siècle. Un grand chemin a été parcouru depuis 1958. Longtemps, l'immigration temporaire fut négligée et on ne prit pas la mesure de ce qu'allait entraîner la gestion post-coloniale de l'immigration africaine. De 1974 à 1984, il fallut dix ans pour admettre que les migrants, ne pouvant plus circuler, allaient s'installer et être partie intégrante de la France à venir. Et encore, si la chose est admise intellectuellement, elle ne l'est pas socialement, d'autant que l'immigration est devenue un brûlot de la vie politique et que les processus d'intégration sont rendus particulièrement difficiles par le contexte économique et social. La société française s'accommode difficilement de sa diversité, d'autant que les inégalités sociales recouvrent celles des origines. Plus que la question culturelle qui sert souvent à lancer les polémiques, cette question sociale est un vrai problème d'avenir. L'immigration ne constitue qu'un aspect des changements en profondeur qu'a connus la France de la Ve République depuis la fin du gaullisme et le retournement de conjoncture. Dans bien des domaines, les émotions que suscite la diversité nouvelle de la population sont des tensions liées à la difficulté engendrée par ces changements.

La libéralisation des mœurs à travers l'exemple de la sexualité

JANINE MOSSUZ-LAVAU

Il est assez paradoxal d'écrire un chapitre sur « La libéralisation des mœurs » dans un ensemble intitulé « L'impossible réforme ? » (même si ce titre est assorti d'un point d'interrogation). En effet, les cinquante années qui viennent de s'écouler mériteraient plutôt d'être désignées comme « les cinquante glorieuses » de la libéralisation des mœurs. Même si tout n'est pas acquis, loin de là, et si des combats doivent encore être menés. Je précise aussi que je traiterai ici de la sexualité, qui me semble être au cœur de cette notion de mœurs.

En effet, pendant cette période qui nous conduit des débuts de la Ve République à aujourd'hui, nous sommes passés d'un ordre que j'ai appelé « post-vichyste » à un ordre « post-soixante-huitard » [1]. Dans le domaine de la sexualité, pas moins de treize lois ont été votées qui ont desserré les contraintes pesant sur les comportements de nos concitoyens.

Au début de la période qui nous intéresse ici (celle qui précède et qui inaugure la Ve République), notre pays n'est pas complètement sorti d'une ère que l'on pourrait qualifier de victorienne.

1. Sur cette évolution, voir Janine Mossuz-Lavau, *Les lois de l'amour. Les politiques de la sexualité en France (1956-2002)*, Paris, Petite bibliothèque Payot, 2005.

D'UNE SOCIÉTÉ « POST-VICHYSTE » À UNE SOCIÉTÉ « POST-SOIXANTE-HUITARDE »

L'état des lieux au début de la Ve République

Dans les premières années de la Ve République, la sexualité subit de nombreuses contraintes. Contrainte procréatrice tout d'abord puisque la loi de 1920 (modifiée en 1923) réprime très sévèrement la contraception ainsi que l'avortement. Contrainte de l'âge, en ce sens qu'il n'est pas question de la sexualité des jeunes, placés de toute façon sous l'autorité de leurs parents jusqu'à 21 ans. Contrainte de la violence dans la mesure où les viols sont très peu réprimés (quand ils le sont, c'est plutôt comme une atteinte à l'honneur des familles et non comme un crime contre les personnes) ; par ailleurs, il n'est pas question du harcèlement sexuel. Contrainte de la norme hétérosexuelle : l'homosexualité tant masculine que féminine est réprouvée, dans la loi mais aussi dans la société. Une indication sur la loi : la majorité homosexuelle est fixée à 21 ans alors que la majorité hétérosexuelle l'est à 15 ans. On peut ajouter l'article de loi qui énonce que « nul ne peut être nommé à un emploi public s'il n'est de bonne moralité ». Ou encore, cette ordonnance du 1er février 1949 prise par le préfet de police de Paris selon laquelle « dans tous les bals, établissements et lieux publics, il est interdit aux hommes de danser entre eux ». De surcroît, la stigmatisation de l'homosexualité est encore aggravée au tout début de la Ve République. En 1960, l'Assemblée nationale adopte l'amendement Mirguet qui ajoute l'homosexualité à la liste des « fléaux sociaux » que seraient l'alcoolisme, la prostitution, les affections cardio-vasculaires et la tuberculose[1]. La même année, l'article 330 du Code pénal se voit enrichi, par l'ordonnance no 60-124 du 25 novembre, d'un alinéa 2 qui stipule :

1. Loi du 30 juillet 1960. Débats *in Journal officiel*, no 51 AN, 19 juillet 1960, p. 1981.

« Lorsque l'outrage public à la pudeur consistera en un acte contre nature avec un individu du même sexe, la peine sera un emprisonnement de six mois à trois ans et une amende de 1 000 francs à 15 000 francs. »

Ce qui revient à aggraver la peine encourue par cet « outrage » lorsque celui-ci est le fait d'homosexuels. Enfin, en 1968, la France adopte la classification faite par l'Organisation mondiale de la santé (OMS) en 1965 concernant les maladies mentales, parmi lesquelles figure l'homosexualité au même titre que le fétichisme, l'exhibitionnisme, la nécrophilie, le voyeurisme.

Ce modèle procréateur, adulte, hétérosexuel et parfois violent est suffisamment pesant et mal toléré pour que, peu à peu, au fil des années, des groupes luttent afin de lui dénier le statut de modèle unique et faire accepter d'autres manières de vivre sa sexualité. Des années pendant lesquelles des hommes et des femmes, des associations, des partis, des syndicats vont débattre et combattre afin d'obtenir des changements dans la législation. Se sont affrontées, tout au long de cette période, qui correspond bien à la Ve République (même si pour la contraception la campagne a commencé dès 1956), l'Église et les organisations progressistes – dont les féministes –, la droite et la gauche, parfois les gauches et les droites entre elles.

Quelles victoires ?

Il faut rappeler les plus importantes des 13 lois qui ont changé la donne juridique de la sexualité en France pendant ces cinquante années de Ve République. Par ordre chronologique, pour montrer tout d'abord que les premiers pas n'ont pas été effectués d'emblée. Et prendre la mesure des résistances qu'au fil des ans il a fallu vaincre. La chronologie a un sens : cela n'étonne personne qu'on ne se soit pas précipité d'emblée pour voter le Pacte civil de solidarité (PACS).

— Loi du 28 décembre 1967, dite loi Neuwirth, autorisant la contraception dite moderne (diaphragme, pilule, stérilet, etc.).

— Loi du 11 juillet 1973, portant création d'un Conseil supérieur de l'information sexuelle, de la régulation des naissances et de l'éducation familiale (loi qui va permettre de promouvoir l'éducation sexuelle des jeunes – et on a ajouté « dans le respect du droit des parents »).

— Loi du 4 décembre 1974 portant diverses propositions relatives à la régulation des naissances (qui va instaurer, entre autres, le remboursement des contraceptifs par la Sécurité sociale).

— Loi du 17 janvier 1975 relative à l'interruption volontaire de grossesse, dite loi Veil, qui autorise l'IVG pendant les dix premières semaines de grossesse (le délai le plus court d'Europe), en milieu médical, pour toute femme en situation de détresse. Les mineures doivent avoir une autorisation parentale et l'acte n'est pas remboursé par la Sécurité sociale. Ces conditions montrent que cette loi, révolutionnaire en son temps, ne se caractérise pas par un laxisme débridé. Elle est par ailleurs votée pour 5 ans seulement.

— D'où la loi du 11 décembre 1979 qui la reconduit définitivement.

— Loi du 23 décembre 1980 relative à la répression du viol et de certains attentats aux mœurs qui définit le viol de façon plus extensive que le texte en vigueur jusque-là, et le punit de la réclusion criminelle de 5 à 10 ans. Le même texte supprime par ailleurs la double peine pour les outrages à la pudeur lorsqu'ils sont le fait d'homosexuels.

— Loi du 31 décembre 1982 qui permet le remboursement de l'IVG.

— Loi du 4 août 1982 qui établit la majorité homosexuelle au même âge (15 ans) que la majorité hétérosexuelle.

— Loi du 25 juillet 1985 qui, entre autres, ajoute à la répression d'une discrimination selon le sexe, l'ethnie, la race, la religion, les mœurs, etc.

— Loi du 2 novembre 1992, sur le harcèlement sexuel lorsqu'un(e) salarié(e) subit les agissements d'un employeur. Doit donc être avérée une situation hiérarchique.

— Loi du 15 novembre 1999 relative au pacte de solidarité civile. On reconnaît pour la première fois le couple homosexuel.
— Loi du 6 juillet 2001, relative à l'IVG et à la contraception qui pour l'IVG permet notamment un allongement des délais (de 10 à 12 semaines), supprime l'autorisation parentale pour les mineures (qui doivent être accompagnées d'un adulte référent), et qui autorise la pilule du lendemain dans les établissements scolaires.
— Loi du 17 janvier 2002, qui reconnaît le harcèlement sexuel entre collègues ainsi que le harcèlement moral.

Cette chronologie montre que la contraception, l'IVG et le viol ont été juridiquement traités sous des gouvernements de droite. Mais il a fallu l'arrivée de la gauche au pouvoir, en 1981, pour qu'on se saisisse des questions de l'homosexualité et du harcèlement sexuel (ainsi que du remboursement de l'IVG par la Sécurité sociale). Entre 1993 et 1997, années où la droite est à nouveau au pouvoir, il ne se passe rien du point de vue qui nous intéresse ici. Après le retour de la gauche en 1997, on adopte de nouvelles mesures : le PACS en 1999, une libéralisation supplémentaire de l'IVG et de la contraception en 2001. Est en outre durcie la loi sur le harcèlement sexuel.

Il a donc fallu 9 ans de Ve République avant que ne soit promulguée la première loi, 17 ans pour la deuxième. La contrainte procréatrice est la première levée, avec l'éducation sexuelle pour l'accompagner. Mais il faudra attendre plus longtemps pour la répression du viol, et bien plus encore pour tout ce qui touche à l'homosexualité et au harcèlement sexuel. En effet les résistances ont été extrêmement fortes et la conjonction de nombreux facteurs s'est avérée nécessaire pour les réduire.

LES FREINS ET LES MOTEURS

Les résistances

Si les combats pour obtenir les droits finalement accordés par les nouvelles législations ont été très fermes et pour certains de longue haleine, toute la classe politique n'était pas prête à emboîter le pas à ceux qui militaient en faveur de cette libéralisation. Et toutes les instances ayant voix au chapitre sur ce domaine non plus. Opposition systématique de l'Église catholique, mais aussi sur certains sujets de l'ordre des médecins, d'associations familiales, ou d'autres associations et, tout particulièrement, de l'aile la plus conservatrice de la droite et de l'extrême droite. Pour donner une idée de ces résistances, car elles se rejoignaient, on peut évoquer quelques arguments utilisés lors des débats parlementaires qui ont précédé l'adoption des différentes lois.

Si l'on prend le cas de celles qui ont levé la contrainte de la procréation, c'est-à-dire celles concernant la contraception et l'IVG, on peut réunir dans un seul corpus les débats de 1967, 1975, 1979, 1982 (remboursement de l'IVG) car les argumentaires sont quasiment les mêmes.

Quatre arguments ont été avancés par ceux qui s'opposaient au droit des femmes à disposer de leur corps.

Tout d'abord, un argument démographique : on évoque le vieillissement de la France alors qu'au sud, les pays du Maghreb connaissent un développement très rapide de leur population. On agite la menace d'un déferlement de ces Maghrébins en disant que, si l'on donne aux femmes les moyens de réduire leur descendance, on va vers une situation catastrophique. Ce raisonnement sera ultérieurement repris par Jean-Marie Le Pen.

Un deuxième argument, médical celui-ci, est avancé : la pilule provoquerait des cancers, des troubles circulatoires et aurait des effets néfastes sur les générations futures. Certains n'hésitent pas à dire qu'elle va déféminiser la femme. Le sénateur Henriet (républicain indépendant) déclare :

« C'est une dénaturation de la femme [...]. La nature se vengera. En effet, pas de cycle, pas de femme, pas de libido. Finies ces fantaisies, finies ces chatteries qui font le charme féminin. Mais par contre, des seins douloureux à ne pas toucher, agrémentés parfois de troubles psychiques. Et la première vengeance de la nature est que le partenaire s'éloigne [...]. Pour moi, sans l'approuver, je le comprends. »[1]

Le troisième argument est d'ordre moral et rend bien compte d'une appréhension de certaines catégories de la société. On craint par-dessus tout un relâchement des mœurs. Un parlementaire de droite déclare en 1967 que la pilule va favoriser les amours illicites et ébranler les assises de la famille. Un autre signale qu'une « flambée inouïe d'érotisme, entretenue et attisée par la propagande politique en faveur des techniques anticonceptionnelles hormonales, menace notre pays ». Lors des débats sur l'avortement, cette même droite n'hésite pas à déclarer que la légalisation de l'IVG « va contribuer à réveiller la bête qui sommeille en chaque individu ». On redoute sérieusement que, la peur du gendarme – en l'occurrence la grossesse – ne jouant plus, la licence s'installe[2]. Les femmes seront livrées aux pires tentations. D'ailleurs, vision d'horreur pour quelques parlementaires de droite, certaines pourront prendre la pilule à l'insu de leur mari. Enfin, elles deviendront un « objet de volupté stérile » et les hommes « perdront alors la fière conscience de leur virilité féconde ».

C'est toute l'image de « la » femme comme on le dit à l'époque, qui sera abîmée, souillée même, au point qu'en 1979, quand on vote la reconduction définitive de la loi sur l'IVG, le sénateur Étienne Dailly déclare :

« Comme beaucoup d'entre nous, hélas, j'ai vu mourir des hommes sur les champs de bataille et bien souvent à la fin, je les ai entendus appeler leur mère. Êtes-vous sûrs, mes chers collègues, que ce respect, que cet amour de leur mère qui les animait alors [...].

1. *Journal officiel*, n° 58 S, 6 décembre 1967, p. 2037.
2. Sur tous ces débats, voir Janine Mossuz-Lavau, *Les lois de l'amour..., op. cit.*

Aurions-nous – c'est la question que l'on est en droit de se poser – le même respect pour nos mères si nous savions qu'elles auraient pu se faire avorter de l'un ou l'autre de leurs enfants ? »[1]

Il ne s'agit même pas de l'hypothèse où elles se seraient fait avorter mais de celle où elles auraient pu, où elles en auraient eu le droit.

Il faut enfin faire place à l'argument religieux. Il est hors de question de porter atteinte à la vie, il faut respecter celle-ci dès qu'elle existe et empêcher que l'on détruise l'embryon sinon on ne s'arrêtera plus : on tuera le fœtus puis l'enfant, puis le vieillard, la personne handicapée, tous les indésirés, « toutes les bouches inutiles ».

On pourrait dire qu'il s'agit d'arguments d'hier, d'arguments du deuxième millénaire. Mais dans la droite du troisième millénaire, on a rencontré encore une forte opposition quand il a été question, en 2001, de libéraliser un peu plus la loi sur la contraception et l'IVG. Elle a accusé les partisans de la loi de vouloir favoriser l'eugénisme (des malformations légères pouvant être détectées entre la 10e et la 12e semaine de grossesse, des femmes allaient demander une IVG sans être en situation de détresse). Le 29 novembre 2000, à l'Assemblée nationale, Philippe de Villiers (Mouvement pour la France) déclare : « L'Histoire retiendra qu'à l'imitation des nationaux-socialistes, vous aurez introduit l'eugénisme d'État dans notre pays. » Il souligne en outre, l'émergence de l'« euthanasie prénatale ».

On a évoqué l'irresponsabilité des femmes (en demandant que des commissions prennent la décision de les autoriser à avorter après 10 semaines). On a mis en avant les considérations médicales et techniques, l'intervention après 10 semaines nécessitant une anesthésie générale et la fameuse « fragmentation fœtale ». Enfin, a été brandie la mise en cause de la famille puisque les mineures pouvaient être dispensées d'autorisation parentale.

Un autre exemple est également parlant : celui de la législation tendant à donner aux homosexuels un statut plus égalitaire.

Quand il s'est agi d'établir la majorité homosexuelle à 15 ans, Jean Foyer (Rassemblement pour la République, RPR) a déclaré à l'Assem-

1. *Journal officiel*, n° 120, 21 décembre 1979, p. 5845.

blée nationale (en 1980) : « Il y a des comportements conformes à la nature et d'autres qui ne le sont pas. Si l'humanité d'une manière générale continue n'avait jamais pratiqué que l'homosexualité, il y a longtemps que la race humaine serait éteinte. »[1] On a refusé alors d'adopter cet alignement de la majorité homosexuelle sur la majorité hétérosexuelle. En 1982, Étienne Dailly (gauche démocratique), n'était pas en reste, affirmant que « dans l'opinion, on ne comprendrait pas que la Haute assemblée cède elle aussi, qu'on le veuille ou non, à la permissivité ambiante et à la débauche »[2].

Quand le PACS viendra en discussion, Philippe de Villiers (Mouvement pour la France) n'hésitera pas à déclarer à l'Assemblée nationale, le 7 novembre 1998 :

« Toute tentative d'apporter une solution à un problème structurellement insoluble ne ferait que précipiter la société vers un accroissement de ses pathologies, déjà mesurables au travers de la drogue, des suicides et des tranquillisants. »

Mais la palme de la déraison revient sans doute au philosophe et historien du droit Pierre Legendre. À propos du PACS, il écrit dans *Le Monde* du 23 octobre 2001 :

« Instituer l'homosexualité avec un statut familial, c'est mettre le principe démocratique au service d'un fantasme. C'est fatal dans la mesure où le droit, fondé sur le principe généalogique, laisse la place à une logique hédoniste héritière du nazisme. »

Au Parlement, il sera aussi question de protéger les handicapés de 15 à 18 ans contre les agissements d'individus qui, dans les structures où ils sont accueillis, pourraient abuser d'eux. Pour le pittoresque, on pourrait ajouter l'argument que n'a pas hésité à brandir le RPR Jean Foyer en 1982. Il souligne que l'article 33 du Code pénal punit les actes contre nature sur la personne d'un mineur de même sexe d'une amende, que le produit des amendes constitue l'une des ressources prises en compte dans les recettes du budget général. Supprimer cet article reviendrait donc à diminuer les ressources publiques,

1. *Journal officiel*, n° 11 AN, 12 avril 1980, p. 341.
2. *Journal officiel*, n° 375, 6 mai 1982, p. 1631.

ce qui est contraire à la Constitution[1]. Malgré toutes ces résistances, des lois ont été votées, qui ont permis une libéralisation des mœurs. Mais, si on reste encore un peu sur la scène parlementaire, on se doit de souligner le rôle important et même indispensable de la gauche. À part la loi sur le viol qui a fait l'objet d'un large consensus, les autres lois ont été votées grâce à la gauche (même sous des gouvernements de droite) et parfois par elle seule.

Pour la loi de 1967 sur la contraception, on n'a pas de décompte exact puisque le vote a eu lieu à main levée. Un certain nombre de parlementaires de droite ne l'auraient pas votée si leur nom avait dû être inscrit au *Journal officiel*, donc porté à la connaissance de leurs électeurs.

Bien que mise à l'agenda par Valéry Giscard d'Estaing et défendue par Simone Veil, la loi du 17 janvier 1975 sur l'IVG a été soutenue par très peu de parlementaires du centre et de la droite. Lors de la première lecture, le 29 novembre 1974, ont voté pour : 105 socialistes et radicaux de gauche sur 106, 74 communistes sur 74, 55 Union pour la défense de la République (UDR) et apparentés sur 174, 26 réformateurs et centristes sur 52, 17 républicains indépendants sur 65 et 7 non-inscrits sur 19.

La loi de 1982 remboursant l'IVG a été demandée et votée par la seule gauche de même que celle de 1982 établissant la majorité homosexuelle à 15 ans.

Pour ce qui concerne le PACS, l'examen de cette proposition débute par un épisode déplorable. Le 9 octobre 1998, jour où doit avoir lieu la première lecture à l'Assemblée nationale, les députés de droite et du centre sont plus nombreux que ceux de la gauche plurielle et font adopter l'irrecevabilité du texte. La lecture définitive de la nouvelle proposition n'aura lieu à l'Assemblée nationale que les 12 et 13 octobre 1999. La proposition est adoptée par 315 voix contre 249. Seuls 2 députés de droite (dont Roselyne Bachelot) ont voté pour. Deux se sont abstenus. Toute la gauche (à une exception près)

1. *Journal officiel*, n° 87 AN, 28 juillet 1982, p. 4873.

a voté pour. La loi de 2001 n'est pas votée par la droite à l'exception d'une douzaine de députés.

Pratiquement toute la gauche a voté ces lois à l'exception de celle portant création du Conseil supérieur de l'information sexuelle, sur laquelle les communistes se sont abstenus parce qu'ils trouvaient sa portée trop réduite. Sur ce bouleversement de la législation ordonnant la sexualité, les clivages gauche/droite sont demeurés vivaces. Plus précisément, même quand une partie de la droite modérée s'est ralliée (dans le cas de la levée de la contrainte procréatrice), ce n'était pas avec le même argumentaire que la gauche.

L'étau enserrant la sexualité des Françaises s'est ainsi considérablement relâché dans la loi. Mais aussi dans la vie quotidienne, dans les comportements, comme l'attestent les grandes enquêtes quantitatives sur la sexualité (1970, 1992, 2006). Ou l'enquête qualitative que j'ai conduite en 2000-2001 [1]. Quels sont donc les facteurs qui ont permis cette évolution, d'une société post-vichyste à une société post-soixante-huitarde et l'avènement d'un nouveau modèle ?

Les facteurs d'émergence d'un nouveau modèle

Il faut tout d'abord évoquer Mai 1968. Les revendications anti-autoritaires et libertaires ont été extrêmement fortes. Elles ont agrandi la brèche ouverte par les combats pour la légalisation de la contraception.

L'action des groupes féministes avait aussi commencé avant 1968. Des féministes modérées se sont battues pour la contraception. En 1956 avait été créée « La maternité heureuse » qui allait devenir, en 1960, le Mouvement français pour le Planning familial. Mais, à partir de 1970, ce sont des féministes plus radicales, celles du Mouvement de libération des femmes (MLF), qui entrent en jeu avec des méthodes plus provocantes que celles de leurs aînées. D'emblée, elles

1. Janine Mossuz-Lavau, *La vie sexuelle en France*, Paris, Points Seuil, 2005.

placent au centre de leurs préoccupations la « question du corps des femmes », d'où le combat pour l'IVG, contre le viol, etc.

Les changements politiques importants survenus à la direction du pays ont aussi permis cette évolution. Notamment, la rupture marquée en 1974 par l'élection de Valéry Giscard d'Estaing à la présidence de la République. Il veut incarner une droite moderne, conduire une politique « décrispée » et il va prendre un certain nombre d'initiatives (par exemple, la création d'un secrétariat d'État à la condition féminine, la nomination de Simone Veil au ministère de la Santé, la mise à l'agenda de l'IVG, l'abaissement de l'âge de la majorité à 18 ans, l'instauration du divorce par consentement mutuel, etc.). Mais son électorat et ses amis politiques sont loin de le suivre avec enthousiasme. Il faut donc attendre 1981 et l'élection de François Mitterrand à la présidence de la République pour voir adopter d'autres grandes lois : abolition de discriminations dont souffraient encore les homosexuels, remboursement de l'IVG par la Sécurité sociale. Enfin, la victoire de la gauche en 1997 permet de faire voter le PACS et la nouvelle loi (2001) sur la contraception et l'IVG.

Mais ces tentatives auraient peut être mis plus de temps à connaître le succès si elles n'avaient pas été portées par un mouvement de fond de la société dans son ensemble. En effet, celle-ci a de plus en plus adhéré à ce qu'on appelle le libéralisme culturel, mélange d'hédonisme et d'anti-autoritarisme [1], lié au déclin du catholicisme et de la pratique religieuse.

Ce développement du libéralisme culturel va de pair avec d'autres changements qui marquent notre pays durant ces cinquante années : élévation du niveau scolaire, salarisation, urbanisation. Et travail des femmes : aujourd'hui, entre 25 et 49 ans, 82 % des femmes travaillent ou cherchent du travail. Elles veulent de plus en plus défendre tout ce qui peut garantir leur autonomie et, notamment, la libre disposition de leur corps.

1. Gérard Grunberg et Étienne Schweisguth, « Libéralisme culturel et libéralisme économique », dans CEVIPOF, *L'électeur français en questions*, Paris, Presses de Sciences Po, 1990.

Il faut voir aussi sans doute dans cette évolution les conséquences de l'appartenance de la France à l'Europe. Là où, depuis longtemps, certains pays (notamment ceux de la partie Nord) montrent la voie. Pour la contraception, pour l'IVG, pour les droits des femmes, pour la reconnaissance de l'homosexualité.

Mais il faut également rappeler que ce mouvement n'a pas promu une liberté sexuelle sans limites et sans problème. Le sida, qui a fait son apparition au début des années 1980, a constitué un frein sérieux. Il resterait donc une dernière contrainte à lever : après la sexualité sans la contrainte de la procréation, de la violence, de la norme, de l'âge, ce serait la « sexualité sans la mort ». Mais malgré les trithérapies, on n'en est pas tout à fait là.

Par ailleurs, même dans le domaine de la législation, des revendications sont encore loin d'être satisfaites : le mariage des homosexuels, l'homoparentalité, des délais plus longs pour l'IVG, une meilleure éducation sexuelle à l'école. Et des problèmes nouveaux ont été créés : par exemple, en ce qui concerne la prostitution, par la loi pour la sécurité intérieure (LSI) de Sarkozy votée en 2003. Les « cinquante glorieuses » des libérations sexuelles affichent un beau palmarès mais elles restent fragilisées par le sida et inachevées pour certaines catégories de la population.

La culture de masse à l'aune de la Vᵉ République

PASCALE GOETSCHEL

« Il y a un demi-siècle, le général de Gaulle donnait à la France la Constitution de la Vᵉ République. À cette époque, les Français faisaient la guerre en Algérie, fumaient des gauloises, roulaient en 2 CV ou en DS, écoutaient Europe nº1 ou Radio-Luxembourg, découvraient *Les amants* de Louis Malle ou *Lolita* de Nabokov, et fredonnaient les chansons de Dario Moreno ou de Sacha Distel. » Telles sont les références utilisées dans une des très récentes sommes parues pour le cinquantenaire de la République pour caractériser le régime né en 1958 [1]. Les seules observations politiques ne suffisent plus et doivent désormais être assorties de considérations à la fois sociétales et « culturelles » : la Vᵉ République à ses débuts, ce n'est pas seulement la nouvelle République instituée par le général de Gaulle, c'est aussi ce que regardent, écoutent et lisent les Français à la fin des années 1950. Encore la réflexion pourrait-elle aussi porter sur la période actuelle : on remarquerait alors, qu'en 2008, les Français regardaient la guerre se dérouler en Afghanistan ou en Irak, fumaient dans des lieux réservés, découvraient *Entre les murs* ou *9.11*, écoutaient Skyrock ou Radio Nostalgie, et savouraient, écouteurs aux oreilles, Grand corps malade ou les artistes passés par l'émission télévisuelle la Star Academy.

Cette observation faite, en quoi un détour par un régime politique, en l'occurrence la Vᵉ République, peut-il être d'une quelconque

1. Jean Garrigues (dir.), *La France de la Vᵉ République 1958-2008*, Paris, Armand Colin, 2008, quatrième de couverture.

utilité pour aborder la culture de masse, notion au demeurant fort vague, renvoyant à la fois à un ensemble de représentations et de pratiques comme à une unité anonyme et indistincte d'individus ? C'est que, nous semble-t-il, bien que la Ve République n'apparaisse pas d'emblée comme le meilleur point d'observation pour appréhender la culture de masse, le régime issu du retour au pouvoir du général de Gaulle a triplement son rôle à jouer en ce domaine : d'abord, parce que la période est à la multiplication des indicateurs culturels ; ensuite, parce que la culture de masse donne lieu à une réflexion renouvelée et prolifique ; enfin, parce que les politiques culturelles instituées depuis la création du ministère des Affaires culturelles en 1959 ont été en partie établies en fonction d'une certaine idée de la culture de masse.

HORS CADRE

Si la Ve République n'apparaît pas, de prime abord, comme le prisme idéal pour évoquer la culture de masse, c'est que les années 1958-2009 sont incluses dans une série de plus vastes mouvements culturels. Celui, continu, de la diffusion des savoirs, des distractions et des modes par des vecteurs médiatiques de plus en plus variés et puissants, et particulièrement depuis le XVIIIe siècle[1]. Au vrai, alors que se manifestent, dans le courant du XIXe siècle, les signes d'une montée en puissance d'une consommation culturelle de masse liée à l'industrialisation, le moment où celle-ci apparaît fait débat. Faut-il la dater de la naissance du roman-feuilleton dans les années 1830, de l'âge de diffusion massive du papier vers 1860 ou de l'appropriation populaire de l'écrit à la fin du siècle ? Dans tous les cas, l'accent a été mis, à juste titre, sur l'imprimé (presse, manuels scolaires, littératures populaires) comme sur la place grandissante

1. Frédéric Barbier et Catherine Bertho-Lavenir, *Histoire des médias de Diderot à Internet*, Paris, Armand Colin, 1996.

qu'y occupe l'image. Il ne faudrait cependant pas ignorer combien les spectacles ont eux aussi participé à la construction des imaginaires sociaux. Après la Grande Guerre, avec la montée en puissance de l'audiovisuel, c'est le temps de l'amplification des « pratiques socio-culturelles de masse »[1]. Les années 1930 deviennent synonymes de « sonorisation massive de la société française »[2] illustrée par le succès du cinéma parlant, l'installation massive dans les foyers des postes radiophoniques et la présence d'une industrie discographique florissante[3]. Surtout, une « culture de l'écran »[4] se diffuse massivement sur un temps à la fois continu et accéléré, trouvant sa traduction dans la multiplication des systèmes d'écoute et de vision collectifs comme individuels – écrans du cinématographe du début du siècle, radios des années 1920, lucarnes télévisuelles à partir des années 1940, magnétoscopes, DVD-rom, téléphones portables, MP3 à la fin du XXe siècle.

Cette prolifération tous azimuts des images et des sons s'accompagne d'autres mouvements de fond. L'on songe notamment à l'américanisation et aux résistances qu'elle provoque : la France accueille des vogues et des modes arrivées d'outre-Atlantique et réagit de manière plurielle à ces apports – acclimatation, transformations, métissages, réactions – sans que ce phénomène soit réservé à la deuxième moitié du XXe siècle. C'est le cas, dans le domaine musical, de la vogue du music-hall à la fin du XIXe siècle, poursuivie dans les années 1920 par l'arrivée du jazz et la vogue des musiques et danses américaines, puis par l'engouement provoqué par les groupes de musique et les chanteurs anglo-saxons après la Seconde Guerre mondiale. En regard, la veine de la chanson française ne s'est jamais per-

1. Jean-François Sirinelli, « La culture de masse », dans Jean-Pierre Rioux et Jean-François Sirinelli, *La France d'un siècle à l'autre 1914-2000, Dictionnaire critique*, Paris, Hachette Littératures, 1999, p. 280-287.

2. *Ibid.*, p. 282.

3. Ludovic Tournès, *Du phonographe au MP3. XIXe-XXIe siècle. Une histoire de la musique enregistrée*, Paris, Autrement, 2008.

4. Voir le numéro d'*Esprit* consacré à « la société des écrans et la télévision », mars-avril 2003.

due et a même trouvé à se réactiver en fonction de certains modèles américains[1].

Si le temps long apparaît comme un bon étalon pour évoquer la culture de masse, *a contrario*, le temps court de la décennie n'en est pas moins judicieux. C'est ce que suggère l'historien Jean-François Sirinelli qui distingue, au cœur des *sixties*, une « culture juvénile de masse » à forte « coloration musicale »[2]. Il évoque la singularité d'une génération issue du *baby-boom* qui, à partir de 1962, ne connaît plus la guerre et bénéficie de la prospérité des « Vingt Décisives ». De cette mutation sociologique découle une transformation d'ampleur sur le plan des représentations collectives : place majeure occupée par la Grande-Bretagne et les États-Unis relativisant le poids des idéologies politiques ; rôle essentiel des vecteurs culturels, particulièrement la radio et le cinéma, dans la diffusion de nouvelles pratiques. L'historien évoque une « génération yé-yé » pétrie de musique, marquée par de nouvelles formes d'érotisme et de sensualité. C'est seulement à la fin de la décennie que le moment « SLC » – Salut les Copains – prend, selon lui, une tournure plus politique aux tours résolument contestataires.

Lorsque le regard se tourne non plus vers les manifestations mais en direction des discours, le temps long apparaît aussi comme une juste mesure : l'on s'interrogeait déjà sur les effets nocifs de la culture industrielle et commerciale en France et en Grande-Bretagne dans les années 1830, au nom de considérations esthétiques et morales, tandis que le passage du XIXe au XXe siècle voyait poindre à la fois une véritable terreur de foules urbaines jugées trop aisément manipulables, la peur accrue de la platitude esthétique ou le dédain vis-à-vis de spectacles populaires considérés comme amoraux et abêtissants[3]. S'y sont

1. Cf. Pascal Ory, « "Américanisation" : le mot, la chose et leurs spectres », dans Marcowitz Reiner (dir.), *Nationale Identität und transnationale Einflüsse*, Munich, Oldenbourg, 2007, p. 133-145.

2. Jean-François Sirinelli, « Le coup de jeune des *sixties* », dans Jean-Pierre Rioux et Jean-François Sirinelli (dir.), *La culture de masse en France de la Belle Époque à aujourd'hui*, Paris, Fayard, 2002, p. 116-154.

3. Cf. Dominique Kalifa, *La culture de masse*, Paris, La Découverte, « Repères », 2001.

ajoutées dans les années 1920 des condamnations récurrentes de l'américanisation, à propos du cinéma hollywoodien, des *comics* ou du jazz accusés de véhiculer des valeurs incompatibles avec les valeurs nationales – même s'il faut les mettre en balance avec la somme des admirations contemporaines. Durant l'entre-deux-guerres, plusieurs philosophes et sociologues réunis au sein de l'école de Francfort ont stigmatisé les produits culturels de masse, adossant leur condamnation à celle des dictatures totalitaires. Après l'exil américain de la plupart d'entre eux, ce fut au tour de l'« industrie culturelle » anglo-saxonne des années 1950 et 1960, incarnée par les majors de l'industrie cinématographique américaine, d'être accusée de contribuer à l'autodestruction de la civilisation occidentale.

LE TEMPS DES ENQUÊTES

Pourtant, la réflexion historienne conduit à s'interroger plus avant sur les dynamiques culturelles à l'œuvre de la fin des années 1950 aux années 2000, et à questionner leurs liens avec le pouvoir politique.

En effet, il n'est pas neutre de constater que prolifèrent, sous la Ve République, les enquêtes sur les loisirs et les pratiques culturelles. Certes, leur objet ne porte pas, au sens strict, sur la culture de masse. Mais, au moment où la montée en puissance de la société de consommation passe aussi par les nourritures culturelles et où les inquiétudes se renforcent autour de la soumission incontrôlée aux produits standardisés, ces investigations contribuent fortement à dessiner une vision commune de la culture de masse. Ainsi se construit une véritable géographie des pratiques et des besoins culturels autour de trois critères majeurs : le nombre, le temps et l'argent et/ou le diplôme. C'est qu'il convenait d'instruire le pouvoir sur la manière dont les Français, mais généralement seulement de plus de quinze ans, faisaient usage de leur temps libre. En ce sens, il y a bien une marque de fabrique distinctive de la Ve République.

Au vrai, trois grands types d'enquêtes peuvent être distingués. Les premières, produites avant tout par le CREDOC, organisme créé antérieurement à la Ve République (1954), concernent la consommation des ménages. Elles soulignent combien la fin des années 1960 correspond à une forte augmentation des dépenses « culture et loisirs » : celles-ci doublent en valeur absolue et passent de 5,5 % du budget des ménages en 1960 à 7,6 % en 1979. Quelques données brutes permettent de mesurer la montée en puissance de la télévision : à la fin de la décennie 1960, 70 % des foyers possèdent un téléviseur, contre plus de 90 % au milieu des années 1980. Qui dit produits culturels dit donc équipements. Il est piquant de remarquer que leur recension reflète l'une des préoccupations partagées par les Françaises et les Français sous la République, l'équipement du foyer – si bien suggérée dans *Les choses. Une histoire des années soixante* de Georges Perec (1965).

Un autre type d'enquêtes, émanant de l'INSEE, porte exclusivement sur les loisirs. Faites à vingt ans d'intervalle, en 1967 et en 1988, elles dessinent un univers d'au moins une trentaine d'activités, de l'exercice d'un sport au tiercé, en passant par les visites de lieux culturels, les réceptions entre amis, la cuisine ou le tricot, le jardinage ou le simple fait de fumer la pipe ou la cigarette, toutes activités corrélées au sexe, au revenu annuel, à la taille de l'agglomération, à l'âge, au diplôme et à la catégorie socioprofessionnelle du chef de ménage. Dans ces enquêtes, on compte aussi beaucoup : le nombre de disques et de livres, la fréquence d'écoute des disques, le nombre de sorties. Plus récemment, les enquêtes sur l'emploi du temps des Français, et particulièrement les résultats fournis en 2002, livrent des conclusions autour des liens étroits entre les loisirs et la stratification sociale, Pierre-Michel Menger y évoque une « géométrie de partage du temps » entre les mieux et les moins dotés en ressources économiques et culturelles[1]. Ce que suggèrent tous ces décomptes, c'est la permanence de quelques préoccupations fortes : les effets de génération, la

1. Cf. Philippe Coulangeon, Pierre-Michel Menger, Ionela Roharik, « Les loisirs des actifs : un reflet de la stratification sociale », *Économie et statistique*, 352, été 2002, p. 39-55.

part de l'urbanisation, les conséquences de la scolarisation de masse sur la consommation culturelle. Ils traduisent l'obsession quantitative, certes antérieure à la Ve République (cf. les enquêtes du Bureau international du travail dans les années 1920) mais grandissante dans les années 1960.

Surtout, des enquêtes axées sur les pratiques culturelles des Français sont menées au sein du Département des Études et de la Prospective du ministère de la Culture, en 1973, 1981, 1989, 1997. Elles portent sur des questions restées globalement identiques, même si les évolutions liées aux mutations techniques sont prises en compte. Toutes ont un objectif commun : « évaluer le poids respectif de toutes les pratiques d'ordre culturel et socioculturel mais aussi mettre en évidence les articulations qui existent entre elles, leurs complémentarités et leurs oppositions »[1]. Au recours jugé impérieux à l'outil statistique, clairement revendiqué dans l'avant-propos de l'enquête de 1973 publiée l'année suivante[2], il faut ajouter deux inquiétudes, l'une portant sur les identités des « pratiquants » (qui fait quoi ?), l'autre sur les inégalités sociales et géographiques : « Qui va au théâtre, au concert, au cinéma, dans les bibliothèques ? Qui lit quoi ? Combien de Français jouent d'un instrument de musique ? Quels rapports constate-t-on entre la culture classique et les pratiques liées au développement des médias ? Quelles inégalités territoriales ? Quelles inégalités sociales ? »[3]

1. Extrait de l'avant-propos de l'enquête, *Les pratiques culturelles des Français*, Paris, La Documentation française, 1974.

2. « L'ampleur des phénomènes culturels, le rythme de leur développement et de leur renouvellement ne permettent plus qu'on définisse des politiques par le seul recours à l'expérience personnelle et aux modes de gestion passés. Si l'on veut donner au développement culturel la place qui lui revient dans le développement social et économique, il est indispensable d'introduire la rationalité et l'objectivité dans le domaine de la politique culturelle. La vie culturelle est si chargée de valeurs implicites, l'action culturelle si dépourvue encore d'objectifs clairs et cohérents, que seules les données quantifiées, des faits, des chiffres, obtenus par le recours aux sciences sociales, permettent d'y parvenir », avant-propos, 1974, réf. cit.

3. Avant-propos, Olivier Donnat et Denis Cogneau, *Nouvelle enquête sur les pratiques culturelles des Français en 1989*, Paris, La Documentation française, 1990.

Ces enquêtes quantitatives, fortement imprégnées des théories de la légitimité culturelle, montrent comment se perpétuent les hiérarchies culturelles et mettent en évidence les disparités de comportements à l'égard de la culture savante en fonction de l'appartenance socioprofessionnelle. Remarquons, par ailleurs, que les pistes plus qualitatives, explorées par Michel de Certeau, Lucette Giard ou Pierre Mayol, autour des pratiques plus banales de la vie quotidienne, moins centrées sur la culture cultivée, ne feront pas souche[1].

Par-delà les données précises qu'ils fournissent, les résultats dessinent une évolution sur les quatre dernières décennies du XXe siècle, résumée en quelques lignes par celui qui en fut le principal artisan et commentateur, Olivier Donnat :

> « Il apparaît que le renouvellement des rapports à la culture mis en évidence par la précédente enquête [1998] s'est poursuivi, sans renversement de tendance :
> 1/ Les Français ont continué à s'équiper en matériels et produits *audiovisuels* et à consacrer à leurs usages une part croissante de leur temps ;
> 2/ La baisse de la quantité de *livres lus* s'est poursuivie tandis que le succès des bibliothèques et médiathèques, déjà sensible en 1989, s'amplifiait ;
> 3/ La *fréquentation* des autres équipements culturels a légèrement progressé sans que les caractéristiques des publics concernés évoluent ;
> 4/ Enfin, la pratique des activités artistiques en *amateur* a continué à progresser.
> En conclusion, l'intérêt pour l'art et la culture prend aujourd'hui des formes plus variées qu'il y a trente ans, à travers le développement des usages culturels audiovisuels, le succès de manifestations ou d'événements culturels se déroulant à l'extérieur des équipements (spectacles de rues...) ou l'essor des pratiques en amateur. »[2]

1. On les trouve, par exemple, dans les ouvrages de Michel de Certeau, Lucette Giard et Pierre Mayol, *L'invention du quotidien*. 1. *Les arts de faire* ; 2. *Habiter, cuisiner*, Paris, UGE, 1980, rééd. Gallimard, Folio essais, 1990 pour le tome 1 et 1994 pour le tome 2.

2. Olivier Donnat, note de synthèse *a posteriori*, après la publication de l'enquête en 1998.

Cependant, ces enquêtes qui s'inscrivent dans l'histoire de l'administration culturelle depuis 1959 nous disent beaucoup sur les préoccupations à l'œuvre au sein du ministère des Affaires culturelles. Afin d'articuler au mieux la politique de démocratisation culturelle et les mutations culturelles en cours, un Service des Études et de la Recherche (l'ancêtre du Département des Études et de la Prospective) y a été rapidement créé afin de disposer de « chiffres pour la culture »[1] et d'utiliser, selon Augustin Girard, qui en fut le responsable, des méthodes scientifiques substituables aux institutions et méthodes de gestion du XIXe siècle, dans le cadre d'une démarche « qui consiste à partir de la population, de ses modes de vie et de ses besoins, à les exprimer en chiffres, en termes économiques et en programmes »[2]. Ce souci d'assimiler les questions culturelles aux problèmes économiques et sociaux trouve un vif écho dans les projets de planification, et précisément dans les travaux de la Commission de l'Équipement culturel et du Patrimoine artistique du quatrième Plan (1962-1965). Il n'est donc pas surprenant que ces enquêtes, très liées au souci étatique de démocratisation culturelle, nourrissent, au vu de résultats soulignant les limites de la démocratisation, la suspicion sur l'efficacité des politiques publiques.

Or, les limites de ces enquêtes suggérées par leurs auteurs eux-mêmes ont à voir avec la culture de masse. Dès 1974, on reconnaissait l'absence de prise en compte de la contre-culture, de la *« free press »*, de la pratique amateur de cinéma ou des circuits parallèles de diffusion de spectacles, mais aussi le peu de cas fait aux « pratiques fort répandues comme la lecture de bandes dessinées »[3]. Surtout, les années passant, les responsables de l'enquête en soulignent le caractère trop général et transversal, les pratiques culturelles étant appréhendées « à travers des catégories grossières, souvent porteuses de

1. André Holleaux, « Des chiffres pour la culture », *L'Expansion de la recherche scientifique*, n° 21, décembre 1964, p. 1 (André Holleaux était directeur du cabinet du ministre d'État chargé des Affaires culturelles, André Malraux).

2. Augustin Girard, « La fin des goûts et des couleurs », *L'Expansion de la recherche scientifique, op. cit.*, p. 6.

3. Avant-propos de l'enquête, 1974, réf. cit.

peu d'informations sur leur contenu artistique et dénuées de pertinence aux yeux des spécialistes du domaine considéré »[1]. C'est bien la question de l'insuffisante approche qualitative qui est soulignée.

À partir de la fin des années 1990, les enquêtes culturelles évoluent[2]. Outre un affinement des critères – on s'interroge sur les femmes, les jeunes ou les personnes âgées[3] –, d'autres pratiques sont passées au crible : la fréquentation et l'image du cirque (nº 100, septembre 1993) ; la musique en amateur (nº 107, juin 1995) ; les activités artistiques en amateur (nº 109, mars 1996)...[4]. Les publics[5] et les goûts[6] sont sondés de manière plus spécifique. Toujours soucieux de fabriquer des typologies, Olivier Donnat va jusqu'à distinguer sept univers culturels, fondés sur un rapport différencié à la culture, allant de l'exclusion à l'univers « branché » en passant par l'univers juvénile ou celui du Français moyen[7]. Toutes ces observations contribuent à

1. Olivier Donnat, *Les pratiques culturelles des Français. Évolution 1989-1997*, Paris, La Documentation française, 1998.

2. Voir les thématiques des numéros de *Développement culturel* disponibles en ligne à partir du nº 107.

3. Voir les numéros 106 sur « les jeunes et les sorties culturelles » (février 1995), 131 sur « les loisirs des 8-19 ans » (décembre 1999), 144 sur « les loisirs culturels des 6-14 ans » (mars 2004) ou 147 sur « la féminisation des pratiques culturelles » (juin 2005).

4. Voir également les numéros 110 sur « les arts plastiques en amateur » (avril 1996), 111 sur « l'écriture en amateur » (mai 1996), 112 sur « la danse en amateur » (mai 1996), 114 sur « le théâtre en amateur » (juillet 1996), 118 sur « la photographie et la vidéo en amateur » (juin 1997), 120 sur « les Français vidéophiles » (octobre 1997), 128 sur « la montée irrésistible de l'audiovisuel 1973-1997 » (mars 1999), 130 sur « les usages de loisir de l'informatique domestique » (octobre 1999), 138 sur « Composer sur son ordinateur. Les pratiques musicales en amateur liées à l'informatique » (juin 2002), 148 sur « le téléchargement sur les réseaux de pair à pair » (juin 2005).

5. Voir les numéros 121 sur « les publics de la Comédie-Française » (janvier 1998), 122 sur « les publics des concerts de musiques amplifiées » (juin 1998), 129 sur « les spectateurs du Festival d'Avignon. Premiers repères » (juillet 1999), 136 sur « les associations du patrimoine » (septembre 2001), 137 sur « les publics des archives départementales et communales » (octobre 2001).

6. Voir les numéros 105 sur « un nouveau regard sur les musées » (octobre 1994), 135 sur « la culture cinématographique des Français » (octobre 2000), 143 sur « transmettre une passion culturelle » (février 2004), 150 sur « la fabrique sexuée des goûts culturels » (décembre 2005).

7. Voir Olivier Donnat, *Les Français face à la culture. De l'exclusion à l'éclectisme*,

faire bouger les lignes[1] : l'attention aux pratiques amateurs, au « cumul des pratiques » (Laurent Fleury)[2], aux « dissonances culturelles » (Bernard Lahire)[3] – un même individu peut aimer *Dallas* et l'opéra – tout comme l'importance accordée aux supports audiovisuels montrent que les objets et les vecteurs de la culture de masse, entendue au sens de culture du divertissement véhiculée par des médias de masse, sont aussi pris en compte.

LE TEMPS DES RÉFLEXIONS CRITIQUES

Autre particularité, si la réflexion sur la culture de masse est – on l'a vu – largement antérieure à 1958, la période de la Ve République n'en constitue pas moins un moment de réactivation des analyses.

Paris, La Découverte, 1994. Dans l'**univers de l'exclusion**, concernant surtout les anciens agriculteurs et les ouvriers non diplômés, les « exclus » n'ont quasiment aucun lien avec le monde des arts et des lettres. Dans celui du **dénuement**, touchant les milieux populaires, la fréquentation des lieux culturels reste exceptionnelle mais pas impossible. La **culture juvénile** des 15-20 ans, bien que formant un ensemble de goûts variés, se caractérise par un contact étroit avec les médias et une méfiance à l'égard de la culture consacrée. **L'univers du « Français moyen »** est fortement marqué par l'audiovisuel. Les trois autres univers révèlent une relation plus étroite entretenue à l'égard de la « culture cultivée ». Olivier Donnat distingue **l'univers des « classiques »** des diplômés et des plus de 45 ans, encore fortement marqué par l'usage du livre, **l'univers cultivé moderne** des jeunes diplômés urbains, organisé autour de l'écoute musicale et des sorties nocturnes, **l'univers des branchés**, des diplômés de l'enseignement supérieur des grandes villes, fondé sur l'éclectisme des goûts.

1. Voir Olivier Donnat (dir.), *Regards croisés sur les pratiques culturelles*, Paris, La Documentation française, 2003, et Olivier Donnat et Paul Tolila (dir.), *Le(s) public(s) de la culture*, Paris, Presses de Sciences Po, 2003.

2. Voir Laurent Fleury, *Sociologie de la culture et des pratiques culturelles*, Paris, Armand Colin, 2006 (nouvelle présentation, 2008).

3. Bernard Lahire, *La culture des individus. Dissonances culturelles et distinction de soi*, Paris, La Découverte, 2004. L'auteur met en évidence les limites de la frontière entre « haute culture » et « sous-culture ». Suggérant que la division entre classes sociales est insuffisante pour rendre compte de la diversité des pratiques, il montre que les partages entre les préférences culturelles s'opèrent au sein même de chaque individu. Ainsi, une majorité d'individus, au regard des enquêtes menées, montrent des profils dissonants, associant des pratiques culturelles légitimes et illégitimes.

Jusque-là, et pour le dire de manière très schématique, les analyses avaient surtout touché le monde anglo-saxon, autour de deux grands axes – la soumission des masses en régimes totalitaires durant l'entre-deux-guerres ; l'aliénation liée à la production culturelle émanant de grandes multinationales, cinématographiques d'abord, télévisuelles ensuite, américaines surtout. En y regardant bien, deux types de réflexion trouvent un terreau particulièrement fertile dans la France d'après 1958. Le premier relève d'une vision « positive » de la culture de masse, antérieure d'ailleurs à la Ve République mais véritablement florissante dans les années 1960. Dans le sillage des travaux d'Henri Wallon et de Georges Friedmann, des sociologues, considérant que la société est entrée dans un temps où les loisirs occupent désormais une place centrale, envisagent d'observer les loisirs comme des objets d'études à part entière. Joffre Dumazedier, cofondateur avec Benigno Cacérès du mouvement d'éducation populaire Peuple et Culture en 1945, entend ainsi, avec quelques autres, élaborer une théorie empirique autour des loisirs. Alors que des équipes sont chargées de mener des enquêtes nationales et internationales à partir de 1953, le Groupe d'étude des loisirs et de la culture, très actif après 1954, lance une vaste enquête sur le « budget temps », destinée à quantifier le temps laissé aux loisirs. La démarche empirique devient, dans la décennie suivante, beaucoup plus théorique et prospective, et davantage tournée autour des interrogations sur la culture de masse. En 1945, à la suite du manifeste de Peuple et Culture, il s'agissait de définir la culture populaire – « La culture populaire ne saurait être qu'une culture commune à tout un peuple : commune aux intellectuels, aux cadres, aux masses. Elle n'est pas à distinguer. Il faut la vivre et la créer » – et d'œuvrer à un nouvel humanisme favorisant l'épanouissement par la culture. Au cœur des années 1960 et 1970, la réflexion met au cœur des transformations des Trente Glorieuses les loisirs. Dans *Vers une civilisation du loisir ?* (1962) de Joffre Dumazedier, le loisir est devenu « l'élément central de la culture *vécue* par des millions de travailleurs ». Un vaste programme de travail y est établi sur les liens entre loisir et culture autour de ce que présentent et doivent proposer les mass media. D'aucuns ne manqueront pas de souligner la contradiction entre une vision inspirée de l'éducation populaire consistant à mener les masses vers une culture cultivée et l'évocation de la culture « vécue », « manière dont une société ou un individu se comportent »[1]. Il n'empêche. Autour de Joffre Dumazedier et de ses collaborateurs, se développe une sociologie empirique du loisir, en lien avec des sciences de l'éducation en plein essor, nourries entre autres par la certitude qu'est advenue une véritable Révolution culturelle (cf. Joffre Dumazedier, *Révolution culturelle du temps libre*, 1988).

Cependant, dans le métabolisme de ces années 1960 et 1970, la postérité a moins retenu cette vision positive liée à toute une socio-pédagogie des adultes que la poursuite d'une réflexion critique sur la culture de masse. *L'esprit du temps, essai sur la culture de masse* (1962) en constitue la première pierre angulaire. D'abord, parce que Edgar Morin reprend, en les synthétisant, les définitions antérieures, notamment celles produites au sein de l'école de Francfort : « culture de masse, c'est-à-dire produite selon les normes massives de la fabrication industrielle ; répandue par des techniques de diffusion massive (qu'un étrange néologisme anglo-latin, appelle mass-media) ; s'adressant à une masse sociale, c'est-à-dire un gigantesque agglomérat d'individus »[2]. Ensuite, parce que le portrait d'une culture à dominante juvénile et à composante hédoniste, fortement cosmopolite, est fermement dessiné. Ainsi, bien que la réflexion sur l'homogénéisation et la standardisation de la culture de masse ne soit pas nouvelle, la description fine d'une culture moyenne, uniformisée mais n'empêchant pas la création, la lissant et la vulgarisant, l'est davantage. Accompagnant ce dispositif théorique, plusieurs analyses, mêlant souvent structuralisme et marxisme, contribuent à décrypter les structures de la culture de masse. Edgar Morin lui-même s'interroge sur le fonctionnement de la vedette (*Les stars*, 1957) ou sur celui de la mode (*Système de la mode*, 1967). Plus avant, se développent

1. Olivier Burgelin, note de lecture à propos de *Vers une civilisation du loisir ?*, *Communications*, 1963, 2, p. 232-233.

2. Edgar Morin, *L'esprit du temps*, Paris, Le Livre de Poche, « biblio Essais », 1991, p. 12 [Grasset Fasquelle, 1962].

des attaques en règle contre la culture de masse. Hubert Damisch en lance une, restée célèbre, contre le livre de poche en 1964, décrivant l'édition de poche comme « mystificatrice puisqu'elle revient à placer entre toutes les mains les substituts symboliques de privilèges éducatifs et culturels »[1].

Au vrai, ces polémiques courent jusqu'à aujourd'hui. On retiendra, sans souci d'exhaustivité, deux directions prises par ce débat toujours renouvelé. Un premier axe de condamnation est illustré par la réflexion de Guy Debord. De son ouvrage *La société du spectacle* (1967), dont le succès a connu un net regain au début du XXIe siècle, on retient l'idée que la société du spectacle constitue une forme particulière du capitalisme, choisissant ses propres instruments techniques, en l'occurrence les médias de masse, pour mieux aliéner les masses. Ses analyses alimentent toute une série de slogans, d'articles et de films autour de la dénonciation de la marchandisation de la culture. Elles servent aussi de substrat idéologique à un mouvement antiautoritaire et contestataire valorisant la création spontanée et collective, parfois qualifié de gauchisme culturel.

En parallèle, des prises de position marquées du sceau du conservatisme culturel appellent au repli sur les supports et les valeurs de la culture classique. Le philosophe Alain Finkielkraut figure comme l'un des principaux hérauts de cette remise en cause d'une consommation culturelle jugée de plus en plus dégradante. C'est ainsi qu'il définit, dans un entretien donné à une revue consacrée à l'ethnologie de l'Europe, *Terrain*, la culture de masse : elle « est aussi un effet de cet idéal de méthodicité que les Lumières ont mis en place, un triomphe de la raison instrumentale, de la technique ; c'est, au fond, la méthode triomphant à l'intérieur du monde du divertissement. En effet, qu'est-ce que la culture de masse, sinon l'industrialisation du divertissement, ce que Broch appelait le kitsch, des œuvres visant un public déterminé pour sa satisfaction la plus immédiate, définie au préalable par une étude de marché aussi précise que possible – bref, les normes de la

1. Hubert Damisch, « La culture de poche », *Le Mercure de France,* novembre 1964, p. 492.

production industrielle entrant dans l'univers de la création... »[1] La culture de masse serait ainsi l'héritière des Lumières du XVIIIe siècle et du romantisme échevelé du siècle suivant, accordant toute sa place à l'expression et à la publicité des sentiments. Ce raisonnement trouve un écho dans la polémique lancée par Christopher Lasch à propos de la gauche libérale-libertaire, fille des Lumières, accusée d'assimiler le discours contre la culture de masse à une posture antidémocratique, dans une confusion supposée entre sa défense de la liberté des biens de consommation et celle de la démocratie[2].

Il nous faut faire un sort particulier à celui qui est encore aujourd'hui considéré comme le sociologue de la Ve République le plus adulé et le plus controversé, Pierre Bourdieu. Il n'est d'ailleurs pas neutre de considérer que sa pensée est marquée par une expérience personnelle croisant plusieurs grands moments de la Ve République : l'Algérie où il éprouve à la fois les concepts d'aliénation et de déracinement ; le retour à Paris et son intégration au Centre européen de sociologie dirigé par Raymond Aron et bénéficiant des fonds de la fondation Ford, marquée par une forte volonté de renouer avec la tradition sociologique française mêlant étroitement l'ethnologie et la sociologie ; les suites de l'épisode de mai-juin 1968, même s'il n'en fait pas lui-même l'analyse, qui voient ses prises de position se radicaliser. Or, cette mutation intéresse directement la culture de masse. Au sein de la revue qu'il lance en 1975, les *Actes de la recherche en sciences sociales*, de nombreuses recherches alimentent une sociologie critique des modes de domination autour des vecteurs de la culture de masse : la bande dessinée, la mode, la littérature enfantine, les publicités féminines... Pierre Bourdieu insiste également sur le fait que les industries culturelles sont en quête d'une légitimité symbolique leur conférant une valeur économique[3]. Dans les années 1980, temps de la

1. « Un clip vaut Shakespeare », entretien entre Jeanne Favret-Saada, Alain Finkielkraut, Gérard Lenclud, *Terrain*, n° 17, octobre 1991, p. 71-78.

2. Christopher Lasch, *Culture de masse ou culture populaire ?*, Paris, Climats, 2001 [édition originale, 1981].

3. Pierre Bourdieu, « La production de la croyance. Contribution à une économie des

consécration, après le succès de *La distinction* (1979), l'élection au Collège de France et la reconnaissance outre-Atlantique, vient le moment où les médias de masse occupent une position centrale dans les réflexions du sociologue. Ainsi, dans *Homo academicus* (1984), il insiste sur l'importance de plus en plus grande prise par les médias de masse dans la reconnaissance intellectuelle. Pierre Bourdieu devenu Bourdieu, pour reprendre la formule de Pierre Grémion, mêle études sur la culture de masse (*Sur la télévision, suivi de L'emprise du journalisme*, 1996) et interventions alimentant la sphère médiatique. « Dès lors, Bourdieu va se situer progressivement de plus en plus sur cette interface, faisant de lui le sociologue de la Ve République, dont les rapports polémiques (mélange de séduction et de critique) avec la presse et la télévision vont être les plus intenses. »[1]

On aurait tort de passer sous silence l'apport des travaux de Michel de Certeau et de ses collaborateurs. Certes, leurs manières de penser informent peu les enquêtes du ministère en charge de la culture mais leurs analyses fondées sur le refus de l'idée d'une consommation passive des biens culturels et invitant à s'intéresser à la « culture plurielle », celle du quotidien et des pratiques les plus banales, inspirent les défenseurs d'une action socioculturelle dans les années 1970, proche du terrain, comme, plus récemment, les partisans de la pluralité culturelle[2].

LA POLITIQUE CULTURELLE À LA LUMIÈRE DE LA CULTURE DE MASSE

Enfin, si l'on déplace le regard sur un plan plus politique, la Ve République constitue aussi, et peut-être surtout, un observatoire pertinent : les politiques culturelles de la Ve République se nourrissent

biens symboliques », *Annales de la recherche en sciences sociales*, n° 13, février 1977, p. 3-44.

1. Pierre Grémion, « De Pierre Bourdieu à Bourdieu », *Études*, tome 402, 2005/1, p. 39-53, p. 50.

2. Michel de Certeau, *La culture au pluriel*, Paris, Le Seuil, édition établie par Luce Giard, 1993 [1re édition, 1974].

de réflexions relatives à la culture de masse et contribuent, réciproquement, à les alimenter.

La politique culturelle de la Ve République inaugurée par André Malraux distingue très nettement la culture pour les masses de la culture de masse[1]. En effet, si le décret de création du ministère vise à rendre accessibles « les œuvres capitales de l'humanité, et d'abord de la France, au plus grand nombre possible de Français », la culture diffusée renvoie aux œuvres d'art de valeur. C'est ce que suggère la fin de la proposition : « assurer la plus vaste audience à notre patrimoine culturel » et « favoriser la création des œuvres de l'art et de l'esprit qui l'enrichissent »[2]. Il s'agit d'œuvrer à l'inverse de ces « usines de rêves » ou de ces « puissances de fiction » que sont le cinéma et la télévision, qui rendent notre civilisation vulnérable, parce que s'y imposent, d'après le ministre, « les anciens domaines sinistres qui s'appelaient démoniaques : le domaine du sexe et le domaine du sang »[3]. L'« esprit du temps » politique est à la défense d'une culture de qualité, à faire partager au plus grand nombre, contre une culture de masse synonyme de divertissement, voire de dévoiement. Certains font l'hypothèse, avec la constitution d'un ministère dédié aux Affaires culturelles, de l'édification d'un « État esthétique »[4] tandis que d'autres mettent l'accent sur l'élaboration pratique de l'intervention publique, en soulignant l'importance jouée par la conservation du patrimoine et l'aide à la création contemporaine[5]. En tout état de cause, la dénonciation de la culture de masse, illustrée par certains produits importés (polars américains, musique yé-yé), apparaît nodale au moment où s'installe le ministère. On notera que les choix

1. Cf. Augustin Girard (dir.), *Les Affaires culturelles au temps d'André Malraux*, Paris, La Documentation française, 1996.

2. Extrait du décret, 24 juillet 1959.

3. André Malraux, discours prononcé lors de l'inauguration de la Maison de la culture de Bourges, 18 avril 1964.

4. Cf. Philippe Urfalino, *L'invention de la politique culturelle*, Paris, La Documentation française, 1996.

5. Cf. Vincent Dubois, *La politique culturelle. Genèse d'une catégorie d'intervention publique*, Paris, Belin, 1999.

faits par le Parti communiste, illustrés par la formule employée au Comité central d'Argenteuil de 1966, définissant la culture comme « le trésor accumulé des créations humaines » et appelant à la faire partager au plus grand nombre, vont dans le même sens.

Les années passant, la démocratisation culturelle repose toujours sur l'idée de rendre accessibles au plus grand nombre les formes artistiques reconnues comme les plus légitimes. Ainsi est-ce le cas sous Jacques Duhamel, ministre des Affaires culturelles de 1971 à 1973, dont la politique de « développement culturel », version culturelle de la « nouvelle société » de Chaban-Delmas, est pensée comme le moyen de restaurer la cohésion sociale d'un monde industriel en perte de repères. Le centriste favorise les expériences professionnelles, quand bien même de plus petits équipements sont préférés aux Maisons de la culture, emblématiques de l'Action culturelle de la période Malraux[1]. Lorsque Michel Guy, le fondateur du festival d'Automne devenu secrétaire d'État à la Culture de juin 1974 à août 1976 sous Valéry Giscard d'Estaing, infléchit la politique culturelle dans un sens plus libéral, avec notamment la mise en œuvre des chartes culturelles, c'est bien pour privilégier la création. Et quand il manifeste un intérêt pour la télévision, c'est pour tenter d'y imposer des retransmissions de théâtre et d'opéra à des heures de grande écoute[2].

Les réflexions conduites par des municipalités de droite comme de gauche dans les années 1960, hostiles à une politique culturelle imposée d'en haut, privilégiant l'institution de Centres culturels communaux, laissent de côté les produits issus des industries culturelles pour offrir aux populations locales des moyens de s'exprimer et organiser, par le biais associatif, un accès varié aux spectacles. Il faut attendre l'après-1968 pour voir émerger de véritables propositions culturelles au sein du parti socialiste issu d'Épinay. Dans le programme destiné à

1. Cf. Jean-Pierre Rioux et Jean-François Sirinelli (dir.), *Les Affaires culturelles au temps de Jacques Duhamel*, Paris, La Documentation française, 1995.

2. Cf. Michèle Dardy-Crétin, *Michel Guy, secrétaire d'État à la Culture 1974-1976. Un innovateur méconnu*, Paris, La Documentation française, 2007.

« changer la vie », en écho à un mot d'ordre de 1968, la condamnation de la culture comme véhicule de la domination capitaliste occupe une place de taille : sont jugées aliénantes la culture bourgeoise comme l'offre de produits culturels standardisés[1]. À partir de 1973, le Secrétariat national à l'Action culturelle conduit par Dominique Taddéi fait une série de propositions conjuguant amélioration du cadre de vie, importance donnée aux initiatives locales et rôle de choix accordé aux associations. L'expression des habitants des quartiers populaires et des cultures minoritaires (régionales notamment) tout comme les pratiques culturelles amateurs doivent être valorisées. Le modèle trouve à s'illustrer dans la politique culturelle grenobloise d'Hubert Dubedout, combinaison des idéaux de l'éducation populaire et des utopies de 1968, tandis que les villes gagnées par les socialistes aux élections municipales de 1977 serviront de terrains d'expérimentation. Bien que l'émiettement des initiatives soit inévitable, celles-ci apparaissent cimentées, sur un plan théorique, autour d'un programme présentant la culture comme partie prenante d'un projet politique, dominé par des principes autogestionnaires et participatifs. En l'occurrence, la culture de masse sert de repoussoir aux expériences d'animation socioculturelle. La MJC contre la télévision ; le macramé contre la publicité !

Bien que le nouveau ministre socialiste de François Mitterrand, Jack Lang, ait été délégué à la Culture au Parti socialiste en 1979, la nouvelle logique ministérielle penche moins vers le socioculturel – la démocratie culturelle – que vers l'élargissement de la chose culturelle à prendre en compte par les pouvoirs publics – la démocratisation. Il faudrait évidemment nuancer : le décret du 10 mai 1982 souhaite « permettre à tous les Français de cultiver leur capacité d'inventer et de créer, d'exprimer librement leurs talents et de recevoir la formation artistique de leur choix », et l'institution de la Fête de la Musique en

1. Cf. Jean Caune, *La culture en action. De Vilar à Lang : le sens perdu*, Grenoble, Presses universitaires de Grenoble, 1999 et Hélène Hatzfeld, « Une révolution culturelle du parti socialiste dans les années 1970 », *Vingtième siècle. Revue d'histoire*, n° 96, octobre-décembre 2007, p. 77-90.

est l'une des traductions concrètes. Cependant, retenons le fait que Jack Lang, tout en s'inscrivant dans le droit fil des projets d'André Malraux, œuvre au profit d'une légitimation des arts considérés comme mineurs. Accordant une attention toute particulière aux créateurs, il contribue à faire passer les objets et les supports habituellement classés comme produits culturels de masse dans le camp des œuvres légitimes (arts de la table et du vêtement, photographie et bande dessinée...). Ce n'est pas sans critiques[1] : haro sur l'État tentaculaire[2], le relativisme culturel[3] ou l'attention aux créateurs jugée excessive et portée au détriment de la médiation[4]. Néanmoins, ses successeurs s'inscriront, même diversement, dans le double sillage de la démocratisation et de la faveur accordée à des genres faiblement légitimes, requalifiés pour certains, dans les années 1990, en « diversité culturelle ».

Finalement, l'histoire du ministère en charge de la culture sous la Ve République est marquée par trois logiques : la démocratisation – multiplication des pétitions de principe inscrivant le projet au sein du pacte républicain ; création de dispositifs *ad hoc* (Maisons de la culture ; Centres de développement culturel...) ; l'exception culturelle, liée plus ou moins étroitement à l'idée que la France doit rayonner dans le monde[5] ; la logique, enfin, de la légitimité culturelle – ce qui est financé par les pouvoirs publics doit être reconnu comme esthétiquement recevable. Or, le ministère de la Culture fait l'objet de critiques récurrentes[6], et deux assauts, contradictoires, sont directement

1. Cf. Geneviève Gentil et Philippe Poirrier (textes réunis et présentés par), *La politique culturelle en débat. Anthologie, 1955-2005*, Paris, La Documentation française, 2006.

2. Marc Fumaroli, *L'État culturel. Une religion moderne*, Paris, Fallois, 1991.

3. Alain Finkielkraut, *La défaite de la pensée*, Paris, Gallimard, 1987.

4. Michel Schneider, auteur de *La comédie de la culture* (1993), déplore « l'étatisation et la culturalisation » du champ artistique. Selon lui, le service public devrait se concentrer autour de trois missions : l'éducation, le patrimoine, la réglementation.

5. Jacques Rigaud, *L'exception culturelle. Culture et pouvoirs sous la Ve République*, Paris, Grasset, 1995.

6. Laurent Fleury évoque trois grands types de critiques faites à la démocratisation : celles liées à l'illégitimité du projet ; celles portant sur l'inéquité du processus de démocra-

en lien avec la culture de masse. D'une part, l'État français est stigmatisé parce qu'il est jugé trop enclin à céder aux sirènes de la banalisation culturelle, consacrant d'importantes sommes à des produits de masse étiquetés du sceau de la légitimité culturelle ; de l'autre, se multiplient les récriminations contre la perte de vitesse du service public de la culture, jugé pourtant indispensable pour lutter contre la logique du marché.

Terminons autour d'une affirmation. Si l'on considère que la culture de masse est la somme des valeurs et des supports disponibles pour les masses, alors la réduction souvent opérée sous la Ve République, qui consiste à penser leur mise à disposition au seul prisme du ministère dédié à la Culture, pose trois problèmes. Par le jeu des découpages institutionnels, le scolaire est mis à l'écart de l'« État culturel ». On peut relire la mise à l'écart des associations d'éducation populaire du dispositif ministériel en 1959 comme un signe annonciateur de cette équivoque persistante[1]. Le deuxième problème est lié à la difficulté de penser la culture médiatique pour elle-même. La proposition existe pourtant, comme en témoigne l'allégation de Thierry Garrel autour du rôle culturel de la télévision : « La télévision n'est pas seulement l'outil culturel le plus puissant, mais un objet de culture en elle-même... elle est un lieu d'expérimentation sans commune mesure avec tous les autres moyens culturels. Peut-être vaudrait-il mieux parler de télévision de création... de télévision cultivée et de culture télévisuelle. »[2] Enfin, le dernier problème tient au fait de penser la culture de masse en évacuant les spéculations à l'œuvre au sein des industries culturelles elles-mêmes. Or, pour bien parler de la culture de masse sous la Ve République, il aurait fallu sortir du cadre

tisation ; celles enfin autour de l'inefficacité renvoyant à la carence des dispositifs. Cf. *Sociologie de la culture et des pratiques culturelles*, *op. cit.*, p. 84-87.

1. Françoise Tétard, « L'éducation populaire : l'histoire d'un rattachement manqué », dans *Les Affaires culturelles au temps d'André Malraux, 1959-1969*, *op. cit.*

2. Thierry Garrel, « Pour une télévision de création », *Les Dossiers de l'audiovisuel*, no 48, mars-avril 1993, p. 49. Ancien du service de la recherche de l'ORTF et de l'INA, il fut responsable de l'unité documentaires sur Arte de 1992 à 2008.

exclusivement français en évoquant les projets, les stratégies et les réalisations des entrepreneurs de spectacle, des grands groupes de communication privés ou des majors de l'industrie discographique et cinématographique et en réfléchissant au phénomène Internet reposant la question de la culture de masse en termes, pluriels, de métissages culturels.

Conclusion

Jean-François Sirinelli

La fonction généralement assignée à la conclusion d'un colloque est de tenter de faire la synthèse de la valeur ajoutée en connaissances historiques dégagée par une telle rencontre. Mais un colloque, le plus souvent, porte sur un sujet beaucoup moins étendu que l'histoire du métabolisme du régime politique d'un grand pays durant un demi-siècle. Bien plus, l'importance du matériau accumulé ici n'est pas seulement le résultat de l'ampleur du sujet traité : les auteurs réunis l'ont été en raison de leur statut de spécialiste du sujet qui leur était dévolu, et leur mission implicite était de proposer, sinon une synthèse de tous les travaux menés sur un tel sujet – mission impossible dans les limites de temps puis de place imprimée imparties –, en tout cas, une mise au point approfondie sur celui-ci. La valeur ajoutée globale est donc, d'une certaine façon, au carré : apport considérable sur un sujet lui-même considérable.

Une conclusion synthétique ne serait, de ce fait, qu'un maigre résumé de textes qu'elle risquerait, au bout du compte, d'appauvrir. Ces textes se sont placés, d'emblée, dans la « problématique » qui avait été indiquée à leurs auteurs par les maîtres d'œuvre du colloque et leur lecture conjointe nous permet assurément de mieux « comprendre la Ve République », à partir des hypothèses que nous avions formulées, avec Jean Garrigues et Sylvie Guillaume, et qui sont rappelées dans l'introduction générale. Les quelques lignes qui suivent seront donc plutôt de nature historiographique et, éventuellement, épistémologique. Ce qui, somme toute, correspond à l'autre objectif que nous avions assigné au colloque, tout à la fois tourné vers l'amont et tendu vers l'aval : amont, donc, que le bilan des connaissances déjà accumulées par les historiens sur cinquante ans d'histoire quinto-républicaine ; aval qu'une réflexion à mener sur les approches à mettre en œuvre pour enrichir encore davantage l'apport des historiens à la connaissance de ces décennies d'histoire proche, partagées en copropriété intellectuelle avec d'autres sciences sociales. Autant qu'un bilan, ce colloque se voulait, en effet, un laboratoire expérimental : comment progresser, aussi bien dans la connaissance historique de ce demi-siècle d'histoire nationale que dans les méthodes déployées pour en faire une démarche bien stabilisée scientifiquement, tant est toujours complexe la mise en œuvre d'une histoire du temps présent, domaine pleinement légitime mais difficile à arpenter par l'historien ?

Le bilan historiographique est très précieux et prometteur. À dessein, nous avions réuni des collègues appartenant à des générations différentes et nourris par des sensibilités historiographiques diverses. Ce sont donc de multiples approches qui ont été croisées dans cette tentative de compréhension du métabolisme historique de la Ve République. Cette polyphonie historiographique, on l'aura compris, était délibérée, d'autant que chacun des trois organisateurs du colloque conservait sa propre sensibilité en ce domaine. À condition, bien sûr, que ce souci de ne pas imposer une *doxa* ne débouche pas sur une sorte de *melting-pot* historiographique, qui aurait lui-même débouché sur un patchwork scientifique. Ou, autre écueil possible, le même souci ne devait pas se gérer par un Yalta historiographique où deux ou trois sensibilités différentes se seraient partagé la Ve République avec des approches très dissemblables. La notion de laboratoire expérimental n'y aurait pas survécu. En fait, si tous ces auteurs ont pu ainsi se mobiliser sur un même objet, c'est qu'ils avaient en commun, par-delà leur diversité, deux principes historiographiques : un régime politique n'est pas seulement une construction institutionnelle mais constitue aussi, d'une certaine façon, un organisme vivant ; une histoire du temps présent est possible et elle partage, on l'a dit, certains objets en copropriété avec d'autres sciences sociales, dont la science politique et la sociologie, d'ailleurs représentées dans ce colloque.

On ne reviendra pas ici sur le premier point qui constitue, du reste, l'idée directrice de ce colloque. La Ve République est née dans le contexte des Trente Glorieuses, marqué par quatre P : la Paix, après 1962 en tout cas, la Prospérité, le Plein emploi, le Progrès en ligne d'horizon. Puis la France a changé, dans un monde lui aussi en pleine métamorphose, et l'écosystème Ve République s'est-il adapté à ce nouvel état de choses ? Le lecteur trouvera bien des éléments de réponse à une telle question dans les textes qui précèdent. La tâche de leurs auteurs n'était pas simple car étudier un écosystème et son éventuel dérèglement suppose une mise en large perspective chronologique. Or une telle analyse en grand angle est, dans le cas d'espèce, gênée par deux facteurs cumulatifs. D'une part, l'absence de profondeur de champ : ce demi-siècle d'existence de la Ve République est constitué des cinq dernières décennies de déroulement de l'histoire de notre communauté nationale. De ce fait, l'historien se retrouve sans aucun recul pour distinguer l'essentiel de l'accessoire dans un domaine – la vie de cet organisme vivant qu'est un écosystème sociopolitique – où la logique du vivant ne peut s'appréhender que sur des séquences chronologiques suffisamment larges. Le handicap est donc ici structurel et il est d'autant plus invalidant pour l'historien qu'il se double, d'autre part, d'un second obstacle : comme les dernières décennies fournissent encore moins que les précédentes ce recul nécessaire, la discipline historique, à la différence des autres sciences sociales, serait-elle contrainte de ne travailler que sur le premier versant de la Ve République ? En termes d'accès aux archives publiques et donc sur bien des sujets ainsi concernés, la réponse est, *stricto sensu*, positive. Cela étant, la discipline historique, dans son registre d'histoire du temps présent, n'a pas seulement pour fonction d'exhumer les traces du passé proche tout en laissant celui-ci légèrement à distance. Elle s'assigne aussi de donner du sens à ce qu'elle exhume. Et elle peut s'autoriser, pour cette raison, à prolonger son attention et à déployer son dispositif sur les plages de temps les plus récentes, même si, sur celles-ci, sa capacité d'administration de la preuve se trouve amoindrie.

Bien plus, c'est assurément cette approche chronologique à géométrie variable qui légitime la place de la discipline historique parmi les sciences sociales partageant en copropriété cet objet complexe qu'est l'étude de la France contemporaine. Cette discipline, en effet, peut et doit s'intéresser à ces décennies d'histoire nationale toute récente dégagées, tour à tour, par l'écoulement du temps : sur un tel *polder*, la mise en perspective multi-décennale de sujets très proches confère aux historiens une place non négligeable. S'il en était encore besoin, ce livre témoigne donc, tout à la fois, de la vigueur intellectuelle et scientifique d'une histoire politique renouvelée et de la fécondité des démarches dites d'histoire du temps présent. À certains égards, il est donc possible d'affirmer, sans esprit de malice, que ce double constat de bonne santé témoigne que l'histoire politique, elle aussi, a beaucoup changé pendant ce demi-siècle d'existence de la Ve République : dans les années 1950 et encore 1960, il s'agissait d'un champ disciplinaire doublement décalé, par rapport à son propre environnement historique, tenu à distance, et par rapport au reste de la science historique qui le maintenait en lisière et le tenait pour une branche peu inventive et médiocrement productive. Un demi-siècle plus tard, le statut de l'histoire politique a indéniablement évolué : ce livre, parmi d'autres, démontre que cette histoire politique a retrouvé place et prestige au sein des différentes spécialités de la discipline historique et qu'elle a su intégrer l'histoire qui lui était contemporaine dans son champ d'investigation[1].

1. On l'aura compris, ce livre n'existe que grâce à l'investissement intellectuel et scientifique des auteurs rassemblés : ce sont eux qui, par leur science et leur talent, apportent la preuve de cette double évolution. Nous tenons, Jean Garrigues, Sylvie Guillaume et moi-même, à leur renouveler nos remerciements. Tout comme nous souhaitons exprimer notre gratitude aux présidents de séances : Alain Delcamp, secrétaire général du Sénat et vice-président de l'association française des constitutionnalistes, qui nous a, du reste, fait part de ses précieuses observations sur l'évolution du Sénat, publiées au début de la deuxième partie de ce livre ; Jean-Louis Debré, président du Conseil constitutionnel, dont les remarques ont stimulé les travaux de la session qu'il animait ; enfin, Philip Nord, de l'université de Princeton, et Alec G. Hargreaves, de l'université de Talahassee, qui nous ont apporté, grâce à leur science de l'histoire française, un regard à la fois savant et légèrement décalé de ces cinquante années d'histoire nationale.

Index

Cet ouvrage a été composé
par IGS-CP à L'Isle-d'Espagnac (16)

Achevé d'imprimer en avril 2010
sur les presses numériques de l'Imprimerie Maury S.A.S.
Z.I. des Ondes – 12100 Millau
N° d'impression : C10/44746 C

Imprimé en France